MEILENSTEINE DER WAFFEN-GESCHICHTE

KOLBE

MEILENSTEINE DER WAFFEN-GESCHICHTE

Ian V. Hogg

Motor
buch
Verlag

Die Originalausgabe ist erschienen unter dem Titel
The Book of Guns & Gunsmiths von North/Hogg

Die Übertragung ins Deutsche besorgte S.H.G. Murlowski

ISBN 3-613-01325-8

1. Auflage 1990

Satz: Vaihinger Satz und Druck, 7143 Vaihingen/Enz
Druck und Bindung: Leefung-Asco Printers Ltd.
Printed in Hong Kong

Innendeckel (vorne und hinten):
Ein Paar Perkussionspistolen in einer Kassette aus Mahagoniholz.
Die abschraubbaren Läufe sind versilbert, und Griffe aus
Walnußholz mit Silbereinlegearbeiten verziert.
Signiert »Egg London«, um 1830; Victoria and Albert Museum,
London.

Seite 2:
Das Schloß einer Luftbüchse, die wahrscheinlich von J.G. Kolbe
für König Georg II. hergestellt wurde
(siehe auch Seite 129). Victoria and Albert Museum, London.

Seite 3:
Detail aus einem Stich aus dem 17. Jahrhundert
von Jacob de Gheyn (siehe auch Seite 55).

Inhaltsverzeichnis

Bemerkungen des Herausgebers
(englische Ausgabe)

Dieses Buch zeichnet den technischen Fortschritt der Handfeuerwaffen nach, von der Erfindung des Schießpulvers bis hin zur Entwicklung der modernen vollautomatischen Gasdrucklader. Dieser Fortschritt war von vielen unterschiedlichen Faktoren bestimmt.

Bis zur Mitte des 19. Jahrhunderts gab es nur geringe technische Unterschiede zwischen den Waffen, die für jagdliche oder militärische Zwecke verwendet wurden. Fortschritte in den Methoden der Zündung und des Ladens, die Einführung der Züge und Verbesserungen bei der Munition entsprangen wie alles andere dem natürlichen Streben der Büchsenmacher, ihre Erzeugnisse zu vervollkommnen. Feuerwaffen wurden von Handwerkern hergestellt und solide Bauweise, technische Perfektion sowie sorgfältige Verarbeitung waren Wertnormen, die jeder Büchsenmacher traditionell anstrebte.

Dieser frühe Zeitabschnitt wird in dem ersten Teil des Buches behandelt.

Mit dem Aufkommen der modernen Kriegsführung und der Aufstellung von Massenheeren änderte sich das Bild vollkommen. Die Nachfrage nach großen Mengen von Waffen, die preiswert und schnell zu produzieren waren, führte zur Verdrängung der traditionellen Büchsenmacherkunst durch die Methoden der industriellen Massenfertigung. Die technische Entwicklung der modernen Handfeuerwaffen wurde auch sehr stark durch die militärischen Erfordernisse bestimmt. Diese Entwicklung wird im zweiten Abschnitt des Buches dargestellt.

Wenn das traditionelle Büchsenmacherhandwerk weiterlebt, so ist das bei der Herstellung von Jagdwaffen und in gewissem Umfang bei Faustfeuerwaffen der Fall. Heutige Jagdwaffen fallen unter eine besondere Kategorie.

Entweder repräsentieren sie die Beibehaltung traditioneller Fertigungsmethoden und Gestaltungsformen, oder sie zeigen die Übernahme von Prinzipien, die bei der Herstellung moderner Kriegswaffen entwickelt wurden. In jedem Falle haben sie nur wenig zu den Hauptentwicklungsströmen bei der neuzeitlichen Handfeuerwaffen-Entwicklung beigetragen. Aus diesem Grund bleiben sie in diesem Werk unberücksichtigt.

Nebenstehende Seite: Eine Abbildung aus der Handschrift »Belli Fortis« von Conrad Kyeser aus Eichstätt, verfaßt um 1400. Sie zeigt einen Schützen, der ein Handrohr abfeuert. Reproduktion der Handschrift aus der Universitätsbibliothek Göttingen.

Erster Teil

Die Ursprünge und die Entwicklung der Feuerwaffen

Erstes Kapitel

Handrohre und Luntenschloßwaffen

Die Serie von Abbildungen zeigt die Herstellung von Schießpulver gegen Ende des 14. Jahrhunderts. Aus einer zeitgenössischen deutschen Handschrift.

Wenngleich die Erfindung des Schießpulvers und die Entwicklung der Feuerwaffen einen weitreichenden Einfluß auf unsere ganze Zivilisation ausgeübt haben, so liegen doch deren Ursprünge im Dunkel der Geschichte verborgen. Die frühesten Zeugnisse dieser Erfindungen, die von zeitgenössischen Autoren als ein Werk des Teufels betrachtet wurden, sind häufig recht widersprüchlich, und sie liegen uns gewöhnlich nur in Form einer späteren Version einer früheren Quelle vor.

Leonardo da Vinci, der im frühen 16. Jahrhundert bedeutende Beiträge zur technologischen Entwicklung der Feuerwaffen leisten sollte, fertigte eine Zeichnung einer Dampf-Kanone, die »Eisenkugeln mit großem Lärm und mit gewaltiger Wucht« fortschleudern konnte. Er beschreibt sie als eine Erfindung des Archimedes. Das impliziert, daß den Griechen, wenn schon nicht das Schießpulver, so doch die Treibkraft des Dampfes bekannt gewesen sein muß. Im 18. Jahrhundert wurde eine recht kuriose Theorie von zwei Gelehrten vertreten, die erklärten, das Schießpulver sei von den Hindus in Indien erfunden worden.

Bereits im 16. Jahrhundert wurde der Beitrag der Chinesen an der Entwicklung des Schießpulvers als gesichert angesehen. William Camden führt in seinem Werk *»Britannia«*, das im Jahre 1586 erschien, aus: »Einige haben die lange Seereise nach China, dem entferntesten Teil der Erde unternommen, um von dort die da erfundenen Kanonen herbeizuschaffen.« Die Erkenntnis, daß es sich bei dem Schießpulver um eine chinesische Erfindung handelt, basiert auf einer Anzahl militärischer Abhandlungen, die diese beschreiben.

In einigen Fällen werden auch Vorrichtungen illustriert, in denen Schießpulver verwendet wird. Eine dieser Abhandlungen, das *»Wu Ching Tsung Yao«* aus dem Jahre 1040, beschreibt, was im Grunde als ein Feuerwerk bezeichnet werden kann. Der nächste schriftliche Hinweis liegt lediglich als eine Kopie aus dem 15. Jahrhundert vor, zu dem möglicherweise noch Ergänzungen hinzugefügt wurden, so daß es sich nicht um ein verläßliches Beweisstück handelt.

Gelehrte und Kenner dieses Gebietes aus unserer Zeit haben sorgfältig die Hinweise in chinesischen Schriften untersucht, und sie sind zu dem Ergebnis gekommen, daß den Chinesen Anfang des 11. Jahrhunderts eine Art Schießpulver bekannt gewesen sein muß.

Mitte des 13. Jahrhunderts wurde es dazu verwendet, Geschosse aus ausgehöhlten Bambusstücken zu schleudern. Zu der Zeit wurde die Entdeckung wahrscheinlich nach Europa gebracht, möglicherweise durch die Araber über das maurische Spanien. Ihre Schriften auf dem Gebiet der Medizin und technischer Erfindungen wurden viel gelesen.

Vorhergehende Seite: Eine Illustration aus Diebold Schillings »Chronik der Stadt Bern«, fertiggestellt im Jahre 1483. Aus einer Reproduktion der Handschrift, Bürgerbibliothek, Bern.

Einige Manuskripte, die im 13. Jahrhundert von Roger Bacon, einem Franziskanermönch, der in Oxford wirkte, verfaßt wurden, enthalten Hinweise auf die Existenz von Schießpulver. Sie werden allgemein als die frühesten, verläßlich datierbaren schriftlichen Quellen darüber in Europa angesehen. Er war auch der Autor verschiedener Abhandlungen über Alchemie und Philosophie. In drei seiner Werke wird der Bereich des Schießpulvers angesprochen. Leider erfolgen zwei Hinweise auf das Schießpulver in Form von Anagrammen – das sind Buchstabenversetzrätsel. Ihre Interpretation ist noch immer Gegenstand von Kontroversen. In einer Kopie von Bacons *»De Secretis Operibus Artis et Naturae, et de Nullitate Magicae«* aus dem 17. Jahrhundert befindet sich ein Anagramm, das entschlüsselt wurde, um eine praktikable Formel zur Herstellung von Schießpulver zu gewinnen. Eine andere Form des Anagramms – es ist bis jetzt ungelöst – enthält die Kopie des selben Werkes aus dem 15. Jahrhundert, die sich im Britischen Museum befindet. Da man weiß, daß das Original um das Jahr 1260 verfaßt wurde, müßte es sich um den frühesten europäischen Nachweis des Schießpulvers handeln. Leider befindet sich das vollständige Anagramm nicht in der einzigen bekannten Abschrift aus dem 13. Jahrhundert, und man darf daher annehmen, daß die Angaben nicht denen entsprechen, die Bacon normalerweise verwendete.

Das *»Opus Maius«* aus dem Jahre 1267 und das *»Opus Tertius«* um etwa 1268 enthalten jedoch direkte Hinweise auf das Schießpulver und seine Eigenschaften. Im zweiten Werk beschreibt Bacon tatsächlich ein Feuerwerk. Er bezeichnet es als ein »Kinderspielzeug, feurig und geräuschvoll, das in verschiedenen Gegenden der Erde hergestellt wird«. Bacon beschreibt, wie Pulver aus Salpeter, Schwefel und Holzkohle aus Haselnußzweigen »in eine Vorrichtung aus Pergament in Größe und Form eines Fingers« eingeschlossen werden müsse. Bacon zufolge könne eine solche Vorrichtung »solch einen Lärm verursachen, daß er die Ohren der Menschen, die davon unvermutet getroffen würden, ernsthaft schädigen könnte«. Das abschließende Urteil dieser Textpassage enthält durchaus besorgte Überlegungen über das Wirkungspotential des Schießpulvers: »Wenn das Behältnis aus festerem Material gefertigt wird, so müßte die Gewalt der Explosion sehr viel größer sein.« Diese genaue und anschauliche Einschätzung des Pulvers und der Wirkung desselben läßt vermuten, daß Bacon das »Kinderspielzeug«, das er beschreibt, tatsächlich gesehen hat. Man darf ferner annehmen, daß er seine Möglichkeiten richtig beurteilen konnte.

Außer in den Schriften von Roger Bacon, findet das Schießpulver auch in anderen europäischen Texten aus der gleichen Epoche Erwähnung. Ein Buch

mit dem Titel *»Liber Ignium Ad Comburendos Hostes«* (Das Buch über die Feuer, um damit die Feinde zu verbrennen) von Marcus Graecus – das Original wurde, wie man annimmt, bereits im 8. Jahrhundert verfaßt – beschreibt den Gebrauch von Schießpulver in Raketen, bei denen es sich wahrscheinlich um Knallkörper handelte. Es sind keine Texte bekannt, die noch vor etwa 1300 entstanden und es wird allgemein angenommen, daß Erwähnungen, die sich auf das Schießpulver beziehen, später eingeschoben wurden.

Eine andere bekannte Quelle für Schießpulverrezepte ist das Buch *»De Mirabilibus mundi«*. Man schreibt die Autorenschaft Albertus Magnus zu, der 1280 in Köln starb. Einige der Rezepturen entsprechen denen, die man im *»Liber Ignium«* von Marcus Graecus fand, und es ist keineswegs sicher, daß Albertus Magnus der Urheber war, da die uns überkommenen Ausgaben des Buches viel späteren Datums sind. Weder das *»Liber Ignium«* noch das *»De Mirabilibus Mundi«* können als verläßlich datierbare Quellen betrachtet werden. Es ist wahrscheinlich, daß der eine vom anderen abgeschrieben hat. Welches Werk nun das Original ist, läßt sich nicht mehr ausmachen.

Es ist bezeichnend, daß nahezu jede frühe Beschreibung des Schießpulvers, abgesehen jener der Chinesen, dessen Möglichkeit erwähnt, Geschosse anzutreiben. Einige Autoritäten halten ein arabisches Manuskript, welches in einem Museum in Leningrad aufbewahrt wird, für die früheste Darstellung, die den Gebrauch von Schießpulver in einer Kanone zeigt. Es wird angenommen, daß das Original aus der Zeit um 1300 stammt, während die Leningrader Kopie, die sich nur ungenau datieren läßt, etwa 180 Jahre später entstanden sein dürfte.

Sie zeigt Soldaten, wahrscheinlich Mongolen, die Feuerwaffen verwenden. Eine der Illustrationen zeigt etwas, was wie eine hölzerne Röhre aussieht, die Pfeile und eine Treibladung enthält. Der zugehörige Text erläutert, wie die Röhre zu einem Teil mit Schießpulver zu füllen ist und wie sie dazu benutzt werden könne, sowohl Pfeile als auch andere Geschosse abzuschießen. Ein anderes Bild zeigt einen bärtigen Krieger, der eine Vorrichtung hält, die den späteren Handrohren sehr ähnlich ist. Es handelt sich um ein Rohr, das mittels langer, herabbaumelnder Stricke an einem Pfahl befestigt ist. Wenn die spätere Kopie dieses Manuskriptes originalgetreu ist, so wäre das eine der frühesten bildlichen Darstellungen einer Kanone oder Feuerwaffe.

Sollten die Chinesen um die Mitte des 13. Jahrhunderts Kenntnis von der Treibkraft des Schießpulvers gehabt haben, würde das bedeuten, daß diese Entdeckung schon um 1300 in arabischer Hand war.

Die Hauptverbindungen zwischen dem Islam und dem Westen in dieser Zeit fanden auf dem Boden des maurischen Spanien statt. Es gibt eine Anzahl interessanter früher Hinweise auf den Gebrauch von Schießpulver in spanischen Schriften. Die Originaldokumente sind verlorengegangen, und der Forscher muß sich auf spätere Versionen dieser Texte verlassen. Eine Abschrift der Chronik von Alfonso XI., die 1551 in Valladolid gedruckt wurde, gibt Hinweise auf den Gebrauch durch die Mauren, die »viele Eisenkugeln« bei der Belagerung von Algeciras im April 1343 »mit Hilfe von Kanonen fortschleuderten«. Obwohl es sich bei diesem Zeugnis aus dem 14. Jahrhundert um eine Kopie aus dem 16. Jahrhundert handelt, so ist es doch von Interesse zu vermerken, daß ein weiteres Schriftstück aus Spanien – *»El Poema de Alfonso Onçeno«*, das sich in der Bibliothek des Escorial befindet – ebenfalls zwei Hinweise auf den Gebrauch von Artillerie vor Algeciras im Jahre 1343 gibt.

Der eine beschreibt den Herrscher der Mauren, wie er seinen Sohn Abdalla anleitet, »Futter« zu tragen – und was als »la polvora para el trueno« – Pulver für die Kanone – zu bezeichnen ist. Aus diesen und anderen Zeugnissen läßt sich schließen, daß die Mau-

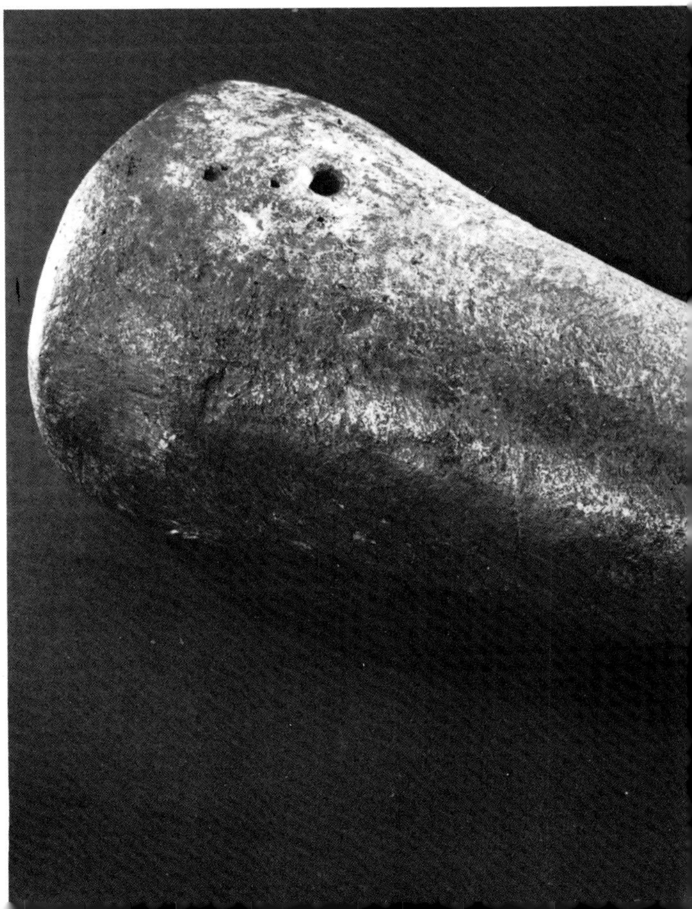

ren um die Mitte des 14. Jahrhunderts über eine gut entwickelte Artillerie verfügten.

Das Jahr 1326 liefert uns zwei wichtige Dokumente zur Frühgeschichte der Feuerwaffen. In diesem Jahr wiesen Mitglieder des Rates von Florenz darauf hin, daß »Pfeile oder Eisenkugeln und Metallkanonen« zur Verteidigung der Republik Florenz hergestellt werden sollten. Ebenfalls im Jahre 1326 vollendete Walter de Milemete eine künstlerisch illustrierte Schrift für Edward III. von England. Dieses Buch mit dem Titel *»De Nobilitatibus, pientiis et prudentiis Regum«*, datiert 1326, war eine Lehrpredigt, die sich mit den Pflichten und Verantwortlichkeiten der Herrscher befaßte. Eine Illustration zeigt eine Kanone, geformt wie eine Vase. Sie ist auf einem flachen Brett plaziert, das auf Blöcken aufliegt. Ein Pfeil oder Bolzen ist in der Mündung erkennbar. Ein Ritter in einer Rüstung nähert ein wenig ängstlich der Öffnung des Behälters eine brennende Lunte.

Ein Manuskript im Britischen Museum, das wahrscheinlich auch von Walter de Milemete stammt, zeigt eine ebenso geformte Kanone mit einer Gruppe zitternder Gestalten, die darauf warten, daß sie feuert. Bei diesen Waffen handelt es sich wohl um »Eisentöpfe zum Verschießen von Pfeilen«, wie es in zeitgenössischen Dokumenten heißt. Die eigenartig bauchige Form ergab sich aus der Notwendigkeit, eine große Menge soliden Metalls an der Stelle zu haben, wo die Explosion besonders angriff, und das war am Bodenstück der Kanone. Die zitternden Ritter beobachten ihren mutigeren Gefährten, der seine Lunte der Kanone nähert, wohlwissend, daß es sich dabei um ein gefährliches Unternehmen handelt. Im Jahre 1861 wurde eine kleine, flaschenförmige Kanone aus Bronzeguß – die in der Gestalt derjenigen aus Milemetes Manuskript ähnelt – bei einer Ausgrabung in Loshult, Schweden, ans Tageslicht befördert. Die geringe Größe der Waffe läßt darauf schließen, daß sie aller Wahrscheinlichkeit nach für den Gebrauch von Hand gedacht war. Es zeigen sich keine äußeren Merkmale, die dazu dienten, die Waffe an einem Stock oder Schaft zu befestigen. Es erscheint daher wahrscheinlich, daß die Waffe entweder mit Ringen an einem Stock befestigt war, die in der Zwischenzeit verlorengegangen sind, oder aber, und das ist eher möglich, sie ruhte einfach in einem hölzernen Rahmen. Milemetes Schrift im Britischen Museum zeigt ja tatsächlich etwas, das wie solch ein hölzerner Rahmen aussieht.

Zwischen 1326 und dem Ende des 14. Jahrhunderts fehlen bildliche Darstellungen von Kanonen fast vollständig. Das hat einige Sachverständige zu der Annahme bewegt, daß die Illustrationen in dem Milemete-Manuskript nachträglich eingefügt sein könnten. Heutige Wissenschaftler gehen jedoch davon aus, daß die Illustrationen tatsächlich zeitgenössisch sind.

Durch die Entdeckung einer Anzahl bisher unveröffentlichter Darstellungen von Belagerungskanonen, ist in diese sonst im dunkeln liegende Zeit doch etwas Licht gefallen. Es stammt aus englischen und französischen Schriften des 14. Jahrhunderts. Eine dieser Illustrationen in einem französischen Manuskript, das wahrscheinlich vor 1397 geschrieben wurde, zeigt einen Soldaten, der eine Kanone abfeuert. Sie gleicht in der Bauart jener Eisenkanone mit »Ringkonstruktion«, die von den Befestigungswerken des Bodiam Castle stammt und die sich nun in der Rotunda (Kuppelbau) von Woolwich befindet.

Für den Anfang des Jahrhunderts sind wir auf schriftliche Zeugnisse angewiesen. Glücklicherweise wurden im Jahre 1911 eine bedeutende Anzahl von Auszügen aus den *»Privy Wardrobe Accounts«* veröffentlicht, worin Bezug auf Schießpulver und die entsprechenden Waffen genommen wird. Bei der *»Privy Wardrobe«* handelt es sich um eine Dienststelle der englischen Krone, die mit der gesamten Beschaffung der Waffen für die königlichen Streitkräfte befaßt war. Die Rechnungslisten enthalten Hinweise auf Zahlungen, die im Jahre 1345 für die Reparatur von *»gunnis*

Eine der frühesten erhalten gebliebenen Feuerwaffen ist diese Bronzekanone aus Loshult in Schweden, datiert um das Jahr 1300. Sie befindet sich jetzt im Historischen Nationalmuseum, Stockholm.

Eine frühe Feuerwaffe aus Eisen ist dieses Handrohr von Vedelspang, eine deutsche oder dänische Arbeit aus der Zeit um 1400; Tøjhusmuseet, Kopenhagen.

cum saggitis et pellotis« – Kanonen mit Pfeilen und Kugeln – geleistet wurden. Für das Jahr 1388 findet sich ein Hinweis auf *»111 canones parvos vocatos handgunnes«* – es scheint, daß es sich hier um das früheste überlieferte Zeugnis für Handrohre handelt. Aufzeichnungen über die Beschaffung von Schießpulver beweisen, daß es anfangs außerordentlich teuer war. Im Jahre 1346 kaufte William of Staines 1600 Pfund zum Preis von 18 Pence pro Pfund. Aber bereits 1449 zahlte ein gewisser William Cantlow lediglich 8 Pence. Der Hauptgrund für den zunächst so hohen Preis lag wahrscheinlich an der Knappheit des Salpeters.

Vielbeschäftigte Schreiber von Inventurlisten und Rechnungen hatten im späten Mittelalter wohl selten die Zeit, sich in aller Ausführlichkeit der Beschreibung der Objekte zu widmen, die sie gerade auflisteten; so wissen wir nur sehr wenig über das tatsächliche Erscheinungsbild der Kanonen, die sie verzeichneten. Die meisten der noch erhaltenen Kanonen, die aus der Zeit vor 1400 stammen, sind ohne Verzierungen. Es gibt jedoch eine Kanone aus dieser Zeit, die besonders verschwenderisch verziert ist. Es handelt sich um eine Bronzekanone aus dem späten 14. Jahrhundert, die sich im Nationalmuseum für Geschichte in Stockholm befindet.

Die Waffe wurde in der See vor Mörkö in Schweden gefunden. Sie trägt in gotischen Schriftzügen vor einem kreuzförmig schraffierten Untergrund die Inschrift »Maria plea« und »Hielp Got help uns«. Am Laufende befindet sich eine Skulptur, die einen bärtigen Mann darstellt. Unmittelbar unter dieser Figur ist ein kräftiger Haken ausgebildet. Es gibt zahlreiche Hinweise in Verzeichnissen aus dem 15. Jahrhundert auf »Hakenbüchsen«, und es ist sehr wahrscheinlich, daß es sich hier um ein solches Exemplar handelt.

Ein weiteres frühes Handrohr, dem vorgenannten ähnlich, allerdings ohne jegliche Verzierung, befindet sich im Germanischen Museum in Nürnberg. Diese Waffe ist von Interesse, weil sie in der hessischen Schloßruine Tannenberg gefunden wurde. Das Schloß wurde bekanntlich im Jahre 1399 zerstört.

Die meisten übrig gebliebenen frühen Handrohre sind aus Bronze, es gibt aber auch einige aus Eisen. Das bekannteste wurde in Vedelspang in Schleswig gefunden. Wie die Waffe aus Tannenberg, wurde diese in den Ruinen einer Burg entdeckt, die im Jahre 1426 zerstört wurde. Das Handrohr aus Vedelspang besteht aus Eisen. Das Ende ist in Form eines langen Eisenstockes mit einem konischen Knopf ausgezogen. Mittels eines Eisenbandes um den Lauf ist ein Haken angefügt. Der Knopf diente vielleicht dazu, zu verhindern, daß sich die Waffe beim Abfeuern in den Untergrund eindrückte.

Nur wenige frühe Feuerwaffen sind mit ihren originalen Schäften erhalten geblieben. Im Historischen Museum in Bern befinden sich einige Handrohre, von denen man annehmen darf, daß sie sich im Originalzustand erhalten haben. Die Waffen lassen sich auf die Zeit um 1400 datieren.

Sie sind entweder mit Ringen, die Schaft und Lauf

Dieses Handrohr aus Bronze wurde im Meer vor Mörkö in Schweden gefunden. Deutsche Arbeit aus dem späten 14. Jahrhundert, Historisches Nationalmuseum, Stockholm.

Nebenstehende Seite, oben: Handrohre mit Holzschaft aus der Schweiz, hergestellt um 1400. Das obere Exemplar ist eine »Hakenbüchse«, Historisches Museum, Bern. **Unten:** Eine berühmte Kanone aus den Anfängen der Artillerie – die »Mons Meg« von Edinburgh, gefertigt in Mons in Belgien im Jahre 1449.

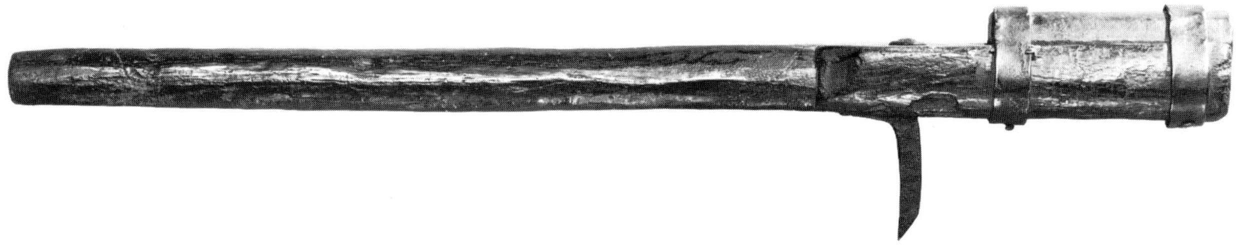

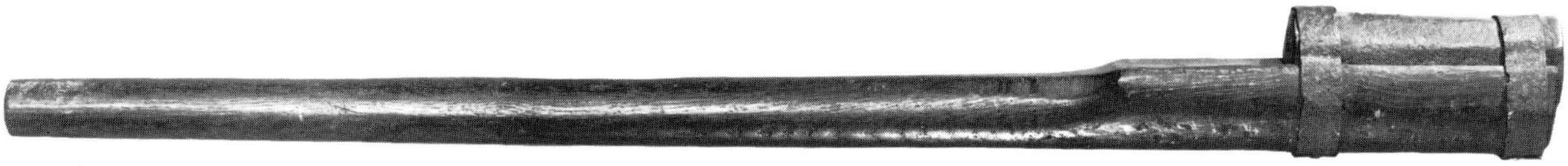

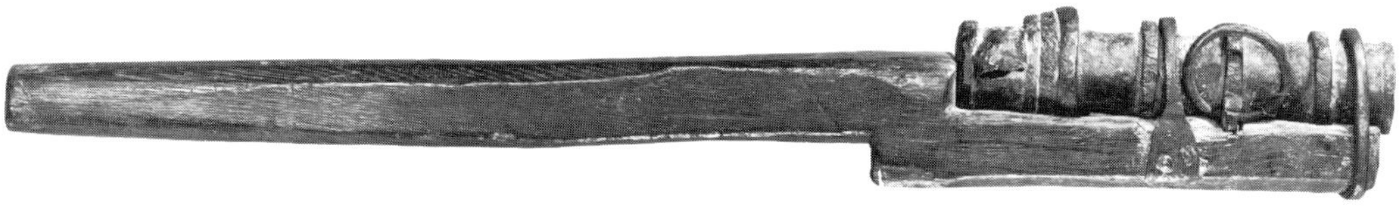

vollständig umfassen, an dicken Holzstöcken befestigt, oder daran angenagelt. Bei einem Exemplar aus Bern ist das Handrohr in der Weise geschäftet, in dem zu diesem Zweck in den Schaft eine Aussparung eingeschnitten wurde. Es ist interessant darüber zu spekulieren, wie der Rückstoß einer solchen Waffe gewesen sein könnte, falls er überhaupt vorhanden, bzw. spürbar war.

Zahlreiche Feuerwaffen, bei denen um 1400 die Läufe mit Haken oder starken Ringen versehen waren, um sie so an den Schäften zu befestigen, lassen vermuten, daß das Schießpulver so leistungsfähig geworden war, daß eine solche Vorsichtsmaßnahme notwendig wurde. Eine der Eisenkanonen aus Bern ist aus einer Anzahl von Rohren zusammengesetzt, die durch dicke Eisenringe zusammengehalten werden, welche in weißglühendem Zustand über die Rohre geschoben wurden. Das berühmte Geschütz »Mons Meg« im Schloß in Edinburgh aus dem 15. Jahrhundert, ist auf die gleiche Weise hergestellt worden. Die Geschichte von »Mons Meg« macht deutlich, wie wertvoll Archive für den Militärhistoriker sein können. Sorgfältige Nachforschungen in den Hauptrechnungsbüchern des Herzogs von Burgund brachten zutage, daß die »mons Meg« für Herzog Philipp den Guten von Burgund im Juni des Jahres 1449 von Jehan Cambier, dem Hauptlieferanten für das Geschützwesen, in Mons (Belgien) gefertigt wurde. Im Jahre 1457 befahl der Herzog, daß das Geschütz über den Hafen von Sluys nach Schottland zu verschiffen sei, um bei den »Affären« James II. von Schottland »behilflich« zu sein. Seit der Zeit verblieb es dort. Im Verlaufe seiner langen Geschichte ist dieses mächtige Geschütz mit zahllosen Beinamen versehen worden, angefangen bei einer Beschreibung in einem Geschützverzeichnis aus dem Jahre 1578, als »ane grit peice, of forgit yron callit Mons« – ein großes Stück gegossenes Eisens, genannt Mons – bis hin zu einem Verzeichnis der Artillerie von Edinburgh Castle, in dem es als »the great Iron Murderer called Muckle Meg« (der große eiserne Mörder, genannt Muckle Meg) beschrieben wird. Im Jahre 1497 wurde das Geschütz in einer feierlichen Prozession nach Holyrood House geschafft. Es wurde bald zu einem Symbol für die Unabhängigkeit Schottlands.

Eine Anzahl von Darstellungen in Schriften des 15. Jahrhunderts zeigen, wie Handrohre benutzt wurden. Die prächtige Abbildung einer Wagenburg aus

Die Abbildungen aus einer Handschrift von 1410 zeigen einen Mann, der Schießpulver zermahlt, einer hält ein Handrohr, ein anderer feuert es ab. Kodex 34; Reichsbibliothek, Wien. **Unten:** Eine Wagenburg aus einer prachtvollen Handschrift des Jahres 1437. Codex Vindobana 3062; Österreichische Nationalbibliothek, Wien.

einer Schrift von 1437 zeigt ein Ereignis aus den Hussiten-Kriegen, bei dem Johann Ziska, Anführer des böhmischen Bauernheeres den deutschen und ungarischen Heeren eine Niederlage zufügt. Man erkennt einen Soldaten, der mit einem Handrohr bewaffnet ist, wie er von der Seite eines schützenden Wagens gerade feuert, weitere Kanonen sind oberhalb zu sehen. Der Schütze hält den Schaft mit der linken Hand. Es sieht so aus, als ziele er, in dem er am Lauf entlang blickt.

Eine weitere interessante Darstellung aus einer Handschrift zeigt nicht nur die Verwendung eines Handrohres, sondern daneben noch ein großes Geschütz. Es handelt sich um ein Schriftstück aus den Werken von Quinte-Curce, datiert 1468, das sich im Britischen Museum befindet. Eine Anzahl gewappneter Krieger greifen die Mauern einer Burg an. Die langen Schäfte haben die Männer unter ihren rechten Arm geklemmt, während sie mit der linken Hand den Lauf halten. Die Soldaten setzen ihre rechte Hand ein, um brennende Lunten an das Zündloch zu halten. Die große Kanone ist aus zwei Teilen gefertigt und sie wird von einem großen Holzbock gestützt.

Um das Jahr 1400 erfolgte eine technische Verbesserung, die es den Schützen ermöglichte, beim Zielen und Halten der Waffe beide Hände zu benutzen.

Das war die Erfindung des Serpentinen-Schlosses oder des Luntenhalters. Eine prächtige deutsche Handschrift aus dem Jahre 1411 zeigt uns diese Vorrichtung. Sie bestand aus einem Hebel in Form eines langgezogenen Z, dessen Drehpunkt durch den Schaft lief. Die glimmende Lunte wurde in einem Loch am vorderen Ende befestigt. Wurde nun der lange Hebel an der Unterseite gegen den Schaft gedrückt, so kam die Lunte automatisch an das Zündloch heran. Diese Verbesserung gestattete es dem Schützen, nicht nur seine Waffe mit beiden Händen fest zu umklammern, sie befreite ihn auch von der Unannehmlichkeit, über einen längeren Zeitraum hin die brennende Lunte halten zu müssen. Die Idee zu dem Serpentinen-Schloß stammt möglicherweise von der sehr ähnlichen Abzugsvorrichtung, die man bei der Armbrust findet.

Eine weitere Verbesserung, die bereits im 14. Jahrhundert eingeführt wurde, war die Verwendung einer primitiven Zündpfanne, die das Pulver für die Zündung aufnahm. Bei der Waffe von Loshult besteht die Pfanne lediglich aus einer Vertiefung um das Zündloch herum. Jedoch besitzt das Handrohr von Mörkö bereits eine quadratische Pfanne mit einer schüsselförmigen Vertiefung in der Mitte, wobei die Pfanne über den Lauf selbst etwas hinausragt. Obwohl das Serpentinenschloß ein wichtiger technischer Schritt nach vorn war, wurden daran im Verlauf des gesamten 15. Jahrhunderts Verbesserungen vorgenommen. Im letzten Viertel des Jahrhunderts wurde die Idee von dem langgezogenen Z-förmigen Hebel zugunsten des sogenannten Luntenschnappschlosses aufgegeben. Der Hebel und die Zündpfanne wurden verlegt und auf einer flachen Platte angebracht, die seitlich am Schaft befestigt wurde. Der abwärts gebogene Hebel, der Hahn, wurde mit einem Klemmstück versehen, in dem der Zunder oder die Lunte gehalten wurde. Die Lunte wurde durch Federdruck in die Zündpfanne gedrückt.

Die Feder selbst war an der Innenseite der Schloßplatte montiert. Auf dem Hahnrücken befand

Nebenstehende Seite: Diese Illustration einer Handschrift – eine Arbeit von Quinte Curce, vollendet 1468 – zeigt Krieger, ausgerüstet mit Handrohren, wie sie eine Burg belagern und angreifen; Britisches Museum, London.

Ein wichtiger technischer Fortschritt im 15. Jahrhundert war die Erfindung des Serpentinen- oder Luntenschlosses. Feuerwaffen, die mit diesen Schlossen ausgestattet sind, finden sich in zahlreichen zeitgenössischen Handschriften. Links eine Abbildung aus einer Handschrift von Froissart aus dem Jahre 1468. Sie befand sich früher in der Staatsbibliothek Breslau. **Unten:** Illustration aus einer Handschrift von 1411. Codex Vindobana 3069; Österreichische Nationalbibliothek, Wien.

Eine Landsknecht-Muskete aus Bronze, Deutschland um 1500; aus der Sammlung des Herzogs von Braunschweig.

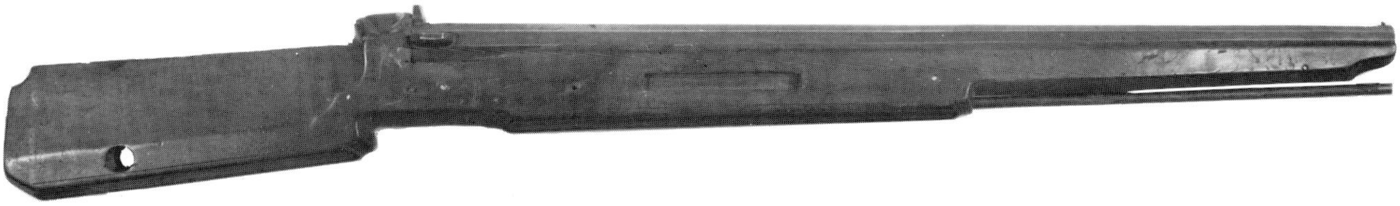

sich ein Vorsprung. Wurde der Hahn von der Zündpfanne zurückgezogen, so wurde dieser Vorsprung durch einen federnden Bolzen oder einen Schnapper festgehalten, der seitlich durch die Schloßplatte geführt war. Der Halt des Schnappers wurde gelöst, indem eine Art Knopf an der Schloßplatte gedrückt wurde. Dabei wurde der Hahn mit dem glimmenden Zunder oder der glimmenden Lunte durch die Kraft der Feder in die Pulverpfanne gepreßt.

Eine beliebtere Form des Luntenschlosses war das Abzugsstangenschloß. Bei diesem Schloßtyp stand der Hahn von der Zündpfanne ab. Ein Hebel unterhalb des Schaftes – ähnlich wie beim Serpentinenschloß – war durch weitere Hebel mit dem Hahn verbunden, der in die Zündpfanne gedrückt wurde, wenn man den unteren Hebel in Richtung Schaft zog. Diese Art Schloß blieb, besonders für militärische Feuerwaffen, bis in das späte 17. Jahrhundert hinein verbreitet. Um die Mitte des 15. Jahrhunderts wurde nicht nur das Schloß auf die Seite des Schaftes verlegt, sondern auch das Zündloch und die Zündpfanne, die nun oft mit einer flachen Deckplatte versehen wurden, die von Hand zur Seite geschoben werden konnte, um das Pulver einzufüllen. Dieser Deckel schützte das Pulver vor Regen oder Wind.

Verschiedene frühe Darstellungen von Handfeuerwaffen, die abgefeuert werden – so etwa die Illustration der Wagenburg – zeigen die Schützen, wie sie an den Läufen ihrer Waffen entlangzielen. Nun, nachdem das Schloß zur Seite der Waffe verlegt worden war, stellte sich heraus, daß der runde Stock, der bislang als Schaft gedient hatte, unbequem war. Im Laufe des 15. Jahrhunderts wurde ein neuer Schafttyp entwickelt, der so gestaltet war, daß man ihn an der Schulter oder an der Wange anlegen konnte.

Die allgemeine Bezeichnung für diesen Schafttyp ist »Landsknechtschaft« in englischsprechenden Ländern »Lanzknecht stock«, da in sehr vielen bildlichen Darstellungen Landsknechte aus dem späten 15. Jahrhundert und dem Beginn des 16. Jahrhunderts Waffen mit sich führen, die mit solch einem Schaft versehen sind. Der typische Landsknechtschaft ist aus einem langen flachen Stück Holz gefertigt, das sich zur Mündung hin verjüngt. Im Gegensatz zu den früheren Schäften stützt das Holz die gesamte Länge des Laufes.

Gegen Endes des 15. Jahrhunderts wurde die Art der Befestigung des Laufes am Schaft verbessert. Von da an wurde er nicht mehr mit umlaufenden Ringen befestigt. Die meisten Läufe hatten nun an der Unterseite vorspringende Ösen, durch die Löcher gebohrt waren. Durch den Schaft um diese Ösen führten Stifte, die beide Teile fest miteinander verbanden. Die Abbildungen aus Diebold Schillings Chronik von Bern, die im Jahre 1483 fertiggestellt wurde, zeigt Soldaten, die mit solchen Waffen ausgerüstet sind.

Wenn wir auch keine detaillierten Berichte aus der Zeit über die Eigenschaften der ersten Feuerwaffen und der Wirksamkeit des Schießpulvers besitzen, so wurden doch in der letzten Zeit einige recht interessante Versuche mit Nachbauten von Handrohren des 14. und 15. Jahrhunderts durchgeführt. Für das Experiment wurde das Schießpulverrezept zugrunde gelegt, das Albertus Magnus in *»De Mirabilibus Mundi«* angibt, nämlich sechs Teile Salpeter, zwei Teile Holzkohle und ein Teil Schwefel. Die Mündungsgeschwindigkeit und die Durchschlagskraft wurden gemessen, dazu noch die Schußgenauigkeit. Die erzielten Ergebnisse sind recht aufschlußreich.

So fand man heraus, daß Schießpulver eine weitaus explosivere Mischung darstellt und somit ein kraftvolleres und wirksameres Treibmittel ist, wenn

Dieser Holzschnitt von Hans Sebald Beham aus dem 16. Jahrhundert zeigt einen typischen Landsknecht-Schaft. Der Landsknecht lädt gerade seine Waffe.

Links und gegenüberliegende Seite: Illustrationen aus Diebold Schillings »Berner Chronik«, vollendet im Jahre 1483. Sie zeigen Krieger, die mit Lanzen, Armbrusten und Feuerwaffen bewaffnet sind. Aus einer Reproduktion der Handschrift, die sich in der Bürgerbibliothek in Bern befindet.

die einzelnen Bestandteile vor dem Mischen befeuchtet und die Mischung erst dann getrocknet wird. Die Explosion der Mischung kann völlig ausbleiben, wenn sie nicht ordentlich festgestampft ist. Die langen Schäfte der ersten Feuerwaffen mögen diesen Vorgang durch die Stabilität unterstützt haben. Wurde der Lauf länger gemacht, so erhöhte sich die Mündungsgeschwindigkeit beträchtlich. Obwohl die Rekonstruktion der Waffe durch Eisenklammern an einem stabilen Rahmen befestigt war, reichte die Präzision nur für etwa 10 Meter. Die Experimente ließen erkennen, daß die Entdeckung des gekörnten Pulvers – d. h. die Befeuchtung des Pulvers für das Mischen, das Sieben und Trocknen – den größten Einfluß auf die tatsächliche Bauweise der ersten Feuerwaffen gehabt haben muß.

Ein weiteres, wesentliches Element bei der Weiterentwicklung des Schießpulvers war die Entdekkung, daß Salpeter – bis dahin aus natürlichen Vorkommen wie in Kellern und Ställen erzeugt – künstlich in »Salpeter-Betten« produziert werden konnte. Eine deutsche Handschrift aus dem Jahre 1495 beschreibt die Bereitung eines solchen Bettes. Es bestand aus Erde, Mist, Jauche und Kalk, wobei durch chemische Umsetzung Salpeter erzeugt wurde.

Keine Geschichte über die Ursprünge der Feuerwaffen wäre vollständig, ohne die Erwähnung jenes mysteriösen Mönches namens Berthold Schwarz. Folgt man den Überlieferungen, die in Deutschland bis in das frühe 15. Jahrhundert zurückreichen, war Berthold ein Mönch, möglicherweise griechischer oder dänischer Herkunft, der sich für bestimmte Bereiche der Alchemie interessierte und sich damit beschäftigte. Seine Nachforschungen führten ihn dazu, Experimente mit Quecksilber, Schwefel und Salpeter anzustellen, in der Absicht, Gold zu machen.

Eine Version der Legende berichtet, wie er diese Mischung erhitzte und zu seinem größten Schrecken erleben mußte, daß die dabei erfolgende Explosion sein Laboratorium zerstörte. Eine andere Geschichte erzählt, daß Berthold die Absicht gehabt habe, die Aussage des Aristoteles zu überprüfen, daß Substanzen heißer und kalter Natur nicht miteinander vermischt werden sollten. Er vermengte Schwefel, Salpeter und Holzkohle in einem Mörser und stellte ihn auf ein Feuer. Die Explosion überzeugte Berthold nicht nur von der Weisheit des Aristoteles, sondern sie führte ihn auch dazu, Überlegungen bezüglich der potentielle Zerstörungskraft der Mischung anzustellen, mit der er da experimentiert hatte.

Nächste Seite: Der Mönch Berthold Schwarz bei seinem Experiment in der Alchimistenkammer. Häufig wird er als Erfinder des Schießpulvers genannt. Aus »The Gun and its Development« von W. W. Greener, 1910.

Zweites Kapitel

Das Radschloß

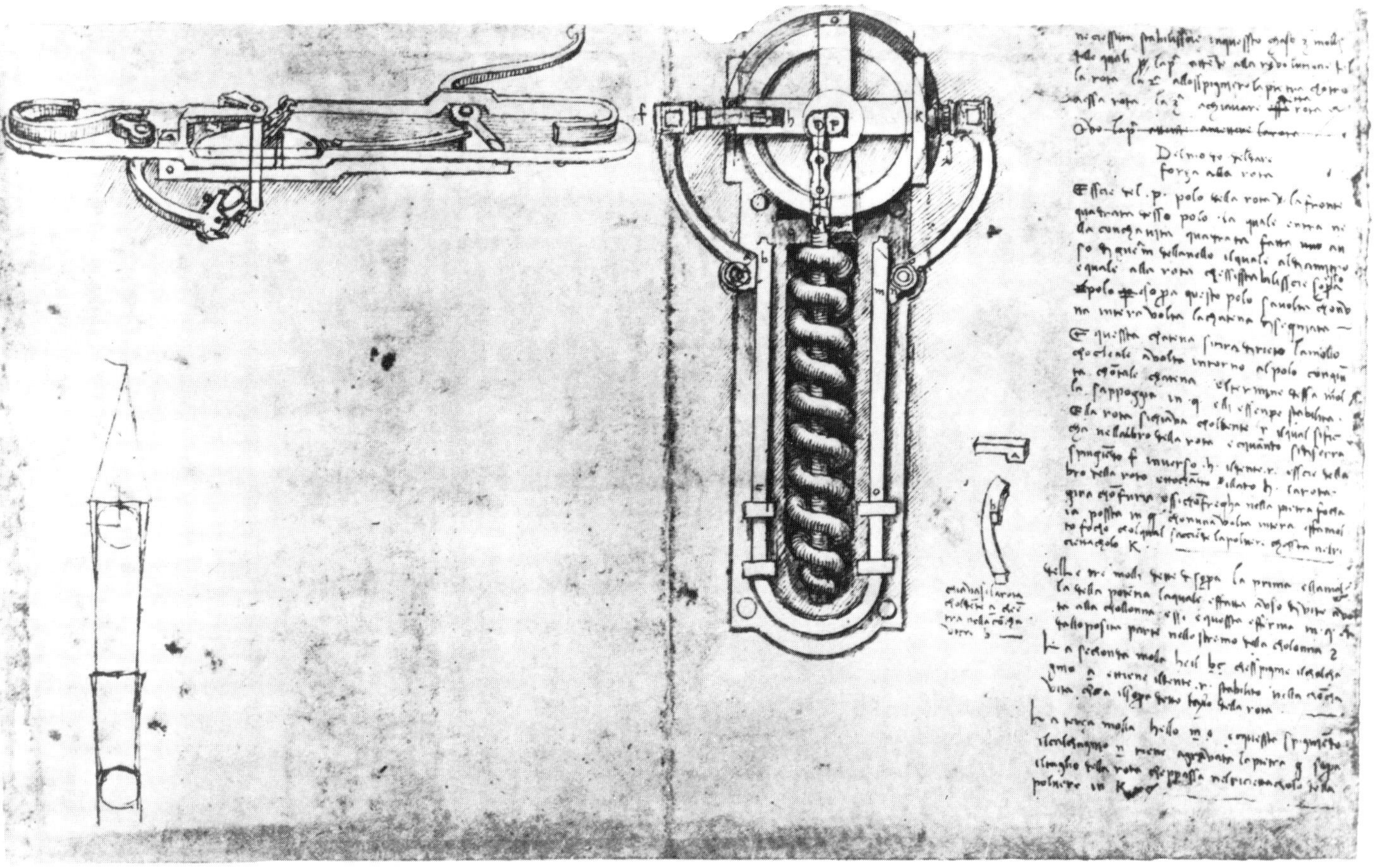

Die ersten 200 Jahre in der Geschichte der Feuerwaffen waren für die Entwicklung der Grundelemente, wie der Waffe selbst und dem Schießpulver, von Bedeutung. Das Schwergewicht im 16. Jahrhundert lag in der wirkungsvollen Verbesserung der mechanischen Elemente.

Im Verlaufe dieses Jahrhunderts wurden zwei bedeutsame Erfindungen gemacht, die nicht nur großen Einfluß auf die Entwicklung der Feuerwaffen, sondern auf den gesamten Bereich der Kriegsführung ausübten. Als erstes wäre die Erfindung des Radschlosses zu nennen, die um das Jahr 1500 erfolgte. In den Grundzügen funktionierte das Radschloß wie ein altmodisches Feuerzeug. Einige Stücke Eisenpyrit wurden von Eisenklauen (Hahnlippen) gegen ein gezähntes Rad gedrückt, das gegen eine Feder aufgezogen war. Wenn das Rad freigegeben wurde, drehte es sich rasch und erzeugte Funken, die in das Pulver sprühten und somit die Zündung bewirkten. Es gibt zwei Theorien bezüglich der Herkunft dieses Mechanismus. Die eine besagt, daß er von Leonardo da Vinci stamme, die andere meint, es handele sich dabei um die Erfindung eines unbekannten deutschen Büchsenmachers, der etwa um die gleiche Zeit gelebt habe. Der Grund, daß man die Urheberschaft Leonardo zuschreibt, basiert auf zwei Skizzen, die sich in dem berühmten Sammelband seiner Zeichnungen, dem *Codex Atlanticus* befinden, der in der Ambrosiana in Mailand aufbewahrt wird. Leider läßt sich die genaue Entstehungszeit dieser Zeichnungen nicht mehr feststellen, da einige Zeit nach Leonardos Tod im Jahre 1519 viele der Zeichnungen und Skizzen aus dem ursprünglichen Skizzenbuch herausgetrennt und zu einem Album zusammengestellt wurden. Dies brachte die chronologische Reihenfolge, die die Zeichnungen gehabt haben mögen, völlig durcheinander. Wir haben als Ergebnis eine ungeordnete Sammlung von Werken vorliegen, die in unterschiedlichen Perioden in Leonardos Schaffenszeit entstanden sind.

Es liegen etwa 4000 Zeichnungen unterschiedlichster Thematik vor, und das macht es schwierig, die Entstehungszeit einer bestimmten Zeichnung mit einiger Sicherheit zu ermitteln. Es ist angenommen worden, daß die beiden abgebildeten Radschlösser, die von Blatt 56 V b der Handschrift stammen, in der Zeit entstanden sind, als Leonardo in den Diensten Lodovicos, des Herzogs von Mailand stand. Also zwischen 1482 und 1499. Der einzige Grund für diese Annahme ist, daß man weiß, daß der Künstler während dieser bestimmten Periode militärisches Gerät für den Herzog konstruierte. Ein Wissenschaftler hat sorgfältige Studien bezüglich der Veränderungen von Leonardos Handschrift durchgeführt.

Auf diese Weise versuchte er, eine chronologische Ordnung in die durcheinandergeratene Sammlung von Zeichnungen im *Codex Atlanticus* zu bringen.

Wegen dieser ziemlich schwachen Beweise ist man davon ausgegangen, daß die beiden Zeichnungen um das Jahr 1508 entstanden sind. Die Zeichnungen befanden sich nebeneinander auf einer Seite und zeigen zwei Radschloß-Mechanismen, den einen unter einem flachen Winkel von oben gesehen, den anderen im Grundriß gezeichnet. Die zweite Zeichnung ist detaillierter. Sie zeigt eine flache, rechtwinklige Platte, in die vier kleine Löcher gebohrt sind. An einem Ende, gehalten durch kreuzförmige Bügel, befindet sich ein Rad mit einem erhöhten Rand. Durch den Mittelpunkt des Rades und den Rahmen mit den gekreuzten Bügeln verläuft ein Bolzen mit quadratischem Kopf. Über den Bügeln liegt eine

Vorhergehende Seite: Ein österreichisches Radschloß aus dem zweiten Viertel des 18. Jahrhunderts, signiert vom Hersteller mit »C Ofner a Insprvg«, sowie vom Ziseleur mit dem Monogramm »IMK«. Victoria and Albert Museum, London.

Die Erfindung des Radschlosses war für die Feuerwaffen ein bedeutender Entwicklungsschritt. Die oben abgebildete Skizze eines Radschloß-Mechanismus' stammt aus einem Album mit Zeichnungen von Leonardo da Vinci, bekannt als Codex Atlanticus, entstanden um 1500. Ambrosiana, Mailand.

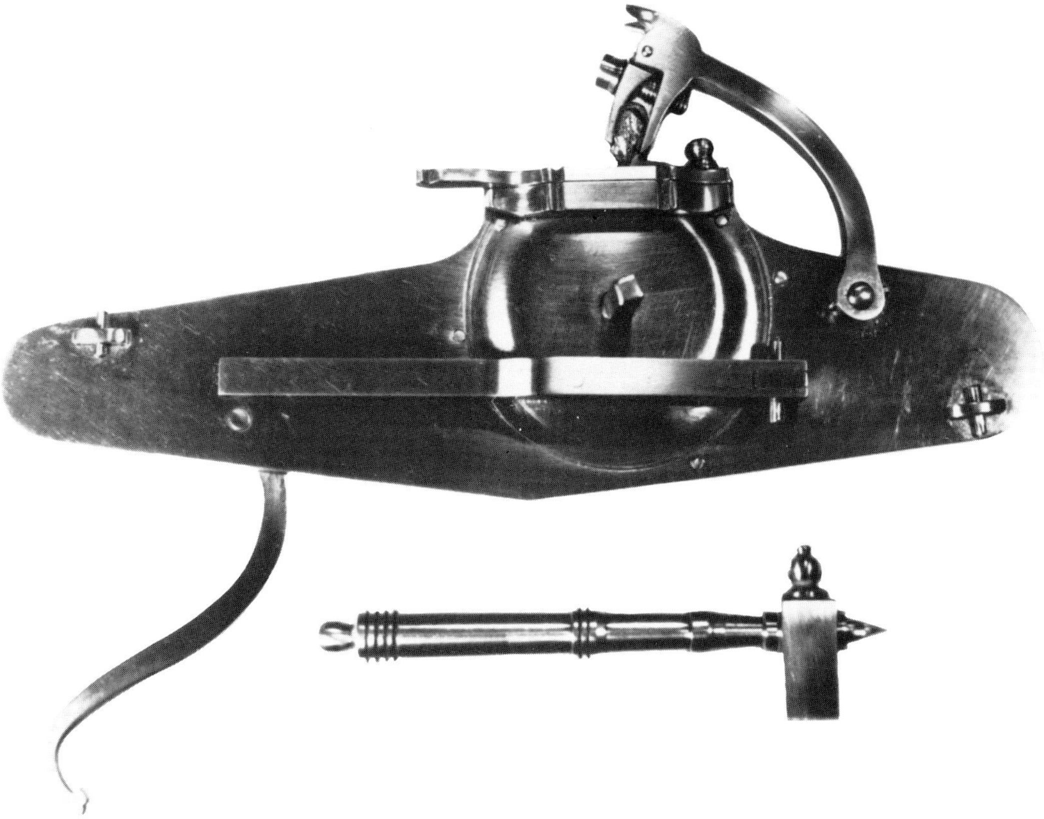

kreisrunde Scheibe, der Bolzen ist mit einer Kette versehen, die wiederum mit einer Stange mit rundem Querschnitt verbunden ist. Was wie eine Feder in Form einer Schraubenlinie aussieht, ist um die Stange gewickelt und greift in eine Aussparung in der Platte ein. Eine weitere Feder, die wie ein verlängertes U aussieht, ist mit Stiften und Bügeln an der Platte befestigt. Sie verläuft um das untere Ende der Stange mit der Schraubenfeder. An beiden Seiten der Grundplatte, die u-förmige Feder berührend, befinden sich kurze, nach innen gebogene Stangen, die mit ihrem einen Ende mit der Platte durch Stifte verbunden sind. Am anderen Ende haben die beiden Stangen einen quadratischen Querschnitt. Die linke zeigt eine Art Klauen, die wahrscheinlich ein Stück Pyrit halten, während die rechte einen Riegel hält, der in einer Nut im Rand des Rades eingreift und so den Abzug bildet.

Es ist interessant zu wissen, daß Leonardo offensichtlich einige Vorentwürfe zur Idee dieses besonderen Mechanismus zu Papier gebracht hat.

Das beweist die Stange und die umlaufende Feder. Es gibt auch eine Reihe von Entwürfen für die Verbindungskette. Obwohl dieser spezielle Mechanismus bei einer Waffe angewendet werden könnte, so ist es doch aufgrund der Form der Grundplatte, auf der er aufgebaut ist, wahrscheinlicher, daß er als Feuerzeug konstruiert wurde. Das ergibt sich auch aus Leonardos schriftlichen Hinweisen, in denen er die Vorrichtung zum Erzeugen von Feuer beschreibt. Der andere Mechanismus, der leider nicht in allen Einzelheiten gezeichnet ist, wurde wahrscheinlich entworfen, um an einer Waffe Verwendung zu finden. Das ergibt sich aus der Form der Schloßplatte, die denen, die bei zeitgenössischen Luntenschlossen verwendet wurden, sehr ähnlich ist. Das Schloß gleicht sehr den vollentwickelten Radschlossen, die einige Jahre später aufkamen. Ein Rad wird gegen eine Hauptfeder aufgezogen, mit der es durch eine Kette verbunden ist. Eine Abzugsstange wird durch Drükken eines Hebels wie bei der Armbrust aus einer Aussparung in dem Rad ausgerückt. Der Schwefelkies wird von den Backen eines abwärts gebogenen Hahnes gehalten, der aus einer Stange mit rechteckigem Querschnitt gefertigt ist.

Den Beweis, daß Leonardos Entwurf dieses zweiten Mechanismus für ein Radschloß gedacht war, erbrachte vor einigen Jahren ein Amateur-Büchsenmacher. Er fertigte einen exakten Nachbau dieses Schlosses. Es stellte fest, daß das Schloß aus verschiedenen technischen Gründen nicht funktionierte. Der Hauptgrund war, daß die Feder, so wie sie gezeichnet war, zu winkelig stand und die Stellung der Abzugsschraube die Hauptfeder behinderte. Nachdem einige leichte Verbesserungen vorgenommen worden waren, dazu noch das Rad gehärtet wurde, funktionierte der Mechanismus perfekt.

Die Belege, daß es sich bei der ersten Zeichnung um die Konstruktion eines Rad-Feueranzünders handelt, sind ganz offenkundig. Dagegen ist der Beweis dafür, daß bei der zweiten Zeichnung die Konstruktion des Radschloßmechanismus für eine Waffe gedacht war, nicht so leicht zu erbringen. Jedenfalls ist es unwahrscheinlich, daß er für den praktischen Gebrauch gedacht war.

Es ist vielleicht bezeichnend, daß viele frühe Hinweise auf das Radschloß aus Deutschland kommen. Zeugnisse, wie die Bestimmungen des Geißlinger Schießstandes, die, wie dort beschrieben wird, »selbstzündende Feuerwaffen« verbieten, oder Zahlungen, die 1509 an den »Radschloß- und Büchsenmacher« Hans Luder geleistet wurden, haben sich als falsch erwiesen. Dennoch gibt es definitive dokumen-

Oben: Der neuzeitliche Nachbau eines der Radschlosse, die Leonardo da Vinci entworfen hat.

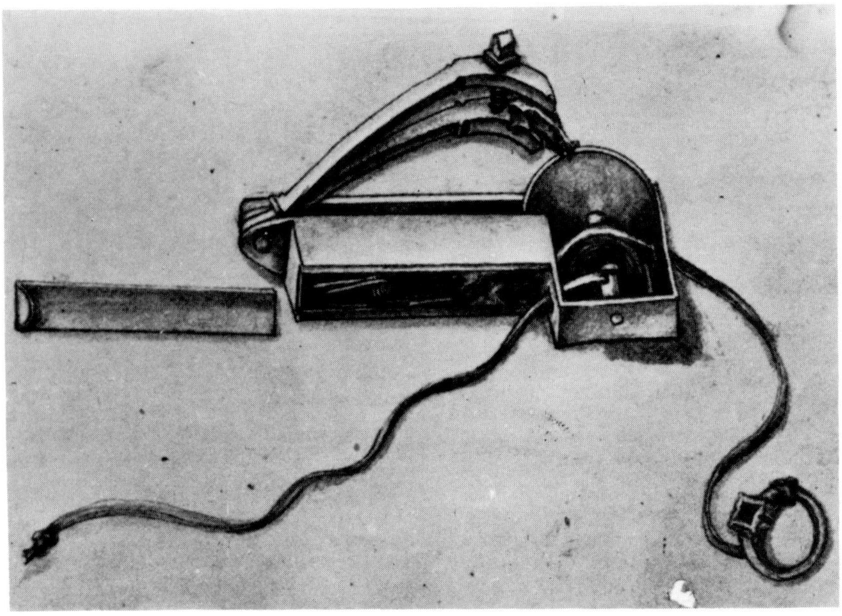

Diese Zeichnungen von Radschloß-Zunderzündern aus einer verlorengegangenen Handschrift von Martin Löffelholz aus dem Jahr 1505 sind der Radschloß-Konstruktion von Leonardo sehr ähnlich. In der unteren Zeichnung ist deutlich zu sehen, wie das Ende der Kette mit der U-förmigen Hauptfeder verbunden ist.

tarische Beweise für den Gebrauch von Radschloßwaffen in Deutschland zu einem recht frühen Zeitpunkt. Der Augsburger Chronist Wilhelm Rem berichtet von einem Ereignis im Jahre 1515, wobei wir auch einen Einblick in die Bewertung von Straftaten und die Strafmaße der damaligen Zeit gewinnen können. Wir lesen dort: »Wie im Jahre unseres Herrn 1515 Laux Pfister zu Konstanz eine Metze anschoß. Am Dreikönigstag buhlte ein gewisser junger Bürger unserer Stadt Augsburg zu Konstanz um eine hübsche Metze. Als sie mit ihm in einer kleinen Kammer war, nahm er eine geladene Feuerwaffe zur Hand. Das Schloß derselben funktionierte in der Weise, daß, wenn der Auslöser gedrückt wurde, die Zündung von selbst erfolgte und so der Schuß losging. Er hantierte also mit dieser Waffe herum und drückte an den Auslöser. Es löste sich ein Schuß, der das Mädchen so in das Kinn traf, daß die Kugel hinten am Nacken wieder austrat. So mußte er sie mit 40 Gulden entschädigen und ihr auf Lebenszeit weitere 20 Gulden pro Jahr zahlen. An den Arzt zahlte er weitere 37 Gulden und die übrigen Kosten betrugen um 30 bis 40 Gulden.«

Bei der Waffe kann es sich nur um eine Radschloßwaffe gehandelt haben. Nach dem Rechnungsbuch des Haushofmeisters des Kardinals Ippolito d'Este (1479–1520) wurden im Jahre 1507 einem Diener, der eine Pilgerreise von Ungarn nach Deutschland unternehmen wollte, vier Gulden anvertraut, damit er damit *»Unum piscidem de illis que incenduntur cum lapide«* – eine Feuerwaffe der Art, die mit einem Stein abgefeuert werden kann – erwerben könne. Zehn Jahre später verbot Kaiser Maximilian I. in der Steiermark den Gebrauch der, wie er beschreibt, »Feuerwaffen, die selbst zünden«. Ein Jahr später wurde der Bann auf das ganze Reich ausgeweitet. In einem Brief des Jahres 1518 an den Kaiser wurden neue Gesetze vorgeschlagen, um solche Personen zu bestrafen, die Waffen unter ihren Kleidern verborgen tragen, und es wird darin ersucht zu verbieten, »Feuerwaffen zu tragen und zu führen, die selbst zünden«. All das weist darauf hin, daß im ersten Viertel des 16. Jahrhunderts in den deutschen Ländern Radschloßwaffen in einer solchen Menge gefertigt wurden, daß sie zu einem gesellschaftlichen Ärgernis wurden.

Eine deutsche Handschrift, die sich früher in der Staatsbibliothek in Berlin befunden hat, nun aber nicht mehr auffindbar ist, bringt etwas Licht in die Problematik der Zeichnungen des Leonardo. Es handelte sich um ein Manuskript im Quartformat, das Strich- und Farbzeichnungen technischer Vorrichtungen und Mittel enthielt. Auf dem Titelblatt waren die Waffen von Martin Löffelholz aus Nürnberg abgebildet, der im Jahre 1533 starb, dazu seine Frau Anna Haugin sowie die Jahreszahl 1505. Auf einer der Seiten befanden sich Zeichnungen zweier Radschloß-Feueranzünder, die sehr große Ähnlichkeit mit den Radschloßzeichnungen von Leonardo hatten. Besonders bezeichnend ist die Form der Pfanne und die Gestalt des Hahnkopfes des zweiten der beiden Anzünder in dem Löffelholz-Manuskript.

Sie sind mit den Teilen des Anzünders von Leonardo im Grunde genommen identisch. Niemand weiß, welche zuerst entstanden. Es ist unwahrscheinlich, daß das Geheimnis zu lösen ist, es sei denn, das Löffelholz-Manuskript würde als Original wiedergefunden.

Allgemein werden als die ältesten, erhalten gebliebenen Radschlosse die angesehen, die im Palazzo Ducale in Venedig aufbewahrt werden. Sie befinden sich an drei baugleichen, kombinierten Waffen – aus Feuerwaffe und Armbrust. Sie bestehen aus einem Stahlbogen, der in einem Einschnitt in einem Vierkanteisen befestigt ist. Ein achtkantiger Musketenlauf ragt vorne darüber hinaus. Auf der rechten Seite des vierkantigen Schaftes ist eine viereckige Pulverpfanne mit Deckel angebracht, der an den Ecken mit Ösen versehen ist. Das Radschloß selbst ist mittels Schrauben an der Seite des Schaftes befestigt und gleicht sehr den Feuer- oder Zunderzündern im Löffelholz-Manuskript. Es gibt einige Verbesserungen

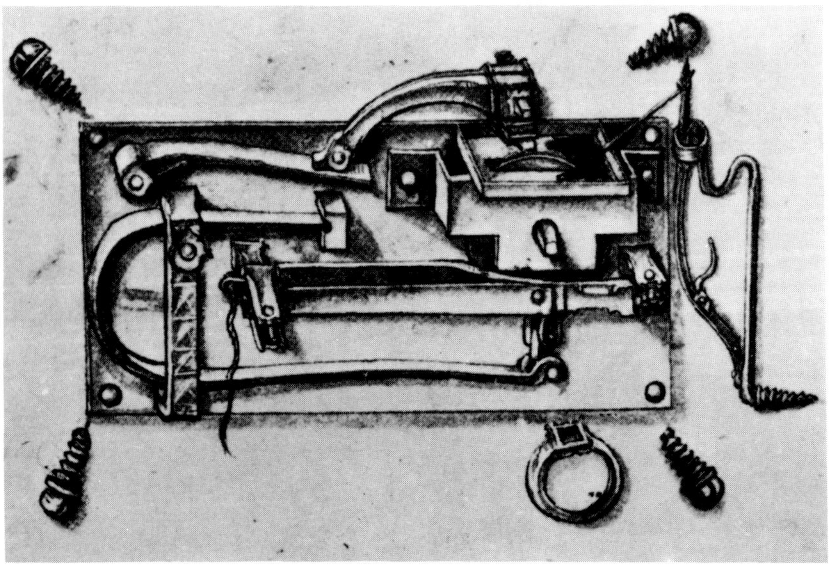

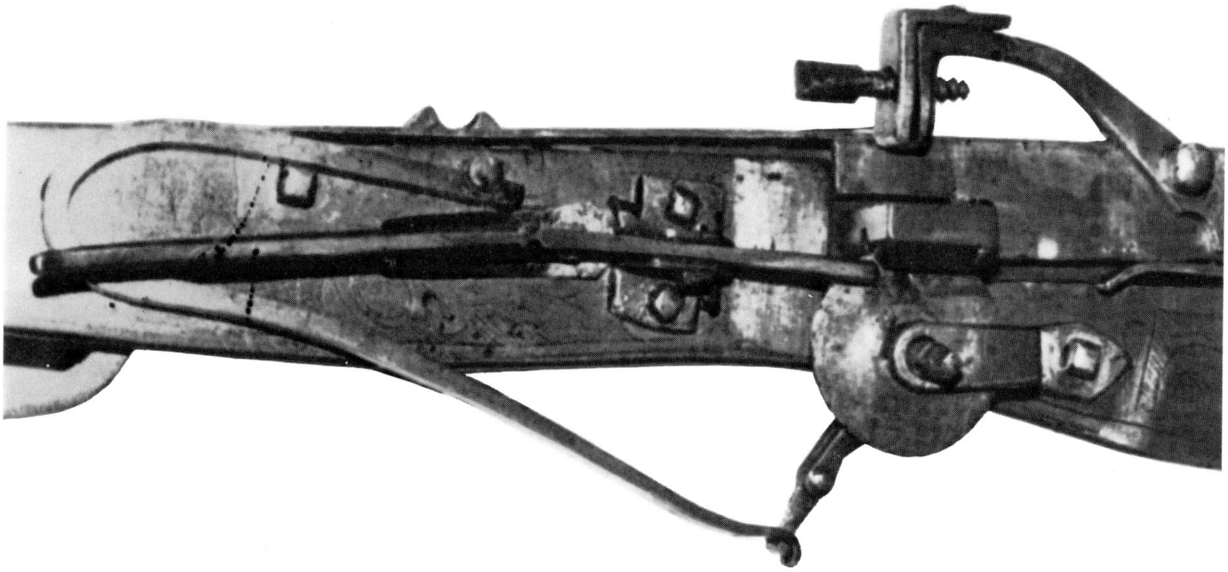

an den Schlossen der venezianischen Armbrüste, die vermuten lassen, daß sie jüngeren Datums sind. So hat das Schloß zum Beispiel massivere Klauen, die durch eine vertikale Schraube zusammengehalten werden. Das untere Ende, am Drehpunkt, ist dicker und stabiler ausgebildet.

Die Armbrüste sind zeitlich sehr schwer einzuordnen, weil sie leider in keinem der venezianischen Bestandsverzeichnisse beschrieben werden. Die besterhaltene Armbrust weist dekorative Verzierungen auf, bestehend aus einigen ziemlich schwach eingeätzten Siegeszeichen und Arabesken in der Art, wie man sie häufig auf italienischen Waffen des 16. Jahrhunderts finden kann. Es sind Vergleiche zwischen den Gravuren auf dieser Armbrust und einer Waffe aus Mailand von etwa 1510 angestellt worden, die sich jetzt im Pariser Armeemuseum befindet. Zieht man noch die technische Verwandtschaft dieser Radschlosse mit den Löffelholz-Anzündern in Betracht, so ergibt sich eine Entstehungszeit um 1510. Es gibt keinen klaren Hinweis darauf, wo die Armbrust hergestellt worden sein könnte, der Stil der gravierten Verzierungen weist allerdings auf Norditalien hin.

Um die ersten Radschloßwaffen zu finden, deren Entstehungszeit sich genau datieren läßt, ist es notwendig, nach Deutschland zurückzukehren. Wieder findet man diesen Schloßtyp an einer kombinierten Waffe, die im Bayerischen Nationalmuseum aufbewahrt wird, einer Armbrust in Verbindung mit einer Muskete. Wie bei vielen frühen Waffen ist es das Wappen, das den Beweis liefert. Der Schaft ist mit dem Wappen des Erzherzog Ferdinand I. bemalt, welches er führte, bevor er im Jahre 1526 König von Böhmen wurde. Es trägt seine Initialen und die seiner Gattin, Anna von Böhmen, die er 1521 heiratete. Das Schloß ist eine bedeutende Weiterentwicklung gegenüber den vorher erwähnten Ausführungen. Nahezu der gesamte Mechanismus ist hinter der Schloßplatte untergebracht. Der Deckel der Pulverpfanne öffnet und schließt sich automatisch, der Abzugstollenhebel wird durch einen Knopf über zwei Stangen betätigt. Die Hahnfeder ist ähnlich einer Sichel geformt. Waffen mit Federn dieser sehr kennzeichnenden Art wurden wahrscheinlich in Nürnberg gefertigt.

Im Verlauf des 16. Jahrhunderts breitete sich im allgemeinen die deutsche Form des Radschlosses über ganz West- und Mitteleuropa aus. Es gab aber auch Länder, die einen anderen, davon abweichenden Typ entwickelten. Eines der wichtigsten war Frankreich, wo bereits um das Jahr 1540 ein eigener Typ konstruiert wurde. Bei den französischen Radschlossen ist die Hauptfeder nicht an der Innenseite der Schloßplatte angebracht, sondern sie befindet sich in einer Aussparung des Schaftes, wo sie befestigt ist.

Auch wird die Radachse nicht durch einen Strudel festgehalten, sondern sie verläuft durch den Schaft und ist an der anderen Seite in einer Platte

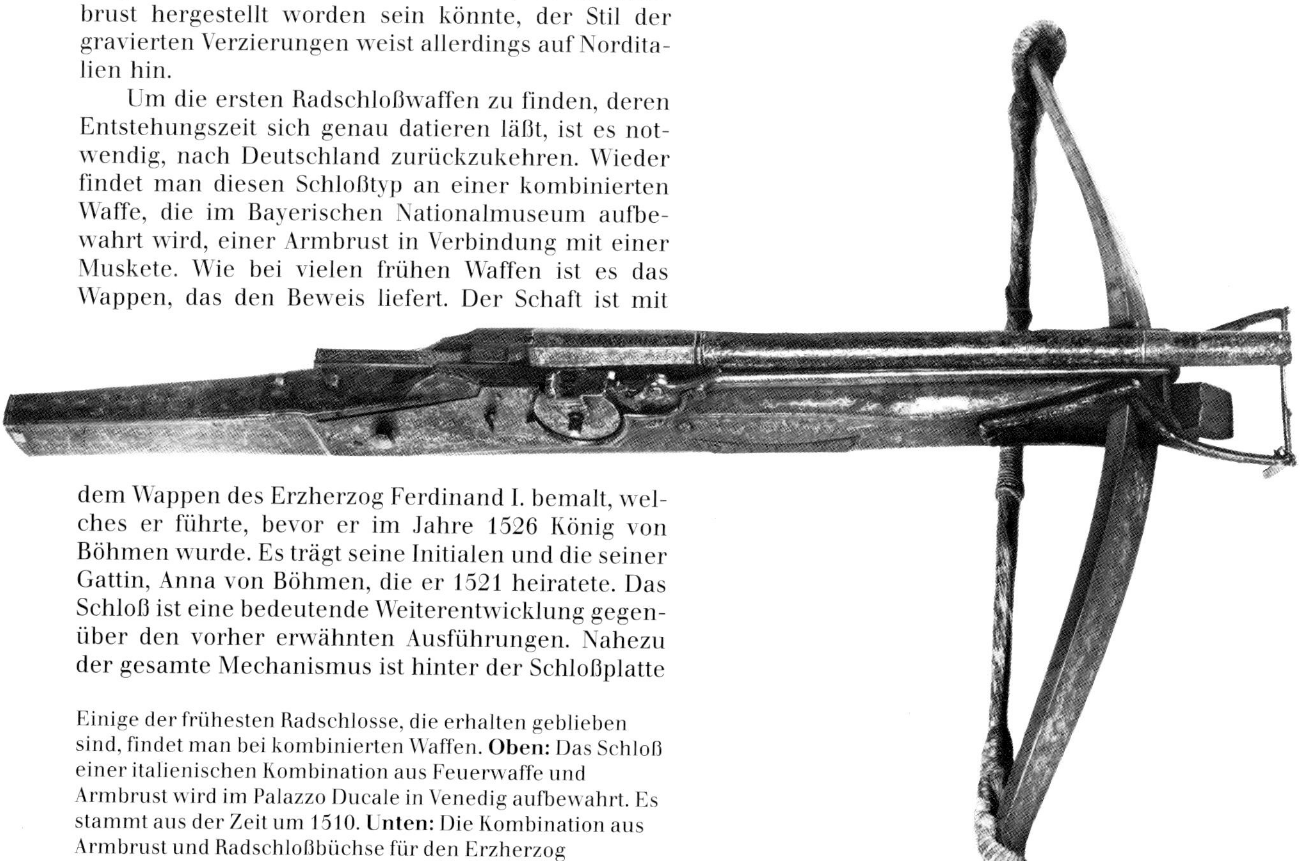

Einige der frühesten Radschlosse, die erhalten geblieben sind, findet man bei kombinierten Waffen. **Oben:** Das Schloß einer italienischen Kombination aus Feuerwaffe und Armbrust wird im Palazzo Ducale in Venedig aufbewahrt. Es stammt aus der Zeit um 1510. **Unten:** Die Kombination aus Armbrust und Radschloßbüchse für den Erzherzog Ferdinand von Österreich, hergestellt vor 1526. Bayerisches Nationalmuseum, München.

Links: Innenansicht des Schlosses für die Kombination aus Armbrust und Radschloßbüchse des Erzherzogs Ferdinand von Österreich. **Darunter:** Stählerne Radschloßpistole mit außenliegendem Mechanismus aus dem Germanischen Museum in Nürnberg, Italien um 1530.

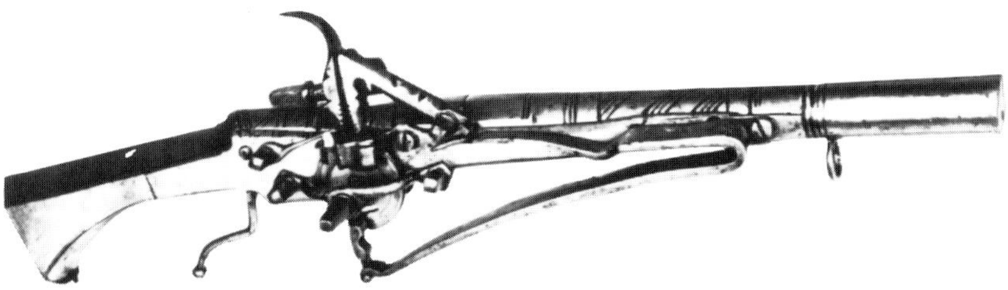

gelagert. Italienische Radschlosse hatten oft eine Hauptfeder an der Außenseite der Schloßplatte. Eine Radschloßpistole, die völlig aus Stahl gebaut ist, mit einer kräftigen außenliegenden Hauptfeder, wird im Germanischen Museum in Nürnberg aufbewahrt. Sie wird auf die Zeit um 1530 datiert.

Verschiedene Versuchs-Radschlosse wurden gebaut, die eigentlich nur Modifikationen der üblichen Form sind. Im Victoria und Albert Museum befindet sich ein selbstspannendes Radschloß (ein Schloß, das sich selbst aufzieht) aus der Zeit um 1540–50. Leider wurde es von der Originalwaffe abmontiert. Es wird Bartholomäus Marquart zugeschrieben. Dieses selbstspannende Radschloß funktionierte mit Hilfe von Zahnrädern. Wenn das Schloß von der Pulverpfanne weggezogen wurde, drehte sich das Rad selbsttätig auf. Nur sehr wenige Exemplare sind erhalten geblieben; sie waren wohl nie sehr gebräuchlich. Wegen der scharfen Kanten des Hahnes war es schwierig, den notwendigen »Zug« auf das Schloß auszuüben. Der gesamte Mechanismus war sehr schwer zu handhaben. Ein besonderer Radspannschlüssel wurde entwickelt, um den Mechanismus eines solchen Radschlosses aufzuziehen. Das eine Ende war mit einem quadratischen Loch versehen, um auf die Radachse aufgeschoben werden zu können, das andere war oft zu einem Schraubenzieher ausgeformt, mit dem man das Schloß demontieren oder die Pyritstücke, die vom Hahn gehalten wur-

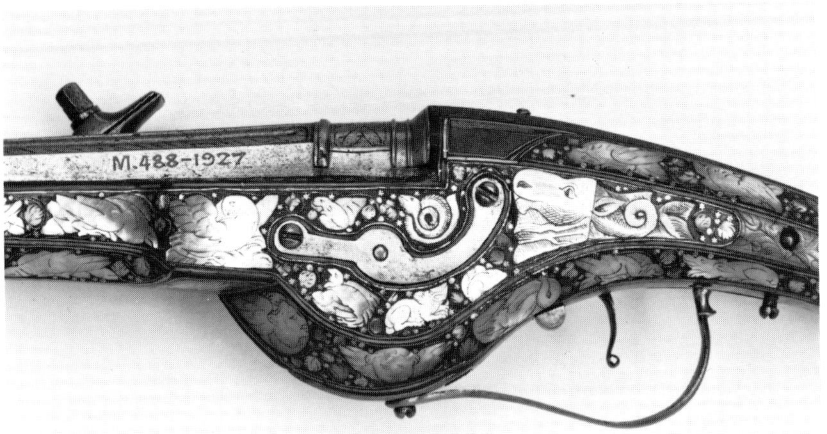

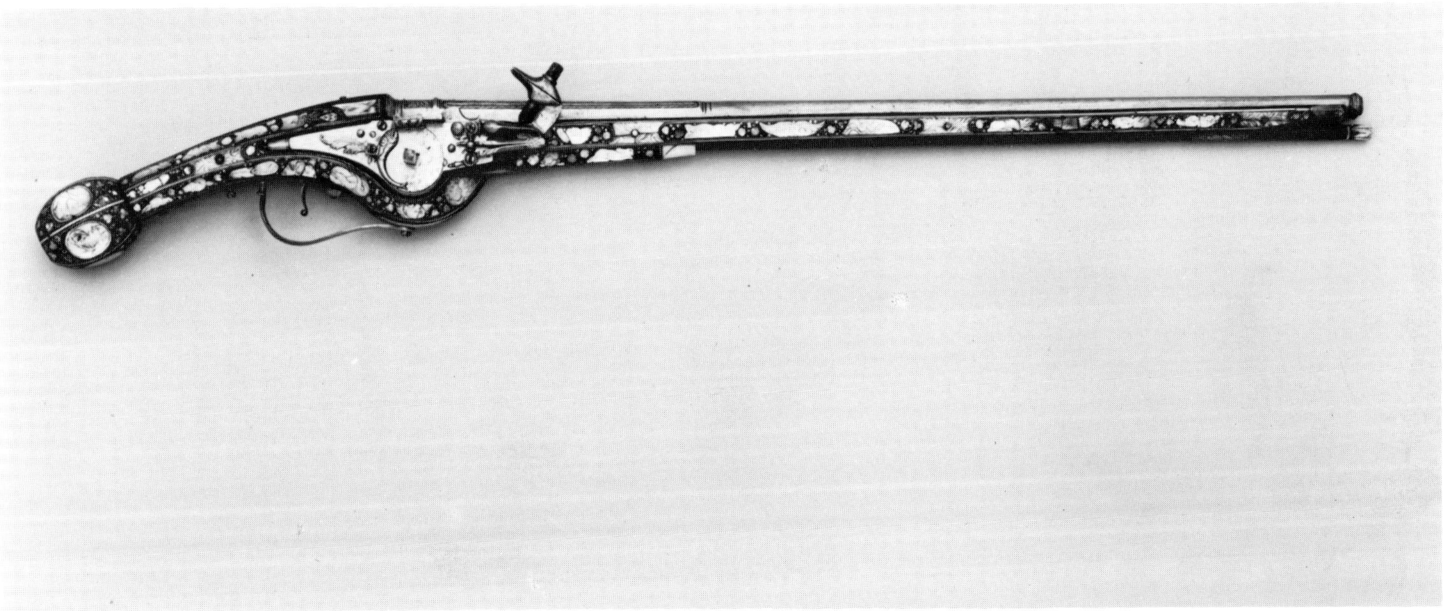

Eine Radschloßpistole aus Nordfrankreich. Der Schaft aus Walnußholz ist mit Einlegearbeiten aus Perlmutt, Hirschhorn und Messingdraht verziert, um 1610; Victoria and Albert Museum, London. Darüber ist die andere Seite im Detail abgebildet. Sie zeigt, wie die Achse quer durch den Schaft geführt ist.

Ein selbstspannendes Radschloß aus ziseliertem Stahl, gestempelt mit einer Markierung, die Bartholme Marquart zugeschrieben wird, der für den spanischen Hof arbeitete; Süddeutschland (Augsburg), um 1540; Victoria and Albert Museum, London.

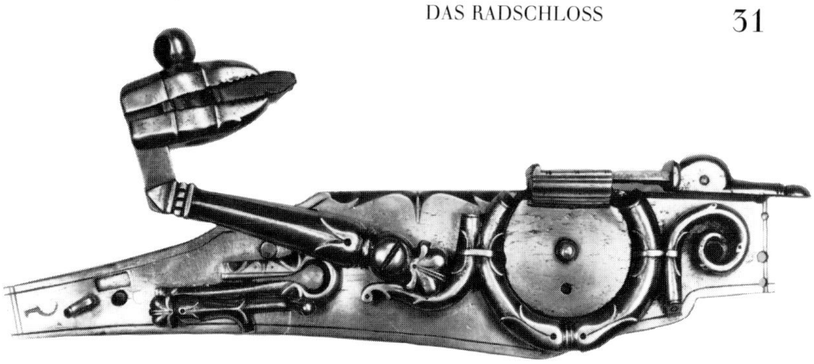

Zwei Radschloßspanner, die im Londoner Victoria and Albert Museum zu finden sind. Ein Spanner ist aus vergoldetem Stahl; Deutschland, frühes 17. Jahrhundert (links). Der rechte Spanner ist mit einer Zündkrautflasche kombiniert, bestehend aus graviertem Stahl; Deutschland um 1650.

den, herausnehmen konnte. Die ersten Exemplare waren vollendet ausgearbeitet und verziert. Viele waren mit einem Riemenbügel ausgestattet, so daß man sie am Gürtel tragen konnte.

Zu einem klaren chronologischen Überblick der Feuerwaffen des 16. Jahrhunderts sollte auch ein Stück mehr an Informationen über die Büchsenmacher selbst hinzukommen, sofern diese vorhanden sind. Die trockene und rein sachliche Auflistung nur des Namens des Büchsenmachers und des Lohnes, den er für seine Arbeit erhielt, stellt schon eine Erweiterung dar und gestattet uns einen flüchtigen Blick auf die handwerkliche Meisterschaft und deren Besonderheiten. Alonso Martinez de Espinar berichtet im Jahre 1644 über die Büchsenmacherfamilie Marquart. Espinar zufolge waren der Büchsenmacher Meister Simon und sein Bruder Pedro »sehr große Könner in der Herstellung von Läufen und Radschlossen«. Er berichtet, daß sie von Kaiser Karl V. aus Deutschland mitgebracht wurden »als die besten, die dort zu finden gewesen sind«. Es werden weitere biographische Details gegeben, einschließlich des interessanten Umstandes, daß »sie als Zeichen die gleichen Sicheln verwendeten wie schon ihr Vater, jeweils die Initialen des Namens in einem Wappenschild und zu beiden Seiten eine Sichel«.

Die Familie Marquart stammte aus Augsburg. Die Mitglieder waren dort bereits 1479 als Uhrmacher ansässig. Das erste Mitglied der Familie, das sich mit Waffen beschäftigte, war vermutlich Bartholomäus, der 1527 mit der Büchsenmacherei begann. Das Umsteigen von Uhren auf Waffen war vergleichsweise einfach. Das komplizierte und schwierige Federwerk eines Radschlosses erforderte genau die Fähigkeiten, über die ein gut ausgebildeter Uhrmacher verfügte. Man weiß von Bartholomäus, daß er 1549 in den Rat der Stadt Augsburg gewählt wurde. Er starb im Jahre 1552. Eine Anzahl seiner Waffen ist erhalten geblieben, einschließlich eines kleinen Radschloß-Karabiners und einer doppelläufigen Radschloßpistole. Beide Stücke werden in der königlichen Waffensammlung in Madrid aufbewahrt.

Die »Real Armeria« (königliche Waffensammlung) verfügt über eine stattliche Anzahl früher Radschloß-Feuerwaffen, von denen etliche Kaiser Karl V. gehörten. Einige zeigen interessante konstruktive Merkmale. Das früheste Beispiel einer Radschloßkonstruktion im französischen Stil findet man bei einem Karabiner dieser Sammlung. Der Ebenholzschaft ist mit Hirschhorn eingelegt und in einem Stil graviert, wie er in Frankreich für eine spätere Epoche charak-

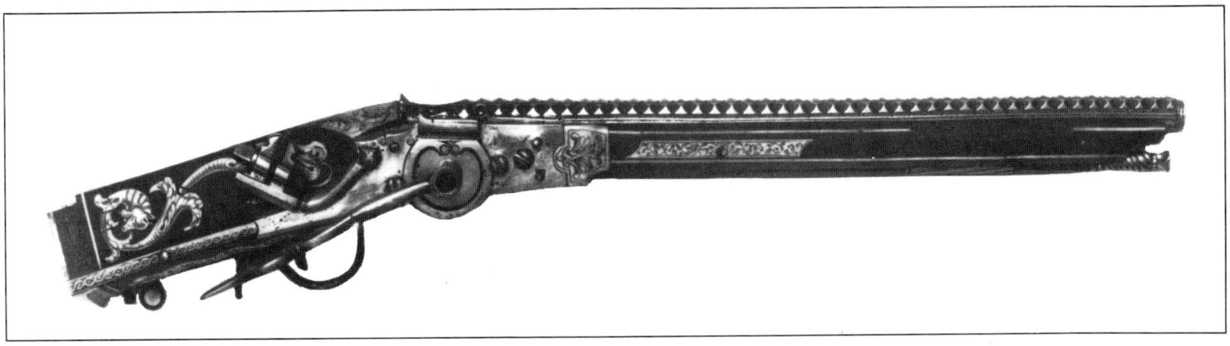

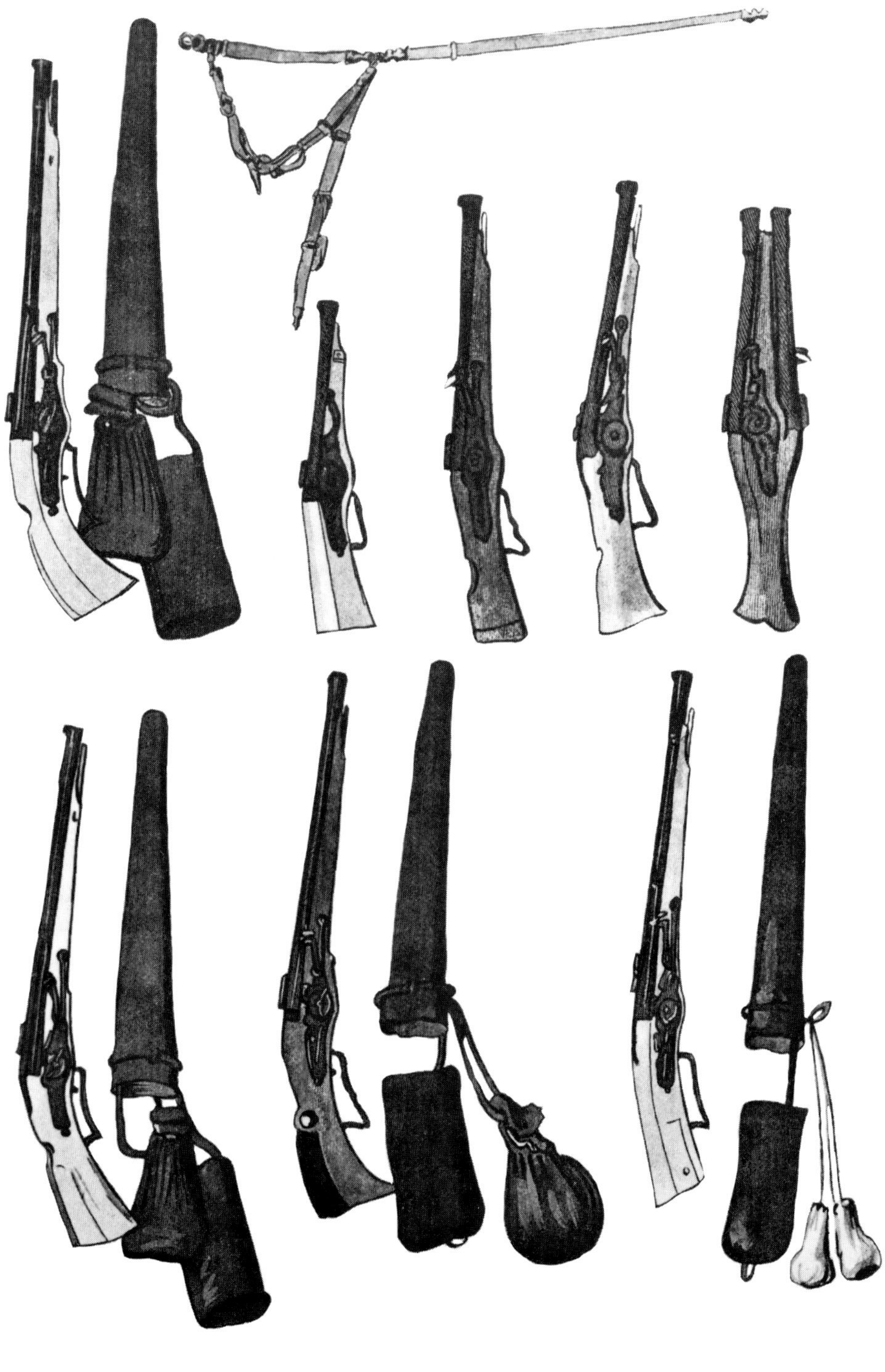

Zwei Beispiele aus der Real Armería in Madrid: Der französische Radschloß-Karabiner für Karl V. stammt aus der Zeit um 1540. Darunter die Illustration aus dem »Inventario Illuminado«, sie zeigt Feuerwaffen und ihre Schutzhüllen.

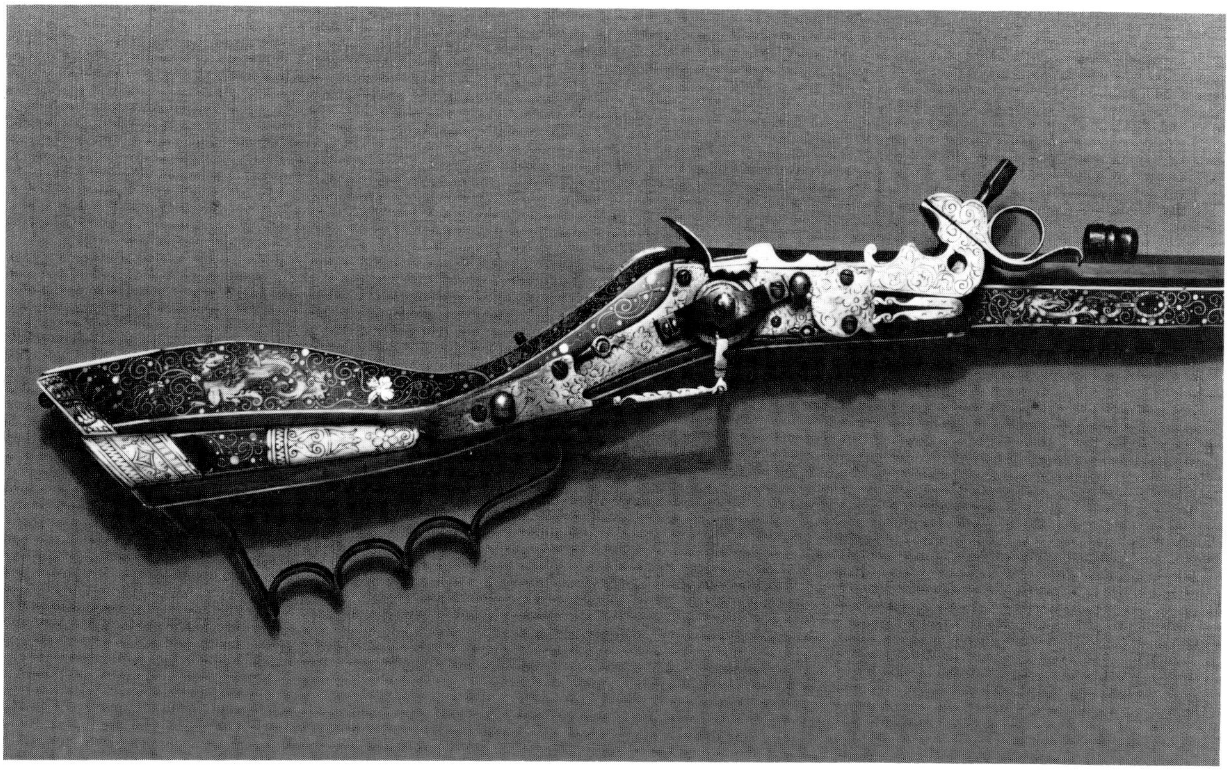

teristisch war. Die Schloßplatte hat am hinteren Rand einen halbkreisförmigen Einschnitt und eine einzelne Hauptfeder, beides typisch französische Merkmale. Die Waffe stammt aus der Zeit um 1540. Es ist ziemlich sicher, daß sie Karl V. gehörte. Glücklicherweise wurden bebilderte Verzeichnisse über den Waffenbesitz des Kaisers angelegt, eines im Jahre 1544, das *»Inventario Illuminado«*; ein anderes wurde nach seinem Tod, auf Befehl seines Sohnes geschaffen – das *»Relación de Valladolid«* von 1560. Das erste besteht aus zwei Folianten mit kolorierten Zeichnungen einiger Waffen des Kaisers. Das zweite listet die Waffen auf, die dem Kaiser gehörten, mit kurzen Beschreibungen von 27 Feuerwaffen. Das *»Inventario Illuminado«* muß als eine der wichtigsten dokumentarischen Quellen für die Geschichte der Waffen angesehen werden. Die Waffen sind neben ihren Schutzbehältern detailgetreu abgebildet. Diese ähneln sehr den Lederfutteralen für Messer, die noch in großer Anzahl aus dem 16. Jahrhundert erhalten geblieben sind. Sie wurden wahrscheinlich aus gekochtem Leder gefertigt, die beiden Hälften wurden mit Riemen zusammengenäht.

Das Radschloß erfreute sich großer Beliebtheit für Jagdwaffen und für militärische Waffen bis in das 18. Jahrhundert hinein. Eine besondere Form einer Radschloßwaffe, die Tschinke, blieb auch danach noch in Gebrauch und war weit verbreitet.

Die Tschinke, oder auch Tesching, hatte, wie bei dem italienischen Radschloß, eine Hauptfeder, die an der Außenseite der Schloßplatte angebracht war. Der Name kommt von der Stadt, aus der die Waffe stammte – Teschen in Schlesien, heute zu Polen gehörend. Neben der außenliegenden Hauptfeder hatte der Tesching einen Knopf, um die Abzugsstange einzustellen und einen charakteristischen Schaft in Form eines »Hundelaufes«. Bei diesen Waffen handelte es sich um eine kleinkalibrige Büchse, die für die Jagd auf Niederwild gedacht war. Die ersten Exemplare, die sich datieren lassen, stammen aus der Zeit um 1610. Waffen dieser Art blieben in Deutschland bis etwa 1730 beliebt.

In verschiedenen Ländern, einschließlich England und der Niederlande, blieben militärische Radschloßwaffen bis gegen Ende des 17. Jahrhunderts in Gebrauch. Eine seltene Gruppe von Radschloßpistolen, die in Deutschland hergestellt wurde, hatte sowohl den Mechanismus als auch die Achse hinter einer runden geteilten Schloßplatte verborgen. Diese verdeckten Schlosse stammen aus der Zeit um 1660.

Schließlich gibt es noch ein Paar Radschloßpistolen, das im 19. Jahrhundert gefertigt wurde. Der französische Büchsenmacher Le Page baute ein Paar Duellpistolen mit gezogenem Lauf und mit Radschloß und kennzeichnet sie selbst mit »Le Page à Paris 1829«. Sie wurden ganz offensichtlich nur als eine Kuriosität gebaut und später von einem Mitglied der Familie Le Page dem Armeemuseum in Paris vermacht. Die Radschlosse waren teuer in der Herstellung und schwierig zu reparieren, daher auch die enge Verbindung zwischen Uhrmachern und den Herstellern von Radschlossen. Das Radschloß war normalerweise den luxuriösen Waffen des Adels vorbehalten. Dennoch führte seine Erfindung zu einer gewaltigen Veränderung der Taktik auf den Kriegsschauplätzen. Indirekt leitete es nämlich die Einführung der Pistole ein. Zum ersten Male konnte die Feuerkraft bis zum Zeitpunkt des Einsatzes vorgehalten werden. Die große Anzahl deutscher Stiche mit Radschloßpistolen, die von berittenen Truppen

Oben: Ein Radschloß-Jagdgewehr oder eine Tschinke. Der Walnußschaft ist mit Hirschhorn und Perlmutt eingelegt und graviert. Schlesien (Teschen) um 1650; Victoria and Albert Museum, London.

benutzt werden, belegt den Eindruck, den sie auf die zeitgenössische militärische Szene gemacht haben müssen. Einige deutsche Stiche aus dem 16. Jahrhundert zeigen bewaffnete Reiter, die ein Halfter tragen, in dem sich eine Pistole befindet, deren Knauf am Ende in einer großen Kugel ausläuft. Um die Mitte dieses Jahrhunderts endeten die Pistolenschäfte gewöhnlich in einer kleinen, facettierten Kugel. In der zweiten Hälfte des 16. Jahrhunderts aber bildete sich die charakteristische Form der deutschen Radschloßpistole aus. Der Lauf stand in einem deutlichen Winkel zum Schaft und dieser endete in einer großen Kugel. Es sollte hier angemerkt werden, daß diese Kugelknäufe nicht dazu vorgesehen waren, als Keulen in einem Nahkampf zu dienen, dazu waren sie viel zu zerbrechlich. Die Mehrzahl dieser Pistolen, die um die Mitte des 17. Jahrhunderts hergestellt wurden, waren verschwenderisch mit Hirschhorneinlegearbeiten versehen. Diese Pistolen wurden in Halftern getragen, die nahezu den gesamten Schaft umhüllten. Die große Kugel ermöglichte es jedoch, daß sie rasch gezogen werden konnten. Als schlagender Beweis, welchen Wert militärische Autoritäten diesen Radschloßwaffen beimaßen, mag der Umstand gelten, daß König Gustav Adolf von Schweden (1611–1632), getötet in der Schlacht bei Lützen im Jahre 1632, gleich zwei geladene Radschloßpistolen bei sich trug, als er fiel.

Eine kuriose Waffe, die unter der Typenbezeichnung »Raspel- oder Reib-Schloß« bekannt ist, wird im Historischen Museum in Dresden aufbewahrt.

Sie ist völlig aus Eisen gefertigt, der Lauf nimmt zur Mündung hin im Durchmesser zu. Am Ende des Laufes und unmittelbar dahinter verlaufen sich wiederholende gotische Schriftzeichen, »Is«, die in Form eines dekorativen Bandes angeordnet sind. Diese Waffe wurde von jeher als »Mönchs-Pistole« bezeichnet. In einem Verzeichnis, das im Jahre 1606 angelegt wurde, wird sie als eine »Erfindung des bekannten Entdeckers des Schießpulvers Berthold Schwarz« beschrieben – »dazu verwendet, um die Wirksamkeit des Pulvers auszuprobieren«. Die Waffe ist in einem nahezu tadellosen Zustand erhalten geblieben. Es deuten keine Zeichen darauf hin, daß sie je benutzt wurde. In ihrer Funktionsweise ist sie mit keiner anderen bekannten Waffe zu vergleichen. Das Schloß besteht im wesentlichen aus einer Schraube, die durch einen Kasten führt, der an der Seite der Waffe befestigt ist. Durch Anziehen der Schraube senkt sich der Hahn mit dem Feuerstein von oben auf den Kasten herab, in dem sich ein langer Feuerstahl mit quadratischem Querschnitt befindet und an dessen einem Ende ein Ring befestigt ist. Die Waffe wird mit Schießpulver geladen. Etwas Zündpulver wird in die Zündpfanne gestreut. Diese hat eine Öffnung, durch die der Feuerstahl geführt ist. Um nun die Waffe abzufeuern, wird der Stahl an dem Ring kräftig nach hinten gezogen, die eingekerbte Oberfläche des Feuerstahls »raspelt« an der Oberfläche des Feuersteines entlang und die Funken sprühen in die Pulverpfanne.

In der letzten Zeit ist von einem Experten die Theorie aufgestellt worden, bei der »Mönchs-Pistole« handele es sich um den direkten Vorläufer der Radschloßwaffen. Tatsächlich erinnert die Form der Hahnlippen an die des Radschlosses von Leonardo. Zusätzlich ist auch am unteren Ende ein kräftiger Haken für den Gürtel angebracht.

Eine weitere Feuerwaffe dieser Art wurde bislang nicht entdeckt und es ist daher sehr schwierig, ihre Entstehungszeit zu bestimmen. Die gotischen Schriftzeichen lassen vermuten, daß sie nicht nach 1550 entstanden sein kann, jedoch sehr wohl vor dem

Oben: Geharnischte Reiter feuern aus Kugelknauf-Pistolen. Stiche aus J. J. von Wallhausens »Art Militaire du Cheval« (Kriegskunst zu Pferde), Frankfurt/Main, 1616.

Zwei Kugelknauf-Pistolen mit charakteristischen deutschen Merkmalen. Die Schäfte beider Waffen sind mit graviertem Hirschhorn eingelegt. Das obere Exemplar hat ein Schloß im französischen Stil mit separater Hauptfeder, Süddeutschland (Nürnberg), 1593 datiert. Die zweite Waffe trägt die Initialen des Schaftmachers »B. H.«, in den Lauf sind die Markierungen des Büchsenmachers und das Herstellungsjahr 1579 eingraviert. (siehe Nahaufnahme) Beide Pistolen befinden sich im Victoria and Albert Museum, London.

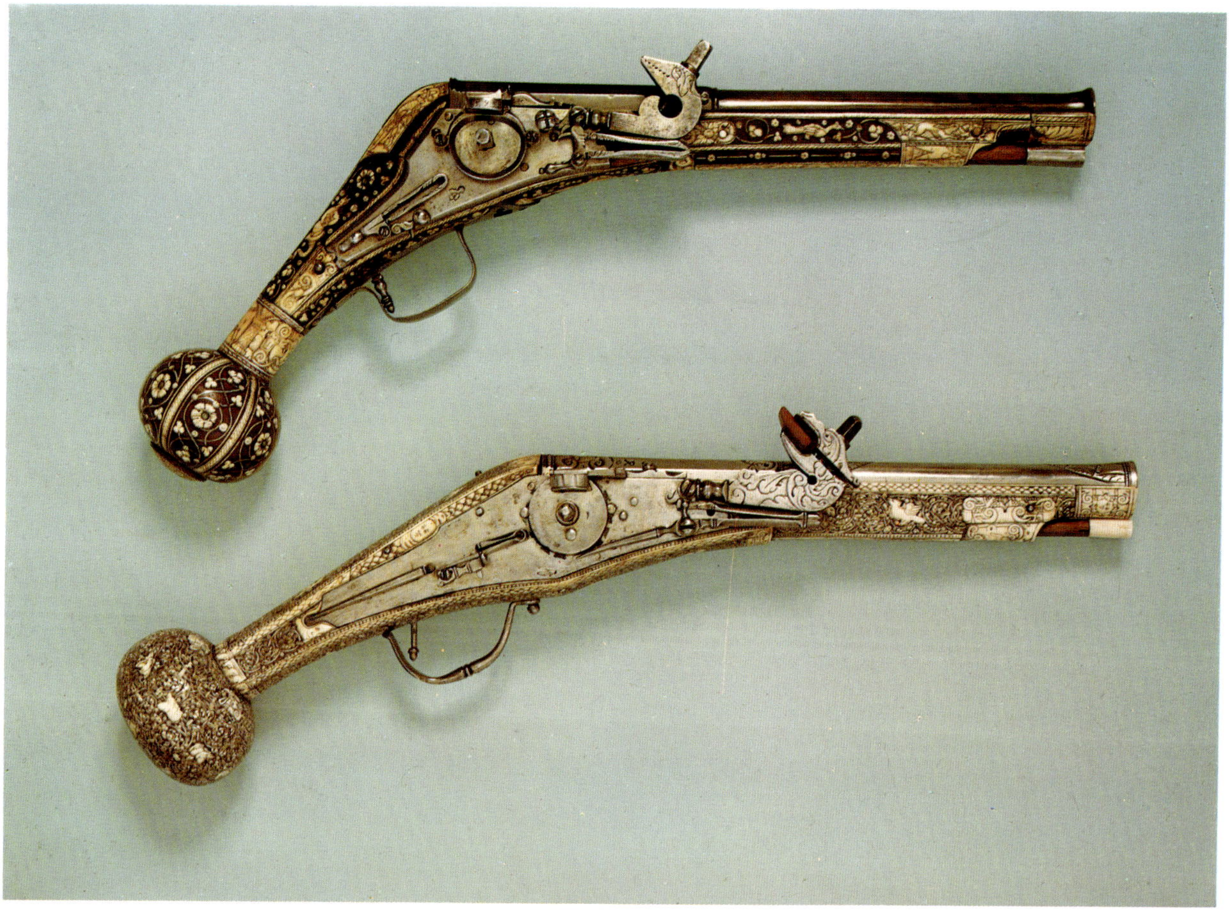

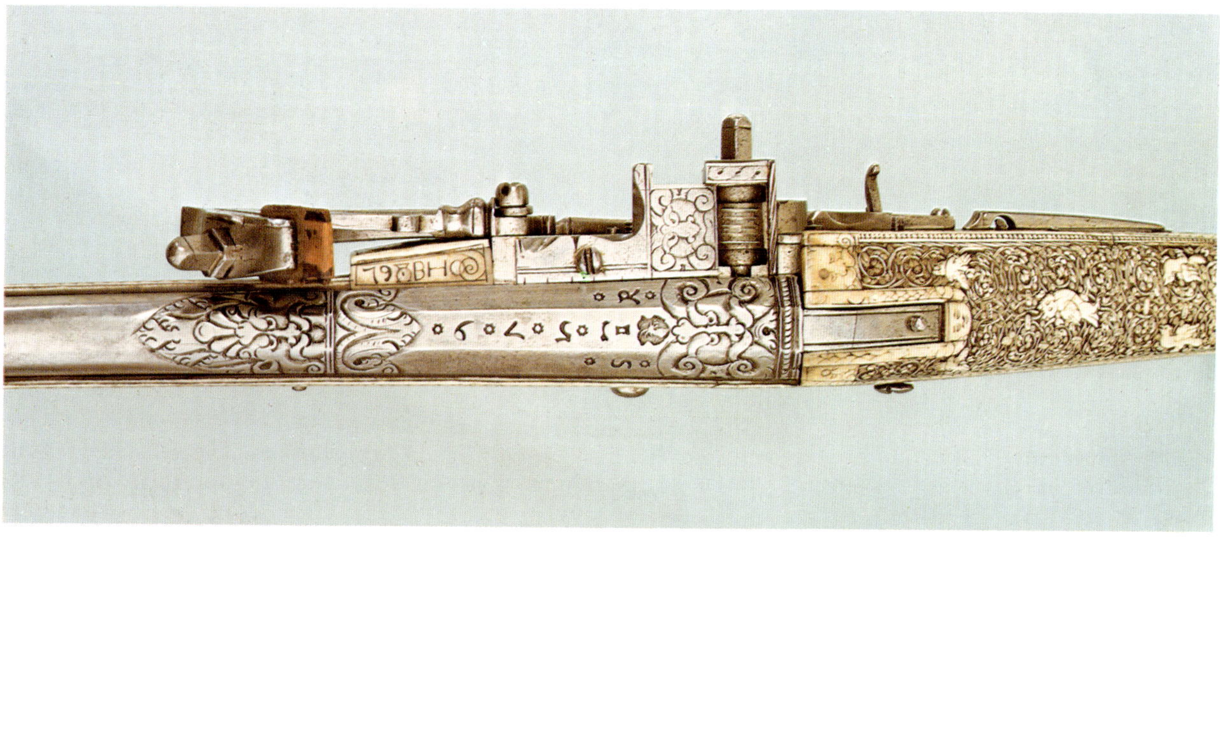

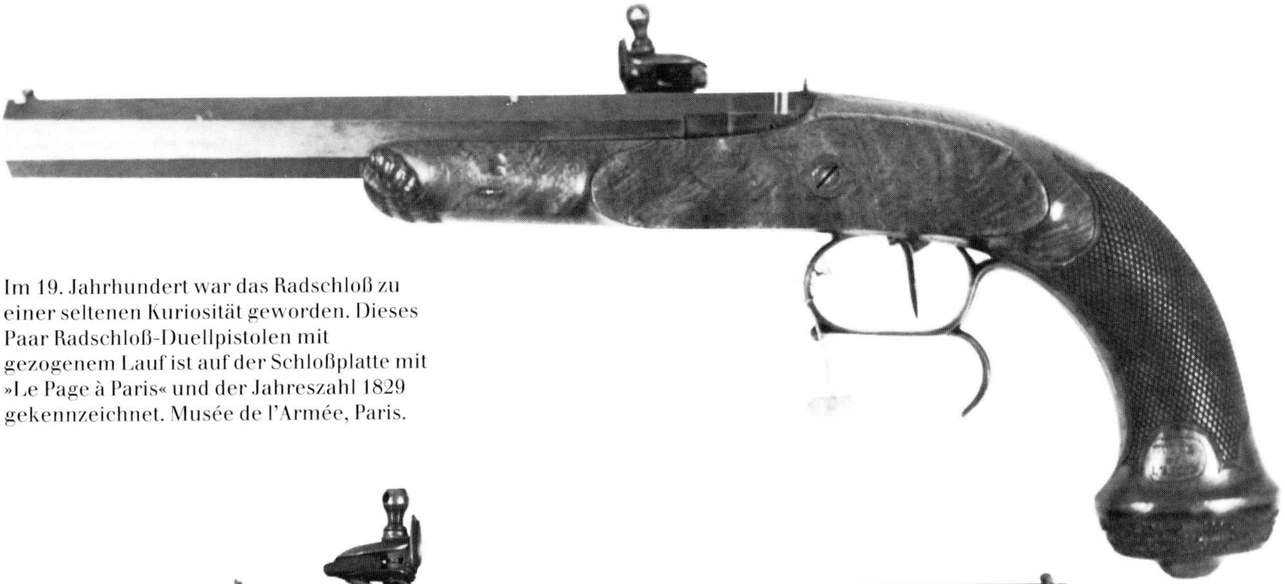

Im 19. Jahrhundert war das Radschloß zu einer seltenen Kuriosität geworden. Dieses Paar Radschloß-Duellpistolen mit gezogenem Lauf ist auf der Schloßplatte mit »Le Page à Paris« und der Jahreszahl 1829 gekennzeichnet. Musée de l'Armée, Paris.

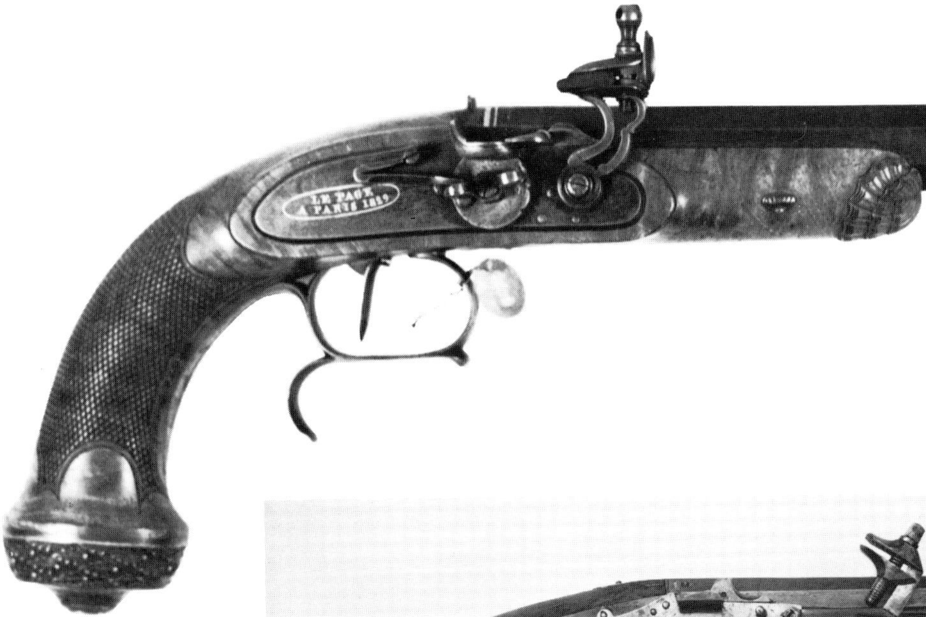

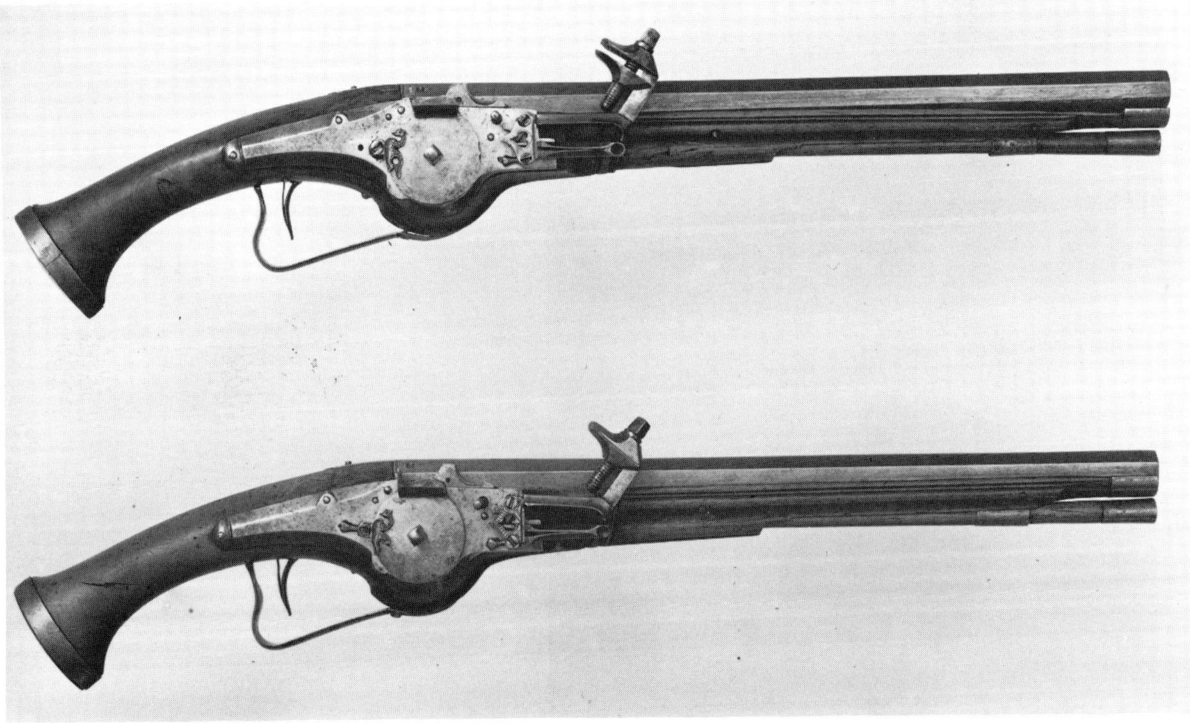

Das Paar Radschloß-Pistolen, das von Gustav Adolph, König von Schweden, in der Schlacht von Lützen benutzt wurde. Deutschland oder Schweden um 1630; Livrustkammaren, Stockholm.

Jahre 1500. Die Waffe trägt eine Art Herstellermarkierung, aber auch hier gibt es Unsicherheiten in der Deutung. Der Vergleich mit den Hahnlippen bei dem Schloß nach Leonardo läßt vermuten, daß die korrekte Datierung für die Zeit um 1500 passen dürfte. Bevor weitere Beweisdokumente gefunden werden, oder ein weiteres bereits datiertes oder anders datierbares Exemplar entdeckt wird, bleibt die »Mönchs-Pistole« eine interessante Kuriosität, die uns Rätsel aufgibt.

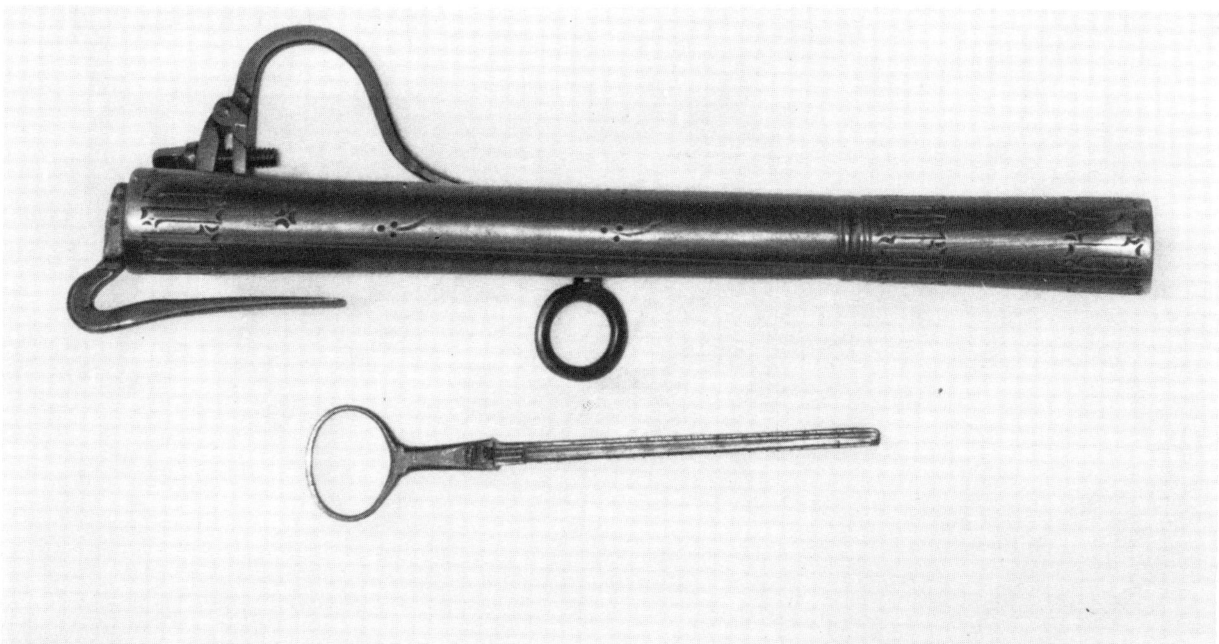

Deutsche Reibschloß-Pistole, bekannt als »Mönches-Pistole«. Der brünierte Stahl ist mit gotischen Schriftzeichen verziert, um 1500; Historisches Museum, Dresden.

Drittes Kapitel

Schnapphahnschloß und Steinschloß

Der früheste, datierbare Schnapphahn – auf dem Lauf zusammen mit dem Namen »Nürnberg« steht die Markierung »C. K.«, um 1550; Livrustkammaren, Stockholm.

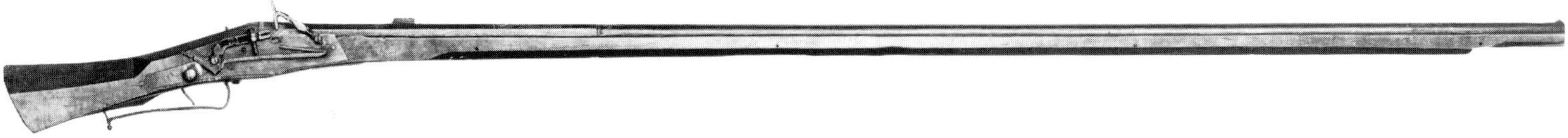

Obwohl das Radschloß, wenn es funktionierte, durchaus wirksam war, so regte jedoch der hohe Preis und der komplizierte Mechanismus bald die Büchsenmacher an, Versuche mit einfacheren und preiswerteren Formen der Zündung anzustellen. Die wichtigste Methode im 16. Jahrhundert Feuer zu machen, bestand darin, einen Feuerstein und Stahl zusammenzuschlagen und die Funken in etwas Zunder fallen zu lassen. Ein unbekannter Büchsenmacher griff diese Idee auf, übertrug sie auf Feuerwaffen und stellte damit die früheste Form des Steinschlosses her.

Zwei Wilddiebe im 17. Jahrhundert – die Gedankenverbindung des Wortes »Schnapphahn« wird offensichtlich. Sie haben gerade ein »Hähnchen geschnappt«; Stich von Abraham Bosse, Antwerpen, um 1630.

Wie bei den anderen Formen der Zündung tauchen die ersten Hinweise auf ein Schloß, welches nach diesem Prinzip funktioniert, zuerst in Schriften auf. Ein königlich-schwedisches Verzeichnis erwähnt im Jahre 1547 ein »snapplas« – ein Schnapphahnschloß. Eine Verfügung, das Geschütz- und Waffenwesen betreffend, die im gleichen Jahr in Florenz gedruckt wurde, belegt verschiedene Feuerwaffen mit einem Bann, einschließlich solcher, die dort als »archibusi da fucile« bezeichnet werden. »Fucile« war das Wort für ein Stahlstück, das dazu benutzt wurde, Feuer aus einem Feuerstein zu schlagen. Das Schnapphahn-Schloß bestand aus einem Hahn mit Hahnlippen, die ein Stück Feuerstein hielten, das gegen eine flache Platte gerichtet war. Diese Platte war beweglich über der Pulverpfanne angebracht. Der Hahn wurde nach hinten gegen eine Hauptfeder zurückgezogen, bis er von einem kleinen Hebel erfaßt wurde, der ihn festsetzte. Dies war die sogenannte Abzugstange, die mit dem Abzug in Verbindung steht. Beim Betätigen des Abzuges wurde der Hebel vom Hahn weggezogen, wodurch dieser nach vorne gegen den Stahl schlagen konnte. Der Stahl bewegte sich oben von der Pulverpfanne weg und sprühte dabei Funken in das sich dort befindliche Pulver.

Die Schnappbewegung des Hahnes wurde im niederländischen Kulturraum mit den Bewegungen einer »pickenden Henne« in Verbindung gebracht, so daß der Hahn als »snaphaan« – Schnapphahn – bekannt wurde. Die erste Verwendung des Wortes im englischen Sprachraum hatte eine negative Bedeutung – nämlich Dieb oder Räuber. Die Schnappbewegung ließ vermutlich an jemanden denken, der Dinge »wegschnappt«. Die Experten stimmen allgemein darin überein, daß die früheste Waffe mit Schnapphahn-Schloß in der königlichen Waffensammlung in Stockholm aufbewahrt wird. Die Waffe kann auf Grund ihres Stils zeitlich in die Mitte des 16. Jahrhunderts eingeordnet werden.

Ein zeitgenössischer Bericht gibt an, daß 35 Arkebusen (Hakenbüchsen) aus Nürnberg in der königlichen Waffenwerkstatt von Arboga in Schweden mit Schnapphahn-Schlossen ausgerüstet wurden. Die besagte Waffe in Stockholm trägt auf dem Lauf eine Nürnberger Markierung, welche im Zusammenhang mit der Herkunft die Annahme verstärkt, daß es sich um eine der 35 Hakenbüchsen handeln könnte. Der

Einige Schnapphahn-Schlosse aus dem 17. Jahrhundert, die sich im Victoria and Albert Museum befinden. **Von oben nach unten:** Ein russisches Schnapphahn-Schloß, ziselierter Stahl, teilweise vergoldet; ein schwedisches Schloß aus dem späten 17. Jahrhundert, baltischer Stil, gravierter und ziselierter Stahl mit langen, gespaltenen Hahnlippen, ähnlich denen bei dem Zunderzünder von Löffelholz; schließlich ein deutsches Schloß von etwa 1660 – sowohl der äußere als auch der innere Mechanismus sind sichtbar. Dieses letzte Schloß ist typisch für die Spätform des Schnapphahn-Schlosses mit kleinen Hahnlippen und innenliegender Hauptfeder.

Lauf trägt daneben die Hersteller-Initialen C. K. Die Hahnlippen für den Feuerstein sind sehr lang und werden durch eine senkrecht eingedrehte Schraube gehalten. Der Hahnabsatz ist ausgezogen und bildet einen langen Visiersporn. Das Teil, das auf die Feder wirkt, ist stark verkürzt. Der Zündpfannendeckel wird von Hand betätigt, wobei der Stahl der flachen Platte gegen den der Hahn schlägt, mit einer langen facettierten Stange verbunden ist. Wenn der Hahn ganz gespannt ist, wird er von einer Abzugstange gehalten, die von innen durch die Schloßplatte herausragt. Beim Betätigen des Abzuges wird sie zurückgezogen und der vorschnellende Hahn schlägt gegen den Stahl.

Die engsten Parallelen zu Schlossen dieser Art finden sich bei den deutschen Schnapphahnschlossen. Es ist darauf hingewiesen worden, daß die Hahnlippen an jene von Löffelholzens Zunder-Feueranzünder erinnern. Durch die Vorliebe der Sammler und Waffenliebhaber für Untergliederungen und Typologien, sind diese als Baltische Schlosse bezeichnet worden. Es ist jedoch bekannt, daß in den königlich-schwedischen Werkstätten viele deutsche Handwerker beschäftigt waren. Es besteht kein Grund, nicht anzunehmen, daß das Schnapphahnschloß im Ursprung eine deutsche Erfindung gewesen ist.

Schlosse dieser Art waren in Skandinavien und in Rußland sehr beliebt und wurden dort bis in das 17. Jahrhundert hinein gefertigt. Ein abmontiertes Schloß, das sich nun im Victoria and Albert Museum in London befindet, zeigt ein eigenartiges, anachronistisches Aussehen. Die Form der Schloßplatte hat die elegante Linienführung, wie wir sie von den hervorragendsten Steinschlossen aus dem späten 17. Jahrhundert kennen.

Trotzdem handelt es sich um ein Schloß baltischer Bauart mit langen gespaltenen Hahnlippen und vertikaler Schraube. Damit erinnert es an den Feueranzünder von Löffelholz, der 200 Jahre früher entstand.

Die weitere Geschichte des Schnapphahnschlosses kann man anhand einer Überprüfung einiger datierter deutscher Waffen verfolgen. Alle tragen entweder die Jahreszahl 1571 oder 1572 auf den Läufen. Eine Waffe aus dem Germanischen Museum in Nürnberg hat einen langen, abwärts gebogenen glatten, unverzierten Schaft. Dieses Exemplar ist besonders interessant, weil das Schloß nicht nur mit einem Schnapphahn, sondern zusätzlich noch mit einem Luntenschloß versehen ist. Beide Vorrichtungen befinden sich auf ein und derselben Schloßplatte. Bei

Diese Waffe mit Schnapphahn-Schloß befindet sich im Pitt-Rivers Museum in Oxford. Es ist eine englische oder französische Arbeit aus dem späten 16. Jahrhundert.

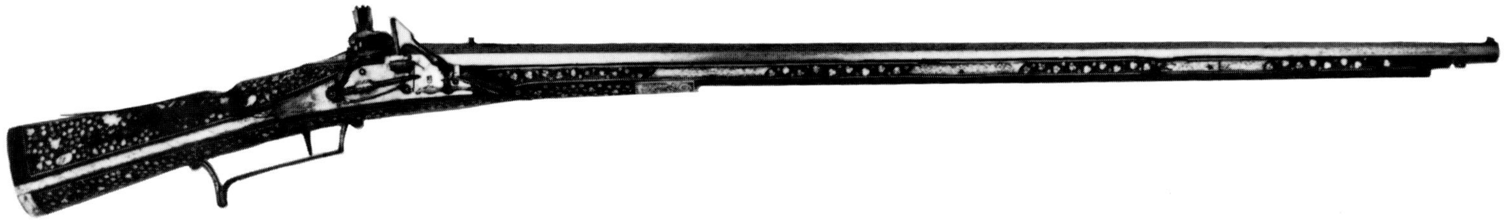

diesem Schnapphahn handelt es sich um eine stark verbesserte Version gegenüber den früheren Formen. Der Lauf trägt zwei Herstellerinitialen, W.W. und M.F., dazu das Datum 1572. Bei diesen späteren Schnapphähnen liegt die Feder auf der Innenseite der Schloßplatte, die Hahnlippen sind schmaler und sitzen an einem gebogenen stangenförmigen Hahn. Die Abzugsstange tritt nun nicht mehr aus der Schloßplatte heraus, sondern sitzt in einer Vertiefung der Nuß auf der Innenseite der Schloßplatte. Anstelle eines von Hand zu bedienenden Zündpfannendeckels finden wir eine Stange an der Außenseite der Schloßplatte. Sie ist mit dem Zündpfannendeckel verbunden. Schlägt der Hahn herunter, so trifft eine Ausbuchtung am Hahn vorher diese Stange, worauf der Pfannendeckel zwangsläufig geöffnet wird. Die Waffe aus Nürnberg stellt zusammen mit ihren beiden Gegenstücken für die Historiker eine Art Puzzle dar. Während alle drei Waffen eindeutig deutschen Ursprungs sind, könnten sich bei einem weiteren verwandten Exemplar möglicherweise französische Verbindungen nachweisen lassen.

Es ist dabei die Rede von einem sehr schönen Exemplar einer Schnapphahnschloß-Waffe, das sich im Pitt-Rivers Museum in Oxford befindet. Die Waffe besitzt einen Schaft mit Einlegearbeiten aus Hirschhorn und ein Schloß, sehr ähnlich dem der mit Jahreszahlen versehenen Gruppe. In die Schloßplatte ist ein Zeichen in Messing eingelegt. Die gleiche Markierung findet sich bei einigen französischen Radschloßwaffen, so daß die gesamte Gruppe aus Frankreich stammen könnte. Der Schaft der Schnapphahn-Waffe von Pitt-Rivers ist mit einer Horn-Einlegearbeit versehen, die in einem charakteristischen niederländischen oder englischen Stil ausgeführt ist, was die ganze Angelegenheit noch verwirrender erscheinen läßt. Auch hier ist festzustellen – was bei so vielen Versuchen, den genauen Ursprungsort dieser Feuerwaffen zu ermitteln eintritt – je mehr Untersuchungen man durchführt, um so verwirrender werden die Auskünfte.

Eine Anzahl sehr schöner Schnapphahnschloß-Langwaffen und -Pistolen wurde in England hergestellt. Viele davon sind über die ganze Welt verteilt und wurden in Waffensammlungen zusammengetragen – so in Rußland, Böhmen oder in Venedig. Drei Paar Schnapphahn-Pistolen findet man im Orusheinaia Palast im Moskauer Kreml. Sie waren ein Teil der Geschenke von James I. an die Zaren Boris Godunov (1598–1605) und Michail Feodorowitsch (1613–1645). In Levens Hall, Cumberland, wird ein Paar Schnapphahn-Pistolen gezeigt, das für Sir James Bellingham, den früheren Besitzer von Levens Hall hergestellt wurde. Die Läufe sind mit dem Herstellungsjahr 1601 versehen, der Schloßbeschlag ist mit den Initialen des Besitzers beschriftet. Die Schäfte sind glatt und schmucklos, die Knäufe zitronenförmig ausgebildet. Die Schlosse sind auf der dem Schloß gegenüberliegenden Seite mit L-förmigen Sperrklinken befestigt. Das ist ein charakteristisches Merkmal der meisten englischen Langwaffen und Pistolen des späten 16. Jahrhunderts und des beginnenden 17. Jahrhunderts.

Es sind einige sehr schöne verzierte englische Feuerwaffen erhalten geblieben, die zu den schlichten Pistolen von Levens Hill einen deutlichen Kontrast bilden. Eine große Muskete mit Schnapphahnschloß, dazu eine Radschloßpistole und ein Pulver-

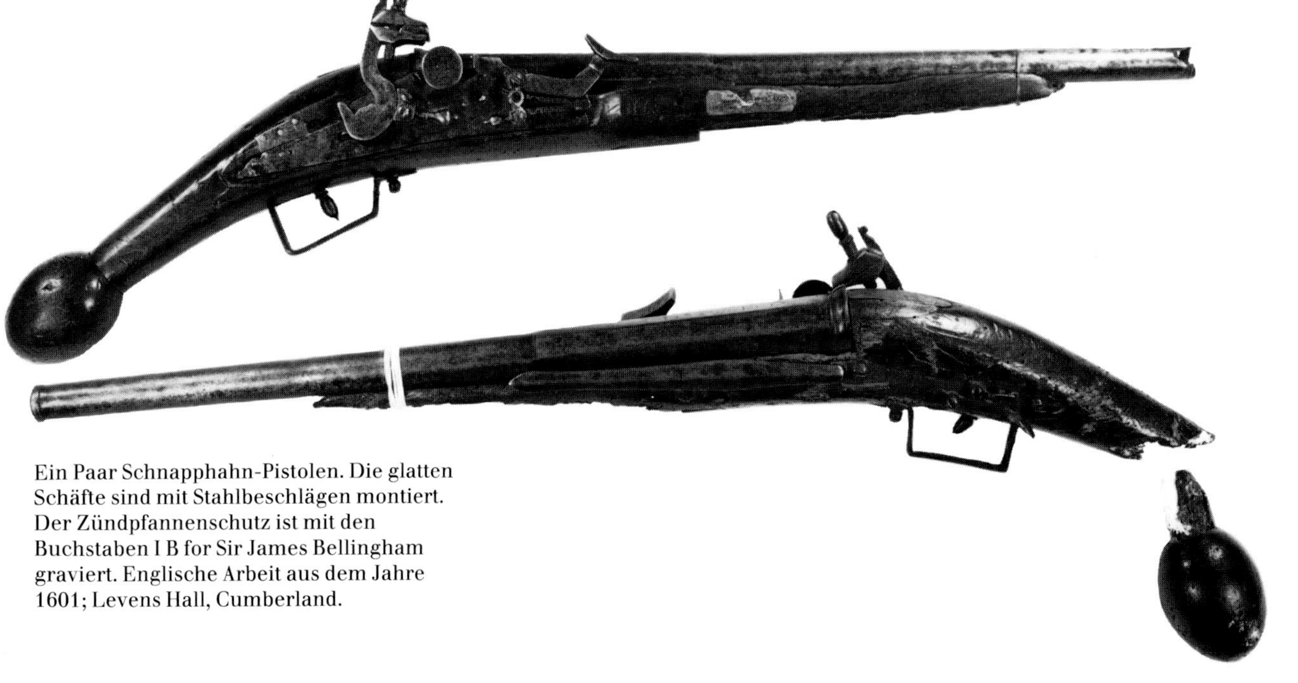

Ein Paar Schnapphahn-Pistolen. Die glatten Schäfte sind mit Stahlbeschlägen montiert. Der Zündpfannenschutz ist mit den Buchstaben I B for Sir James Bellingham graviert. Englische Arbeit aus dem Jahre 1601; Levens Hall, Cumberland.

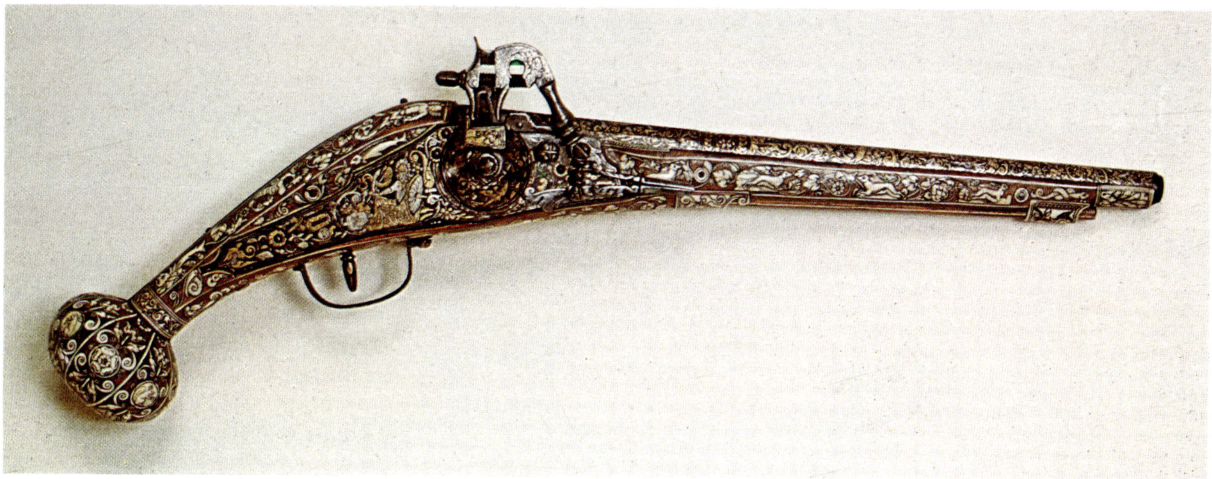

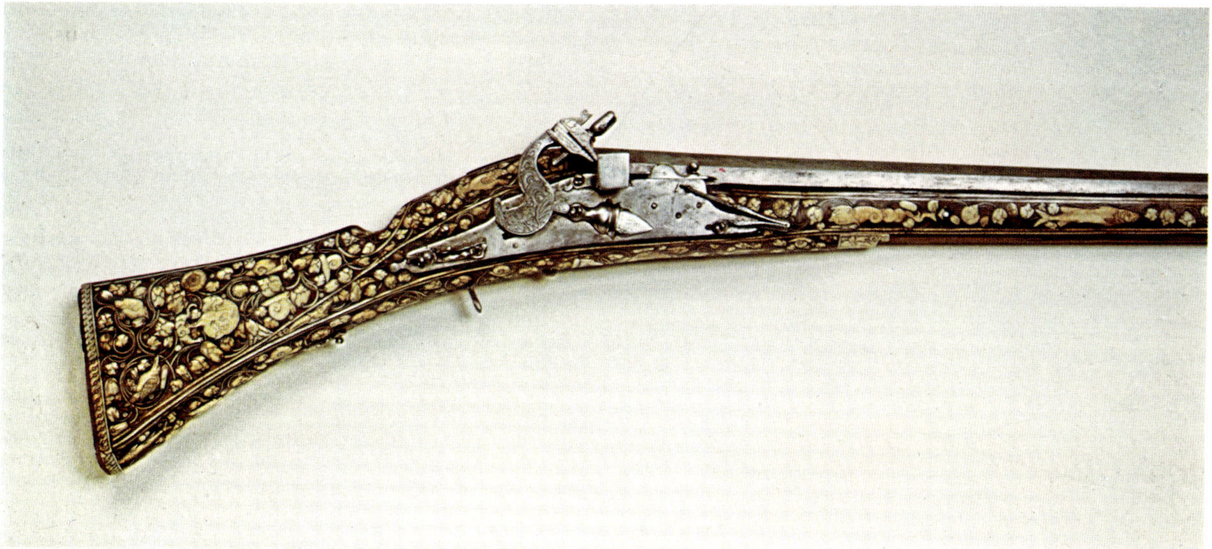

Zwei sehr schön verzierte Feuerwaffen aus Belchamp Hall, Essex: eine Radschloß-Pistole, der Schaft ist mit graviertem Hirschhorn eingelegt, Lauf und Schloß sind in Silber und Gold damasziert, englische Arbeit um 1580.
Eine englische Schnapphahn-Muskete, datiert 1588.

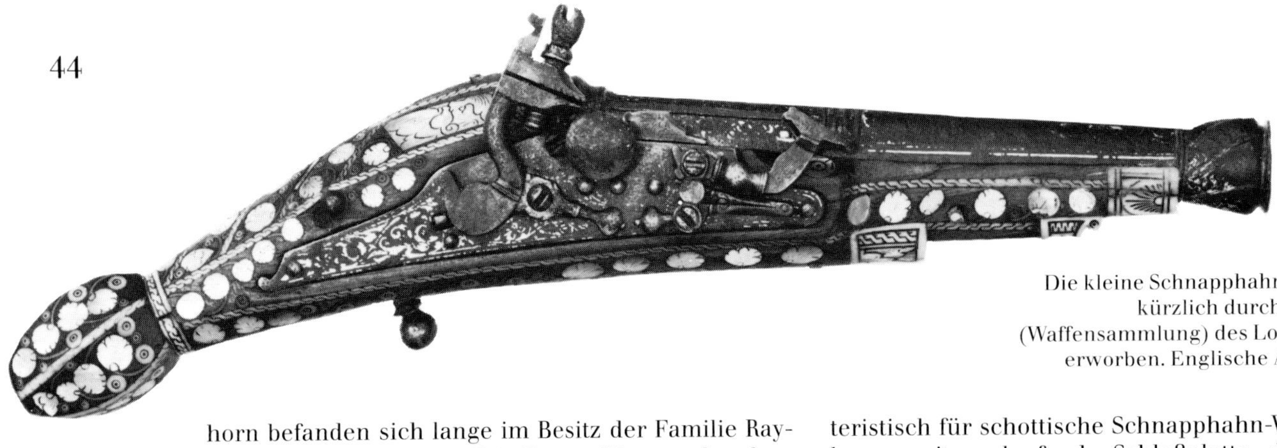

Die kleine Schnapphahn-Pistole wurde kürzlich durch die Armouries (Waffensammlung) des Londoner Towers erworben. Englische Arbeit um 1600.

horn befanden sich lange im Besitz der Familie Raymond auf Belchamp Hall in Essex. Diese und andere Objekte waren Eigentum von Sir William Harris of Shenfield, der zu Beginn des 17. Jahrhunderts in die Familie Raymonds einheiratete. Sie wurden von Generation zu Generation weitervererbt. Die Muskete ist auf der Hornkappe mit der Jahreszahl 1588 versehen, der Schaft ist mit Elfenbeineinlagen in einem charakteristischen englischen Stil geschmückt. Diese Waffe stammt aus der gleichen Werkstatt wie ein hübsches Petronell, das sich in Kopenhagen befindet. Die Radschloßpistole ist von erheblichem Interesse, nicht nur, weil es sich um eine der wenigen identifizierten englischen Radschloßwaffen handelt, sondern weil sie mitsamt dem größten Teil der Verzierungen erhalten geblieben ist. Die Pistole stammt aus der Zeit um 1580. Das Pulverhorn ist in der gleichen Weise wie die Radschloßwaffe verziert. Höchstwahrscheinlich stammt es ebenfalls aus England. Eine andere hübsche Schnapphahn-Pistole wurde kürzlich durch die Armouries des Londoner Towers erworben. Sie zeigt noch Spuren der Gold-Damaszierung. Der Schaft ist mit Einlegearbeiten aus Horn und Perlmutt verziert.

In Schottland war der Schnapphahn noch eine ganze Zeitlang in Gebrauch, während man ihn in anderen Gegenden schon längst als veraltet aufgegeben hatte. Das genaue Beziehungsgeflecht zwischen englischen und schottischen Schnapphahn-Schlossen ist erst jetzt intensiv diskutiert worden. Es gibt Hinweise, die vermuten lassen, daß die Originalität und die Individualität schottischer Feuerwaffen sehr wohl den englischen Waffenbau im frühen 17. Jahrhundert stark beeinflußt haben.

Die Waffensammlung des Londoner Towers beherbergt ein weiteres interessantes Exemplar eines schottischen Schnapphahns in Form eines Pistolenpaares aus der Sammlung von Lady Seafield, das früher im Besitz von Ludovic Grant war. Charakteristisch für schottische Schnapphahn-Waffen ist die lange, spitz zulaufende Schloßplatte, der spornförmige Vorsprung an der Rückseite des Hahnes und die Form der Hahnlippen.

Eine seltene Form eines Schlosses, das die Merkmale sowohl des Radschlosses als auch des Schnapphahnes in sich vereinigt, ist das Segment- oder Quadrant-Schloß. Anstelle eines sich drehenden Rades wird dabei ein vierkantiger Stahl gespannt, der als Hahn dient. Der Vierkantstahl bewegt sich beim Betätigen des Abzuges und schlägt gegen den Pyrit. Man schreibt die Erfindung dieses Schlosses Rafaelle Verdiani, einem italienischen Büchsenmacher, zu. Eine Waffe, die mit diesem, von ihm konstruierten Schloß ausgestattet ist und aus dem Jahre 1619 stammt, wird im Tower in London aufbewahrt.

Ein Schloß, dessen Gebrauch im Mittelmeerraum weite Verbreitung fand, ist das, bei den Sammlern unter dem Namen »Miquelet« bekannte. Das Wort stammt aus dem Katalanischen, aber es gibt keinen Hinweis darauf, daß es während des 17. Jahrhunderts je für diese Art des Schlosses verwendet wurde, das hier beschrieben wird.

Wie es scheint, handelt es sich um einen Sammlerausdruck, der im Laufe des 19. Jahrhunderts für dieses Schloß geprägt wurde.

Das spanische Schloß war den zeitgenössischen Berichterstattern als eine »patilla« bekannt. Es hatte sehr gute Unterscheidungsmerkmale. Die große v-förmige Hauptfeder war außen auf der Schloßplatte angebracht. Die Hahnlippen waren mit einer Ringschraube am Hahn befestigt.

Die Vorderseite des Hahnes verjüngt sich zu einer scharfen Kante. Der Hahn selbst wird durch zwei Abzugsstangen gehalten, die aus der Schloßplatte hervortreten, die eine für die Ruhrast, die andere für die Spannrast. Die L-förmige Batterie verband den Stahl und den Pulverpfannendeckel.

Das sogenannte römische Schloß, das ebenfalls

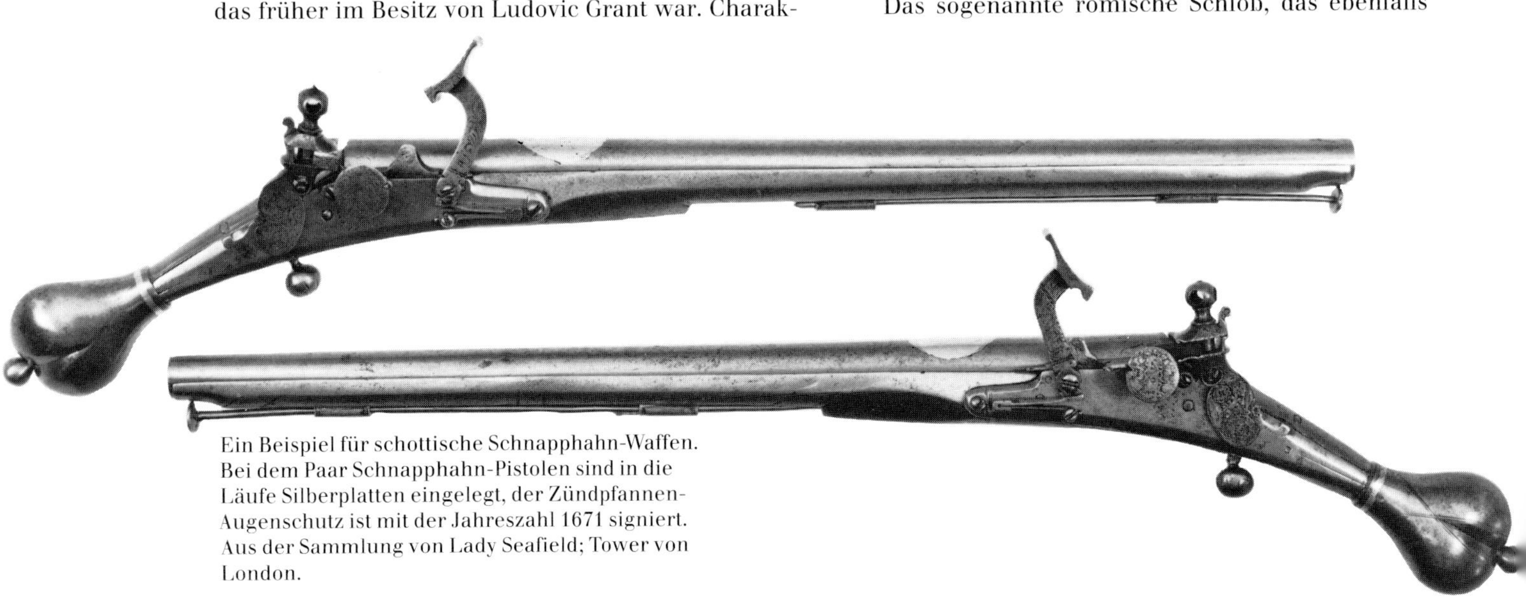

Ein Beispiel für schottische Schnapphahn-Waffen. Bei dem Paar Schnapphahn-Pistolen sind in die Läufe Silberplatten eingelegt, der Zündpfannen-Augenschutz ist mit der Jahreszahl 1671 signiert. Aus der Sammlung von Lady Seafield; Tower von London.

Ein Gewehr mit glattem, unverziertem Schaft. Das Segment-Schloß ist mit »Rafaelle Verdiani« signiert. Italienische Arbeit (Florenz) von 1619; Tower von London.

Ein Miquelet-Schloß – es zeigt den inneren und äußeren Mechanismus. Dieses spanische Schloß aus dem Jahre 1790 ist aus Stahl ziseliert und teilweise versilbert. Es trägt die Signatur »Pedro de Avila Malaga«; Victoria and Albert Museum.

eine außenliegende Hauptfeder hatte, war in Italien bis um 1650 weit verbreitet. Es ist möglich, daß das »Miquelet« vielleicht aus Skandinavien oder Deutschland über die spanischen Niederlande den Weg nach Spanien fand. Das könnte um das Jahr 1610 gewesen sein. Folgt man spanischen Erzählungen, so wurde diese Form von Schloß von Simon Marquart erfunden, aber es gibt Hinweise für die Annahme, daß es bereits um 1610 in Gebrauch war. Die ersten Exemplare findet man auf drei Mauerbüschen, die sich nun in der Real Armerìa in Madrid befinden. Alle drei Waffen werden in ihrer Entstehungszeit auf 1625 datiert. Eine trägt die Sichelmarkierung von Simon Marquart dem Jüngeren – es handelt sich dabei um das einzige bekannte Schloß in dieser Art, das von diesem Büchsenmacher gefunden wurde.

Im Victoria und Albert Museum gibt es ein interessantes Paar einfacher »Donnerbüchsen« aus dem späten 17. Jahrhundert, die mit Miquelet-Schlossen ausgestattet sind und in deren Läufe der Name des Besitzers eingraviert ist. Die Knäufe zieren Silberbeschläge, die grob graviert sind, charakteristisch für den Ripoll-Stil, einem bekannten Zentrum der spanischen Waffenherstellung. Das Miquelet-Schloß blieb in Spanien bis zum Beginn des 19. Jahrhunderts in Gebrauch. Allerdings wurden die späteren Ausführungen sehr stark vom französischen Steinschloß beeinflußt und weisen damit nur noch wenige Merkmale der derben und kräftig verzierten Schlosse aus dem 17. und 18. Jahrhundert auf.

Das echte französische Steinschloß wurde einige Jahre vor dem sogenannten englischen Schloß eingeführt. Da dieses jedoch eine engere Verwandtschaft mit dem Schnapphahnschloß aufweist, ist es vertretbar, es zuerst zu behandeln. Wie beim Schnapphahn, so tritt beim englischen Schloß die Abzugsstange durch die Schloßplatte hervor. Auch an amerikanischen Fundorten wurden Exemplare entdeckt – so in Williamsburg und Jamestown. Im Laufe der Jahre haben diese Originalfundorte viele interessante Fragmente von Feuerwaffen freigegeben, einschließlich einiger seltener englischer Radschloß-Militärwaffen. Beim englischen Schloß bildeten der Stahl und der Pulverpfannendeckel eine Einheit. Eine kleine Ausbuchtung an der Nuß ließ die Abzugsstange einsetzen und bildete so die Laderast. Englische Schlosse haben häufig an der äußeren Seite des Schloßbleches eine Laderastklinke, die in eine ausgeschnittene Kerbe am Hahn eingreift. Schlosse mit dieser Raste werden auch als »Hundskopf-Schlosse« bezeichnet. Ein der ersten Pistolen, die mit einem sogenannten »Hundskopf-Schloß« (dog-lock) ausgestattet war, hat eine interessante Beziehung zu Amerika. In der Pilgrims-Hall, Massachusetts, befindet sich eine Pistole aus dem Besitz von John Thomson. Er segelte 1622 nach Amerika, um den Pilgrim Fathers zu folgen und ihrer Gemeinschaft beizutreten. Vermutlich brachte er die Pistole aus England mit. Es wird erzählt, daß er sie häufig in Kämpfen mit den Indianern benutzt habe. Eine Anzahl von Pistolen, die ein englisches Schloß

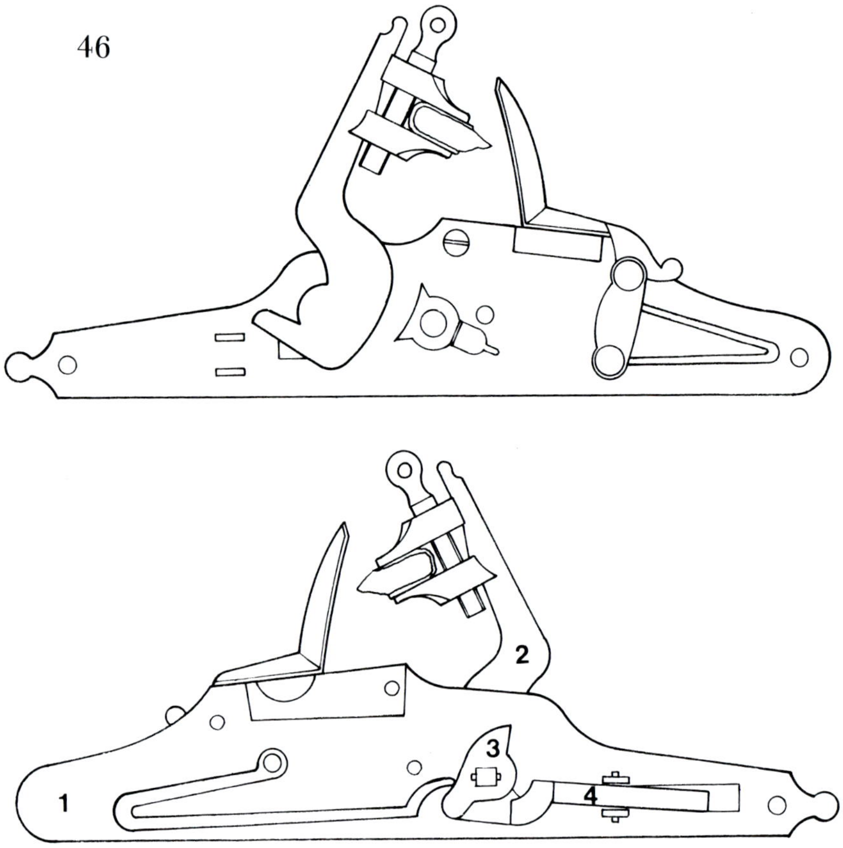

Der Mechanismus eines englischen »Hundskopf-Schlosses« aus der Zeit um 1640. 1 – Schloßplatte; 2 – Hahn; 3 – Nuß; 4 – kombinierte Abzugsstange und Abzugshebel. Die keilförmige Ausformung an der Nuß greift in eine Kerbe an der Abzugsstange ein und gibt so die Ruhrastposition.

haben, werden in der prächtigen Waffensammlung der Familie Popham auf Littlecote House, Berkshire, aufbewahrt. Sir Edward Popham war während des englischen Bürgerkrieges mit dem Schutz des Parlamentsgebäudes beauftragt. Ein großer Teil der Bewaffnung seiner Männer befindet sich noch auf dem Familiensitz, einschließlich einer Sammlung englischer Pistolen aus der Zeit um 1640, die ihresgleichen sucht.

Es gibt auch einige interessante Langwaffen, die mit frühen Schlossen mit Laderast ausgestattet sind. Im Museum von Alton, Hants, befinden sich zwei englische Waffen aus dem 17. Jahrhundert. Bei der einen handelt es sich um eine lange Vogelflinte, versehen mit einem englischen Schloß mit Laderast. Diese Waffe kam von Mill Court und spielte im Bürgerkrieg in Südengland eine Rolle. Die andere, weit interessantere Waffe, ist sehr kurz und gleichfalls mit einem Laderast-Schloß versehen. In der Größe erinnert sie eher an einen Karabiner. Ihr Schaft ist stark nach unten abgebogen. Es könnte aber auch sein, daß es eine Vogelflinte für einen Jugendlichen war. Die Metallteile sind nicht signiert, aber in der rechten Seite des Schaftes sind die Buchstaben R. S. eingeschnitzt. Der Lauf ist kleinkalibrig und achtkantig. Das flache Schloß hat eine spitz zulaufende Schloßplatte, die auf ein Herstellungsdatum um die Mitte des Jahrhunderts hindeutet.

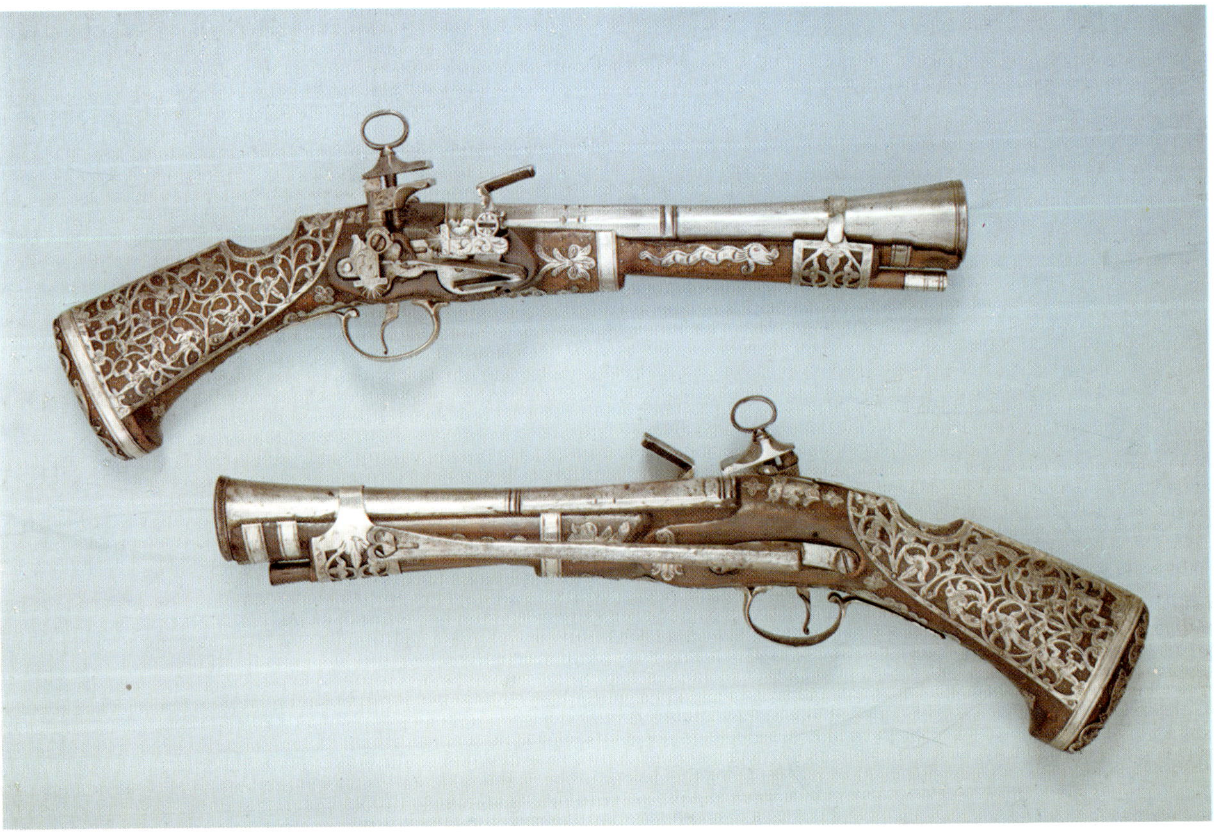

Ein Paar »Blunderbusses« (Donnerbüchsen) mit Miquelet-Schloß. Die Beschläge sind aus graviertem Silber. Spanische Arbeit (Ripoll) um 1690. Victoria and Albert Museum, London.

Eine Vogelflinte in der Hand eines erfahrenen Schützen konnte eine sehr wirkungsvolle Waffe sein. Bei der Belagerung von Sherbourne Castle im Jahre 1645 erschoß ein royalistischer Scharfschütze mit einer Vogelflinte aus der sicheren Höhe eines Turmes eine Anzahl von Sir Thomas Fairfax' Leuten. Sein Können leitete sich wahrscheinlich von seinem Beruf in Friedenszeiten her, da er in einem zeitgenössischen Verzeichnis als »Jagdaufseher« geführt wurde.

Für die Historiker ist es ein glücklicher Umstand, daß König Ludwig XIII. von Frankreich ein aufmerksames Interesse für alle Bereiche der Feuerwaffen zeigte. Er verfügte über eine umfangreiche Waffensammlung, die zweifellos nicht nur dem Geschmack eines reichen und mächtigen Monarchen entsprang, der mit Geld seine Launen befriedigen wollte, vielmehr bestand ein Großteil seiner Sammlung aus sehr schlichten Militärwaffen – ohne die geringste Spur von Verzierungen, Waffen, die nur in Hinblick auf den Mechanismus oder die technische Konstruktion interessant waren. Die Sammlung umfaßte selbstverständlich auch einige sehr verschwenderisch verzierte Stücke. Von großer Bedeutung ist die Tatsache, daß im Jahre 1673 auf Anordnung Ludwig XIV. ein Verzeichnis über den königlichen Besitz angefertigt wurde. Dieses umfaßte auch die Feuerwaffen in der königlichen Sammlung. Jede Waffe erhielt eine Nummer, die gewöhnlich einfach in den Schaft geschlagen wurde, oft unterhalb des Laufes oder ohne große Verzierungen in die vordere Trageriemenöse des Laufes. Durch den Vergleich der numerierten Beschreibungen in dem Verzeichnis mit der numerierten Waffe konnten viele Feuerwaffen, die früher der Sammlung Ludwigs XIII. angehörten, identifiziert werden. Die Sammlung enthält auch eine kurzläufige Vogelflinte mit Radschloß und ziemlich morschem Schaft. Wahrscheinlich wurde die Waffe vom König benutzt, als er noch ein Kind war. Sein Leibarzt, Jehan Héroard, schreibt über den König in seinem Tagebuch und teilt uns darin mit, daß der Monarch bereits im Alter von 10 Jahren 7 Waffen besaß. Wie es scheint, blieb die Sammlung bis zur französischen Revolution erhalten, wurde dann aber nach 1815 auseinandergerissen.

Im Jahre 1939 veröffentlichte Dr. Torsten Lenk ein großes Werk über das Steinschloß, worin er zu einer Definition desselben kommt, der die meisten anderen Autoren gefolgt sind. Er führt darin aus, daß nur dann von einem echten Steinschloß gesprochen werden könne, wenn der Stahl und der Zündpfannendeckel eine Einheit bilden, bei der eine vertikal bewegliche Abzugsstange in zwei Aussparungen in der Nuß auf der Innenseite des Schlosses eingreift. Die beiden Aussparungen in der Nuß bilden die Laderast und die Spannrast. Obwohl mehrere frühe Steinschloßwaffen bereits beachtet worden sind, so sind doch zwei davon Waffen von hervorragender Bedeutung. Beide erfüllen Lenks Kriterien. Die eine befindet sich im Metropolitan Museum in New York, die andere in der Eremitage in Leningrad. Die erste Waffe, davor in der Renwick-Sammlung, befand sich früher in Cabinet d'Armes von Ludwig XIII. Sie wird unter der Nummer 134 im königlichen Verzeichnis im Detail beschrieben. Lenk hatte nicht die Gelegenheit, die Waffe selbst zu untersuchen, sondern er mußte sich auf Photographien und die Darstellung anderer verlassen. In die Laufoberseite nahe dem Laufende ist die Herstellermarkierung eingestempelt, bestehend aus einer Armbrust, die von zwei Buchstaben flankiert wird. Lenk erkannte darin die Buchstaben I. B. Da das Inventar erwähnt, daß die Waffe in Lisieux

Ludwig XIII. von Frankreich zeigte ein reges Interesse an Feuerwaffen, von denen er eine bedeutende Sammlung zusammentrug. Dieses Gemälde aus der Schule Rubens »Krönung Ludwig XIII. von Frankreich durch die Siegesgöttin« zeigt eine Anzahl von Waffen zu seinen Füßen, einschließlich zweier unterschiedlicher Radschloßwaffen.

Eine der vielen schönen Waffen aus dem Cabinet d'Armes von Ludwig XIII. Es handelt sich um ein französisches Radschloß-Gewehr mit einem Schaft aus Birnenholz mit ziselierten Stahlbeschlägen und einem türkischen Lauf. Um 1600, Victoria and Albert Museum.

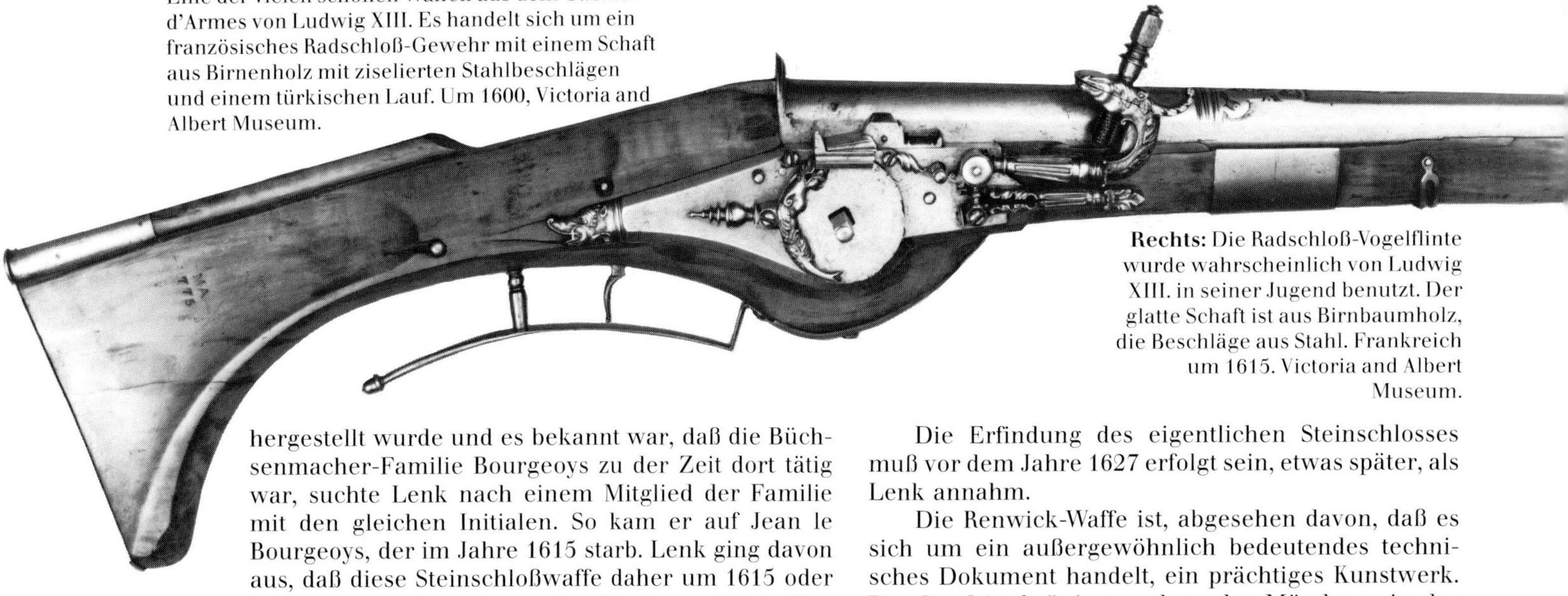

Rechts: Die Radschloß-Vogelflinte wurde wahrscheinlich von Ludwig XIII. in seiner Jugend benutzt. Der glatte Schaft ist aus Birnbaumholz, die Beschläge aus Stahl. Frankreich um 1615. Victoria and Albert Museum.

hergestellt wurde und es bekannt war, daß die Büchsenmacher-Familie Bourgeoys zu der Zeit dort tätig war, suchte Lenk nach einem Mitglied der Familie mit den gleichen Initialen. So kam er auf Jean le Bourgeoys, der im Jahre 1615 starb. Lenk ging davon aus, daß diese Steinschloßwaffe daher um 1615 oder früher entstanden sein mußte. Als dieses Stück 1972 bei einer Auktion verkauft wurde, entdeckte man, daß es sich bei dem ersten Buchstaben nicht um ein I sondern um ein P handelte. Daher war es offenkundig, daß der Schöpfer Pierre le Bourgeoys gewesen sein mußte, der im Jahre 1627 starb. Es sollte der Vollständigkeit halber hier erwähnt werden, daß bereits 1962 Sir James Mann in dem Katalog über Waffen und Rüstungen der Wallace Sammlung die Vermutung äußerte, daß eine Radschloß-Pistole, die Lenk Jean le Bourgeoys zuschreibe, von Pierre stamme.

Die Erfindung des eigentlichen Steinschlosses muß vor dem Jahre 1627 erfolgt sein, etwas später, als Lenk annahm.

Die Renwick-Waffe ist, abgesehen davon, daß es sich um ein außergewöhnlich bedeutendes technisches Dokument handelt, ein prächtiges Kunstwerk. Der Lauf ist brüniert und an der Mündung, in der Mitte und am Ende mit vergoldeten Arabesken verziert. Der Schaft besteht aus gebeiztem Birnbaumholz, wobei das Ende schneckenförmig ausgebildet ist, eingelegt mit Silberdraht. In den Schaft eingelegt sind silberne Vögel, Schnecken und andere Tiere in Messing und Blumenornamente in Perlmutt. In die dem Schloß gegenüberliegende Schaftseite ist ein bekröntes L eingelegt, das für Louis XIII. steht. Das Schloß und andere Stahlbeschläge sind mit vergoldeten Arabeskengravuren versehen – alles in allem eine Waffe, würdig eines Königs. Die Waffe ist sehr leicht,

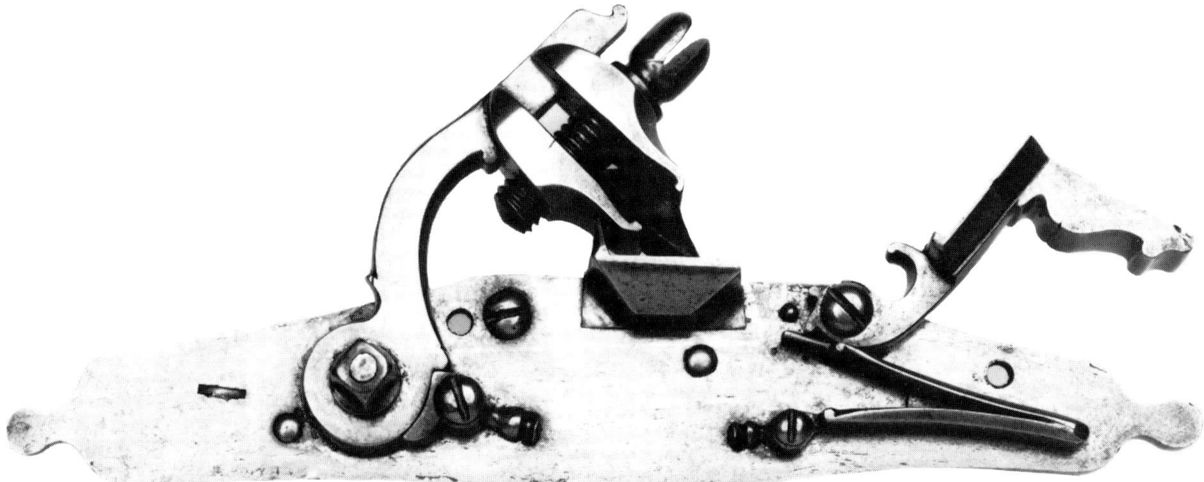

Eine frühe Form des Steinschlosses, bei dem deutlich die Wirkungsweise zu erkennen ist. Stahl und Zündpfannendeckel sind als eine Einheit ausgebildet. Bei der Innenansicht **(unten)** läßt sich leicht erkennen, wie die Abzugsstange in die beiden Kerben in der Nuß einrasten kann, wodurch die Spann- oder die Ruhrast gegeben ist. Das Schloß stammt von einer Muskete aus dem Cabinet d'Armes Ludwig XIII. Französische Arbeit um 1625, Victoria and Albert Museum.

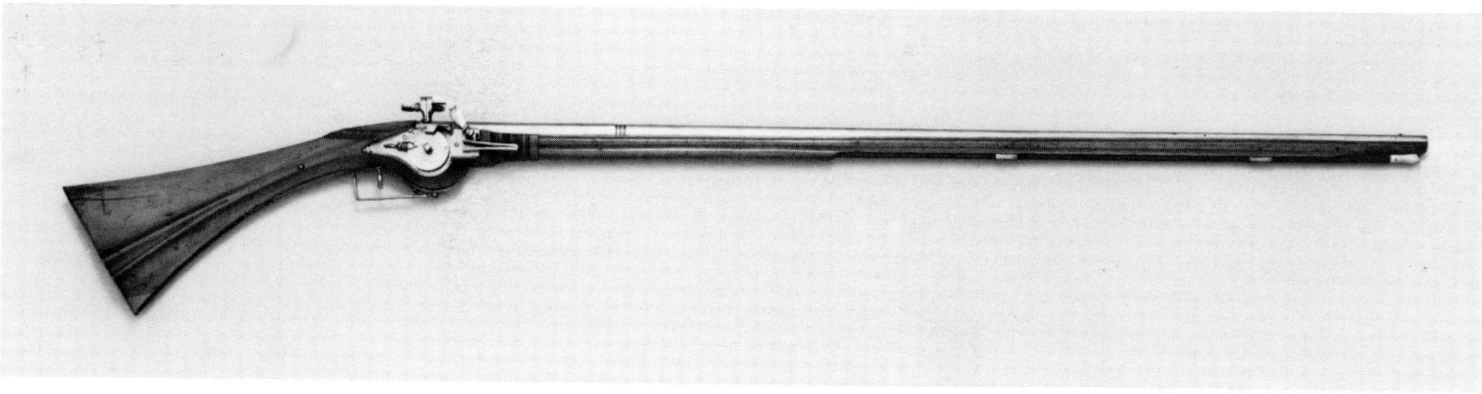

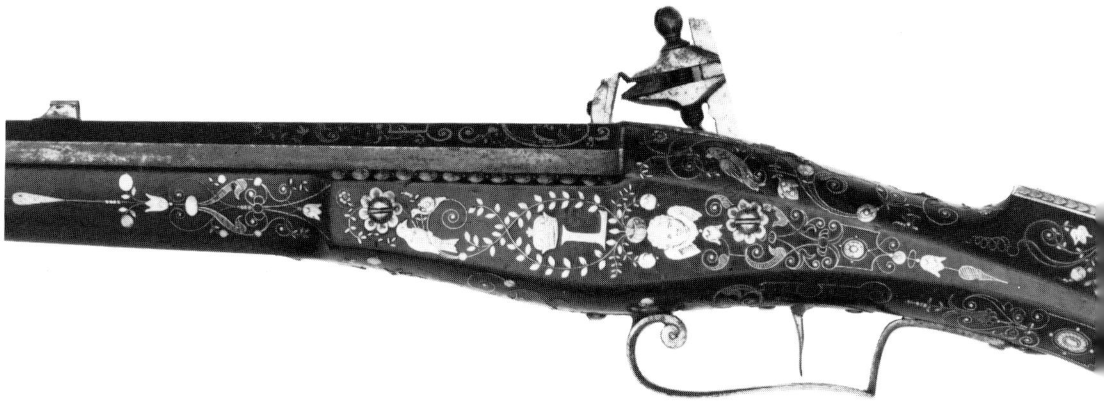

Schloß, Lauf und Schaft der Waffe Nr. 134 aus dem Cabinet d'Armes von Ludwig XIII. im Detail. Die Steinschloß-Vogelflinte trägt den gekrönten Anfangsbuchstaben des königlichen Namens und die Markierung von Pierre le Bourgeoys aus Lisieux auf dem Lauf. Frankreich 1615–20; Metropolitan Museum, New York, Photo Sotheby's.

Marin le Bourgeoys (gestorben 1634), Maler, Bildhauer, Instrumentenbauer und Büchsenmacher.

recht kurz und dürfte die passende Größe für den jungen Monarchen gehabt haben. Sie wurde für den Rekordpreis von umgerechnet etwa 500.000 DM durch das Metropolitan Museum/New York erworben.

In der Eremitage in Leningrad wird eine weitere schöne Waffe aufbewahrt, die auf einer runden Plakette auf dem Schaft die Wappen Frankreichs und Navarras trägt. Diese Wappen führten Heinrich IV. von Frankreich und seine Nachfolger. In den Schaft ist schmucklos die Nummer 152 eingeschnitten, und in dem Inventarverzeichnis findet sich eine Beschreibung, die exakt auf diese Waffe paßt. In eine Plakette auf der Unterseite des Schaftes sind die Worte *»M. le Bourgeoys a Lisieul«* eingraviert. Marin le Bourgeoys, der um die Mitte des 16. Jahrhunderts geboren wurde, begann seine berufliche Laufbahn als Maler. Bis zum Jahre 1583 war er sicher als Maler tätig, da er für eine Ausschmückung in Lisieux entlohnt wurde, die er anläßlich des Einzuges des Herzogs de Joyeuse angefertigt hatte. Im Jahre 1589 wird er als »peintre ordinaire« (einfacher Maler) des Herzogs de Montpensier, der zu der Zeit Gouverneur der Normandie war, geführt.

Er entstammte einer Familie, die sich auf die Herstellung von Schlossen, Uhren, Armbrusten und Feuerwaffen verstand. Somit war eine solide technische Tradition vorgegeben. Im Jahre 1598 zum »valet de chambre« (Kammerdiener) Heinrichs IV. ernannt, vielleicht um auf diese Weise von den strengen Zunftregeln entbunden zu sein, verbrachte er seine gesamte Schaffenszeit in Lisieux. Offensichtlich zeigte er auch Interesse, sich auf anderen Gebieten zu betätigen. So wird von ihm berichtet, daß er Musikinstrumente baute und auch Bildhauer war. Er baute auch einen Globus für Heinrich IV., der im Louvre aufgestellt ist, zusammen mit anderen Beispielen seiner Arbeiten.

Marin bekam jedoch mehr und mehr Interesse an Feuerwaffen, denn im Jahre 1605 wurde er als Büchsenmacher bezeichnet. Berichte erwähnen, daß er bereits ein Luftgewehr mit einem Lauf aus Kupfer hergestellt habe. Im gleichen Jahr erhielt er Geld, um nach Paris reisen zu können, wo er dem König ein Jagdhorn, eine Armbrust und eine Feuerwaffe überreichte, »alles von ihm selbst gemacht«.

Die Waffe aus der Eremitage ist ein weitaus luxuriöseres Exemplar als das vorgenannte. Der brünierte Lauf ist angereichert mit Gold-Damaszierung, die Beschläge aus vergoldeter Bronze sind ziseliert und mit Ätzgravuren versehen, der Schaft ist mit Silber- und Messingdrähten eingelegt. Im Gegensatz dazu ist das Schloß fast schmucklos. Es zeigt lediglich Spuren einer leichten Arabeskengravur. Die Arabesken und anderen Verzierungen sind denen auf weiteren Waffen Ludwig XIII. so ähnlich, daß es möglich erscheint, daß, wenn Pierre le Bourgeoys diese Waffen gebaut hat, die Verzierungen von seinem Bruder Marin le Bourgeoys ausgeführt wurden.

Es gibt auch andere Hinweise, die vermuten lassen, daß diese ersten Steinschlosse etwas später entstanden als man zuerst dachte.

Bei der von Marin le Bourgeoys signierten Waffe aus der Eremitage ist am Schaft eine klassische Büste angebracht, die nahezu mit der identisch ist, die man bei einer Steinschloßwaffe im Musée de l'Armée in Paris findet. Sie wurde von François Duclos gebaut und stammt aus dem Jahre 1636. In einem Gedicht von François Poumerol, das 1631 veröffentlicht wurde und Ludwig XIII. gewidmet war, werden die Vorteile des Schnapphahns gegenüber dem, wie es dort heißt »neuen Steinschloß« angesprochen. Diese Anspielung ist nur dann relevant, wenn das Steinschloß im Jahre 1631 noch immer als eine vergleichsweise neue Erfindung angesehen wurde. Auf der Grundlage des oben Genannten dürfte die Waffe des Metropolitan Museum nun in der Zeit um 1615–20 entstanden sein und die aus der Eremitage um 1605–1610.

Es gibt keine Berichte darüber, welches Mitglied der Familie Bourgeoys tatsächlich das neue Schloß erfunden hat, jedoch der bedeutende Ruf, den Marin le Bourgeoys auf technischem Gebiet und bei mechanischen Neuerungen genoß, machen ihn zu einem der allerersten Anwärter, diese Ehre für sich in

Eine der ersten »echten« Steinschloßwaffen. Die Jagdwaffe trägt das Wappen Frankreichs und Navarras, dazu die Signatur des Herstellers »M. le Bourgeoys a Lisieul«. Wahrscheinlich wurde die Waffe für Heinrich IV. von Frankreich gefertigt. Frankreich 1605–10; Eremitage, Leningrad. Die Nahaufnahme zeigt eine klassische Büste, die den Schaft schmückt.

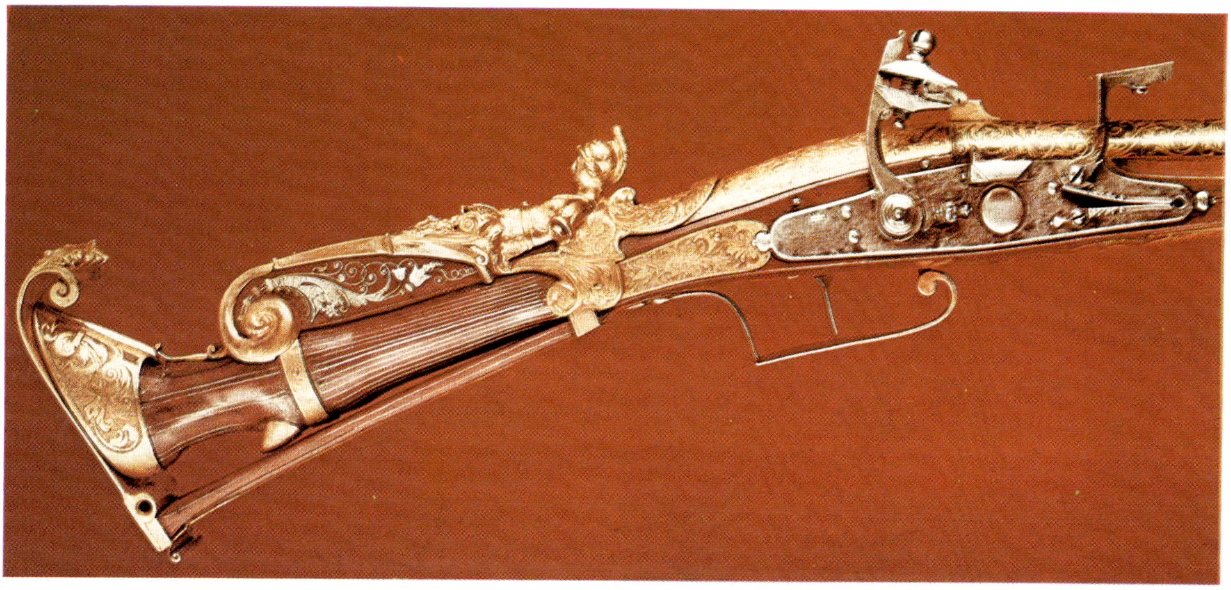

Anspruch nehmen zu können. Während in Frankreich das »echte Steinschloß« sehr schnell übernommen wurde, hielten andere Länder verhältnismäßig lange am Radschloß und am Schnapphahn fest. Obwohl die norditalienischen Büchsenmacher Ende des 17. Jahrhunderts den Bau von Radschloßwaffen einstellten, zeigten sie noch fast bis zum Ende des 18. Jahrhunderts eine hartnäckige Vorliebe für das Schnapphahn-Schloß.

Einige Büchsenmacher griffen zu einer Kompromißlösung. Bis zur Mitte des Jahrhunderts wandten sie das System des französischen Steinschlosses an, während der Stahl und der Pfannendeckel weiterhin zwei separate Teile blieben. Das echte Steinschloß mit der einteiligen Lösung wurde gleichfalls übernommen.

Bis zum 19. Jahrhundert existierten beide Systeme nebeneinander. Neben den Verbesserungen im mechanischen Bereich gab es in dieser Zeit auch eine Anzahl von Veränderungen in der äußeren Gestaltung der Feuerwaffen. Radschloßpistolen aus dem späten 16. Jahrhundert hatten üblicherweise einen winkligen Schaft, der in einer großen Kugel endete. Nach 1600 waren diese Pistolen langgestreckter mit sehr viel kleineren Knaufenden. Besonders französische Radschloßwaffen zeigten eine lange elegante Form mit einer Schaftauswölbung unterhalb des Schlosses, um so die Hauptfeder unterbringen zu können. Italienische Radschloßpistolen dagegen waren fast gerade geschäftet, oft mit einem sich stark verjüngenden Knauf, der am Ende wie der Griff eines

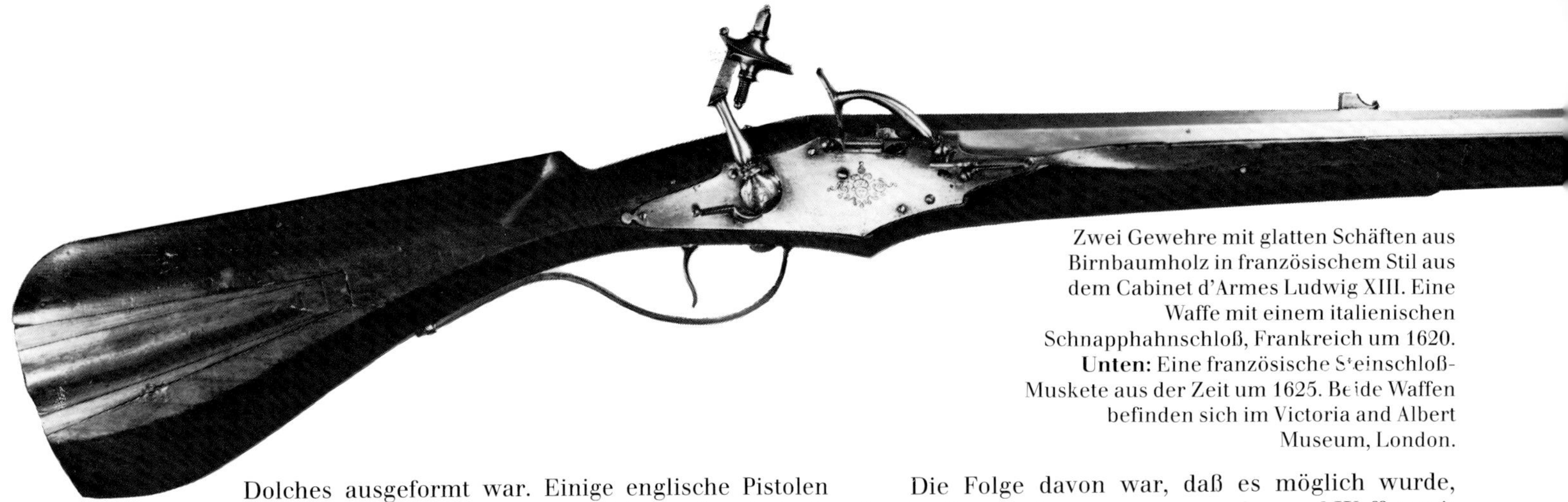

Zwei Gewehre mit glatten Schäften aus Birnbaumholz in französischem Stil aus dem Cabinet d'Armes Ludwig XIII. Eine Waffe mit einem italienischen Schnapphahnschloß, Frankreich um 1620. **Unten:** Eine französische Steinschloß-Muskete aus der Zeit um 1625. Beide Waffen befinden sich im Victoria and Albert Museum, London.

Dolches ausgeformt war. Einige englische Pistolen aus den vierziger Jahren des 17. Jahrhunderts behielten die Form der alten Radschloßwaffen bei – mit dem Gehäuse für eine Radschloßplatte – aber tatsächlich hatten sie ein Schnapphahn-Schloß. Dieses Merkmal findet man auch bei verschiedenen russischen Schnapphahn-Waffen, die in den Werkstätten im Zeughaus des Kreml in Moskau durch holländische Handwerker gebaut wurden. Im allgemeinen führte die Einführung des Steinschlosses bei den Pistolen zu einer schlankeren Form, die durch die langgezogene, sich verjüngende schmale Schloßplatte, die dem leicht geschwungenen Schaft folgte, noch unterstrichen wurde.

Die Entwicklung bei den Langwaffen verlief im Vergleich dazu völlig anders. Es wird häufig übersehen, daß die Schäfte der Waffen aus der Mitte des 16. Jahrhunderts nicht dazu geschaffen waren, an der Schulter angelegt zu werden. Sie wurden mit den Händen gestützt und dabei gegen die rechte Wange gedrückt. Das Schaftende war an einer Seite abgeflacht, um ein Abfeuern aus dieser Haltung heraus zu ermöglichen. Im Verlauf des 16. Jahrhunderts bildete sich bei verschiedenen Waffen eine abgewinkelte Form des Hinterschaftes bzw. Kolbens heraus.

Er war kurz hinter dem Ende des Laufes stark nach unten abgebogen. Dieser Schafttyp wird normalerweise als der spanische oder kastilische Schaft bezeichnet und wurde wohl zuerst in Spanien entwikkelt.

Die Besetzung der Niederlande durch die Spanier unter Herzog Alba im ausgehenden 16. Jahrhundert rückte wahrscheinlich diese Schaftform in das Blickfeld der bewaffneten Streitkräfte des nördlichen Europa. Die Vorteile waren unübersehbar. Es war nun möglich, die Waffe fester zu halten und durch das gerade Abschneiden des Kolbens konnte man ihn gegen die Brust pressen.

Die Folge davon war, daß es möglich wurde, kraftvollere Ladungen zu verwenden und Waffen mit größerem Kaliber zu entwickeln. Allmählich wurde die Form des spanischen Schaftes höher und flacher und nahe dem Laufende wurde für den Daumen eine Vertiefung eingeschnitten. Die Erfindung und Entwicklung des Steinschlosses hatte den gleichen Einfluß auf die Langwaffen wie auf die Pistolen – die schmalere Schloßplatte führte ganz allgemein zu einem eleganteren Schaft auch bei den Langwaffen. Die Aussparung für den Daumen wurde nun zum hinteren Schaftende hin verlängert und lief in einen leichten Buckel aus. Zusätzlich wurden die scharfen Kanten gebrochen. Der Schaft nahm so die Grundform an, wie wir sie von modernen Schäften her kennen. Wegen der schnellen Aufnahme, die dieser Schaft in Frankreich fand, wurde er gewöhnlich als französischer Schaft bezeichnet. Irgendwann um 1650 herum fand man heraus, daß es vorteilhafter war, die Waffe an der Schulter anzulegen. Gegen Ende des Jahrhunderts wurde am Ende des Schaftes eine leichte Vertiefung geschaffen, um ihn dieser Handhabung noch besser anzupassen.

Von 1550 bis 1650 wurde die Form des Laufes zahlreichen Veränderungen unterworfen.

Bis zum Jahre 1600 waren drei Grundtypen von Läufen in Gebrauch, solche in Form einer einfachen runden Röhre, achtkantige Läufe und eine Verbindung dieser beiden Formen. Bei einigen Waffenarten wurde der achtkantige Lauf bis zum 18. Jahrhundert beibehalten, vor allem bei Jagdwaffen. Die Tschinke und vergleichbare Waffen wurden gewöhnlich mit achtkantigen Läufen ausgestattet. Im 17. Jahrhundert wurden hauptsächlich unter dem Einfluß italienischer und französischer Büchsenmacher Versuche angestellt, leichtere Läufe herzustellen. Die Läufe der Familie Cominazzo wurden besonders hoch geschätzt. Felix Werder aus Zürich (1591–1673) hatte

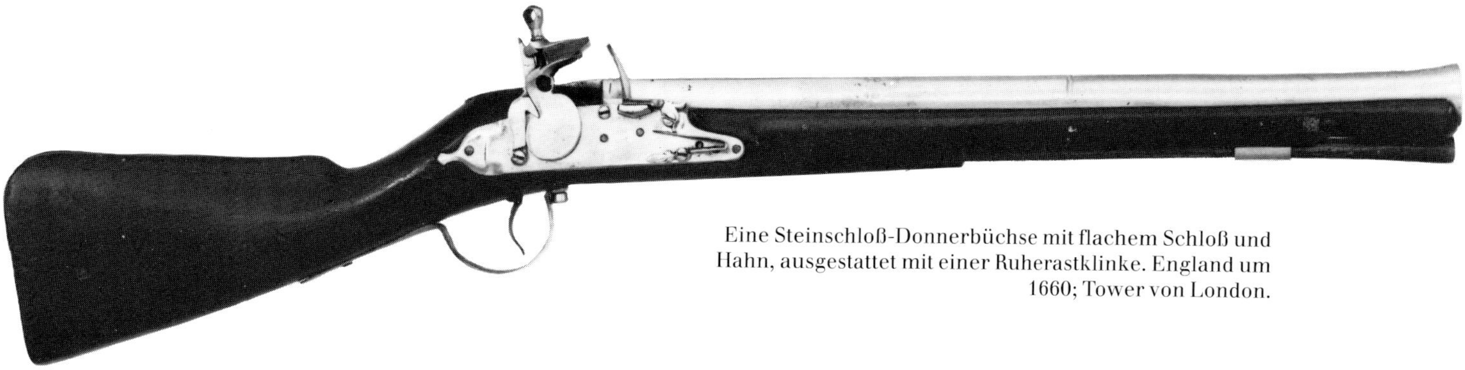

Eine Steinschloß-Donnerbüchse mit flachem Schloß und Hahn, ausgestattet mit einer Ruherastklinke. England um 1660; Tower von London.

sich auf die Herstellung von Feuerwaffen mit Bronze- und Messingbeschlägen und Spezial-Messingläufen verlegt. Sie waren aus einer Messinglegierung gemacht und außergewöhnlich dünnwandig und leicht. Die moderne Wissenschaft hat das Herstellungsgeheimnis gelöst. Man fand heraus, daß der Messinglegierung durch Kalthämmern eine hohe Zähigkeit verliehen wurde.

In der militärischen Literatur aus dem letzten Teil des Jahrhunderts finden sich zahlreiche Begriffe für Waffen. Die gängigsten Waffentypen, die allgemein für militärische Zwecke verwendet wurden, umfassen die Muskete, eine lange und schwere Waffen, sowie den Karabiner als kürzere Waffe, die speziell für den Gebrauch vom Pferd aus entwickelt wurde. Eine Arkebuse, ähnlich einem Karabiner, war eine Vogelflinte, die zur Jagd verwendet wurde. Ausdrücke wie Petronell und Caliver (Luntenschloßhakenbüchse) wurden häufig verwendet und wie es scheint für Karabiner-ähnliche Waffen benutzt.

Die außerordentliche Länge und das Gewicht einiger Langwaffen des 16. und 17. Jahrhunderts machten es erforderlich, eine Stütze für den Lauf zu verwenden.

Diese bestand aus einem kurzen kräftigen Holzstab, an dessen einem Ende eine V-förmige Metallgabel befestigt war, in die hinein man den Lauf der Waffe legen konnte. Das andere Ende der Stütze war gewöhnlich mit einer Metallspitze versehen, die man in das Erdreich stieß. Obwohl die Mehrzahl dieser Stützen schmucklos war, sind doch einige verzierte englische Exemplare aus dem 17. Jahrhundert erhalten geblieben, bei denen die Stäbe mit Elfenbein und Perlmutt ausgeschmückt sind.

Eine der bekanntesten Karabiner-Arten wird im englischen Sprachraum als »blunderbuss« bezeichnet. Der Name ist aus dem betreffenden deutschen Wort »Donnerbüchse« für diesen Waffentyp entlehnt worden. »Blunder-bushes« werden in englischen Verzeichnissen bereits um die Mitte des 17. Jahrhunderts erwähnt. Dieser Waffentyp war auf der Insel stets besonders beliebt. Die Schäfte, gewöhnlich aus glattem Holz, wurden mit Messingbeschlägen befestigt, die meisten Läufe waren gleichfalls aus Messing. Die ersten Donnerbüchsen hatten geweitete, glockenförmige Mündungen. Sie waren in der damaligen Zeit dazu vorgesehen, die Schrotladung stark zu streuen. Obwohl Büchsenmacher herausfanden, daß das nicht der Fall war und zur normalen Laufform zurückkehrten, behielten die Donnerbüchsen mit den geweiteten Mündungen ihr unverwechselbares Profil bei.

Donnerbüchsen waren besonders populär als Schutz gegen Straßenräuber. Manche tragen den Namen einer bestimmten Postkutsche auf dem Lauf. Verschiedene Donnerbüchsen aus späterer Zeit waren mit einer zusätzlichen Schutzeinrichtung versehen, einem kurzen Bajonett mit Haltefeder.

Gervase Markham, ein Militärexperte, empfiehlt in einer Schrift aus dem Jahre 1625, daß der »Arkebusier« über einen »geschäftigen und flinken Körper, zusammen mit einem guten Geist und rascher Auffassungsgabe« verfügen sollte.

Er fährt fort und beschreibt die Art Ausrüstung, die mitgeführt werden sollte: »Eine Hakenbüchse von drei Fuß und drei Zoll Länge (ca. 1 m) und einer Bohrung für 20 Bleistücke auf ein Pfund, dazu das Pulverhorn und die Kugelzange und Behälter am Sattel, die für diese oder auch andere Dinge benutzt werden können.«

Die Muskete, wie sie im Jahre 1627 von Sir Thomas Kellie beschrieben wurde, hatte einen Lauf von vier Fuß Länge (121,9 cm).

Charles I. befahl, daß alle Musketen, die für den Gebrauch beim Troß gebaut wurden, diese Länge haben sollten. Viele der Musketen, die während des englischen Bürgerkrieges benutzt wurden, waren Abarten von Luntenschloß-Waffen. Die Lunte bestand gewöhnlich aus einer Kordel, die mit Chemikalien behandelt worden war, so daß sie langsamer abbrannte und dabei anhaltend glimmte. Bei nassem Wetter, oder wenn die Lunte verbraucht war, waren die Musketiere schutzlos.

Während der Belagerung von Devizes im Juni des Jahres 1643 stellte Sir Ralph Hopton fest, daß nicht mehr ausreichend Lunte für seine Musketiere vorhanden war. Daher befahl er seinen Offizieren auf die Suche zu gehen und »alle Bettkordeln, die sie finden können einzusammeln und sie schnellstens zu schlagen und zu kochen« – ein glänzendes Beispiel für militärische Eigeninitiative, die Hopton und seine Musketiere rettete.

Die Lunte wurde gewöhnlich an beiden Enden

Eine Donnerbüchse mit Messinglauf und Klappbajonett, signiert mit »J. Richards, London« und mit Londoner Prüfstempel, spätes 18. Jahrhundert; Christies.

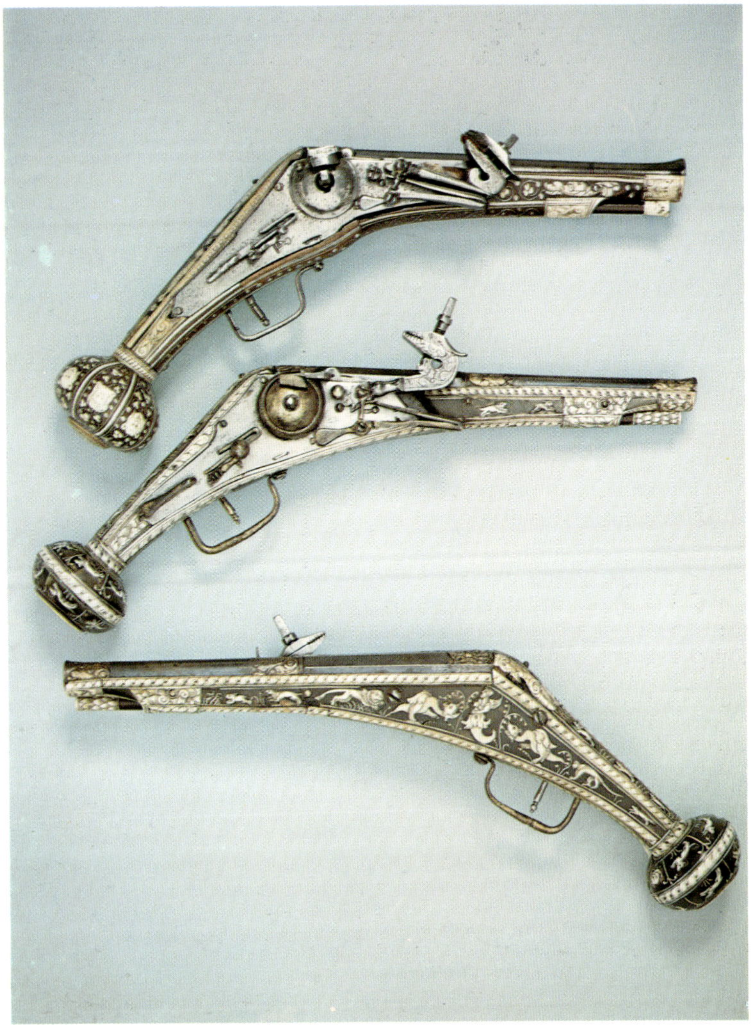

Drei Radschloß-Pistolen mit kombinierten runden und achtkantigen Läufen. Die Schäfte sind mit geschnitztem und graviertem Hirschhorn eingelegt. Die obere Waffe trägt das Zeichen von Peter Danner aus Nürnberg, das Paar darunter die Marken der Stadt Augsburg und des Lauf-Schmiedes Jäger. Um 1575; Victoria and Albert Museum.

angezündet und angeblasen, um ein gutes stetiges Glimmen zu erzeugen. Die glimmenden Lunten zahlreicher Musketiere verrieten aber oft deren Standort. Bei der Belagerung von Lathom House während des englischen Bürgerkrieges, steckten die belagerten Royalisten brennende Lunten in Tonkugeln, um so das Feuer der Republikaner fehlzuleiten. Eine weitere Gefahr war mit dem Hantieren brennender Lunten verbunden, was zu überraschenden Explosionen führen konnte.

In Edgehill beispielsweise »griff ein Soldat mit der Hand unachtsam in ein Pulverfaß, wobei er noch die Lunte zwischen den Fingern hielt. Das Pulver explodierte und viele Menschen wurden getötet.«

Von den Berufssoldaten wurden erhebliche Anstrengungen gemacht, ihre nicht ganz so begeisterten Mannschaften im richtigen Gebrauch der Feuerwaffen zu unterrichten. Zur Regierungszeit Elizabeth I. wurden in England während des Sommers einmal im Monat die Troß-Truppen (Bürgerwehren) zusammengerufen, um den Gebrauch der Waffen zu üben. Jedoch, wie einer ihrer Instrukteure traurig feststellen mußte, lernten sie einzig und allein das Saufen. Er beklagte, daß viele der Männer ihre Zeit trinkend in Gasthäusern und Kneipen verbrachten, wo sie doch eigentlich im Felde üben sollten. Sir Thomas Venn schreibt in seinem Buch *»Military and*

Ein Paar Radschloß-Pistolen, deren Läufe, Schloßplatten und Beschläge aus graviertem und vergoldetem Messing gefertigt sind, wahrscheinlich eine Arbeit von Felix Werder aus Zürich, um 1640; Victoria and Albert Museum, London.

Nebenstehende Seite, oben: Eine englische Musketenstütze aus der Zeit um 1630 und eine französische Luntenschloß-Muskete um 1570. Victoria and Albert Museum. **Unten:** Niederländischer Stich aus dem Jahre 1607 von Jacob de Gheyn. Er zeigt, wie eine Luntenschloßwaffe von einer Stützgabel abgefeuert wird.

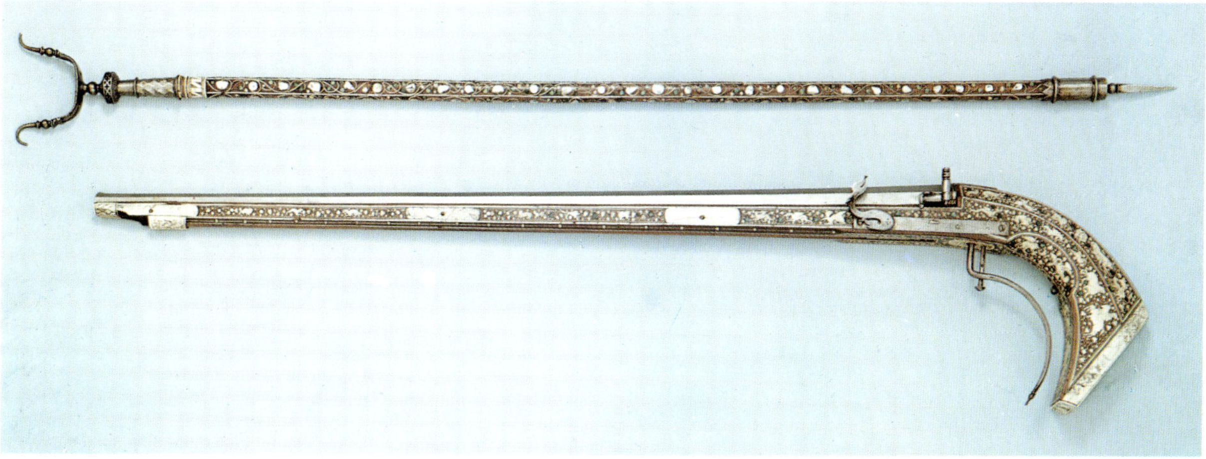

12

17
Drime your panne
18
Shut your panne
19
Cast of your Loose pouder
20
Blowe of your Loose pouder
21
Cast about your musket.
Traile your rest.
23
Open your charge
Put in your bullet & Ramm home.
24
harge your musket
withdrawe yo.r scouring stick
25
raw forth yo.r scouring stick
Shorten yo.r scouring stick
26
horten your scouring stick
Returne your scouring sti

Die Schlacht von Edge Hill während des englischen Bürgerkrieges im Jahre 1642. Aus einem Stich von Van der Gucht aus dem Jahre 1730.

Martial Discipline« (militärische und kriegerische Erziehung), erschienen 1672, daß der Gott, dem sie bei ihren Übungen huldigten nicht Mars, sondern Bacchus sei. Um Unfälle zu vermeiden und auch aus wirtschaftlichen Gründen, wurde den Rekruten gewöhnlich beigebracht, zunächst beim Schießen »falsche Ladungen« zu verwenden, das heißt nur das Zündpulver ohne die Hauptladung mit der Kugel. Einige Bürgerwehren wurden durch Berufssoldaten unterrichtet, bekannt als sogenannte »muster-masters« (Appell-Offiziere). Sie maßen einer guten Ausbildung ganz offensichtlich einen hohen Stellenwert zu. Einer schreibt: »trayning of the shotte is the firste and most requisite parte of the travelle of the muster-master« (Das Einüben des Schießens ist der erste und wichtigste Teil der Arbeit eines Appell-Offiziers). Ihnen war auch bewußt, welche Gefahren von einer schlechten Ausrüstung ausgehen konnten. Humphrey Coningsby beschreibt die Pflichten eines »Muster-master«. Er sollte haben:

»a specyall eye to the cockes of their peeces and the pypes of their flaskes. That the springs thereof be not broken, nor lame, but sownd and quick.« (ein besonderes Augenmerk auf die Hähne der Waffen und die Hälse der Pulverflaschen, auf daß die Federn davon nicht brechen, noch schwach werden, sondern heil und schnell bleiben).

Einer der Vorteile all dieser militärischen Abhandlungen, die im späten 16. und frühen 17. Jahrhundert verfaßt wurden, ist die Vielzahl an Informationen über die Wirksamkeit von Feuerwaffen. Sir Edward Cecil schreibt 1621 über seine Beobachtungen: »200 Schritt ist die Distanz, bis zu der ein Schütze vernünftigerweise noch zielen und jedes Ziel treffen kann, und das können auch unsere Musketen erreichen.« Humfrey Barwick, ein bekannter Autor militärischer Abhandlungen, stellt in einer Schrift aus dem Jahre 1594 über Feuerwaffen fest, daß eine Muskete einen Mann mit geprüfter Rüstung aus 200 yards Entfernung (ca. 180 m) töten könne, mit leichter Rüstung aus 400 yards (ca. 360 m) und ohne Schutz aus 600 yards (540 m).

Nebenstehende Seite: Eine weitere Darstellung von Jacob de Gheyn; man beachte das Pulverhorn, das vom Gürtel des Musketiers herabhängt. In seiner Hand hält er die glimmende Zündleine. Umgeben ist er von einer Serie von Stichen aus H. Hexhams »Art Militaire« von 1639. Sie illustrieren die Handhabung der Muskete, »wie sie in den Kriegen der Vereinigten Niederlande praktiziert wurde«.

Viertes Kapitel

Feuerwaffen des 18. Jahrhunderts und Duell-Pistolen

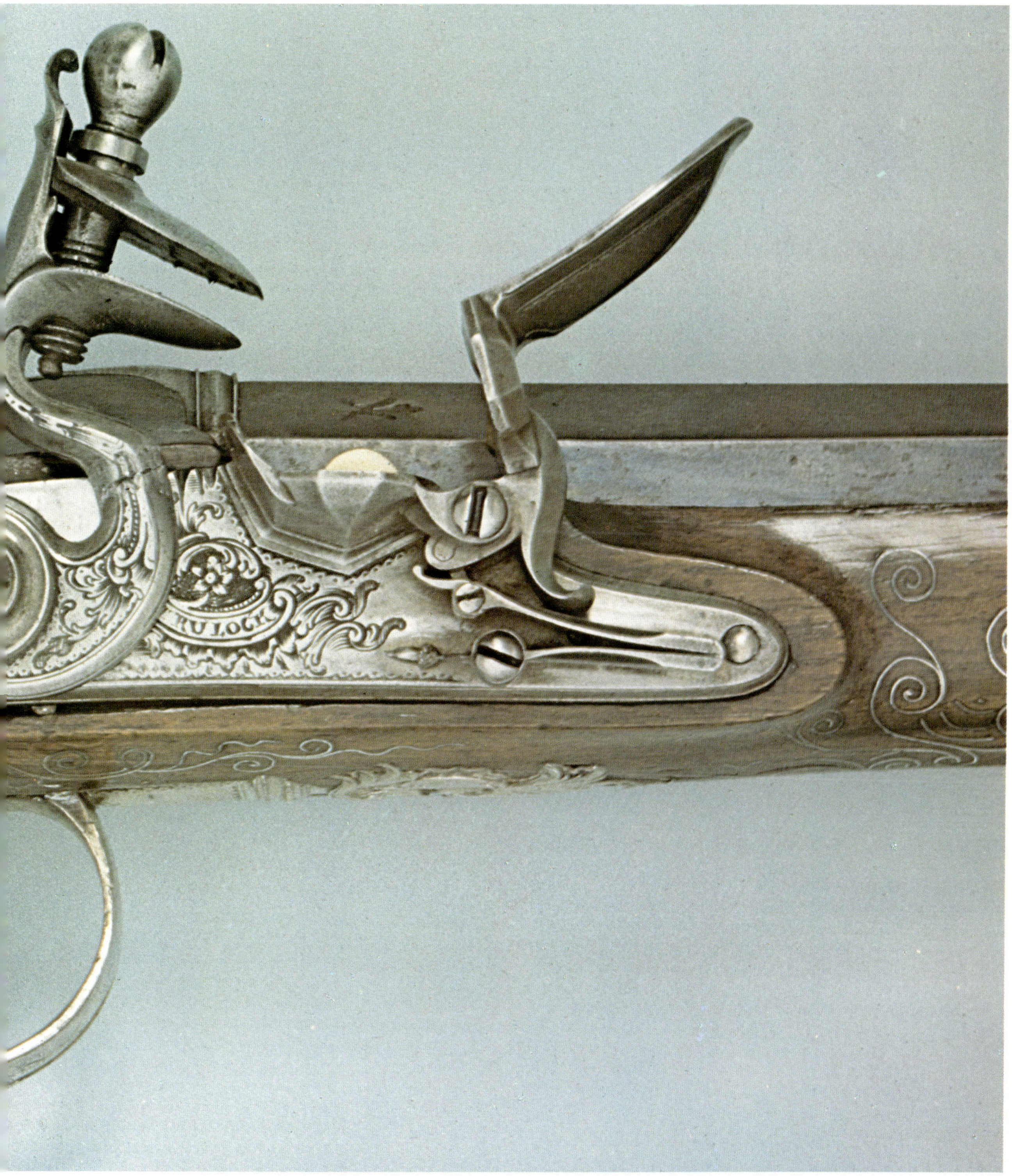

Vorhergende Seite: Detail einer Steinschloßpistole, die zu einem Pistolen-Paar gehört. Die Silberbeschläge tragen Feingehaltsstempelungen aus Dublin, die spanischen Läufe sind mit »Sarasva« gekennzeichnet, die Schlosse mit »Trulock« signiert. Irische Arbeit um 1770; Victoria and Albert Museum, London.

Linke Seite: Eine Schlacht im Zeitalter der Steinschloßwaffen: der Herzog von Cumberland in Culloden. Man beachte die Steinschloß-Muskete, die im Vordergrund liegt, und wie das Pistolenhalfter am Zaumzeug des Pferdes befestigt ist! **Rechts:** Eine Steinschloß-Taschenpistole mit einem Schwanenhalshahn. Der Lauf ist mit »Wornall Londini« gekennzeichnet. Englische Arbeit um 1680; Victoria and Albert Museum, London.

Der Zeitraum von 1660 bis zum Beginn des 19. Jahrhunderts wird zutreffend als das Zeitalter der Steinschloßwaffen bezeichnet. Die Zahl der technischen Erfindungen um das Schloß zu verbessern, ist verhältnismäßig gering, hauptsächlich weil die mechanischen Grundbestandteile kaum verbesserungsfähig waren. Die eigentliche Konstruktion wurde nur wenig verändert, wenn es auch nationale Formenunterschiede gab. Einen Wandel gab es bei der Form der Schloßplatte.

Bis 1660 waren die Schloßplatten lang und flach, aber um das Jahr 1680 herum bildete sich bei der unteren Seite der Schloßplatte eine leicht abwärts gebogene Kurve aus. Zur gleichen Zeit wurde die Oberfläche der Platte gewölbt ausgeformt. Diese Form ist auf den französischen Einfluß zurückzuführen und man findet sie bei den Feuerwaffen bis in das letzte Viertel des 18. Jahrhunderts. Jedoch wurden gegen Ende des besagten Jahrhunderts zahlreiche Schlosse in der alten Form gebaut mit flachen Hähnen auf flachen Schloßplatten, deren Kanten scharf abgeschnitten waren. Nach 1750 kam diese Plattenform wieder in Mode, obwohl der Hahn einigen Veränderungen unterworfen wurde. Bis um das Jahr 1650 waren die Hähne im allgemeinen flach und ziemlich dünn im Querschnitt. Der elegante »Schwanenhals-Hahn« wurde um 1660 eingeführt. Er hatte einen halbkreisförmigen Querschnitt und war dicker als die früheren Formen. Nach 1650 wurde allgemein der Arretierhebel – ein kleiner Metallhebel, der verhinderte, daß der Hahn zu weit herunterschlug – aufgegeben. Allerdings findet man ihn bei einigen englischen und schottischen Feuerwaffen auch noch zu einem späteren Zeitpunkt. Stattdessen wurde das untere Ende des Stahles verlängert und zurückgezogen, wodurch man dieselbe Wirkung erreichte.

Das Pulver, das bis zum 17. Jahrhundert hergestellt wurde, brannte vergleichsweise langsam ab. Das bedeutete, daß ein langer Lauf erforderlich war, um dem Geschoß zu ermöglichen, die volle Treibkraft aus der Ladung auszunutzen. In den ersten Jahren des folgenden Jahrhunderts wurden große Anstrengungen unternommen, das Schießpulver zu verbessern. Das neue Pulver brannte schneller und gestattete so den Büchsenmachern, die Länge der Läufe beträchtlich zu verkürzen. Nach 1715 wurde es Standard, daß der Lauf einer Pistole etwa 23 cm lang war.

Es gab auch Veränderungen in der Form des Schaftes, sowohl bei den Pistolen wie auch bei den Langwaffen. Bis um die Mitte des Jahrhunderts waren die Pistolenschäfte in der Regel glatt mit einem ovalen Knauf. Nach 1640 wurden die Pistolengriffe gewöhnlich mit einer Metallplatte verkleidet. Im Verlaufe von 20 Jahren wurde diese Schaftkappe mit zwei Verlängerungen versehen, die sich über den Griff hinauf erstreckten. Ihre Länge wurde nach und nach immer weiter ausgedehnt, bis sie zu Beginn des 18. Jahrhunderts fast das Ende der Schloßplatte erreicht hatten. Danach wurde die Länge allmählich wieder reduziert, ebenso die Größe der Schaftkappe. Im letzten Viertel des 18. Jahrhunderts wurde ein zunehmende Anzahl Pistolen, besonders von Duellpistolen, ganz ohne solche Schaftkappen hergestellt.

Gegen Ende des vorherigen Jahrhunderts wurden die Langwaffen verkürzt. Der Schaft erhielt klarere Linien. Die untere Seite verlief vom Abzugsbügel in gerader Linie nach hinten mit einer Absenkung am Schaftende für die Schulter. Wie bei den Pistolen, wurden auch bei den Langwaffen zu Beginn des 18. Jahrhunderts die Schaftenden mit einer massiven Metallplatte versehen, die auf beiden Seiten Verlängerungen aufwiesen. Diese Platte wurde im weiteren Verlauf des Jahrhunderts verkleinert und der Schaftrücken, besonders bei französischen und deutschen Musketen, mehr betont.

Die technischen Veränderungen, die in der Zeit von 1660 bis 1800 am Mechanismus des Steinschlosses vorgenommen wurden, erfolgten in erster Linie, um die Funktionsweise und die Zündung des Schlosses wirksamer und schneller zu machen. Es wurde dabei nicht der Versuch unternommen, eine Alternative zu dem vorhandenen Zündsystem zu finden. Um 1650 wurde die Nuß durch eine Metallklammer (den Studel) gehalten, die an der Innenseite der Schloßplatte befestigt war. Die Nuß erhielt auch einen

Scharnierbolzen mit quadratischem Querschnitt, der durch die Schloßplatte hindurchgeführt und mittels einer Schraube in einem gleichfalls quadratischen Loch im Hahn befestigt war. Eine mechanische Verbesserung in der Mitte des 18. Jahrhunderts war die Wiedereinführung der Laderast-Sperrklinke. Diese Vorrichtung findet man bei einigen französischen und italienischen Feuerwaffen des 17. Jahrhunderts, aber zu der Zeit war sie verhältnismäßig selten. Der Zweck der Laderast-Sperrklinke war es, zu verhindern, daß die Abzugsstange in die Laderast-Aussparung der Nuß beim Herunterschlagen des Hahnes einrastete. Es war nur ein kleiner Hebel, der drehbar an der Nuß saß und die Laderast-Aussparung ausfüllte.

Eines der Probleme, die mit dem Steinschloß-Mechanismus verbunden waren, war die deutliche zeitliche Verzögerung, die zwischen dem Betätigen des Abzuges und der Zündung der Hauptladung lag. Um diesen Vorgang zu beschleunigen, wurde um das Jahre 1775 eine neue Vorrichtung eingeführt – das Rollenlager. Die drehende Lagerung der Batterie wurde entsprechend vergrößert, um ein Rollenlager aufzunehmen. Dieses verringerte die Reibung, die auf die Batterie einwirkte und ermöglichte ihr, sich schneller zu bewegen und auch mehr Funken in die Pulverpfanne zu sprühen. Um das Jahr 1770 wurde bei qualitativ hochwertigen Feuerwaffen zwischen Nuß und Hauptfeder eine Kette eingeführt, um den Widerstand durch Reibung auf den Hahn zu vermin-

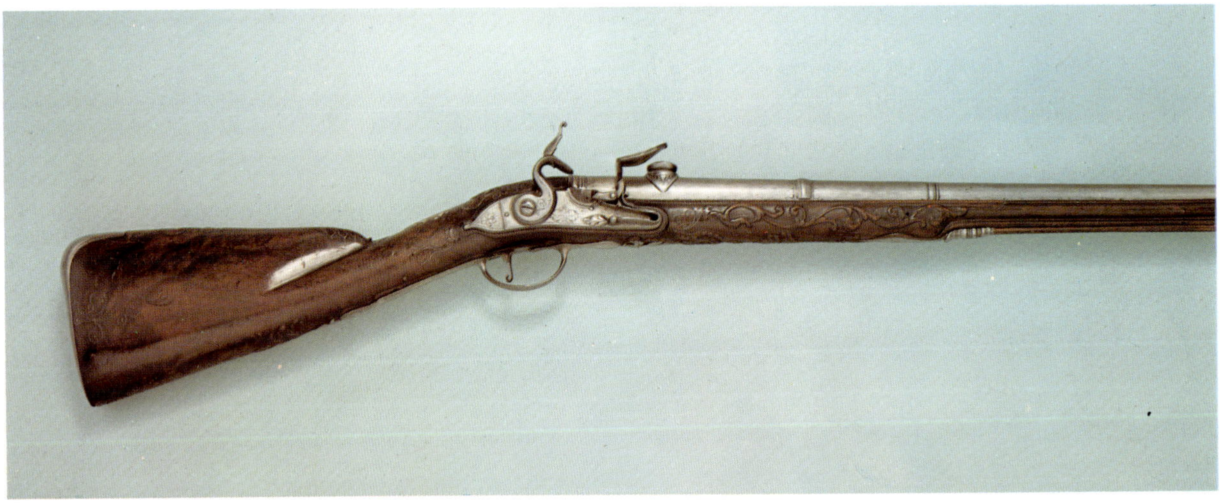

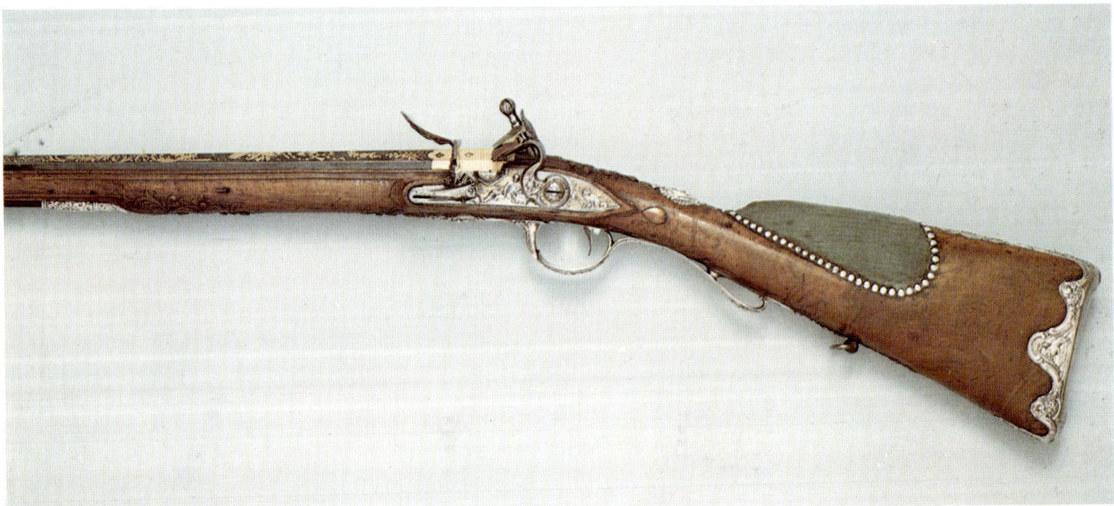

Zwei Steinschloßwaffen, die kennzeichnend für die Entwicklung der Langwaffen im 18. Jahrhundert sind: oben ein englischer Hinterlader mit Stahl- und Silberbeschlägen und der Schloßmarkierung »R. Rowland«. Um 1720; Bradford City Museum. Unten eine französische Waffe aus der Zeit um 1770 mit Beschlägen aus Silber und vergoldetem Stahl. Der Lauf ist mit Messing eingelegt. Victoria and Albert Museum, London.

dern. In der Mitte des 18. Jahrhunderts richteten die Büchsenmacher ihr Augenmerk auf das Zündloch, das durch den häufigen Gebrauch der Waffe in unerwünschter Weise ausbrannte und vergrößert wurde. Daneben war die Zündpfanne einem Korrosionsprozeß ausgesetzt. Eine Lösung dieses Problems war die Auskleidung des Zündloches und der Pulverpfanne bei den hochwertigen Waffen mit Gold.

Joseph Manton darf für sich die Ehre in Anspruch nehmen, für den gleichen Zweck den Gebrauch von Platin eingeführt zu haben. Da es sich um ein härteres und widerstandsfähigeres Metall handelt, konnte die Auskleidung des Zündloches dünner gemacht werden, wodurch die Zündgeschwindigkeit erhöht wurde.

Im Jahre 1812 ließ sich Manton auch eine Vorrichtung patentieren, die er wie folgt beschreibt: »... eine Schwerkraft-Sperre, die am Schloß einer Langwaffe oder Pistole angebracht, dortselbst bewirkt, daß die Waffe nicht zufällig beim Laden losgeht, wenn versehentlich der Hahn in Spannrast-Position steht.« Die Schwerkraftsperre bestand aus einem im Gewicht ausbalancierten Hebel in Verbindung mit einer Sperrklinke, der drehbar an der Außenseite des Schloßbleches angebracht war. Wenn die Waffe in die Lade-Position gebracht wurde – also mit der Mündung nach oben – rastete der ausbalancierte Hebel automatisch in eine Aussparung ein, die in die Seite des Hahnes eingeschnitten war, so daß er daran gehindert wurde, versehentlich in die Pulverpfanne herunterzuschlagen.

Jedoch schon vor Einführung der Schwerkraft-Sperrklinke waren die Steinschlosse bereits mit anderen Sicherungsvorrichtungen versehen worden. Der Gebrauch der Fangklinke für das sogenannte »Hundekopf-Schloß« wurde bereits erörtert. Im späten 17. Jahrhundert wurde eine andere Sicherungsvorrichtung eingeführt, die man bei hochwertigen Gewehren und Pistolen häufig findet. Sie bestand aus einem Riegel, der in eine Kerbe am Hahn eingreifen konnte.

Ein Paar Steinschloß-Taschenpistolen mit Kastenschloß (siehe Seite 64) und abschraubbaren Messingläufen, die mit der Signatur »Hadley London« versehen sind. Die silbernen Kolbenkappen tragen Feingehaltsstempelungen aus Birmingham von 1777–78. Victoria and Albert Museum.

By His Majesty's Royal Letters Patent

Joseph Manton

GUN MAKER

Davies Street Berkeley Square

LONDON.

The Breeching of Guns on an improved Principle.

The Advantages derived from this improvement are, that the Locks of a double Gun are nearer together, which renders it more convenient to cock the Left Lock. The inside of the Breech being on so simple a Construction, is much easier cleaned, and has the Advantage of lighting the Powder in a more perfect manner. Guns on this new Principle are much stronger and safer than any others, and the Touch-holes cannot blow out, they will throw their shot more regular and with greater Velocity, and are not so liable to lose their Shooting.

Der englische Büchsenmacher Joseph Manton (1766–1835) und die Patentschrift für eine seiner vielen Erfindungen, ein System für »The breeching of guns on an improved principle« (Verriegelung von Waffen durch ein verbessertes Prinzip).

Bei Pistolen war dieser Riegel oft über einen Mechanismus mit dem Abzugsbügel verbunden, so daß durch eine Bewegung desselben Hahn, Zündpfannendeckel und Batterie verriegelt werden konnten.

Im Zusammenhang mit dem Patent für die Schwerkraft-Sperrklinke standen weitere Erfindungen Mantons. So z. B. »ein umgekehrtes Verschlußstück mit Hohlräumen, welches das Ablaufen jeglichen Wassers gestattet... wenn es bei regnerischem Wetter verwendet wird... ein Rand am Hahn von Pistolen und Gewehren«, der das Eindringen von Wasser in die Pulverpfanne verhindern sollte und, so unglaublich es klingen mag, eine Vorrichtung, die das Klicken, das beim Spannen des Hahnes verursacht wird, zu einem »angenehmen und musikalischen Klang« machen sollte.

Eine Anzahl von Feuerwaffen besserer Qualität, die nach 1780 gebaut wurden, waren mit wasserdichten Zündpfannen ausgestattet. Die Zündpfanne war mit einem vorspringenden Rand versehen, über den der Deckel griff. Ein kleines, eingebohrtes Loch sorgte für das Ablaufen der Feuchtigkeit.

Ein Schloßtyp, den man bei einer großen Zahl von kleineren Pistolen aus dem 18. Jahrhundert findet, ist das Kastenschloß. Der Hahn und die anderen mechanischen Teile befanden sich zwischen zwei Platten eingesetzt, anstatt auf der Seite der Schloßplatte angebracht zu sein. Gewöhnlich war der untere Teil des Hahnes mit Einkerbungen versehen und übernahm gleichzeitig die Funktion der Nuß. Der Hahn wurde durch eine Schraube gehalten, die durch beide Kastenbleche geführt war.

Gegen Ende des 18. Jahrhunderts wurden zwei Versuche unternommen ein Steinschloß ohne Schrauben zu bauen, mit Ausnahme jener, die am Hahn verwendet wurde. Der Londoner Büchsenmacher Jonathan Hennem stellte ein solches Schloß her, bei dem Federzapfen die sonst üblichen Schrauben ersetzten. Ein erfolgreicheres, schraubenloses Schloß wurde von Henry Nock, einem anderen Londoner Büchsenmacher, entwickelt. Es basierte in Grundzügen auf dem Kastenschloß-Prinzip, bei dem der größte Teil des Mechanismus zwischen zwei Platten gehalten wird.

Eine dieser Platten wird durch einen Verschlußbügel gehalten. Durch einfaches Anheben des Verschlußbügels und leichtes Drehen einer der Seitenplatten kann das gesamte Schloß leicht zerlegt werden. Im Hinblick auf die Einfachheit und technische Brillanz ist dieses Schloß ein Meisterwerk. Jedoch wie es so häufig mit guten Ideen ist, erhielt dieses Schloß nicht die gebührende Beachtung und wurde nur in sehr begrenzter Anzahl vom Waffenamt für den Dienstgebrauch verwendet.

Henry Nock, der im Jahre 1741 geboren wurde, beschäftigte sich berufsmäßig mit der Schloßherstellung. 1770 entwickelte er ein neues Schloß für Musketen, 1775 erhielt er zusammen mit William Jover und John Green ein verdecktes Steinschloß patentiert. Er baute einige Ferguson Gewehre für die East India Company und erhielt auch einen Auftrag von der königlichen Marine über die Lieferung von siebenläufigen Bündelgewehren, von denen noch eine Anzahl erhalten geblieben sind. Nocks Bündelgewehr wurde auch in einer Jagd-Version hergestellt, die, urteilt man nach der Zahl der noch vorhandenen Stücke, erfolgreicher gewesen sein muß. Mit dem Erwerb eines Besitzes in Ludgate Hill, London, begann er 1784 die Herstellung von Jagdwaffen. Eine seiner bedeutenderen Erfindungen war die Entwicklung einer besonderen Schwanzschraube, die er sich 1787 patentieren ließ. Sie bestand aus zwei Kammern. Das Pulver wurde zuerst in einer kleineren Kammer gezündet, bevor die Zündung der Hauptladung erfolgte. Im Jahre 1789 wurde Nock als Büchsenmacher zum königlichen Hoflieferanten ernannt und 1802 zum Vorsteher der Londoner Büchsenmacher-Vereinigung gewählt. Zwei Jahre später starb er.

Wohl die bekanntesten Pistolen, die sich im 18. Jahrhundert entwickelten, waren die Duellpistolen. Obwohl einige Ehrenhändel noch bis zum 19. Jahrhundert mit dem Degen ausgetragen wurden, wurde es ab etwa 1770 in England Mode, sich mit Pistolen zu duellieren. Die »Trendsetter« der damaligen Zeit, wie etwa Beau Nash aus Bath erklärten, die Degen seien nicht mehr standesgemäß, so daß der Gentleman sich auf die Suche nach anderen Waffen machen müsse, mit denen er seine verletzte Ehre wieder herstellen könne. Pistolen, die speziell für Duelle gebaut wurden, haben einige klar erkennbare Merkmale. Zunächst sind sie als passendes Paar hergestellt. Die Läufe haben normalerweise eine Länge von etwa 25 cm und sie verfügen über eine kleine Bohrung, etwa.57 (ca. 14,5 mm).

Wie bei den anderen zeitgenössischen Pistolen waren die ersten Exemplare gewöhnlich mit einer Ganzschäftung versehen. Das bedeutet, daß der Schaft den Lauf bis zur Mündung hin trägt. Die stählernen Beschläge waren häufig von dunkler Farbe. Es sind aber auch einige Duellpistolen mit Silberbeschlägen bekannt. Die Pistolengriffe sind elegant geschwungen und meistens recht dünn, um einen festen Griff zu ermöglichen. Zusätzlich sind sie noch mit kreuzförmig schraffierten Linien (Fischhautmuster) versehen, um ein Rutschen des Griffes in den Handflächen zu verhindern. Große Sorgfalt wurde darauf verwendet, den Pistolen eine gute Balance zu geben. Wurden sie korrekt mit ausgestrecktem Arm gehalten, so zeigten sie von selbst auf das Ziel. Die Griffe waren gewöhnlich an den Enden leicht abgerundet. Nur wenige hatten Abschlußkappen, und wenn man sie bei Duellpistolen findet, so sind sie mit der Oberfläche des Schaftes in einer Linie angebracht. Zum leichteren Zielen sind sie stets mit einer Kimme ausgestattet. Im Gegensatz zu sehr vielen anderen privat benutzten Feuerwaffen dieser Epoche zeichnen sich diese Pistolen durch das fast vollständige Fehlen von Verzierungen aus. Wenn welche vor-

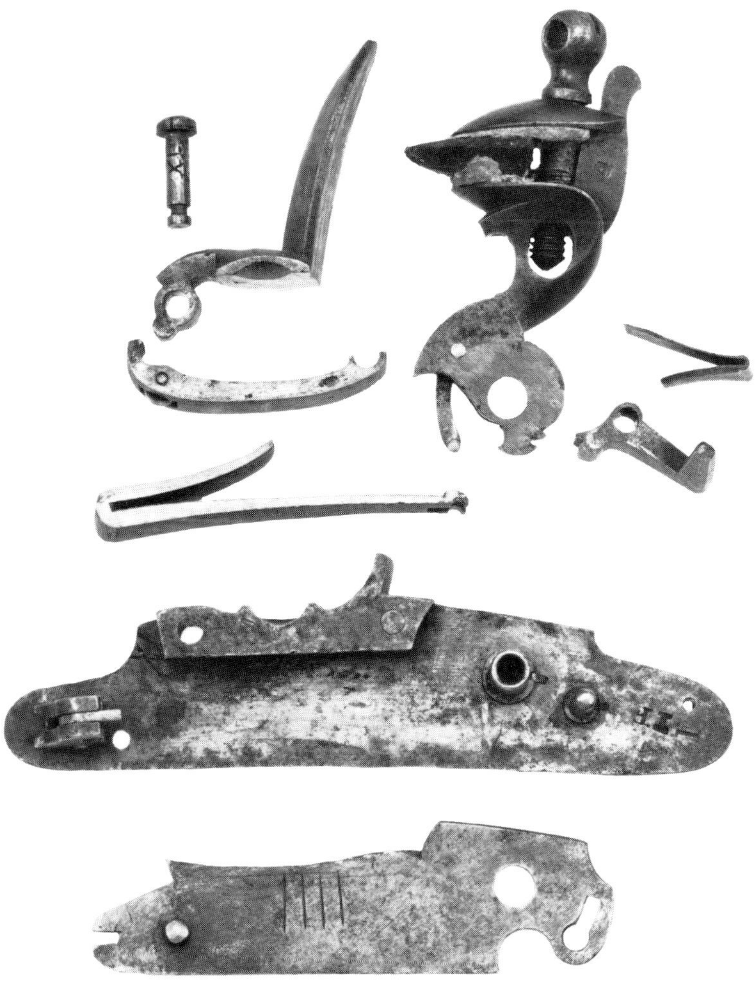

Ein zerlegtes Exemplar von Henry Nocks Schloß ohne Schrauben. Es gehört zu einer schweren Kavallerie-Pistole von etwa 1800. Tower in London.

Oben: Dieses Paar englischer Steinschloß-Duellpistolen mit feinen Silberbeschlägen, das den Londoner Feingehaltstempel von 1770 und die Markierung des Herstellers »I. K.« trägt, ist in seiner luxuriösen Art nicht charakteristisch. Die Schlosse sind mit »Twigg« gekennzeichnet. Um 1770; Sotheby's. **Mitte:** Eine Steinschloß-Duellpistole mit einem Sporn am Abzugsbügel – ein sogenannter Abzugsbügelfingerhaken. Das Schloß ist mit »H. W. Mortimer« signiert. Englische Arbeit (London) um 1800; Christies. **Unten:** Ein Paar Steinschloß-Duellpistolen in einer Kassette mit brüniertem Lauf und der Kennzeichnung »Wogdon London«.

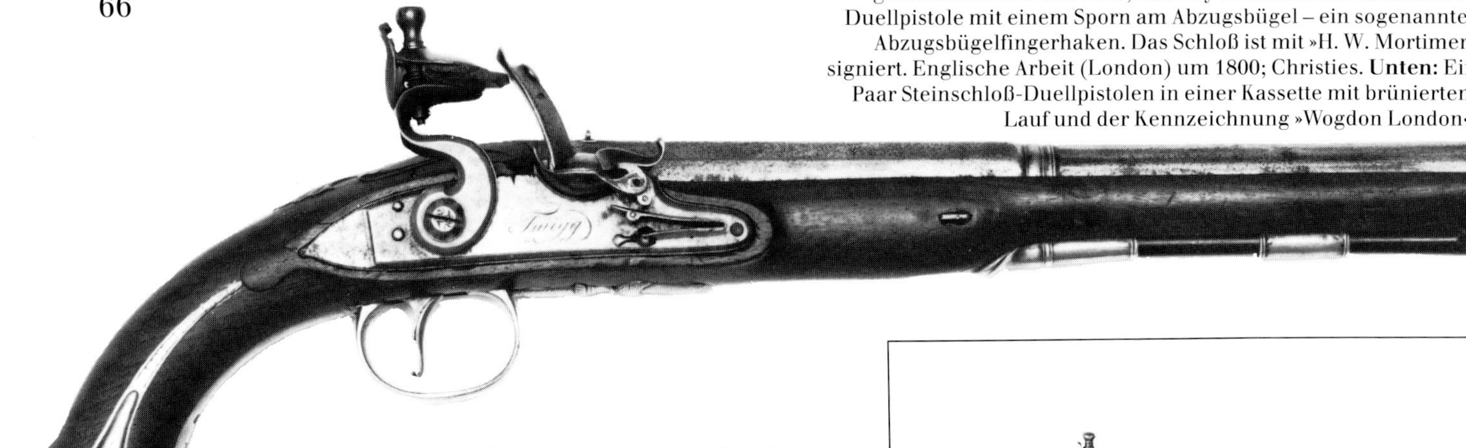

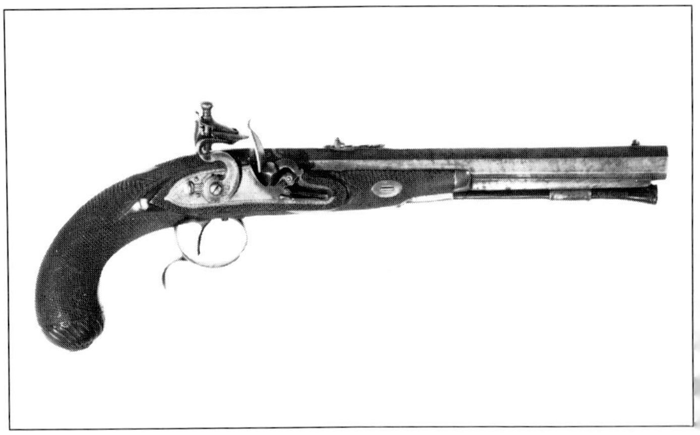

handen sind, so beschränken sie sich gewöhnlich auf eng abgegrenzte Felder von gravierten Ornamenten am Schloß und auf dem Abzugbügel; nur gelegentlich findet man Goldeinlagen auf dem Lauf. Das Können der Büchsenmacher war in erster Linie auf das Schloß und den Abzug gerichtet. Die Duellpistolen zeigen all die Eigenschaften – vornehme Zurückhaltung bei der Ausschmückung bei gleichzeitiger technischer Vortrefflichkeit – die die Werke der englischen Handwerker aus dem 18. Jahrhundert so bewundernswert machen.

Man nimmt an, daß die ersten Duellpistolen von Joseph Griffin in der Bond Street gefertigt wurden. Diese Theorie basiert auf Vergleichen zwischen einigen Pistolen, die von Griffin und Tow um 1778 gebaut wurden, sowie einer Steinschloß-Pistole von denselben Herstellern mit Herkunftsstempeln für 1777–78. Die Hauptvergleichspunkte beziehen sich auf die Form des Schaftes, der wie bei den Duellpistolen einen dünnen Teil und einen abgerundeten Griff hat. Wie dem auch sei, fest steht, daß um 1775 einige Londoner Büchsenmacher Pistolen speziell für Duelle bauten. In der frühesten Form hatten diese Pistolen Läufe, die am Laufende achtkantig waren und die auf halbem Wege zur Mündung in die vertraute runde Form überwechselten. Kurz vor 1780 wurden jedoch zahlreiche Duellpistolen hergestellt, die mit achtkantigen Läufen ausgestattet waren und ihren Querschnitt über die gesamte Länge beibehielten.

Eine Menge Einfallsreichtum wurde tatsächlich in das Schloß der Duellpistolen investiert. Zwei technische Verbesserungen wurden um das Jahr 1780 eingeführt, die für ein schnelleres und weicheres Funktionieren des Steinschlosses sorgen sollten: das Rollenlager und die Kette an der Nuß. Beide Vorrichtungen ermöglichten ein schnelleres Verschlagen des Hahnes und damit eine schnellere Zündung.

Durch die Verminderung der Reibung zwischen den beweglichen Teilen konnte der Feuerstein die Batterie mit geringerer Verzögerung anschlagen – ein wichtiger Punkt, wenn beide Duellanten gleichzeitig aufeinander feuerten. Verschiedene Duellpistolen waren mit dem sogenannten Stecherabzug ausgestattet. Der Stecher wurde durch Vorwärtsdrücken des Abzuges eingestochen, wobei ein Hebel in ein von einer Feder gesteuertes Fangstück einrastete. Fangstück und Hebel waren indirekt mit der Abzugsstange

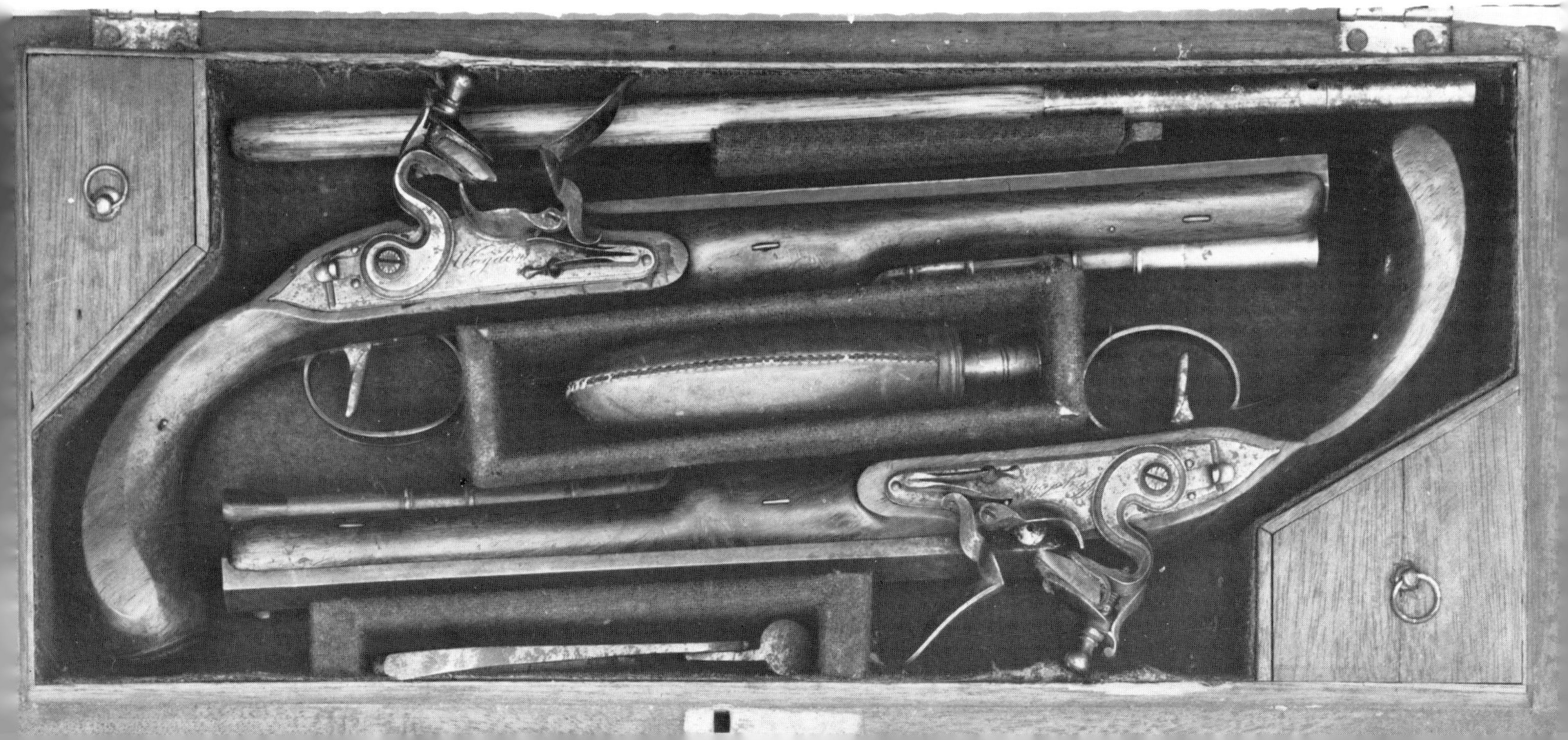

Mitte: Eine Steinschloß-Duellpistole von Thomas Fowler aus Dublin mit einem Damastlauf. Um 1810; Tower von London.
Unten: Ein Paar Steinschloß-Duellpistolen signiert auf den Schlossen und den Läufen mit »S. Nock« in einer Kassette. Um 1800; Sotheby's.

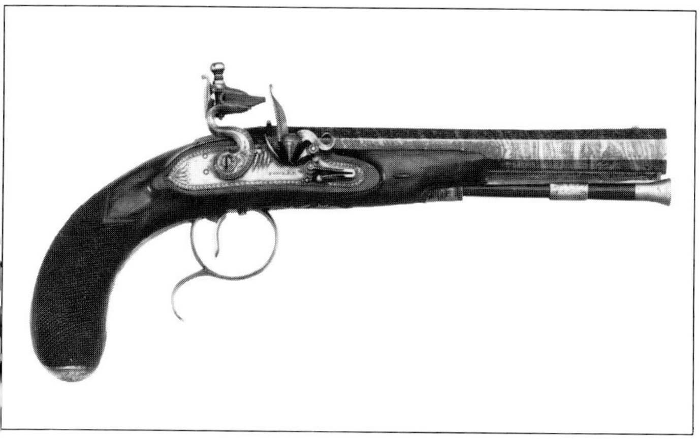

verbunden. Selbst wenn der Abzug nur leicht betätigt wurde, stieß die Feder die Abzugsstange an und der Hahn wurde freigegeben. Eine kleine Schraube, die sich in der Nähe des Abzuges befand und mit dieser Vorrichtung in Verbindung stand, konnte so eingestellt werden, daß der Abzug einen leichten oder höheren Widerstand hatte.

Einer der bekanntesten Hersteller von Pistolen dieser Art war Robert Wogdon, der seine Werkstatt am Haymarket in London hatte. Dieser, auf Duellpistolen spezialisierte Hersteller, pries seine Produkte als todsicher auf eine Entfernung von 20 yards an. Die Schäfte von Wogdons Pistolen sind deutlich gebogen, die Stahlbeschläge gewöhnlich flach und nicht verziert. Wogdon erfreute sich hoher Wertschätzung, aber auch andere Büchsenmacher wie Durs Egg, Henry Nock, Samuel Nock und H. W. Mortimer stellten hervorragende Waffen her. Die Stadt Dublin wurde gleichfalls zu einem Herstellungszentrum für Duellpistolen. Hersteller wie John Rigby und Thomas Fowler bauten sehr schöne Pistolen, die damals wie heute sehr begehrt waren. Es gibt zahlreiche zeitgenössische Berichte über Duelle. Einer davon erzählt von einigen Duellpistolen aus der Regierungszeit Elisabeths, die sich in einer Waffensammlung in Irland befanden. Die eine wurde »Honigmündchen«, die andere »Liebling« genannt.

Vermutlich wurden diese antiken Pistolen, von denen es hieß, sie hätten Messingläufe gehabt, irgendwann im Verlaufe des 19. Jahrhunderts umgerüstet. Joseph Manton wird die Einführung eines neuen Stils bei Pistolen gegen Ende des 18. Jahrhunderts zugeschrieben. Die verhältnismäßig kurzen Läufe waren achtkantig und absichtlich schwer, so daß die Waffe im Schuß nicht zu hoch schlug. Trotz ihres Gewichtes war die Bohrung recht klein, etwa Kaliber.40. Von Manton wird auch behauptet, er habe das Ausstatten der Läufe mit »geheimen oder versteckten Zügen« erfunden. Die Läufe aller Duellpistolen waren traditionsgemäß glatt. Manton verstand es, in einige Duellpistolen eine Anzahl so feiner Züge zu schneiden, daß sie an der Mündung des Laufes nicht zu sehen waren.

Ab etwa 1805 statteten einige Büchsenmacher ihre Pistolen mit einem besonderen Abzugsbügel aus. Er hatte unten noch einen zusätzlichen kleinen Haken, an den man den Mittelfinger anlegen konnte. Hierdurch sollte eine bessere Handlage und ein

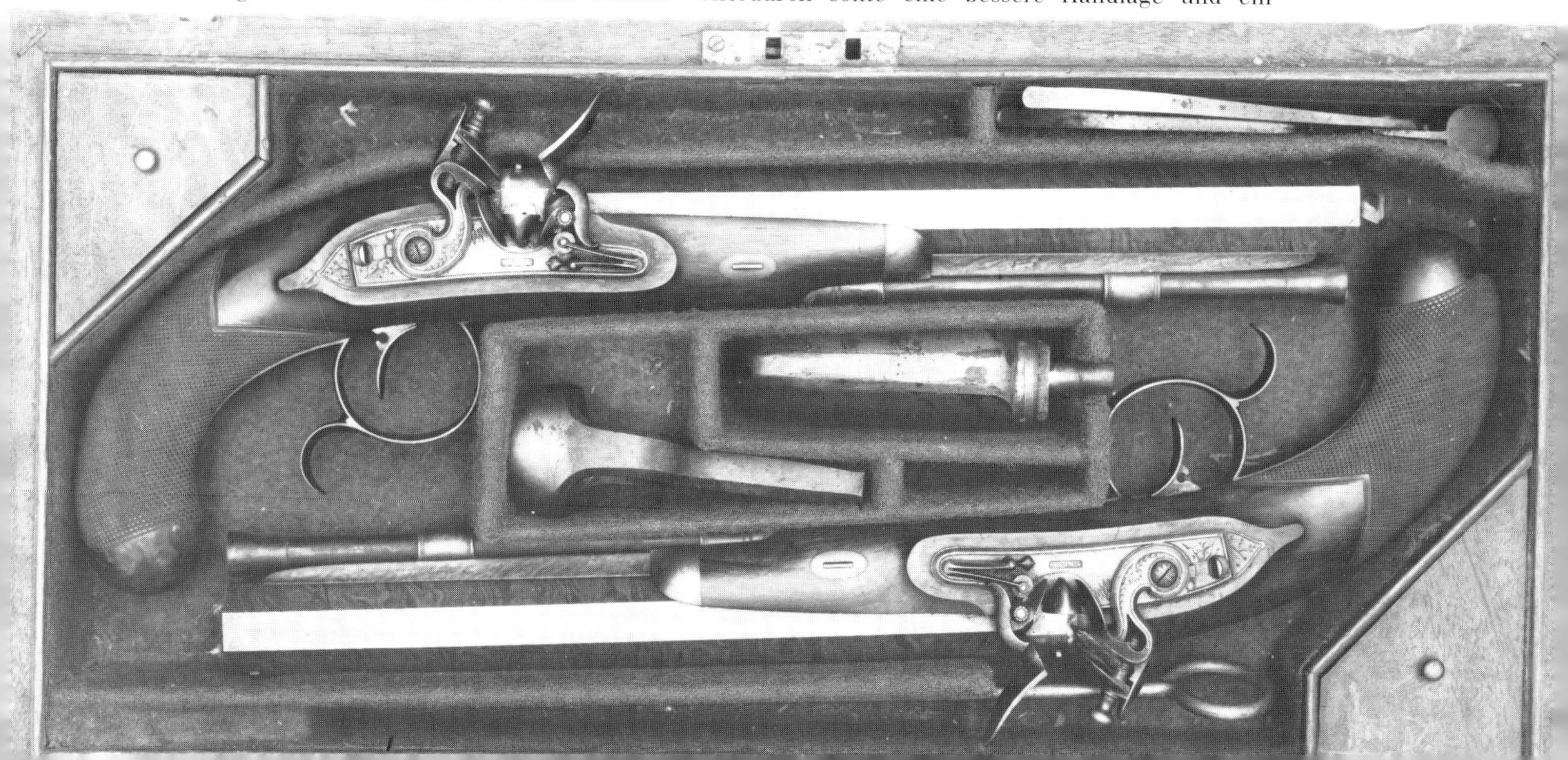

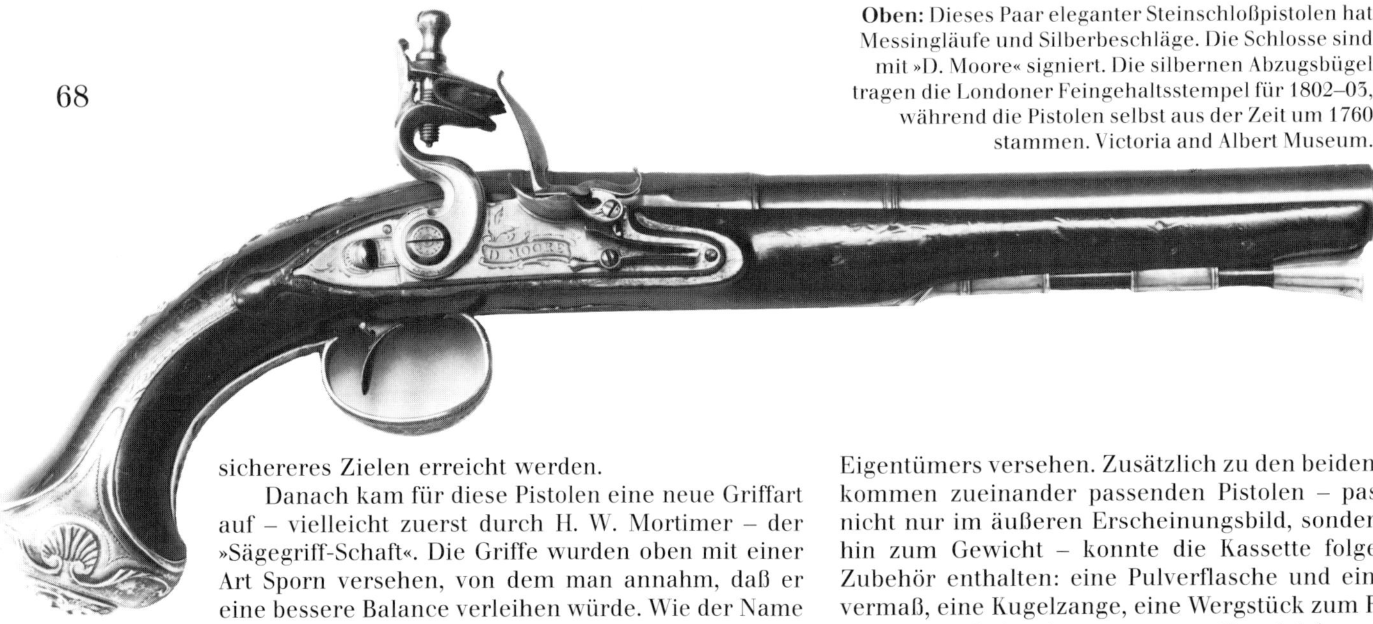

Oben: Dieses Paar eleganter Steinschloßpistolen hat Messingläufe und Silberbeschläge. Die Schlosse sind mit »D. Moore« signiert. Die silbernen Abzugsbügel tragen die Londoner Feingehaltsstempel für 1802–03, während die Pistolen selbst aus der Zeit um 1760 stammen. Victoria and Albert Museum.

sichereres Zielen erreicht werden.

Danach kam für diese Pistolen eine neue Griffart auf – vielleicht zuerst durch H. W. Mortimer – der »Sägegriff-Schaft«. Die Griffe wurden oben mit einer Art Sporn versehen, von dem man annahm, daß er eine bessere Balance verleihen würde. Wie der Name schon sagt, war der Knauf in einem starken Winkel nach unten gebogen und hatte damit Ähnlichkeit mit dem Griff von Sägen, wie man sie aus dem 18. Jahrhundert kennt. Die Duellpistolen waren mit allen möglichen Schloßarten ausgestattet, einschließlich des Perkussionsschlosses. Einige schöne Exemplare sind erhalten geblieben mit Forsyth-Zündern und Mantons Zündpillenschloß. Die Schäfte behielten aber ihre traditionelle Form bei. Eine Anzahl späterer Duellpistolen wurde mit Schlossen für die Perkussionszündung ausgestattet.

Bis zum Jahre 1840 war das Duellieren in England mehr oder weniger aus der Mode gekommen, und die Büchsenmacher stellten die Herstellung dieser hochspezialisierten Waffen ein.

Auf dem Höhepunkt ihrer Popularität wurden die Duellpistolen in einer Kassette verkauft, die auch eine große Anzahl passendes Zubehör enthielt. Die Kassetten wurden entweder aus Eiche oder Mahagoni gefertigt, mit grünem Stoff ausgeschlagen und auf dem Deckel mit den Initialen oder dem Wappen des Eigentümers versehen. Zusätzlich zu den beiden vollkommen zueinander passenden Pistolen – passend nicht nur im äußeren Erscheinungsbild, sondern bis hin zum Gewicht – konnte die Kassette folgendes Zubehör enthalten: eine Pulverflasche und ein Pulvermaß, eine Kugelzange, eine Wergstück zum Reinigen, einen Stab mit angesetztem Kugelzieher, einen Schraubenzieher, einen Zündlochräumer zum Reinigen des Zündloches, ein Hämmerchen zum Einschlagen des Ladestockes und eine Hand-Zwinge, um damit die Hauptfeder ausbauen zu können. Daneben gab es auch ein metallenes Ölkännchen, einen Beutel für Ersatzfeuersteine, ein Pfropfenstanzeisen und Material für die Pfropfen.

Obwohl England allgemein als die Heimat der Duellpistolen angesehen wird, so stammen auch einige sehr schöne Exemplare vom Kontinent und aus Amerika. Simeon North aus Middletown in Connecticut stellte verschiedene Modelle solide gefertigter Militärpistolen her, einschließlich der von 1799, 1813 und 1828. Daneben baute er auch repräsentative Geschenkwaffen und einige sehr schöne Duellpistolen. Seine Pistolen hatten normalerweise einen Halbschaft und lehnten sich hinsichtlich der Form des Schaftes und des Laufes sehr eng an die gerade vorherrschende Londoner Mode an. Andere amerikanische Hersteller von Duellpistolen waren James Haslett aus Baltimore und Henry Deringer aus Philadelphia. Sein Name sollte noch in der Mitte des 19. Jahrhunderts wegen seiner kleinen Perkussionspistolen einen legendären Klang bekommen.

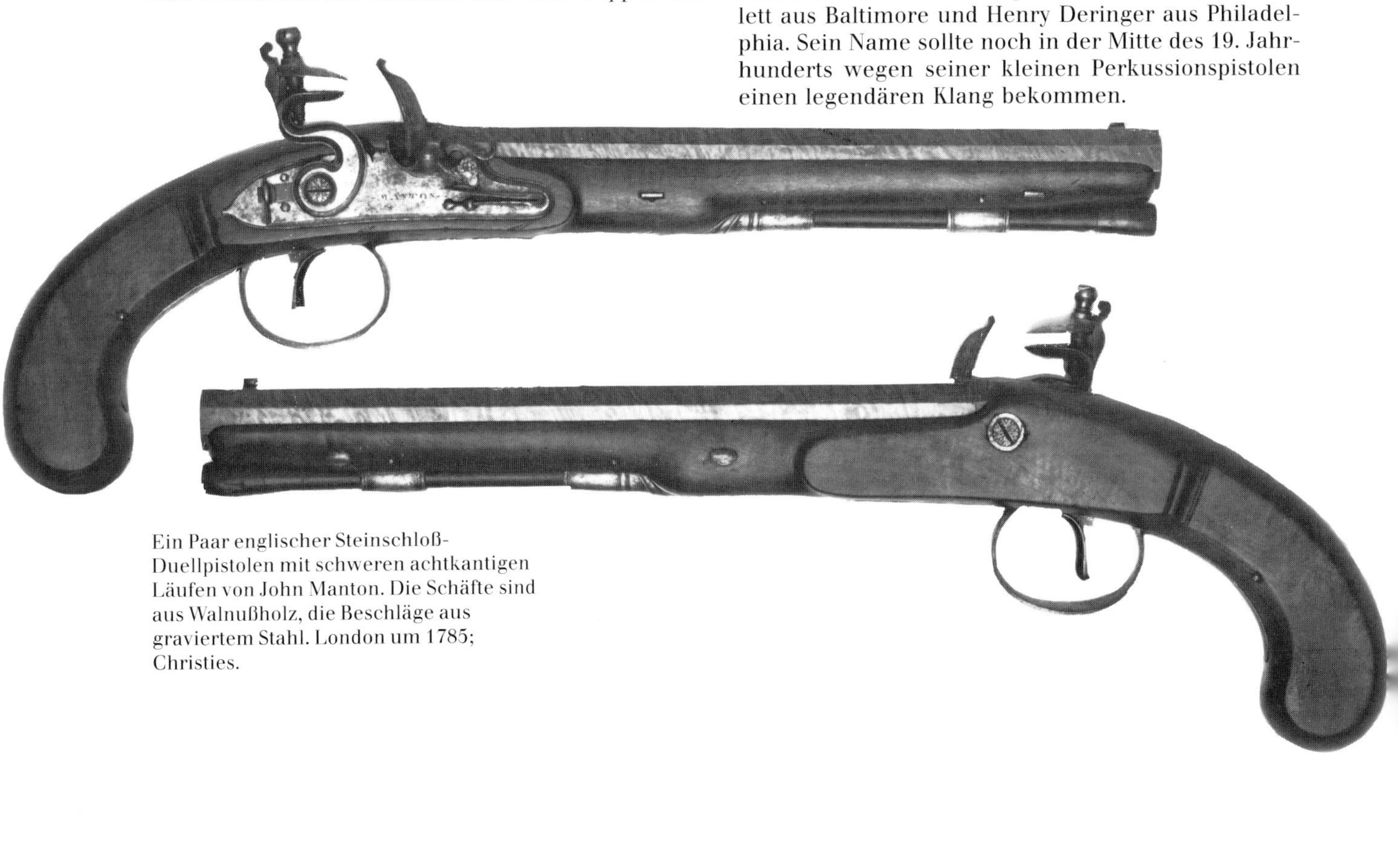

Ein Paar englischer Steinschloß-Duellpistolen mit schweren achtkantigen Läufen von John Manton. Die Schäfte sind aus Walnußholz, die Beschläge aus graviertem Stahl. London um 1785; Christies.

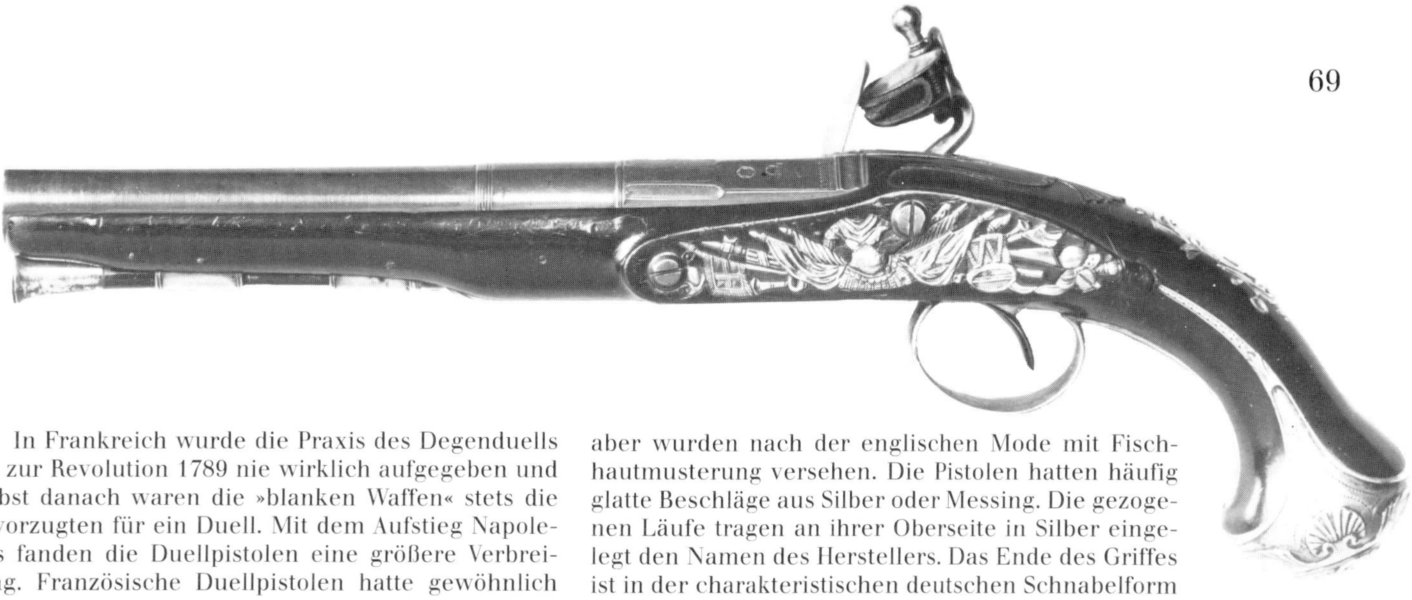

In Frankreich wurde die Praxis des Degenduells bis zur Revolution 1789 nie wirklich aufgegeben und selbst danach waren die »blanken Waffen« stets die bevorzugten für ein Duell. Mit dem Aufstieg Napoleons fanden die Duellpistolen eine größere Verbreitung. Französische Duellpistolen hatte gewöhnlich einen Vollschaft bis zur Mündung des Laufes, die Griffe waren allgemein stark abgewinkelt. Die Franzosen hatten, im Gegensatz zu den Engländern, keine Einwände gegen das Ziehen der Läufe, so daß die meisten Duellpistolen folglich mit gezogenen Läufen ausgestattet waren. Die achtkantigen französischen Läufe hatten eine größere Bohrung als ihre englischen Gegenstücke. Anstelle des Fischhautmusters waren die Griffe meistens kanneliert. Nach 1820 war es nicht üblich, dem Zubehör französischer Duellpistolen Ladestöcke – auch nicht aus Messing oder Stahl – oder Hämmerchen zum Setzen des Geschosses beizugeben. Viele der besten Pariser Büchsenmacher bauten solche Pistolen, einschließlich solcher Berühmtheiten wie Le Page und Renette.

In Deutschland war stets der Degen oder der Säbel bevorzugt gewesen, Ehrenhändel aus der Welt zu schaffen. Folglich war auch die Anzahl der Pistolen, die für Duellzwecke hergestellt wurden, verhältnismäßig gering. Dennoch stellte eine der berühmtesten der großen Büchsenmacher-Familien, die Kuchenreuters aus Regensburg, in der zweiten Hälfte des 18. Jahrhunderts Pistolen-Paare mit Kassetten her, die für Duelle verwendet werden konnten. Die Schäfte waren gewöhnlich glatt, spätere Exemplare aber wurden nach der englischen Mode mit Fischhautmusterung versehen. Die Pistolen hatten häufig glatte Beschläge aus Silber oder Messing. Die gezogenen Läufe tragen an ihrer Oberseite in Silber eingelegt den Namen des Herstellers. Das Ende des Griffes ist in der charakteristischen deutschen Schnabelform gestaltet.

Jede Betrachtung dieses Gegenstandes wäre unvollständig ohne die Schilderung eines tatsächlich stattgefundenen Duells.

Im Frühling des Jahres 1816 besuchte ein englischer Major namens Green ein Theater in New York. In einer benachbarten Loge saß ein Mr. Price, der sich in Begleitung einiger Damen befand.

Price beschuldigte Green, eine der Damen, die unter seinem Schutz ständen, unaufhörlich fixiert zu haben. Green erwiderte, daß er, indem er die Dame betrachtete »lediglich ein Privileg in Anspruch genommen habe, das in England jedem Manne zustände, nämlich eine Schönheit, gleich welchen Ranges oder Standes, anzusehen«. Er entschuldigte sich für den Anstoß, den er unbeabsichtigt erregt habe. Nachdem Green gegangen war, so wird erzählt, habe Price vor der Gesellschaft zum besten gegeben, wie er einem englischen Offizier auf die Finger geklopft habe. Als Green davon einige Zeit später erfuhr, forderte er Price unverzüglich zum Duell. Da

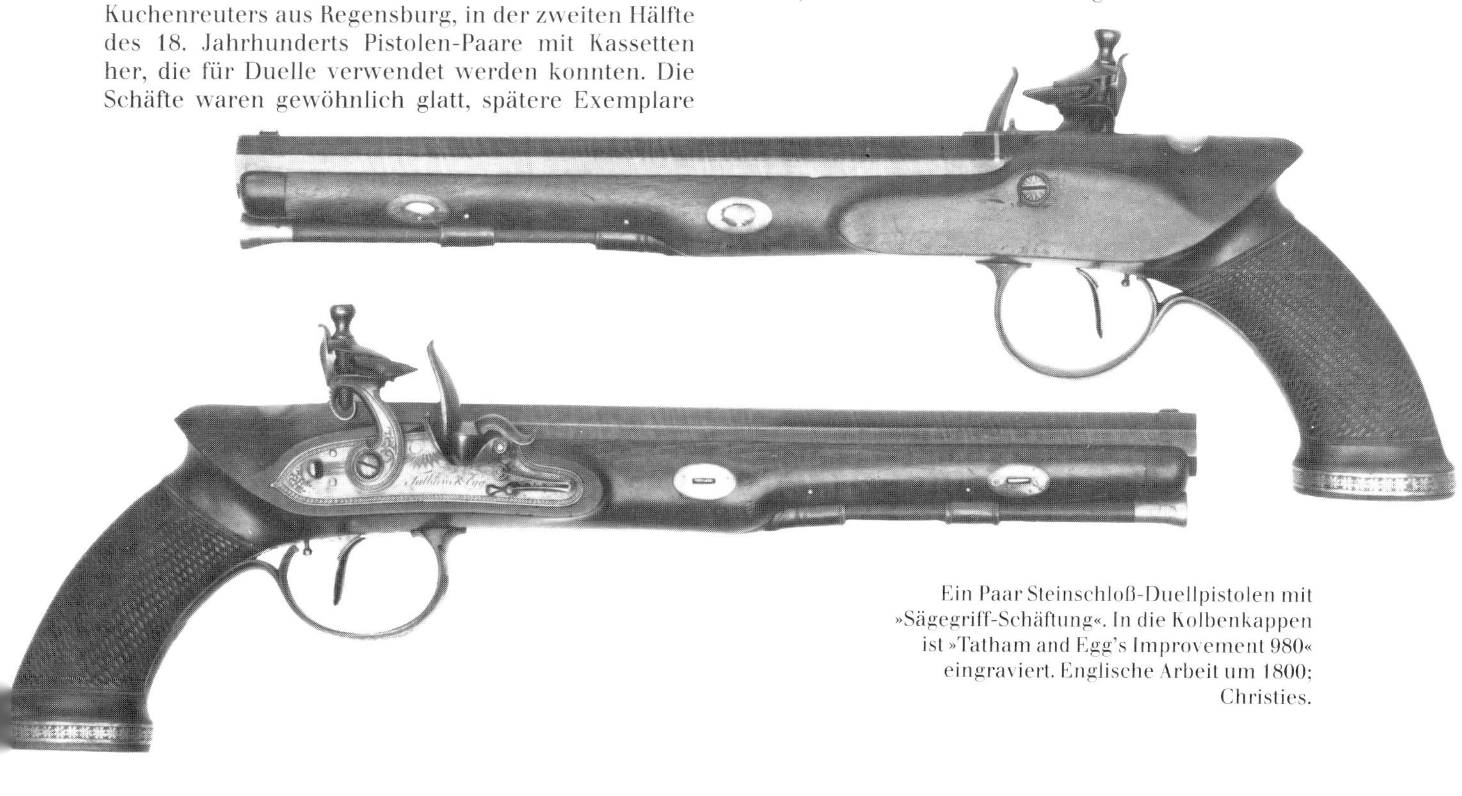

Ein Paar Steinschloß-Duellpistolen mit »Sägegriff-Schäftung«. In die Kolbenkappen ist »Tatham and Egg's Improvement 980« eingraviert. Englische Arbeit um 1800; Christies.

Ein Beispiel eines ausgefeilten Paares von Pistolen in einer Kassette mit passendem Zubehör. Es handelt sich hierbei um Hinterlader-Scheibenpistolen mit Zentralfeuer, Ebenholzschäftung, sowie mit Beschlägen aus ziseliertem Stahl in gotischem Stil. Österreichische Arbeit (Wien) um 1860, Victoria and Albert Museum, London.

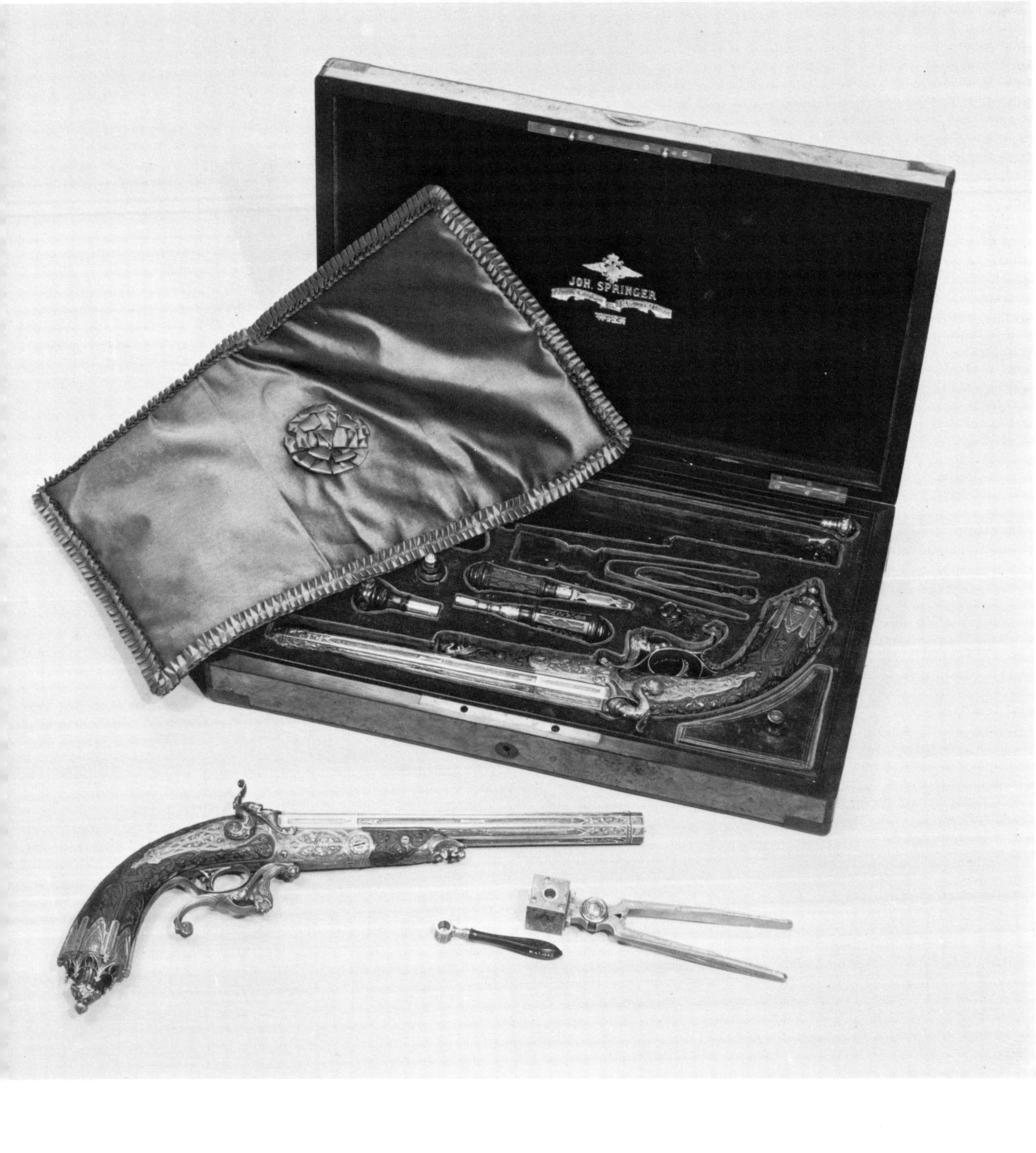

Ein Exemplar von einem Paar Perkussions-Pistolen. Die brünierten Läufe sind mit »I. Christoph Kuchenreuter« signiert, die Schlosse sind mit »Manton« gekennzeichnet. Englische Arbeit um 1800; Sotheby's.

das Duellieren in New York verboten war, überquerten sie den Hudson und fuhren nach Hoboken, »ein einsamer und ruhiger Platz, um das tödliche Vorhaben – eine Ehrenschuld zu tilgen – auszuführen.« Green gewann das Auslosen der Seiten und wählte die südliche Seite. Sie feuerten aus einer Entfernung von 12 Schritten aufeinander, aber keiner von beiden wurde getroffen. Nach fruchtlosen Versuchen der Sekundanten, eine Versöhnung herbeizuführen, feuerten die Duellanten erneut aufeinander. Auch diesmal wurde niemand getroffen. Green verkündete daraufhin, er sei der Ansicht, nunmehr hätten wohl beide Seiten ihre Ehre wieder hergestellt. Dem widersprach Price auf das heftigste und bestand darauf, das Feuer so lange fortzusetzen, bis einer von beiden falle.

Auf beiderseitigem Einverständnis hin rückten beide Parteien drei Schritte vor, bis sie schließlich nur noch sechs Schritte trennten. Price erhielt von seinem Gegner eine Kugel durch den Kopf geschossen und wurde so auf der Stelle getötet. Green floh nach Europa, um auf die Weise »allen Schwierigkeiten, die sich aus dieser unglückseligen Affäre ergeben könnten« zu entgehen. Ein anderer Bericht über das gleiche Duell spricht davon, daß Major Green eine der Damen in der benachbarten Loge beleidigt habe. Er entschuldigte sich später, wurde aber von seinen Offiziersfreunden daraufhin offen geschmäht, weil er sich bei einem »verdammten Yankee« entschuldigt habe. Dem Bericht zufolge veranlaßte das Green hinzugehen und Price durch einen Schlag zu dem Duell zu provozieren. An der Stelle, wo das Duell stattgefunden hat, wurde für Price eine Marmorstatue mit der Inschrift errichtet »Er starb durch einen blutrünstigen Streit«.

Ein Duell zwischen George Garrick und Mr. Baddeley, 1770.

Über einen Zeitraum von mehr als einem Jahrhundert wurden Duelle mit Pistolen ausgeführt. **Oben:** Ein Duell in Frankreich 1880. **Unten:** Ein Stich aus dem 18. Jahrhundert »Duell zwischen Wilkes und Martin«. **Nebenstehende Seite:** Das Duell zwischen dem Herzog von Wellington und dem Grafen von Winchelsea im Jahre 1829.

Fünftes Kapitel

Alexander Forsyth und das Perkussionssystem

Reverend Alexander James Forsyth (1768–1843).

Seit dem 17. Jahrhundert experimentierten Chemiker und Militärexperten in der Hoffnung, die Explosivkraft des Schießpulvers und die Reichweite der Feuerwaffen zu erhöhen. Man fand heraus, daß sich manchmal die Explosionskraft des Pulvers durch die Zugabe von Fulminat oder knallsaurem Salz verbessern ließ. Das Fulminat wurde durch die Reaktion von Säure mit verschiedenen Metallen wie Antimon, Quecksilber und selbst Gold gewonnen. Jedoch das Pulver, das durch Ausfällen gewonnen wurde, war, wie die ersten Erfinder manchmal zu ihrem Leidwesen feststellen mußten, extrem unstabil und flüchtig.

Wegen dieser Rückschläge erfand Edward Howard, ein englischer Chemiker des späten 18. Jahrhunderts eine hinreichend sichere Methode, Fulminat aus Quecksilber zu gewinnen. Das war eine der ersten Voraussetzungen für die erfolgreiche Entwicklung eines Perkussions-Schlosses. Es gehört zu einer der vielen ironischen Seiten in der Geschichte der Feuerwaffen, daß eines der wirksamsten und weitest verbreiteten Zündsysteme ausgerechnet von einem Mann der Kirche entwickelt werden sollte. Der Reverend Alexander James Forsyth wurde im Jahre 1768 geboren. Nach seiner Ausbildung an der Universität von Aberdeen trat er eine Stelle als Gemeindepfarrer im nahegelegenen Belhelvie an. Der Geistliche war nicht nur an der Chemie interessiert, sondern auch ein Freund der Schießkunst. in seiner Werkstatt in der Nähe des Pfarrhauses stellte er einige Versuche an, um die Explosivkraft des Schießpulvers zu verbessern. Wie schon seine Vorläufer auf diesem gefährlichen Versuchsfeld fand er heraus, daß Fulminat oder knallsaures Salz kein Ersatzmittel für Schießpulver sein konnte. So war es wohl auch unausbleiblich, daß bei einem dieser Experimente der Reverend aus seinem eigenen Labor geschleudert wurde.

Später versuchte er, das Knallquecksilber als Zündpulver für die Hauptladung zu benutzen. Er stellte jedoch fest, daß es zu rasch abbrannte, um die Ladung zünden zu können. Schließlich machte er die einfache aber wichtige Entdeckung, die ihn in den Stand versetzte, eine kleine Revolution in der Konstruktion der Feuerwaffen einzuleiten. Er fand heraus, daß das Knallquecksilber viel leichter explodierte, wenn man es statt mit den Funken des Feuersteines zu zünden, mit einem Hammer anschlug. Diese Entdeckung wurde zum Hauptprinzip des Perkussions-Schlosses.

Forsyth verwendete ein schweres Rohr, das mit einem kleinen Zündloch und einer Zündpfanne versehen war. Im Lauf plazierte er eine normale Hauptladung, die durch den Pfropfen gehalten wurde. In die Zündpfanne streute er etwas Knallquecksilber. Wenn es von einem Hammer getroffen wurde, explodierte es fast augenblicklich und brachte die Hauptladung zur Zündung.

Die Zündgeschwindigkeit war ganz offenkundig ein großer Vorteil. Als Schütze und Jäger muß Forsyth häufig seine Steinschloß-Vogelflinte mit ihrem Rauch, der hellen Zündflamme und der Zündverzögerung verwünscht haben. Unverzüglich machte er sich ans Werk, ein Schloß zu entwickeln, das nach dem, von ihm neu entdeckten, Prinzip funktionierte. Ein wichtiges Teil war der Behälter für das Fulminat, das es zu jener Zeit nur in Pulverform gab. Forsyths Schloß war in der Mechanik mit dem Steinschloß vergleichbar, zeigte jedoch einige wichtige Unterschiede. Anstatt mit Hahnlippen, die den Feuerstein hielten, ausgestattet, bekam der Hahn nun die Form eines Hammers mit quadratischem Kopf. Die Batterie und die Zündpfanne wurden entfernt und ein kleiner runder Bolzen in den Lauf geschraubt. Durch diesen wurde ein Zündloch in den Lauf gebohrt, das eine kleine Erweiterung aufwies. Das Magazin, welches das Fulminat enthielt, war wie ein Riechfläschchen geformt und so an dem Bolzen befestigt, daß es schwenkbar war. Wenn es mit der kleinen Öffnung in eine Linie gebracht wurde, konnte eine winzige Menge des Fulminates in diese Ausbuchtung gestreut werden. Das »Riechfläschchen« konnte auch geschwenkt werden, um einen federgespannten Schlagbolzen unmittelbar unter den Hahn zu bringen. Die Waffe wurde geladen und der Hahn in der bekannten Weise gespannt. Wenn der Abzug betätigt wurde, schlug der Hammer auf den Piston, dieser schlug auf das Fulminat und die Explosion zündete die Hauptladung.

Eine der Hauptüberlegungen war, wie man das

Vorhergehende Seite: Das Anwesen des Londoner Büchsenmachers Joseph Egg auf einem Stich aus dem 19. Jahrhundert.

Nebenstehende Seite: Ein Gewehr mit Doppellauf nach dem Forsyth-Patent. Die Waffe hat Damaszener-Läufe und gravierte Stahlbeschläge. Hier ist sie zerlegt in ihrer Kassette zu sehen. Um 1816: Sotheby's.

alte Steinschloß schnell, einfach und auch billig auf das neue System umrüsten konnte. Alle mechanischen Vorzüge wurden beibehalten und lediglich der Feuerstein und die Batterie wurden durch ein schnelleres und effektiveres Zündsystem ersetzt.

Im April des Jahres 1806 schickte sich Forsyth an, mit seiner neuen Erfindung nach London zu gehen. Glücklicherweise verfügte er über einflußreiche Beziehungen – sein Cousin Henry Brougham aus Penrith sollte später sogar Lord-Kanzler werden. Mit Hilfe der guten Dienste von Brougham wurde das Schloß verschiedenen Jägern vorgeführt. Sir Joseph Banks war so außerordentlich beeindruckt, daß er die Angelegenheit Lord Moira, dem Generalzeugmeister zur Kenntnis brachte. Moira erkannte die militärischen Möglichkeiten und überzeugte den widerstrebenden Forsyth, der eigentlich nach Hause und zu seinen Pfarrkindern in Schottland zurückkehren wollte, in der Abgeschiedenheit und Sicherheit des Londoner Towers noch einige Experimente mit dem neuen Schloß zu unternehmen.

Zunächst verlief alles zur Zufriedenheit – zu der Zeit wurden eine Testvorrichtung für das Pulver und ein erstes Versuchsschloß gebaut (beides wird noch heute im Tower aufbewahrt). Jedoch waren es die damit beauftragten Handwerker gewöhnt, Steinschlosse herzustellen. Wegen der gefährlichen und flüchtigen Natur der verwendeten Fulminate mußte nach Forsyths eigener Aussage »eine Menge Zeit in die Herstellung und Verwerfung vieler unterschiedlicher Schlosse und in die Zusammensetzung vielfältiger Explosivpulver gesteckt werden«. Von Moira ermutigt, stellte er schließlich ein Schloß für einen

Das Perkussions-Schloß, das von Alexander Forsyth erfunden wurde. Das »Flacon-Magazin« (1), das die Zündstoffladung in eine runde Buchse oder die »Racke« (2) in der Seite des Laufes gefüllt hat, ist in die Schußposition zurückgeschwenkt worden. Der Hahn (3) hat Kontakt mit dem gefederten Piston (4).

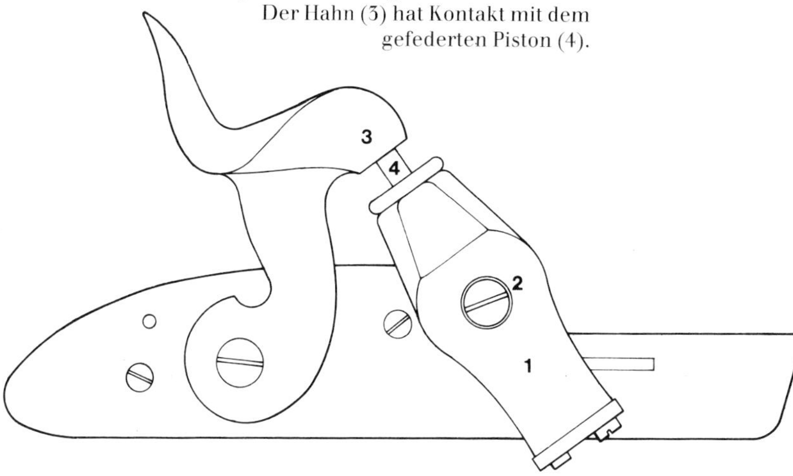

Karabiner und eines für eine Dreipfünder-Kanone her. Auch hier sind beide Arbeiten erhalten. Unter der Leitung von Forsyth wurde ein Baker-Karabiner vom Steinschloß auf die neue Perkussions-Zündung umgebaut.

Im März erhielt Forsyth 300 £ und wurde gebeten, mit dem neuen Perkussionsschloß sowie einem Mitarbeiter nach Woolwich zu reisen, wo weitere Versuche angestellt werden sollten. Dort wurde das Schloß an einem Musketenlauf angebracht, und unter den wachsamen Augen von Oberstleutnant Bloomfield fanden die Schießversuche statt. Man wollte herausfinden, ob das neue Schloß wirtschaftlicher im Pulververbrauch war als das konkurrierende Steinschloß. Die Leistungsfähigkeit des neuen Schlosses beeindruckte die Beobachter nicht sonderlich und so gab man Forsyth zu verstehen, sich mit »seinem Schrott« aus dem Tower zurückzuziehen, wie sich der neue und wenig sympathische Generalzeugmeister

Die Titelseite der Bedienungsanleitung für das »Flacon-Schloß«, herausgegeben von der Forsyth Patent Gun Company. Das Riechfläschchen – oder Flacon-Magazin ist sowohl in der Lade- als auch in der Schußposition abgebildet.

auszudrücken beliebte. Er erhielt noch seine überzähligen Ausgaben ersetzt und war nur zu froh, nach seiner Bekanntschaft mit der Militärbürokratie in die Ruhe und Abgeschiedenheit des Pfarrhauses zurückkehren zu können.

Jedoch zeitigte sein Aufenthalt in London ein bleibendes Resultat. Im April des Jahres 1807 ließ er sich ein Patent erteilen. Sein Freund James Watt hatte dazu die Zeichnungen angefertigt. Die Patentschrift trug den Titel: »Eine vorteilhafte Methode zum Abfeuern oder Zünden von Artillerie- oder allen anderen Feuerwaffen, von Minen, Kammern, Hohlräumen und sonstigen Plätzen, an denen sich Schießpulver oder entzündbares Material befindet oder zur Explosion gebracht werden soll.« Dieses Patent war so sorgfältig ausgearbeitet, daß damit nahezu sämtliche Versuche von anderer Seite neue Schlosse nach dem Perkussionsprinzip herzustellen, verhindert werden konnten. Forsyth verbrachte einen beträchtlichen Teil seiner verbleibenden Lebenszeit damit, Prozesse wegen Verletzungen seines Patentes zu führen und zu gewinnen.

Im Juni des Jahres 1808 pachtete Forsyth mit Unterstützung von James Brougham in London das Haus Piccadilly Nr. 10 und gründete die Firma Alexander Forsyth und Co. In dem Gebäude wurden Langwaffen und Pistolen höchster Qualität hergestellt, einschießlich einiger sehr schöner Duellpistolen. In der Firma wurden zahlreiche Verbesserungen an Forsyths Erfindung durchgeführt.

Forsyth hatte aber auch das Glück, in James Purdey einen der geschicktesten Büchsenmacher Englands zu beschäftigen.

Eine Verbesserung an Forsyths Schloß war um das Jahr 1813 die Einführung des »gleitenden Zündmittels«. Bei diesem System war das Zündmittel durch eine kurze Stange mit dem Hahn verbunden. Wenn der Hahn zum Spannen zurückgezogen wurde, bewegte sich das Zündmittel über die Zündpfanne und eine geringe Menge davon fiel hinein. Sowohl Langwaffen als auch Faustfeuerwaffen wurden mit dem »Gleitzünder« ausgestattet. Es sind weit mehr Exemplare dieser Art des Perkussionsschlosses von Forsyth erhalten geblieben als von dem ersten »Drehzünder«.

Forsyth starb im Jahre 1843, ohne großen finanziellen Gewinn aus seiner Erfindung gezogen zu haben. Jahrelang versuchte Forsyth, die ihm zustehende Anerkennung für ein System zu erlangen, das zu dem Zeitpunkt bereits weitgehend vom Militär übernommen worden war. Schließlich wurde ihm vom Waffenamt die Summe von 1000 £ zugesprochen, allerdings etwa drei Monate nach seinem Tode.

Alexander Forsyth und Co. beteiligten sich an der Weltausstellung von 1851. Das Geschäft wurde bis zum September 1852 weitergeführt und dann geschlossen.

Ungeachtet der klaren Definition und strengen Anwendung hatte das Patent doch keine Gültigkeit jenseits der Grenzen. Auf dem Kontinent, wo man die Entwicklung verfolgte, versuchte man Forsyths Erfindung weiter zu entwickeln.

Im April des Jahres 1810 stellte François Prélat, ein Pariser Büchsenmacher, eine genaue Kopie von Forsyths Schloß her und bemühte sich, es unter seinem Namen zum Patent anzumelden. Ein anderer bekannter französischer Büchsenmacher, Le Page aus Paris, seines Zeichens »Arquebusier du Roi«, stellte eine Anzahl Feuerwaffen her, deren Schlosse direkt von dem patentierten Forsyth-Schloß abgeleitet waren.

Forsyths Patent lief nicht vor dem Jahre 1821 aus, aber selbst in England gab es zahlreiche Versuche, Schlosse, die auf seinem System basierten, herzustellen. Diese konkurrierenden Bemühungen richteten sich in erster Linie darauf, die Art und Weise zu verändern, in der das Fulminat benutzt wurde.

Für eine der interessantesten Lösungen versuchte im Februar des Jahres 1816 Joseph Manton ein Patent zu halten. Selbst dieser bedeutende Büchsenmacher, der erhebliche Veränderungen vornahm, um mit seinem Zündpillen-Schloß nicht die anderen Patentrechte zu verletzen, mußte im Jahre 1818 vom Oberrichter Abbott das enttäuschende Urteil über sein Schloß hören: »Es ist eine Imitation des Schlosses von Mr. Forsyth.« Eine Patenterteilung dafür wurde so verhindert.

Manton kündigte seine neue Erfindung als »die bedeutendste Verbesserung, die je bei Feuerwaffen gemacht wurde« an. Er fährt dann fort, daß eine Waffe, die mit der neuen Erfindung ausgestattet sei »viel stärker und zehnmal schneller« feuern könne. Bei seinem System wurde das Zündmittel zu kleinen Pillen geformt, bestehend aus Knallquecksilber, gebunden an Eisenoxid. Der Hahn enthielt ein auswechselbares Röhrchen, in das die kleinen Pillen gesteckt werden konnten. In das Röhrchen wurde nun ein Hohlbolzen gesteckt, der dann die Pille an Ort und Stelle hielt.

Schlug der Hahn herunter, traf der Bolzen die Zündpille, brachte sie zur Explosion und zündete damit die Hauptladung. Dieses Schloß wurde uner-

Ein Paar Taschenpistolen in einer Mahagoni-Kassette, ausgestattet mit dem patentierten »Gleitzünder« von Forsyth. Die Läufe tragen Prüfstempel aus Birmingham. Englische Arbeit um 1821; Christies.

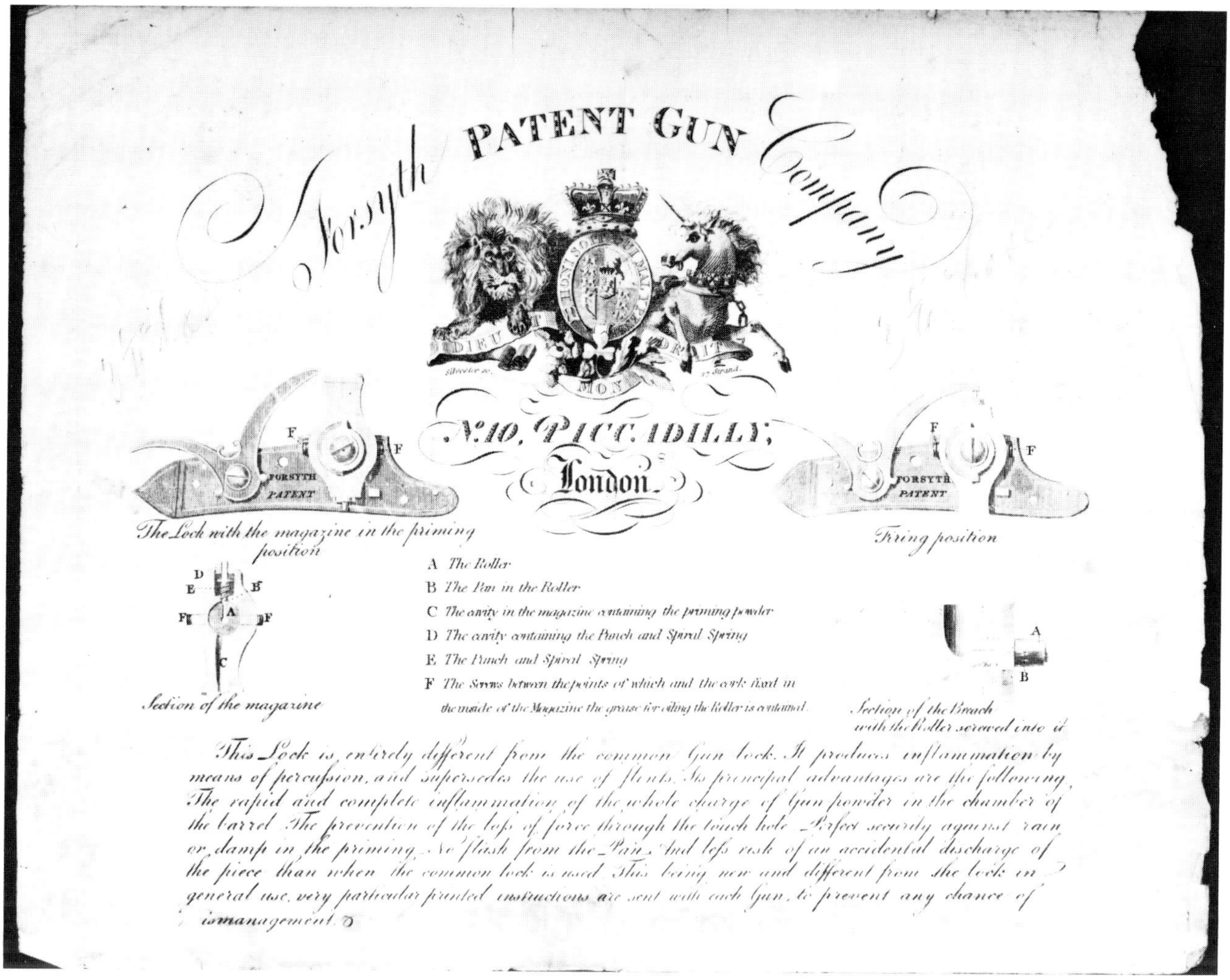

Forsyth PATENT GUN Company

DIEU ET MON DROIT

No. 10, PICCADILLY,

London.

The Lock with the magazine in the priming position

Firing position

A The Roller

B The Pan in the Roller

C The cavity in the magazine containing the priming powder

D The cavity containing the Punch and Spiral Spring

E The Punch and Spiral Spring

F The Screws between the points of which and the cork fixed in the inside of the Magazine the grease for oiling the Roller is contained.

Section of the magazine

Section of the Breach with the Roller screwed into it

This Lock is entirely different from the common Gun lock. It produces inflammation by means of percussion, and supersedes the use of flints. Its principal advantages are the following. The rapid and complete inflammation of the whole charge of Gun powder in the chamber of the barrel. The prevention of the loss of force through the touch hole. Perfect security against rain or damp in the priming. No flash from the Pan. And less risk of an accidental discharge of the piece than when the common lock is used. This being new and different from the lock in general use, very particular printed instructions are sent with each Gun, to prevent any chance of mismanagement.

Das Firmenzeichen des Londoner Büchsenmachers Joseph Egg, der ein Patent über ein Magazin-Schloß im Jahre 1822 erhielt.

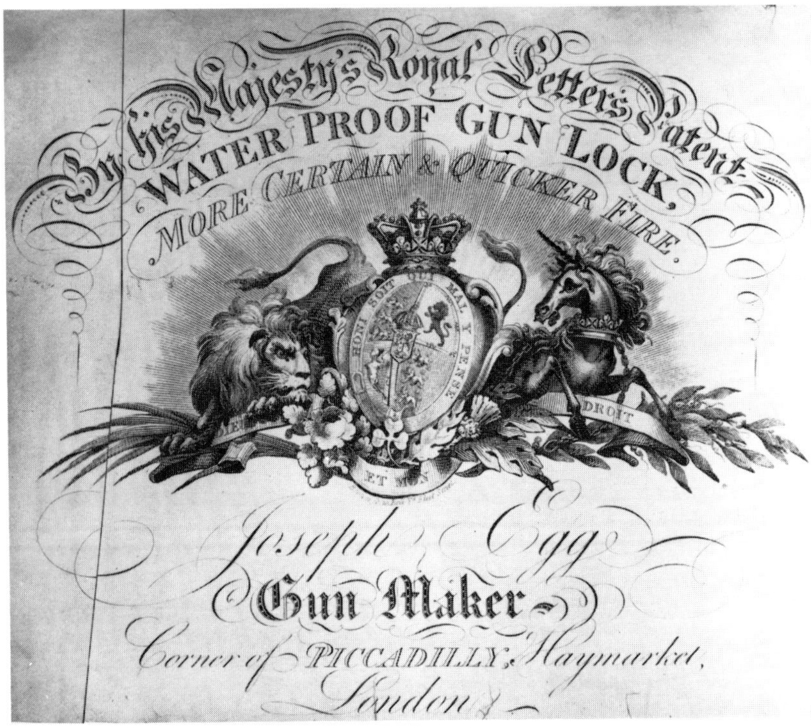

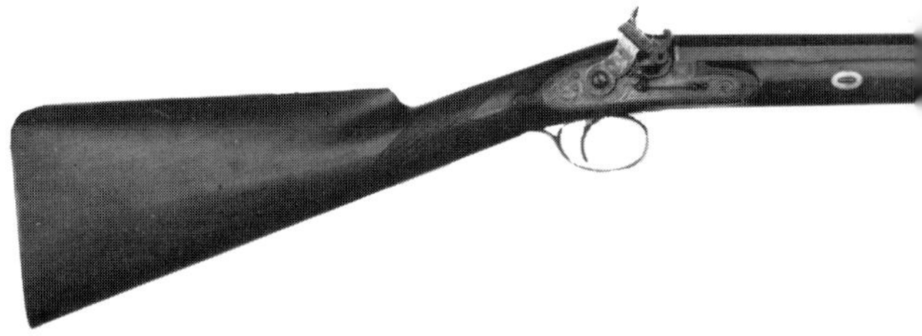

laubter Weise gleichfalls in Frankreich nachgebaut und im Jahre 1821 unter dem Namen eines anderen Büchsenmachers zum Patent angemeldet. Das Mantonsche Zündpillenschloß hatte durchaus Nachteile. So mußte beispielsweise bei jedem erneuten Scharfmachen des Schlosses das Röhrchen herausgenommen und der Bolzen entfernt werden. Im Jahre 1818 meldete Manton ein sehr viel erfolgreicheres Zündröhrchen-Schloß zum Patent an.

Ein sehr schlanker Kupferzylinder wurde mit dem Zündmittel gefüllt und in das Zündloch gesteckt. Der Hahn hatte an der Schlag-Seite eine Ausformung wie bei einem Schraubenzieher. Schlug der Hahn herunter, traf er die Mitte des Kupferröhrchens und brachte das darin befindliche Zündmittel zur Explosion. Ein wichtiger Vorteil dieses Systems lag darin, daß das Zündmittel in dem Behältnis gegen Feuchtigkeit und Regen geschützt war. Selbst bei ungünstigen Wetterbedingungen konnten diese Schlosse nicht versagen. Wie schon bei den anderen Perkussionsschlossen wurde auch dieses auf dem europäischen Festland nachgebaut. Ähnliche Versionen wurden auch in England davon gefertigt.

Im Jahre 1822 stellte Joseph Egg, ein anderer Londoner Büchsenmacher, ein Magazin-Schloß her, das Merkmale des Zündpillen-Schlosses aufwies. An der Laufoberseite befanden sich Röhrchen, die Zündpillen enthielten und durch die Schwerkraft in die Zündmulde fielen. 1825 ließ sich Isaac Rivière für ein Perkussionsschloß ein Patent erteilen, das an die früheren Kastenschlosse erinnerte. Der gesamte Mechanismus war verdeckt, lediglich der obere Teil des Hahnes ragte über das Schloß hervor.

Eines der Probleme, das bei allen Perkussionsschlossen bestand, war das Finden einer sicheren und bequemen Methode, das Zündmittel bereitzuhalten. Eine Lösung war der Einschluß des Zündmittels in ein anderes Material. In den zwanziger Jahren des 19. Jahrhunderts füllten zahlreiche Büchsenmacher das Fulminat in ein kreisförmiges, kleines Behältnis, gewöhnlich aus gewachstem Papier oder Karton, manchmal auch aus weichem Metall. Dieses Plättchen wurde dann in eine Vertiefung am Lauf der Waffe eingelegt.

Das Büchsenmachergewerbe beschritt verschiedene Wege, um eine zufriedenstellende Methode zur Verwendung von Fulminat beim Perkussionsschloß zu finden. Bei der Vielzahl von Versuchen wäre es nur allzu verwunderlich gewesen, wenn man für dieses Problem keine befriedigende Lösung gefunden hätte. Die Lösung des Problems wurde im Zündhütchen gefunden. Ein vorstehender, vertikal durchbohrter Piston oder Zündhütchenkegel wurde seitlich in den Lauf geschraubt. Über diesen Piston wurde ein kleines Behältnis mit einer Höhlung am Boden so aufgesetzt, daß es fest auf dem Piston aufsaß. In dem Behältnis befand sich eine kleine Menge Knallquecksilber. Der Kopf des Hahnes war mit einem kleinen Hohlraum versehen, der genau dem vorstehenden Piston angepaßt war und diesen beim Herunterschlagen traf. Die Urheberschaft der Erfindung des Zünd-

Die neue Form der Perkussions-Schlosse wurde oft an schon vorhandenen Waffen angebracht. Dieses englische Jagdgewehr aus der Zeit um 1805 ist mit einem Zündröhrchenschloß von Joseph Manton ausgestattet. Tower von London.

hütchens ist und war auch schon zur Zeit der Erfindung Gegenstand von Kontroversen. Es ist nicht möglich, einfach die Patentschrift zu suchen, in der es zum ersten Male erwähnt wird, da Forsyths Patent die Möglichkeit, eine solche Idee in England unter Patentschutz zu stellen bei Strafe ausschloß.

Es kommen zahlreiche Bewerber in Frage, die für sich die Ehre, diese Erfindung gemacht zu haben, beanspruchen.

Hauptmann Lacy schreibt im Jahre 1842 in seinem Buch *»The Modern Shooter«*: »Obwohl das Kupferzündhütchen nur eine Winzigkeit ist, haben sich in der Zwischenzeit so viele Bewerber versammelt, die es sich zur Ehre anrechnen, diese Erfindung gemacht zu haben, wie es in alter Zeit Städte gab, die sich um die Ehre stritten, Geburtsort von Homer gewesen zu sein.« Damit entschied er für sich kurz und bündig den gesamten Streit um die Erfindung des Kupferzündhütchens. Diese Aussage schloß auch Joseph Egg ein, der sich selbst auf einigen Handelsetiketten als »Erfinder des Kupferzündhütchens« bezeichnet, aber auch Oberst Peter Hawker, einen der bekanntesten Jäger des 19. Jahrhunderts. Folgt man Lacy, so habe Egg ihm versichert, er habe das erste Kupferzündhütchen aus »einem alten Penny-Stück« hergestellt. Lacy gegenüber behauptete James Purdey, er habe schon zwei Jahre vor Egg aus der Spitze eines alten Regenschirmes ein Messing-Zündhütchen

Isaac Rivieres Firmenkarte. Er war der Erfinder einer weiteren Art des Perkussionsschlosses, das an ein Kastenschloß erinnert.

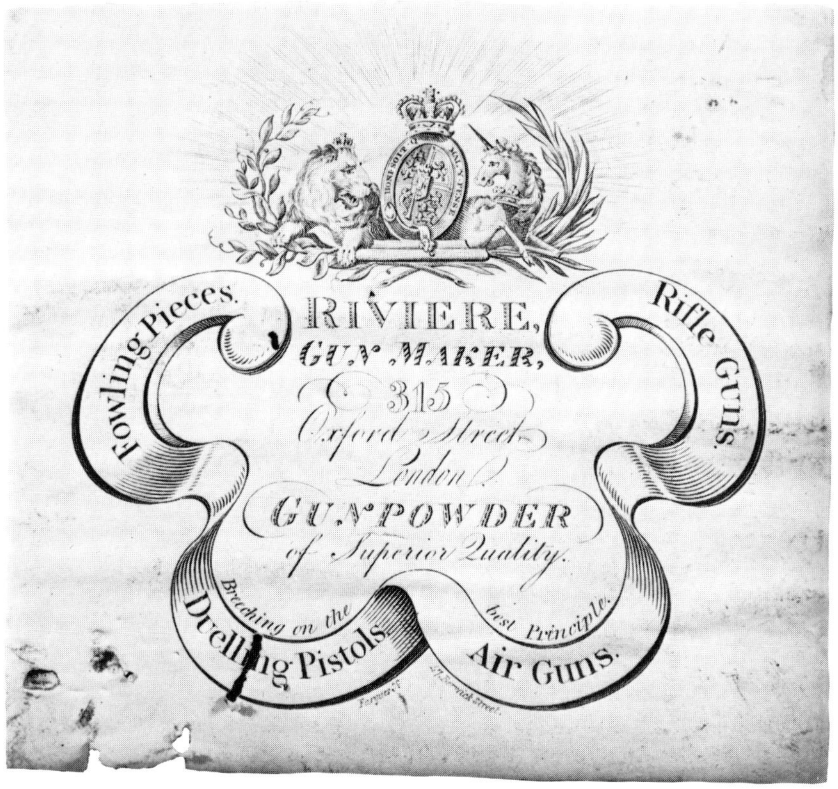

gefertigt. In der sechsten Auflage seines berühmten Buches *»Instructions To The Young Sportsmen«* (Anleitungen für junge Jäger), erzählt Oberst Hawker, wie er die Zeichnung für einen durchbohrten Piston und das Zündmittel in einer Kapsel aus einem Fünfschillingstück zu Joseph Manton brachte, der in wenigen Wochen eine Waffe fertigte, die nach diesem Prinzip funktionierte. Es steht fest, daß Manton im Jahre 1819 eine von Hawkers Waffen auf das neue System umrüstete, aber es ist durchaus möglich, daß die Erfindung nicht das Werk eines Büchsenmachers war, sondern das eines Künstlers mit Namen Joshua Shaw. Shaws Aussage über sein Werk erhielt sehr viel später der Eisenhüttenbesitzer Henry Wilkinson. In seinem Bericht erklärte Shaw, er habe bereits im Jahre 1814 mit metallenen Zündkapseln gearbeitet, die die Form von kleinen Zylinderhüten gehabt hätten. Im Jahre 1819 sei er dann nach Amerika gegangen.

Mit dem Datum vom 19. Juni 1822 wurde ihm dort ein Patent über ein Zündsystem mit Kupferzündhütchen erteilt. Der französische Büchsenmacher Prelat, dem man häufig fälschlicherweise ein frühes Patent für ein Perkussions-Zündhütchen zuschreibt, stellte offenbar nur Kopien von Systemen her, die bereits existierten.

Durch einen einfachen Trick zog er ein blühendes Geschäft auf. Er importierte Feuerwaffen aus England. Für jede neue technische Entwicklung, die er am System dieser Waffen entdeckte, ließ er sich dann in Frankreich ein Patent erteilen.

1821 erlosch Forsyths Patent, aber es dauerte bis 1823 als das erste englische Patent über ein Perkus-

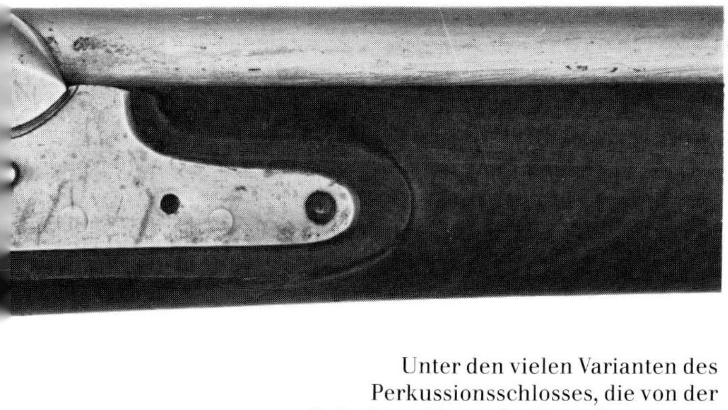

Unter den vielen Varianten des Perkussionsschlosses, die von der Erfindung Alexander Forsyths angeregt wurden, befindet sich dieses Schloß von William Moore. Englische Arbeit um 1830, Tower von London.

sions-Zündhütchen erteilt wurde. Das neue Schloß fand weder bei den Jägern noch in Militärkreisen sofortige Aufnahme. Die ersten Zündhütchen waren in ihrer Kraft unberechenbar – einige konnten kaum die Hauptladung zur Zündung bringen, andere sprengten das ganze Schloß weg. Es gab eine beträchtliche Anzahl von Fachleuten, die der Meinung waren, man solle dem verläßlichen Steinschloß den Vorzug geben. Die Büchsenmacher versorgten sowohl ihre konservativen wie auch ihre fortschrittlichen Kunden, indem sie Feuerwaffen mit beiden Systemen anboten. Im Jahre 1822 ließ sich Sampson Davis ein Schloß mit einer sogenannten Wechselzündpfanne patentieren, bei dem das Perkussions- wie auch das Steinschloßsystem auf einem Schloßblech kombiniert waren. Die untere der beiden Hahnlippen hielt den Feuerstein. Im übrigen war der Hahn als »Hammer« konstruiert. Zündpfanne und Piston waren kombiniert und konnten je nach dem geforderten Zweck umgestellt werden, sei es für den »Hammer« bei Perkussionszündung oder für den Hahn bei der herkömmlichen Steinschloßzündung. Eine der

Ein Stich aus der neunten Auflage von Colonel Peter Hawkers »Instructions to Young Sportsmen« (1844) – Anleitung für junge Jäger. Das Bild zeigt den Oberst zu Pferde. Neben ihm steht ein Freund Joseph Manton, der ein Gewehr hält.

Gefahren bei dem Perkussions-Zündhütchen lag in der Möglichkeit, daß es plötzlich explodierte und das Gesicht des Schützen verletzte.

Das führte zur Entwicklung verschiedener Waffen, bei denen der Hahn unterhalb des Schaftes oder seitlich davon angebracht war. Das erste Patent, das in England schließlich für die Perkussionszündung erteilt wurde, war für ein Unterhammer-Schloß. Es wurde im Jahre 1823 John Day aus Barnstaple erteilt. Die Übernahme des Perkussionsschlosses durch die Streitkräfte erfolgte in Großbritannien nicht vor dem Jahre 1838. In Frankreich wurden einige Perkussionswaffen bereits 1829 ausgegeben, aber die offizielle Einführung erfolgte erst ab 1840. In Amerika wurde das Perkussionsschloß um 1842 für alle Streitkräfte offiziell gebaut und eingeführt. Das Prinzip, das hinter diesem System steht – Zündung durch Perkussion (Schlag) – ist das gleiche, das in den modernen Waffen für Patronen verwendet wird.

Das Anwesen des Büchsenmachers Deane aus dem 19. Jahrhundert am Monument in London (Nähe London Bridge, Cannon Street).

Sechstes Kapitel

Feuerwaffen und ihre Verzierung

Vorhergehende Seite: Detail eines deutschen Radschloß-Gewehres. Es zeigt den Schaft aus Nußbaum, der mit graviertem Hirschhorn ausgelegt ist. Mitte des 17. Jahrhunderts; Victoria and Albert Museum, London.

Wie bei der Herstellung von Rüstungen und Blankwaffen, so entwickelte sich die Fertigung von Feuerwaffen in jenen Regionen, die bereits über die Rohstoffgrundlage verfügten, wie etwa Eisenerz. Bekannt waren die Zentren der Waffenherstellung in Deutschland und Spanien schon aus früheren Zeiten. Die Stadt Nürnberg war berühmt für die Herstellung von Schlossen, das gleiche gilt bei Läufen für Eibar und Suhl.

Jedes Herstellungszentrum verfügte über ein eigenes Erkennungszeichen, das auf jedes Erzeugnis gestempelt wurde. Jeder Hersteller war durch Zunftregeln gehalten, sein Markierungszeichen der jeweiligen Innung anzuzeigen, in der er arbeitete.

Die Herkunftsbezeichnung basierte normalerweise entweder auf dem Namen des Ortes oder der Stadt, wie etwa bei Suhl, oder auf dem Stadtwappen, wie es bei Nürnberg der Fall ist. Die Hersteller-Markierung vereinigt gewöhnlich dessen Initialen, verbunden mit einem passenden Zeichen. Die Markierung des französischen Büchsenmachers Pierre le Bourgeoys beispielsweise bestand aus einer Armbrust, die von den Buchstaben P. B. eingerahmt war. Der Grund für dieses Zeichen ist schnell erklärt. Mitglieder der Familie Bourgeoys waren ursprünglich Armbrustmacher. Hersteller ließen sich durch den Vergleich der Markierungen auf ihren Produkten mit den entsprechenden Registern oder Tafeln. die in den Zunfthäusern aufbewahrt wurden, identifizieren. Diese enthielten neben dem »Markenzeichen« den vollen Namen des Herstellers und auch die Angabe, wann er seine Lehrzeit begonnen und beendet hatte. Die einzelnen Handwerker, die mit dem Bau von Feuerwaffen befaßt waren, arbeiteten früher in verschiedenen Zünften.

Im 17. Jahrhundert war es üblich, daß man für den kompletten Herstellungsprozeß von Feuerwaffen der Zunft der Büchsenmacher angehören mußte. Diese Zünfte hatten sich in verschiedenen Ländern herausgebildet. Das war aber nicht immer und überall der Fall.

Eine Prozeßakte aus der Mitte des 18. Jahrhunderts, in der es um einen Büchsenmacher geht, erwähnt, daß das Londoner Büchsenmacherhandwerk sich in 21 unterschiedliche Bereiche aufgliedert, »jeder eifersüchtig auf seine Unabhängigkeit bedacht«. Die aufgelisteten unterschiedlichen Gewerbezweige umfaßten so spezielle Verrichtungen wie das »Feilen von Abzügen und Nägeln« und das »Zusammenschrauben«. Häufig hatte der Büchsenmacher, der das fertige Produkt an den Kunden verkaufte, lediglich die Teile, die er von verschiedenen Zulieferern erhalten hatte, zusammengesetzt.

Auf Grund der Mannigfaltigkeit der Herstellungszentren in Europa, konnte eine Feuerwaffe Arbeiten einer Anzahl von Spezialisten ganz unterschiedlicher Nationalität beinhalten. Spanische Läufe waren beispielsweise bei den Büchsenmachern in England und Frankreich sehr gefragt, und es ist durchaus keine Seltenheit, eine französische Feuerwaffe aus dem 18. Jahrhundert mit einem spanischen Lauf ausgestattet zu finden.

Schon von Anfang an erforderten die Feuerwaffen die Fertigkeiten einer Anzahl von Handwerkern mit ihren unterschiedlichen Spezialkenntnissen: einen Schreiner oder Zimmermann, um den Schaft herzustellen, den Schlosser zum Bau des Systems oder Schlosses und den Laufschmied, um den Lauf zu fertigen. Der Schaftmacher unternahm alle Anstrengungen, brauchbares Holz zu finden, etwa Walnuß. Oft wurden verschiedene Stücke aneinandergefügt, weil es sehr schwierig war, ein gut strukturiertes Holzstück von ausreichender Länge ohne Risse zu finden. Die Schloßplatte und das Schloß wurden geschmiedet und dann auf die erforderliche Form gefeilt und ziseliert.

Die Herstellung der Läufe war ein besonders kenntnisreiches Geschäft. Diese wurden entweder hergestellt, indem man die Mitte eines massiven Stabes ausbohrte, oder man hämmerte einen langen dünnen Eisenstreifen um einen Stab und verschweißte die Kanten miteinander im Feuer. Das so entstandene Rohr wurde dann aufgebohrt und mit der Feile nachbearbeitet. Die sogenannten Damaszener- oder gestaucht-geflochtenen Läufe, die im 18. und 19. Jahrhundert in Mode waren, wurden durch Umwikkeln von dünnen Stahl-Streifen um einen Stab gefertigt – ähnlich wie beim Herstellen einer Pappröhre. Die überlappenden Kanten wurden verschweißt. Die so entstehende, spiralartige Oberflächenstruktur wurde durch die Behandlung mit einer schwachen Säure hervorgehoben.

Die von orientalischen Büchsenmachern hergestellten Läufe waren stets hoch geschätzt, und viele europäische Hersteller verwendeten diese hochwertigen Läufe und statteten sie für ihre Kundschaft mit europäischen Schlossen und Schäften aus. Diese Läufe stellte man her, indem man Stahlstäbe mit niedrigem Kohlenstoffgehalt und solche mit höherem Kohlenstoffanteil miteinander verschmiedete und dann daraus nach einer der bereits beschriebenen Methoden Läufe fertigte. Nach Abschluß der Arbeiten

Beispiel für einen gewässerten Stahllauf bei einer osmanischen Waffe aus dem 18. Jahrhundert. Victoria and Albert Museum.

wurde die Oberfläche noch mit Säure behandelt, wodurch der Kontrast zwischen dem helleren und dem dunkleren Stahl hervorgehoben wurde. Das erzeugte den »Damaszener-Effekt«, der so sehr bewundert wurde. Schon recht früh entdeckten Büchsenmacher, daß man die Oberfläche von Läufen durch die Verwendung von Oxidationszusätzen künstlich färben konnte. Die Läufe und Schlosse vieler Feuerwaffen wurden auf diese Weise behandelt. Die Bandbreite der Farben, die durch diese Methode erzeugt werden konnten, war beträchtlich, wenngleich verschiedene Blau- und Brauntönungen am beliebtesten waren. Nach der Herstellung wurde jeder Lauf einem Schießversuch mit einer genau festgelegten Ladung unterworfen. Diese Ladung lag erheblich über der, die normalerweise verwendet wurde, und stellte sicher, daß der Lauf im normalen Gebrauch nicht bersten konnte.

Nur sehr wenige erhaltene Handfeuerwaffen aus der Zeit vor 1530 sind verziert. Es gibt natürlich Ausnahmen, wie etwa das Handrohr von Mörkö aus dem späten 14. Jahrhundert oder die Mönchs-Pistole aus Dresden. Einer der möglichen Gründe dafür liegt wohl in dem Umstand, daß die ersten Feuerwaffen für den praktischen Gebrauch bestimmt waren und nicht, um den adeligen Besitzer aus der übrigen Masse herauszuheben.

Die ersten hübsch verzierten Exemplare wurden wohl überwiegend zur Jagd verwendet. Einige aufwendig dekorierte spanische Luntenschloßwaffen aus der Zeit um 1560 werden in Wien aufbewahrt. Die Läufe sind mit Blumenarabesken in Gold damasziert, die Schäfte sind mit schwarzem Samt bedeckt, gehalten von einer Anzahl vergoldeter Rosetten.

Zahlreiche erhalten gebliebene Waffen aus den dreißiger Jahren des 16. Jahrhunderts haben Schäfte mit eingelegten Mustern aus Horn oder Elfenbein, oft auch unterschiedlich gefärbt, um die verschönernde Wirkung noch zu erhöhen. Die ersten Schäfte mit Einlegearbeiten hatten eine verhältnismäßig einfache Gestaltung.

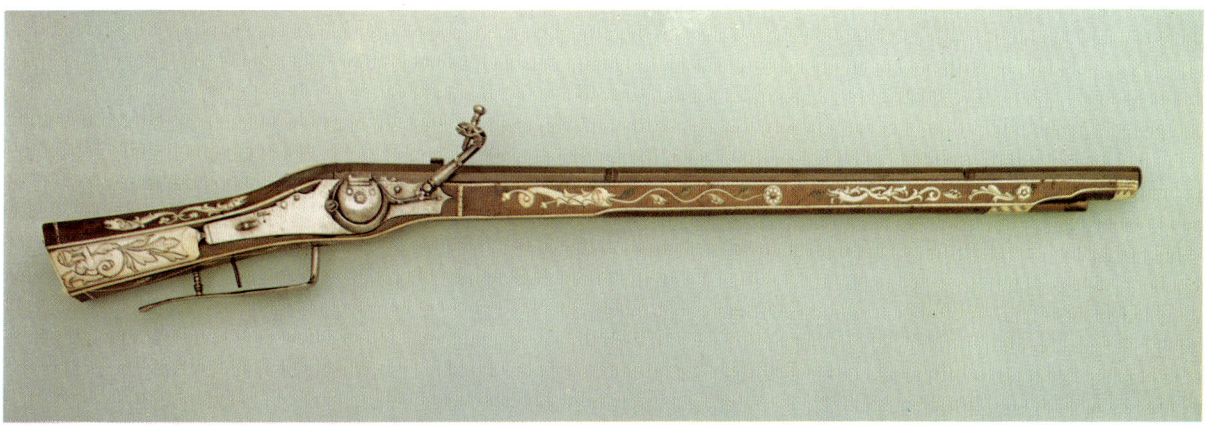

Eine Radschloßwaffe in beiden Seitenansichten. Der Schaft ist mit graviertem Hirschhorn eingelegt. Deutsche Arbeit (Nürnberg) um 1550; Birmingham City Museum and Art Gallery.

Außenrand links und rechts: Feuerwaffen des 16. Jahrhunderts hatten häufig reich ornamentierte Läufe. Der Lauf einer deutschen Arquebuse aus dem späten 16. Jahrhundert. Der Stahl ist nach Vorlagen von Virgil Solis ziseliert. **Mitte:** Ein Waffenlauf in Gold und Silber damasziert vor einem rotbraunen Untergrund. Französische Arbeit um 1590. Beide Läufe befinden sich im Victoria and Albert Museum.

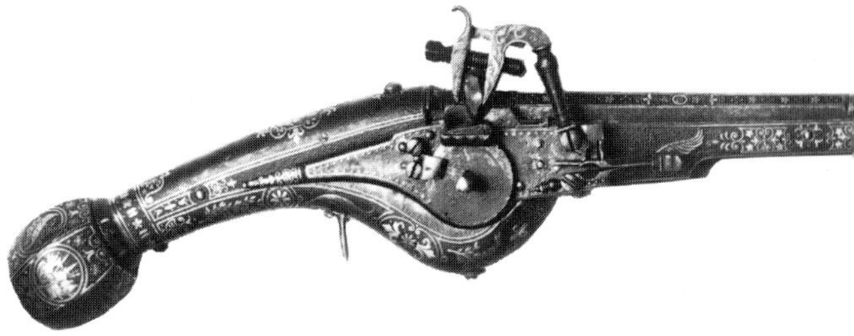

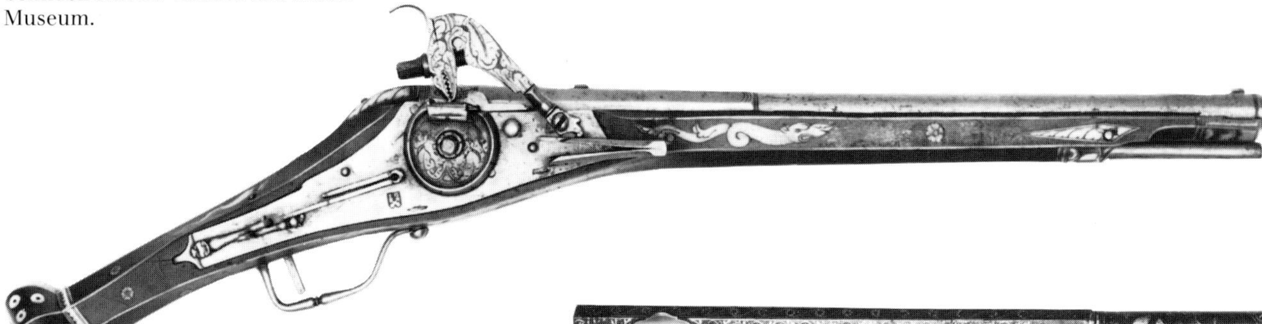

Im 16. Jahrhundert hatten die Büchsenmacher in Augsburg und Nürnberg jedoch Zugang zu den Musterbüchern so bedeutender Graveure wie Virgil Solis und Peter Flötner. Folglich lassen sich viele Motive bei den schönsten Schäften bis auf die Werke dieser Meister zurückverfolgen.

Die übliche Methode zur Ornamentierung der Metallteile von Feuerwaffen bestand im Gravieren, oder man verzierte die Oberfläche des Laufes und des Schlosses mit Gold- oder Silber-Damaszierung. Die Damaszierung erfolgte durch das Einstechen einer Reihe feiner Linien in die Oberfläche. Anschließend wurde das edle Metall entsprechend dem gewünschten Muster in die Oberfläche eingehämmert. Bei den schönsten Arbeiten wurde das eigentliche Muster in die Oberfläche des Laufes oder des Schlosses eingraviert und Silber- und Golddraht vorsichtig in die Rillen eingehämmert. Bei einigen erhalten gebliebenen Feuerwaffen aus dem 16. Jahrhundert sind die Läufe reliefartig ziseliert und vergoldet. Ziselierte Läufe brachten allerdings schwierige praktische Probleme mit sich, da jede Ziselierung nur verhältnismäßig flache Reliefs haben durfte, um nicht die Wände des Laufes zu schwächen.

Um die Mitte des 16. Jahrhunderts wurden die Schäfte vieler luxuriöser Feuerwaffen mit Einlegear-

Deutsche Muster für Verzierungen auf Griffschalen oder Schaftplatten nach Holzschnitten oder Stichen von Virgil Solis, Jost Amman und Paul Flindt. Spätes 16. Jahrhundert; Victoria and Albert Museum.

Die verschiedenen Nationen hatten ihre charakteristischen Verzierungsarten. Oben eine französische Radschloßpistole. Der Lauf ist mit goldenen und silbernen Siegeszeichen und Blumen damasziert, der rotbraune Stahlschaft ist in Gold und Silber damasziert. Um 1600; Wallace Sammlung. **Darunter:** Eine deutsche Radschloß-Halfterpistole aus dem Jahre 1567. Der Schaft ist mit graviertem Bein eingelegt. Sotheby's.

beiten von ineinander verwobenen Mustern aus phantastisch geformten Pflanzen oder Tiergestalten versehen. Häufig waren sie mit Beschlägen aus Gold oder gravierter Bronze ausgestattet. Obwohl die Einflüsse aus Italien und Deutschland übermächtig waren, so lassen sich doch einige andere nationale Charakteristika bei der Verzierung von Feuerwaffen unterscheiden, besonders gegen Ende des besagten Jahrhunderts. Französische Radschloßwaffen lassen sich beispielsweise leicht an ihrer recht individuellen Schloßkonstruktion erkennen. So ließ sich eine kleine Anzahl langer Radschloßpistolen mit Eisenschäften, damasziert in Gold und Silber, identifizieren, die mit ziemlicher Sicherheit in Frankreich hergestellt wurden. Eines der Merkmale der französischen Dekoration ist die Art und Weise, wie das Gold oder das Silber für die Ornamentierung verwendet wird. Französische Handwerker brachten die Verzierungen häufig so auf, daß sie reliefartig über die Oberfläche hinausragten. Durch Ziselieren und Punzen erfolgte eine Angleichung.

Gegen Ende des Jahrhunderts wurde in München eine Werkstätte eingerichtet, die mit dem bayerischen Hof in Verbindung stand. Man spezialisierte sich dort besonders auf die Herstellung von sehr schönen Ziselierungen in Stahl und schuf so eine Anzahl kunstvoll

Oben: Die Holzschäfte der Radschloßwaffen des 16. und 17. Jahrhunderts waren der ideale Untergrund für aufwendige Verzierungsformen. Oben ein Paar Radschloß-Halfterpistolen mit Nußbaumschäften, die mit Elfenbein und Hirschhorn nach Entwürfen von Theodor de Bry eingelegt sind. Deutschland um 1610. **Mitte und unten:** Ein Radschloßgewehr mit einem Schaft aus Birnbaumholz, der mit geschnitzten Elfenbeinplatten besetzt ist. Hinter dem Lauf ist der Schaft mit dem Monogramm von Johann Michael Maucher aus Schwäbisch-Gmünd signiert. Süddeutschland um 1670. Beide Stücke befinden sich im Victoria and Albert Museum.

Rechts: Ein Radschloßgewehr, dessen Nußbaumschaft mit geschnitzten Platten aus Hirschhorn und Elfenbein versehen ist, wahrscheinlich von Peter Opel aus Regensburg, um 1600. Ein Detail auf der Unterseite der Waffe zeigt einen osmanischen Krieger, wahrscheinlich nach einem Stich von Jost Amman. Ein Paar Steinschloßpistolen. Die Schäfte sind mit durchbrochenen Messing- und Stahlbeschlägen eingelegt, gekennzeichnet mit »Filippus Spinodus fecit«. Norditalien (Brescia) um 1690. Unten eine Schnapphahn-Halfterpistole deren Nußbaumschaft mit durchbrochenen Stahlbeschlägen eingelegt ist. Die Läufe sind mit »Lazarino Cominazzo« signiert. Brescia, um 1650. Alle Stücke befinden sich im Victoria and Albert Museum, London.

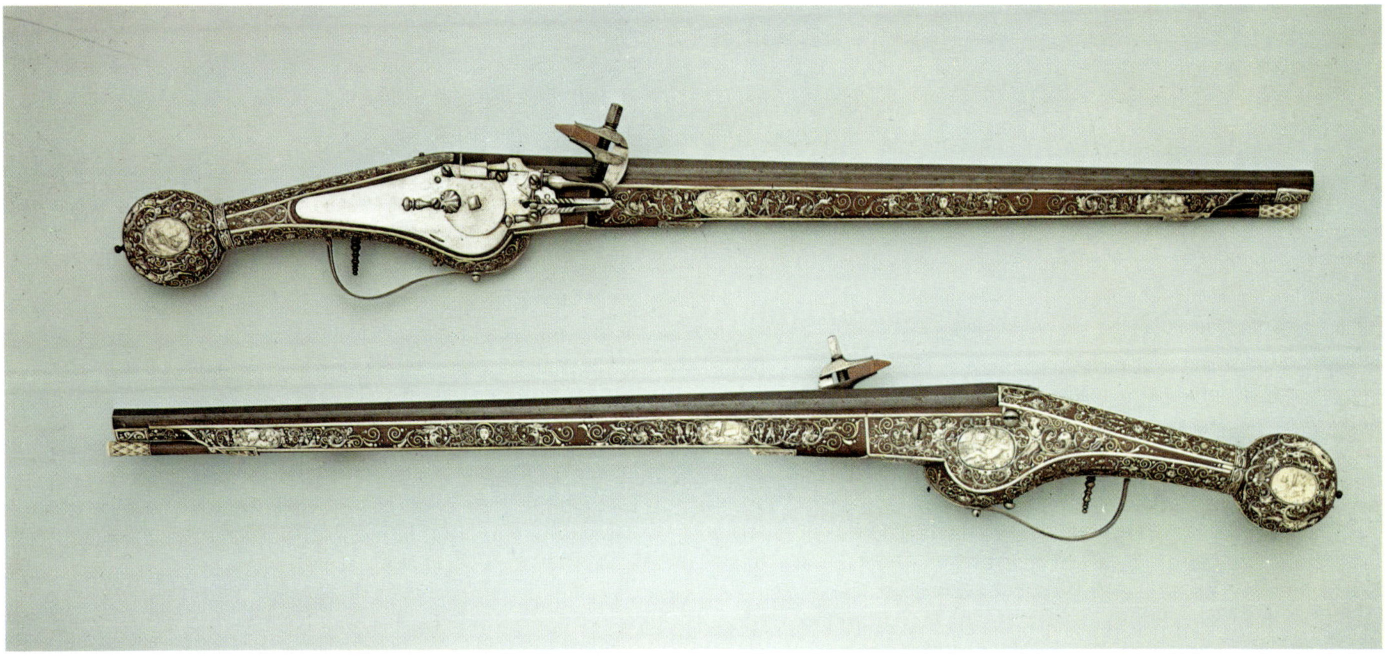

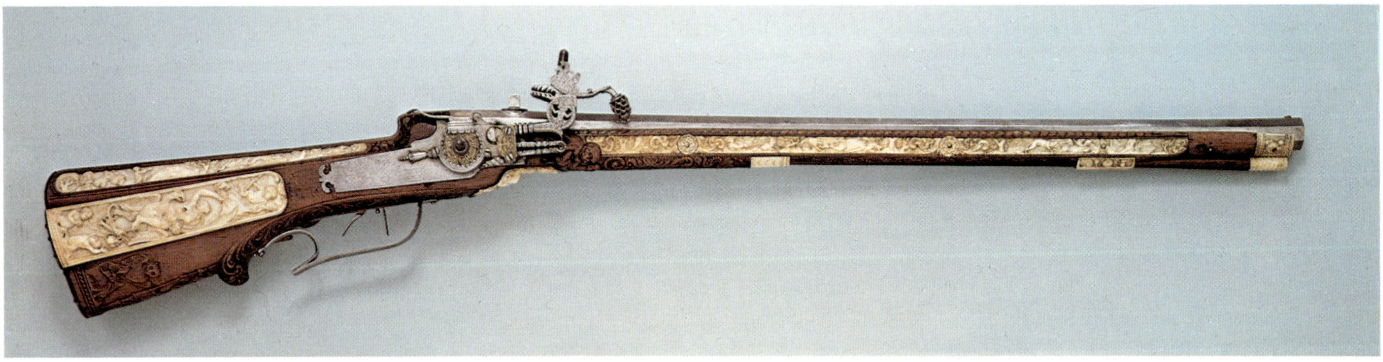

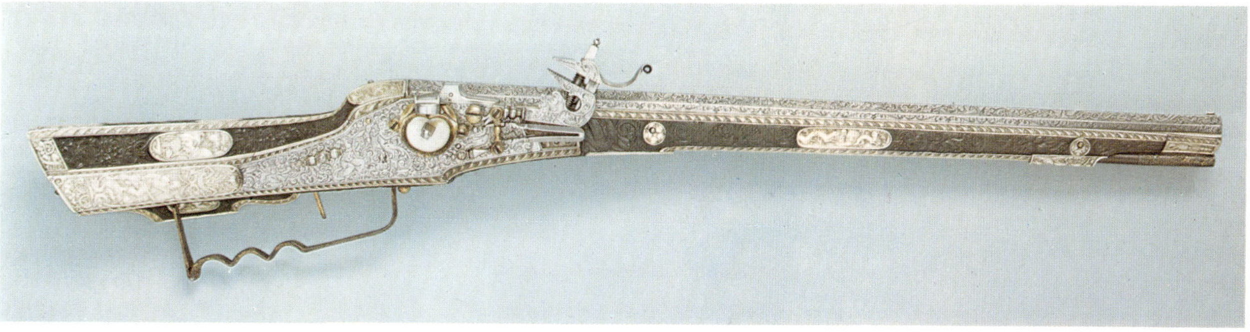

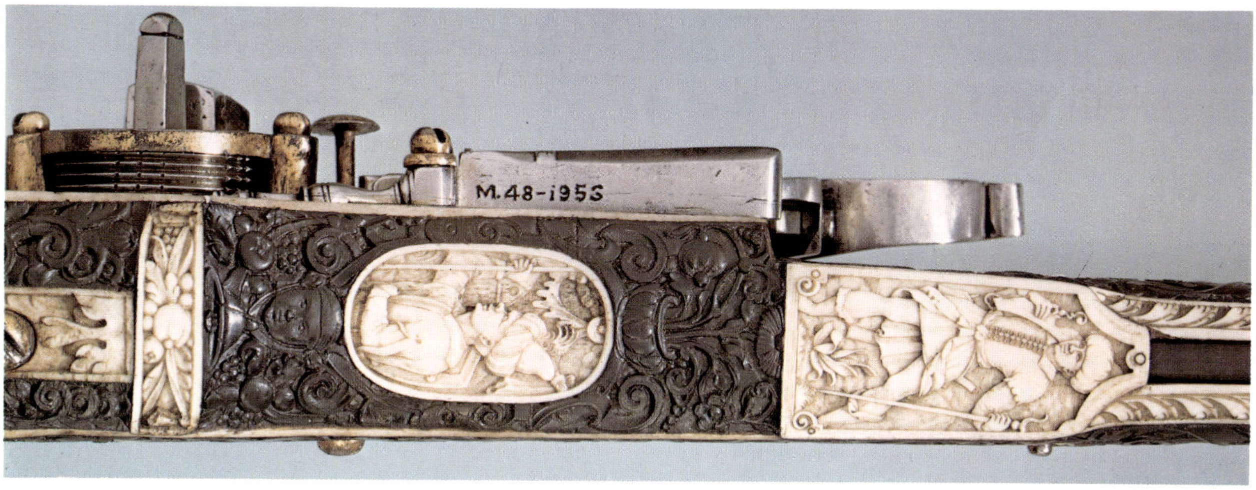
M.48-1955

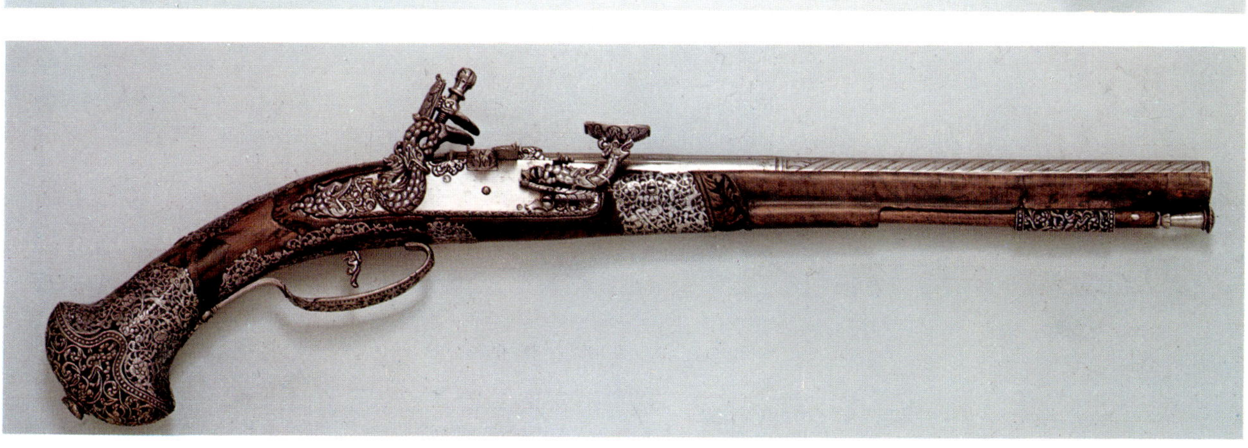

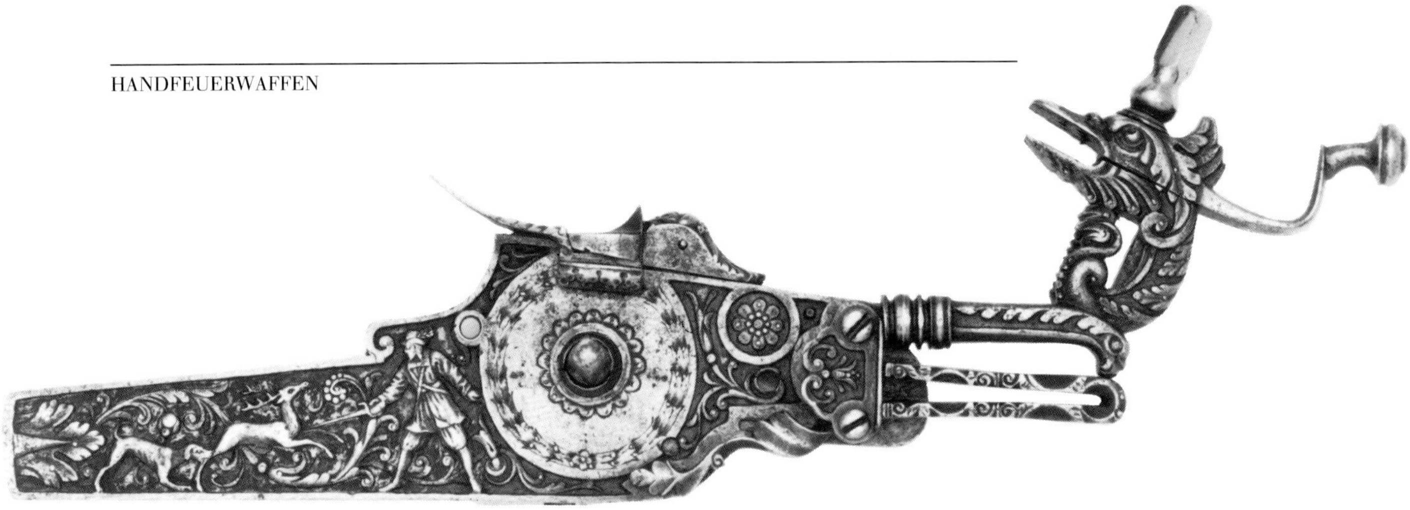

verzierter Feuerwaffen. Besonders die Namen von drei Künstlern sind mit dieser Schule verbunden: die Gebrüder Emanuel und Daniel Sadeler und später Caspar Spät. Ihre Arbeiten zeichen sich durch fein gearbeitete Flachreliefs aus, deren Muster häufig den Werken des französischen Künstlers Etienne Delaune (1518–1583) entlehnt sind.

Der Hintergrund der Muster ist nahezu unterschiedslos vergoldet, die reliefartige Verzierung ist brüniert, um zum Gold eine gewisse Kontrastwirkung zu erzielen. Zwei Schafthersteller stehen ebenfalls in enger Verbindung mit der Münchner Schule: Adam Vischer und Hieronymus Borstorffer. Vischer ist bekannt für seine schönen verschnittenen Einlegearbeiten, während sich Borstorffer auf die Verwendung von dunklem Holz spezialisiert hatte. Er fertigte Einlegearbeiten in Ebenholz mit Arabeskenmotiven in Elfenbein oder Horn. Einer der berühmtesten Schaftmacher des 17. Jahrhunderts ist bis jetzt vom Namen her unbekannt. Man nennt ihn einfach den »Meister der geschnörkelten Tierköpfe« – einem seiner typischen Verzierungsmerkmale. Zahlreiche seiner Werke haben eine Beziehung mit dem Wiener Hof und Kaiser Ferdinand III. (1637–1657), und es besteht durchaus Grund anzunehmen, daß der bis jetzt anonym gebliebene Meister wohl irgendwo in Österreich gewirkt haben muß. Ein anderer Schaftmacher, der im gleichen Jahrhundert in Deutschland tätig war, verdient es, besonders erwähnt zu werden. Es handelt sich um Johann Michael Maucher aus dem Schwäbischen, der im letzten Viertel des Jahrhunderts arbeitete. Er entstammt einer Familie von Holzschnitzern. Seine besondere Vorliebe galt Schäften aus Birnbaumholz. Er versah sie mit Hochreliefs und geschnitzten Elfenbein-Plaketten. Seine Werkstatt befand sich in Schwäbisch Gmünd, und er stellte zahlreiche repräsentative Feuerwaffen mit dekorativen Schitzereien her. Daneben fertigte er auch einige Schüsseln und Pokale aus Elfenbein.

Das 17. Jahrhundert ist auch durch das Aufkommen vieler unterschiedlicher nationaler Stilrichtungen gekennzeichnet. In den Niederlanden zum Beispiel wurden Utrecht und Amsterdam bald berühmt für ihre schönen Feuerwaffen, die auch in alle Länder exportiert wurden.

Durch ihre Handelsverbindungen mit Südostasien hatten die holländischen Büchsenmacher Zugang zu fremdländischen Hölzern, und viele holländische Schäfte bester Qualität sind aus exotischen Hölzern hergestellt. Etliche Knäufe von holländischen Pistolen sind als geschnitzte klassische Köpfe, geschmückt mit Helmen, ausgearbeitet. Um das Jahr 1660 existierte in den Niederlanden eine Werkstatt, in der man sich auf die Herstellung von Pistolen mit Elfenbeingriffen spezialisiert hatte. Die Knäufe waren mit den charakteristischen klassischen Köpfen versehen. Die Schlosse dieser Pistolen tragen die Signaturen verschiedener Büchsenmacher aus Maastricht, so Jacob Kosters, Leonard Cleuter und Johan Louroux. Es ist anzunehmen, daß die Elfenbeinschäfte ebenfalls dort gefertigt wurden. Einer der berühmtesten Büchsenmacher dieser Periode, Jan Knoop, arbeitete in der zweiten Hälfte des Jahrhunderts in Utrecht. Er stellte viele unterschiedliche Feuerwaffen her, sein eigentliches Spezialgebiet waren jedoch Radschloßpistolen, deren Schlosse auf der charakteristischen französischen Form basierten.

Oben und unten: Radschloß von einer Pistole, wahrscheinlich von Daniel Sadeler gefertigt. Ziselierter Stahl, brüniert vor vergoldetem Hintergrund. Süddeutschland (München) um 1625; Victoria and Albert Museum.

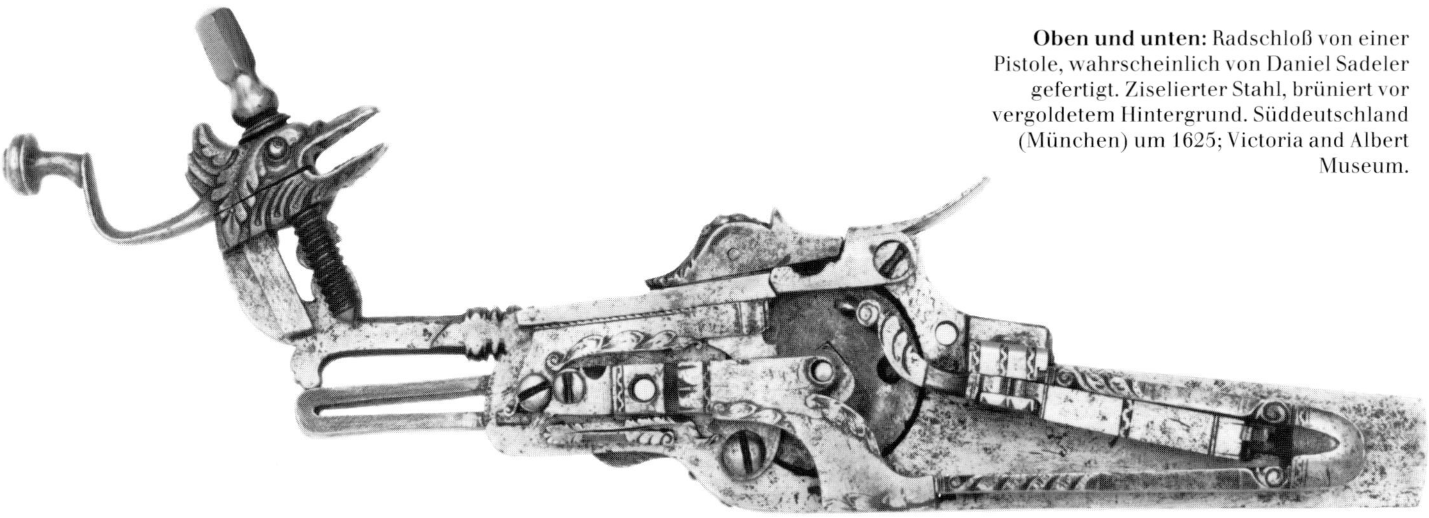

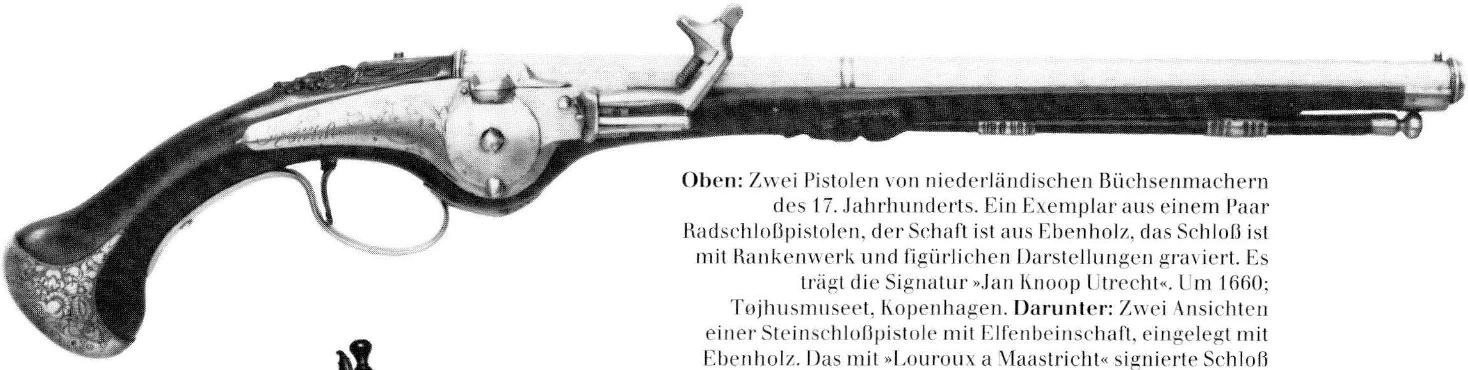

Oben: Zwei Pistolen von niederländischen Büchsenmachern des 17. Jahrhunderts. Ein Exemplar aus einem Paar Radschloßpistolen, der Schaft ist aus Ebenholz, das Schloß ist mit Rankenwerk und figürlichen Darstellungen graviert. Es trägt die Signatur »Jan Knoop Utrecht«. Um 1660; Tøjhusmuseet, Kopenhagen. **Darunter:** Zwei Ansichten einer Steinschloßpistole mit Elfenbeinschaft, eingelegt mit Ebenholz. Das mit »Louroux a Maastricht« signierte Schloß ist mit Vogel- und Blumengravuren verziert. Um 1660; aus der Wrangel-Waffensammlung in Skokloster, Schweden.

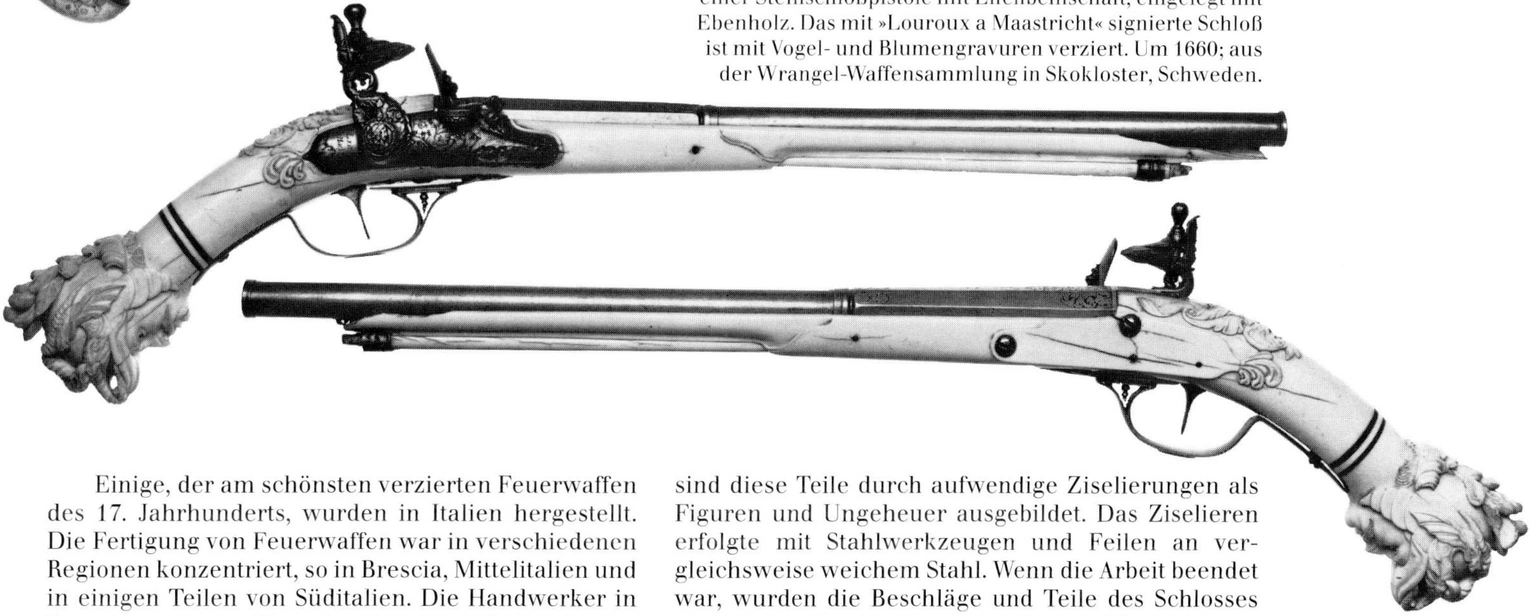

Einige, der am schönsten verzierten Feuerwaffen des 17. Jahrhunderts, wurden in Italien hergestellt. Die Fertigung von Feuerwaffen war in verschiedenen Regionen konzentriert, so in Brescia, Mittelitalien und in einigen Teilen von Süditalien. Die Handwerker in Brescia waren außerordentlich kunstfertig in der Bearbeitung und Ziselierung von Stahl – eine Fähigkeit, die sie durchaus auch neben der Fertigung von Feuerwaffen auf die Herstellung von Griffen für Blankwaffen und Schnupftabakdosen verwandten. Kennzeichnend für die Waffen aus dieser Gegend sind die sauber ziselierten und durchbrochenen Stahlbeschläge, die sorgfältig in speziell eingeschnittene Vertiefungen des Schaftes eingelassen sind.

Diese Beschläge sind gewöhnlich sehr filigran durchbrochen, so daß man meinen könnte, es handele sich um eine Spitzenklöppelarbeit. Auf Grund der stabilen Natur des verwendeten Materials war dies möglich. Die Oberflächen dieser Stahlbleche waren auch sehr hübsch graviert. Es sind auch einige Pistolen aus Brescia bekannt, die Beschläge aus Messing haben, wobei die Verzierungen in der gleichen Weise ausgeführt wurden. Die Verzierungen beschränken sich nicht nur auf den Schaft, sondern sie wurden bei einigen besonders schönen Stücken auch auf das Schloß übertragen.

Nachdem um das Jahr 1650 das Radschloß durch das Schnapphahn-Schloß verdrängt worden war, konnten die Stahl-Stecher ihre Aufmerksamkeit den äußeren Teilen des Schlosses, wie dem Hahn und der Batterie, zuwenden. Bei den schönsten Feuerwaffen sind diese Teile durch aufwendige Ziselierungen als Figuren und Ungeheuer ausgebildet. Das Ziselieren erfolgte mit Stahlwerkzeugen und Feilen an vergleichsweise weichem Stahl. Wenn die Arbeit beendet war, wurden die Beschläge und Teile des Schlosses einer Behandlung unterzogen, die dem Einsatzhärten vergleichbar ist. Sie wurden in einen geschlossenen Behälter gegeben, der eine Kohlenstoff abgebende Mischung enthielt, etwa Holzkohle oder Ruß. Dort wurden sie über einen längeren Zeitraum stark erhitzt. Die buntgehärteten Teile wurden anschließend poliert und montiert. Der Raum um Brescia war auch sehr bekannt für seine Läufe, besonders die, die von der Familie Cominazzo aus Gardone gefertigt wurden. Im Jahre 1646 kaufte John Evelyn von Lazarino Cominazzo, einem der bekanntesten Mitglieder

Viele Schnapphahnschlosse waren aufwendig verziert. Hier sehen wir ein Schnapphahnschloß aus Stahl in das klassische Darstellungen ziseliert wurden. Norditalien um 1675; Victoria and Albert Museum.

Ein Lauf von Lazarino Cominazzo aus Brescia. Er trägt seine charakteristische Signatur auf dem achtkantigen Teil des Laufes, der sich bis zum hinteren Laufende erstreckt.
Victoria and Albert Museum, London.

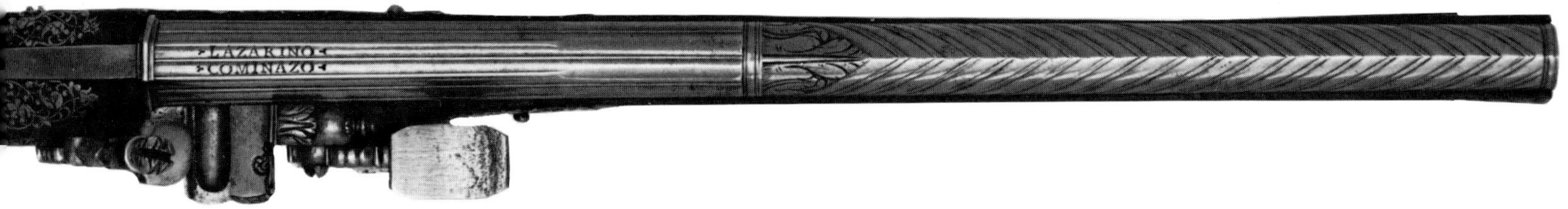

dieser Familie, einen »feinen Karabiner«, wie er uns in seinem Tagebuch hinterlassen hat. Die Läufe, die von dieser Familie hergestellt wurden, waren so begehrt, daß eine beträchtliche Anzahl zeitgenössischer Fälschungen produziert und in Umlauf gebracht wurden.

Echte Cominazzo-Läufe haben normalerweise eine kleine Kaliberbohrung, etwa 13 mm. Am Laufende haben sie einen achtkantigen Teil, der nach einem kurzen Stück in einen runden oder vielkantigen Teil übergeht. Die Fälscher schafften es nie richtig, die genaue Form der Signatur mit der eigenartigen Beschriftung und den eingeschlagenen Markierungen nachzuahmen.

In Mittel- und Süditalien war die dekorative Ausgestaltung, obwohl dort auch Stahl als Grundmaterial benutzt wurde, völlig anders. Die Schlosse wurden mit plastischen Verzierungen versehen, bestehend aus nur roh ziselierten Masken und Grotesken. Obwohl die optische Wirkung durchaus eindringlich ist, fehlen den Ziselierungen die Feinheit und die Eleganz der Arbeiten aus Norditalien. Auch sind die Durchbrechungen bei dem Gitterwerk gewöhnlich viel größer als bei ihren Gegenstücken aus Brescia.

Bei den Schlossen aus Brescia sind häufig Figuren und Masken als Flachrelief gearbeitet, wogegen die süditalienischen Handwerker das schlichte Gravieren der Schlosse bevorzugten.

Einer der besten italienischen Büchsenmacher des 17. Jahrhunderts war Matteo Acqua Fresca, der in der Stadt Bargi tätig war. Er arbeitete im letzten Viertel des besagten Jahrhunderts und stellte für den Großherzog der Toskana, Cosimo III., einige außerordentlich schöne Feuerwaffen her. Wie viele andere italienische Stahlziseleure machte er nicht nur Feuerwaffen mit hübsch ziselierten und gravierten Schlosse, sondern auch stählerne Schnupftabakdosen.

Es steht heute außer Zweifel, daß die besten Büchsenmacher Europas im 17. Jahrhundert – besonders in der zweiten Hälfte dieses Jahrhunderts – in Frankreich zu finden waren. Ein bemerkenswertes Kennzeichen der französischen Waffenherstellung in dieser Zeit ist die starke Verbreitung von Musterbüchern oder -vorlagen.

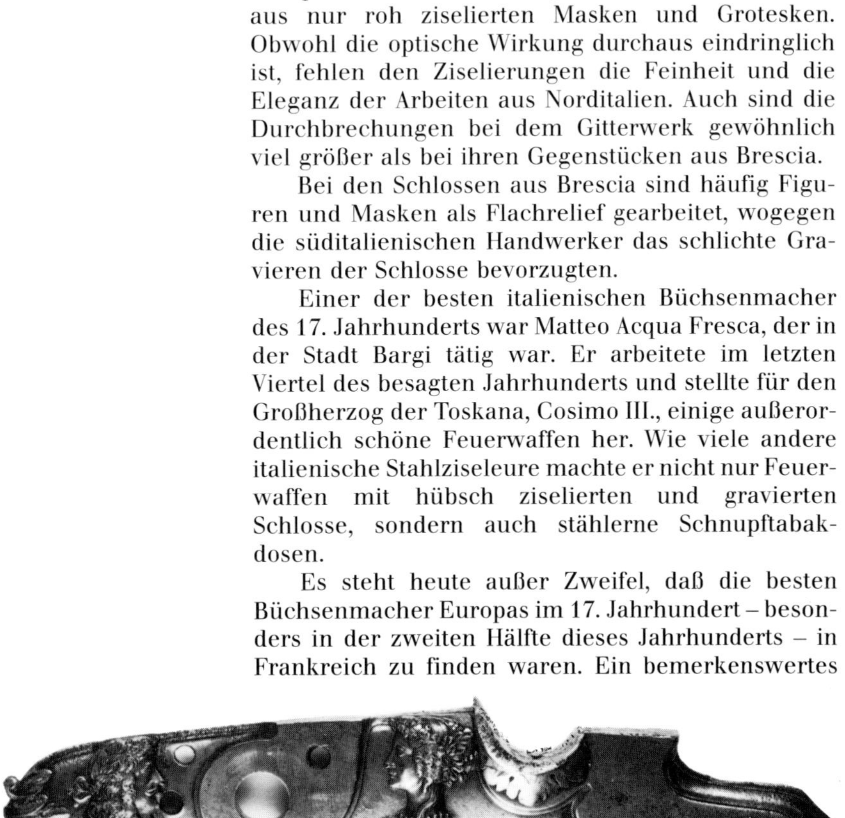

Eine schöne Schloßplatte aus Brescia. Die Portraits von Leopold I. und seiner Gattin Eleonore von Pfalz-Neuburg sind als Flachrelief einziseliert.

Sie enthielten Gravurvorschläge für die verschiedenen Teile einer Hand- oder Faustfeuerwaffe. In der Mitte des Jahrhunderts war in Frankreich das Gravieren eine besonders beliebte Verzierungsart und die Anordnung der Verzierungen bei einer Anzahl erhaltenen gebliebener Waffen läßt sich bis in die Gestaltungsvorschläge einzelner Musterbücher zurückverfolgen. Einige der bedeutendsten und einflußreichsten Musterbücher wurden von Philippe Daubigny (ca. 1635), François Marcou (ca. 1657), Jean Berain (1650), L. Jaquinet (ca. 1660) und Claude Simonin (1685) geschaffen. Alle fertigten zahlreiche Entwürfe, die ausschließlich für Feuerwaffen bestimmt waren.

Entwurf für ein Schloß von Philippe Daubigny; Paris, 1635.

Eine Neuerung, die in der Mitte des Jahrhunderts von Pariser Büchsenmachern eingeführt wurde, war die nach außen gewölbte Form der Schloßplatte. Diese Form war für ziselierte Verzierungen besser geeignet als für Gravuren. Von Paris aus verbreitete sich diese Neuheit schnell über ganz Westeuropa. Die französischen Büchsenmacher waren sich auch darüber im klaren, welche dekorativen Effekte durch die Verwendung edler Hölzer bei der Herstellung der Schäfte für Hand- und Faustfeuerwaffen erzielt werden konnten.

Französische Feuerwaffen höchster Qualität sind in klar gemasertem, bestem Walnußholz geschäftet. Die Maserung wurde oft dadurch bewußt hervorgehoben, indem man den Schaft flämmte, so daß er leicht ankohlte, wodurch der Kontrast zwischen den hellen und dunklen Stellen des Holzes erhöht wurde.

Einer der Gründe für den Vorsprung, den Frankreich auf diesem Gebiet hatte, war die erhebliche

In französischen Musterbüchern des 17. Jahrhunderts wurden dekorative Entwürfe für die Gravur von Feuerwaffen veröffentlicht. **Oben:** Entwürfe für die Ornamentierung von Steinschloßpistolen von Claude Simonin, Paris, 1685. **Unten:** Entwürfe für Radschlosse von François Marcou, Paris, 1657. Victoria and Albert Museum.

Entwürfe aus »Diverses Pièces d'Arquebuserie« (Verschiedene Teile für das Büchsenmacherhandwerk) von Nicholas Guérard. Paris um 1700; Victoria and Albert Museum.

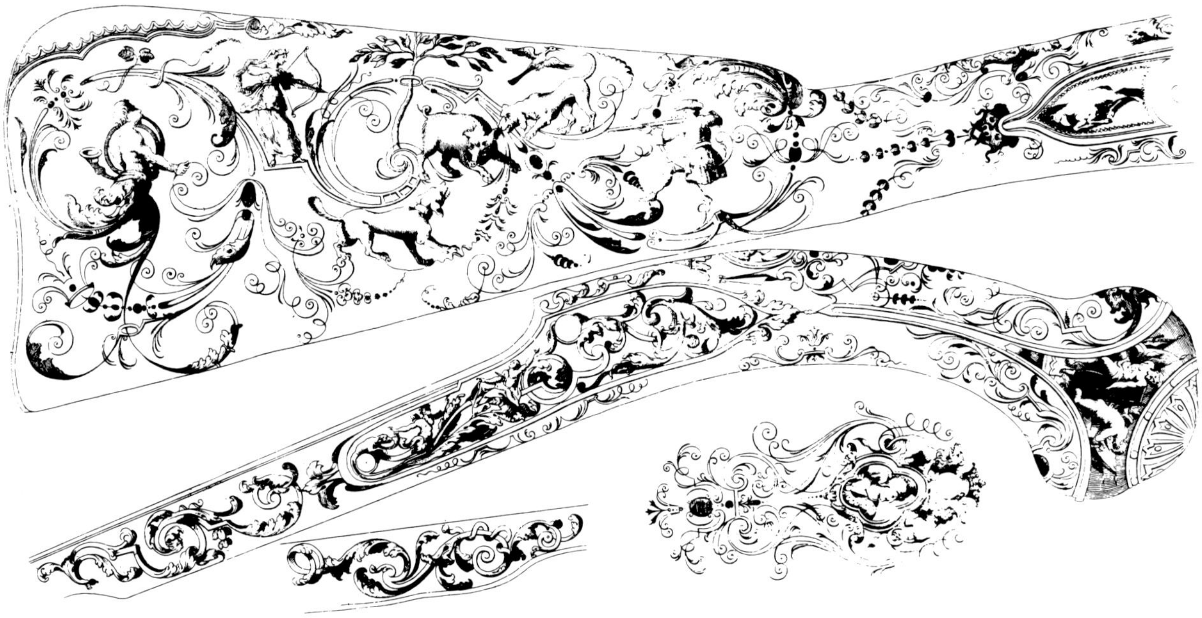

Förderung durch die französische Krone. Die besten Büchsenmacher erhielten das Privileg, in einer der Werkstätten zu arbeiten, die Henri IV. im Jahre 1608 im Palais du Louvre hatte einrichten lassen. Dieses Vorrecht war unter der Bezeichnung »logement« (Wohnung oder Bleibe) bekannt.

Das bedeutete, daß sie nicht durch Zunftbestimmungen reglementiert wurden und von verschiedenen Steuern oder dem Militärdienst befreit waren. Handwerker, denen man dieses »logement« zugesprochen hatte, arbeiteten fast ausschließlich für den französischen Königshof. Dieses Schutzsystem ermöglichte es ihnen, sowohl in der technischen Ausführung als auch im Bereich der Verzierungen, den höchsten Standard zu halten. Die Namen der französischen Büchsenmacher, denen im 17. Jahrhundert das »Logement« gewährt wurde, schließen die besten Künstler auf diesem Gebiet ein.

Zu dieser Liste gehören Marin le Bourgeoys, François Duclos und Bertrand Piraube. Duclos arbeitete eng mit Thomas Picquot zusammen, der im Jahre 1638 ein Musterbuch herausbrachte und es König Ludwig XIII. widmete. Ein Paar Radschloßpistolen von Duclos signiert und wahrscheinlich von Thomas Picquot verziert, wird im Metropolitan Museum in New York aufbewahrt. Piraube baute eine stattliche Zahl von Geschenk- und Repräsentationswaffen, von denen noch viele erhalten sind. Eine der herrlichsten Schöpfungen war eine Vogelflinte mit einem versilberten und vergoldeten Lauf. Es handelte sich dabei wohl um ein Geschenk von Ludwig XIV. aus der Zeit um 1680 an den Herzog von Richmond und Gordon. Man nimmt an, daß Piraube auch für die Wiedereinführung der flachen Schloßplatte anstelle der gerundeten verantwortlich ist.

Zwei weitere bedeutende französische Büchsenmacher, die die Positionen von »Arquebusiers Ordinaire du Roi« – allgemeine königliche Büchsenmacher – innehatten, waren Thuraine und Adriaen Reynier, letzterer als »Le Hollandois« (der Holländer) bekannt. Thuraine arbeitete zusammen mit seinem Sohn an zahlreichen repräsentativen Stücken für König Ludwig XIV.

Der Graveur Jacquinet entlehnte viele seiner Muster von Waffen, die von diesen beiden Meistern gefertigt worden waren, es scheint aber auch umgekehrt, daß Jacquinet viele Waffen der beiden mit Gravuren versehen hat.

Bevor wir das 17. Jahrhundert verlassen, sollte auch noch einiges über die Büchsenmacherkunst in England gesagt werden. Viele englische Feuerwaffen, besonders aus dem Beginn des Jahrhunderts, sind auffallend schön verziert. Die Schäfte sind eingelegt mit einer Kombination aus Perlmuttscheiben und Hornplaketten, oft durch Rankenwerk aus Horn miteinander verbunden. Die Läufe sind hübsch ziseliert und in Gold und Silber damasziert. Die meisten englischen Hand- und Faustfeuerwaffen aus der Bürgerkriegszeit sind völlig schmucklos. Jedoch wenigstens eine Pistole mit »Hundskopf«-Schloß aus der Zeit um 1650 hat eine kunstvoll gravierte und durchbrochene silberne Schaftkappe und ein mit Tulpengravuren verziertes Schloß. Im letzten Teil des Jahrhunderts entsprachen die englischen Hand- und Faustfeuerwaffen dem französischen Modevorbild. Die Aufhebung des Toleranzediktes von Nantes im Jahre 1685 übte einen sehr heilsamen Effekt auf die Waffenherstellung in England aus, denn einige der besten französischen Büchsenmacher wanderten nach England aus, um dort zu leben und zu arbeiten. Ihre überra-

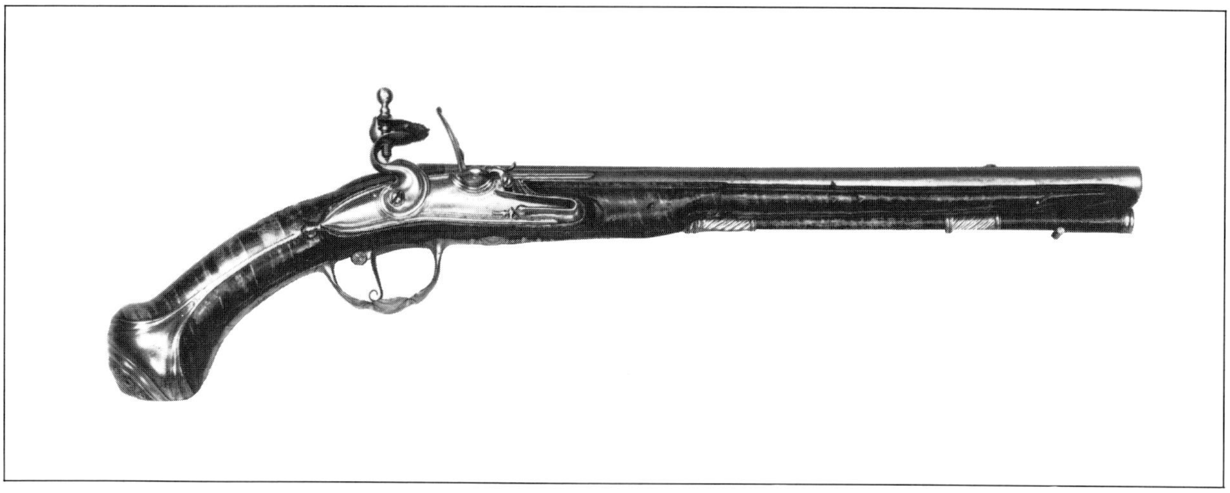

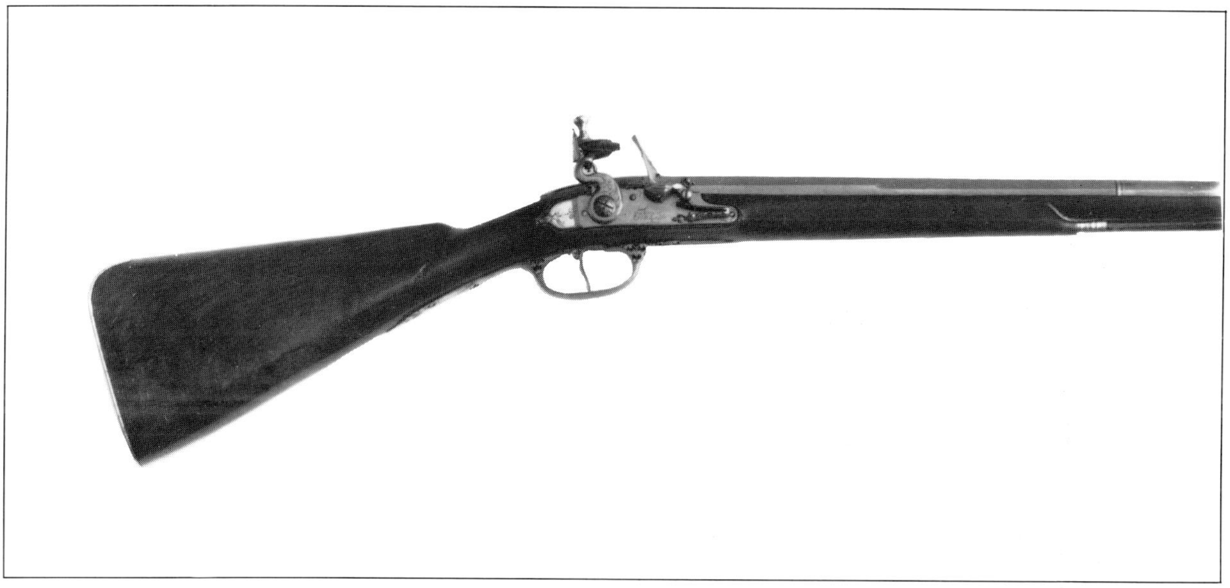

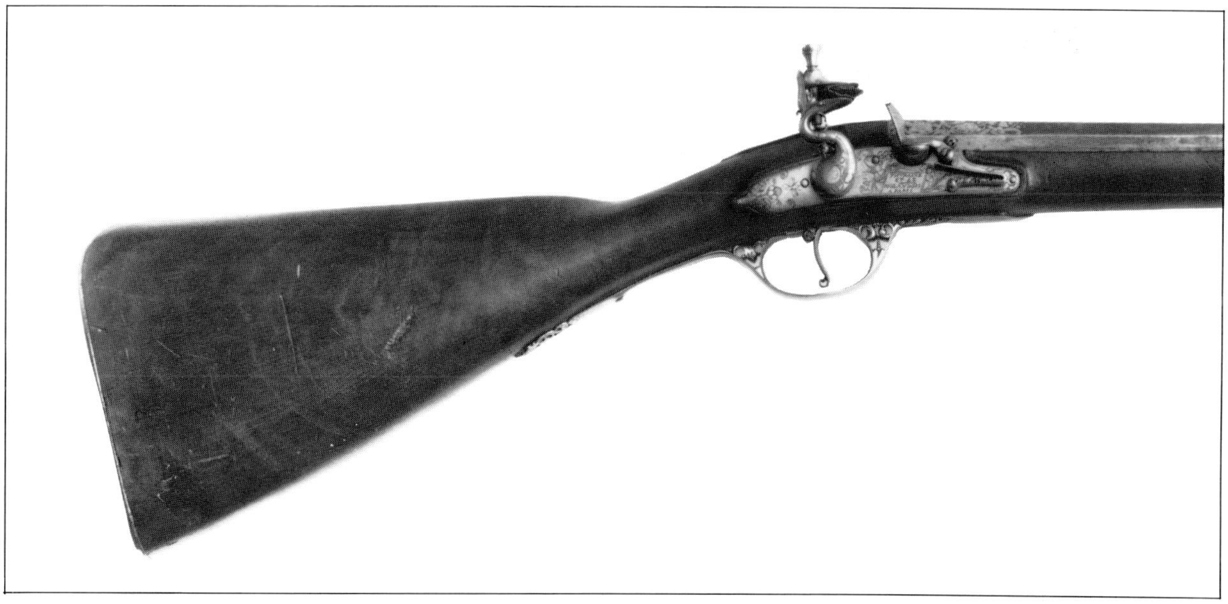

Ein Merkmal französischer Feuerwaffen war die Verwendung feiner Holzschäfte, die oft einer besonderen Behandlung unterzogen wurden, um die Maserung deutlicher hervortreten zu lassen. **Oben:** Eine Steinschloßpistole mit Nußbaumschaft. Das Schloß ist mit »Le Lorain a Valence« signiert. Frankreich um 1700; Victoria and Albert Museum. Bei dieser Waffe ist auch die konkave Schloßplatte zu erkennen, die Mitte des 17. Jahrhunderts eingeführt wurde. **Mitte und unten:** Zwei Steinschloß-Vogelflinten mit glattem Holzschaft, signiert mit »Thuraine et Le Holandois a Paris«. Spätes 17. Jahrhundert; Tøjhusmuseet, Kopenhagen.

Linke Seite, oben und unten: Französische Rokoko-Verzierungen auf einem sehr schönen Paar Steinschloßpistolen. Die Schlosse sind mit »Les La Roche aux Galleries du Louvre« signiert. Paris um 1750–60. **Mitte:** Ein Beispiel für die Arbeit von hugenottischen Büchsenmachern in England – eine Steinschloßpistole mit Beschlägen aus ziseliertem und graviertem Stahl. Das Schloß ist signiert mit »Monlong Londini«. Um 1690. **Unten rechts:** Ein Paar Schnapphahn-Pistolen mit Beschlägen aus ziseliertem Stahl von Guiseppe Guardiani aus Anghiari. Italien, spätes 18. Jahrhundert. Alle Stücke befinden sich im Victoria and Albert Museum.

Ein Paar Steinschloß-Halfterpistolen von Pierre Monlong, Hofbüchsenmacher von William III. von England. Die Schlosse sind in Silber und Gold damasziert. Um 1690; Tower von London.

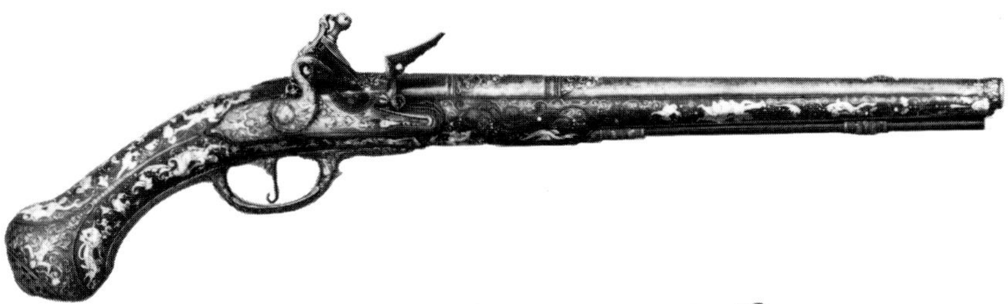

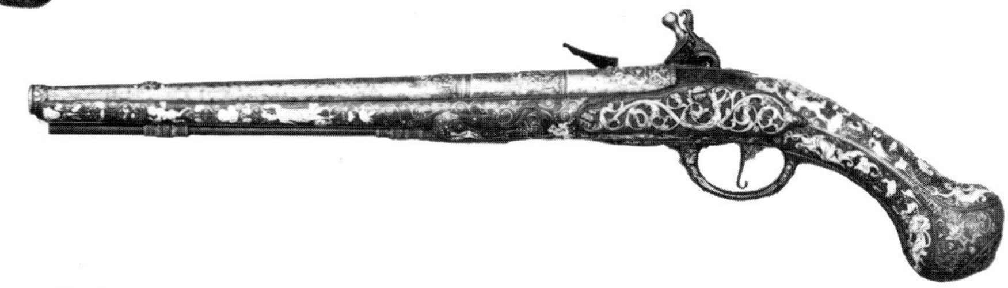

genden Werke führten auch unter den englischen Herstellern ganz allgemein zu einem höheren Qualitätsstandard. Sie begründeten eine Tradition, die von späteren Büchsenmachern fortgesetzt wurde.
Die bedeutendsten hugenottischen Büchsenmacher, die in England arbeiteten, waren Pierre Monlong, seines Zeichens königlicher Büchsenmacher bei William III., sowie Pierre Gruché. Zu ihnen gesellte sich noch der Schweizer Büchsenmacher Jacques Gorgo, der sich auf die Herstellung von Repetierpistolen verlegt hatte.

Frankreich blieb für die Waffenherstellung in Europa bis zur Mitte des 18. Jahrhunderts richtungsweisend. Das Aufkommen des Rokoko-Stils erweiterte die Möglichkeiten für Künstler wie etwa La Roche, der einige wunderbare Stücke in diesem Stil für König Ludwig XV. fertigte. Dazu gehört ein Paar hervorragender Pistolen mit ziselierten Flachreliefs vor einem vergoldeten Hintergrund auf den Stahlbeschlägen. In Italien blieb die Verwendung von ziselierten Stahlbeschlägen weiter in Mode. Einige besonders schöne Arbeiten wurden in Anghiari von Mitgliedern der Familie Guardiani geschaffen. Diese Schnapphahn-Pistolen aus dem späten 18. Jahrhundert zeigen, wenn man sie mit englischen und französischen Pistolen aus der gleichen Epoche vergleicht, ein seltsames, fast altertümliches Erscheinungsbild.

Wohl die bedeutendste französische Waffenmanufaktur war die, welche 1792 unter der künstlerischen Leitung von Nicolas Noël Boutet in Versailles gegründet wurde. Diese Manufaktur, in der auch Arbeiter von außerhalb Frankreichs beschäftigt waren (hauptsächlich aus Lüttich) produzierte nicht nur große Mengen militärischer Waffen, sondern es bestand auch eine Spezialwerkstatt für den Bau luxuriöser Geschenk- und Repräsentationswaffen. Von 1794 bis 1818 befaßte sich Boutet mit diesen herrlich verzierten Feuerwaffen. Die wohl wichtigsten Erkennungsmerkmale nahezu aller Stücke von Boutet sind die gefällige Linienführung und die hervorragende Endverarbeitung. Da die meisten dieser Waffen zu Geschenk- oder Repräsentationszwecken entworfen wurden, brauchte man keine Kosten zu scheuen. Fast alle zeigen verschwenderische Gold- und Silbereinlagen. Boutet bezeichnete sich nicht nur selbst als »Direkteur artiste« (künstlerischer Leiter), sondern er führte auch sein eigenes Goldschmiedezeichen.

Boutet wurde besonders von Kaiser Napoleon gefördert, für den er einige seiner schönsten Arbeiten schuf. Sein Stern sank schnell, nachdem seine Werkstatt von den Preußen nach der Schlacht bei Waterloo geplündert und geschlossen wurde.

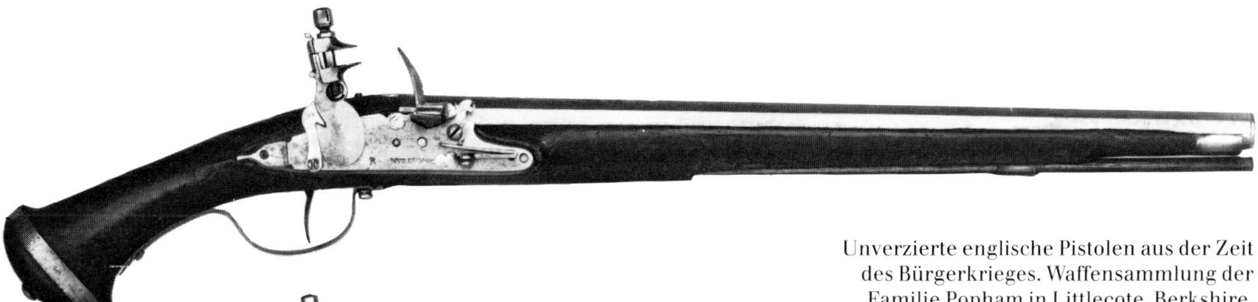

Unverzierte englische Pistolen aus der Zeit des Bürgerkrieges. Waffensammlung der Familie Popham in Littlecote, Berkshire. Tower von London.

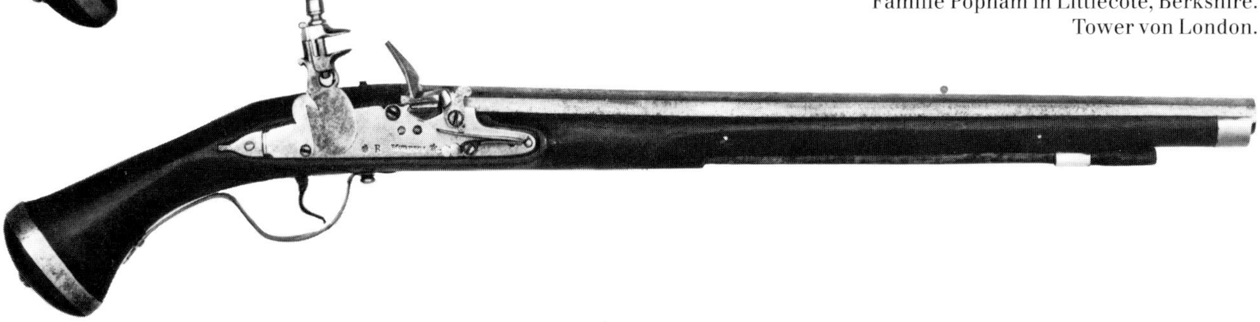

Nicholas Noel Boutet (1761–1833).

Während des 18. Jahrhunderts exportierten spanische Büchsenmacher ihre Läufe in andere Länder, hielten selbst aber beharrlich an eigenen landestypischen Formen fest, etwa an dem charakteristischen »Madrider Schloß«. Es handelte sich dabei um eine Weiterentwicklung des Miquelet-Schlosses – eines alten Steinschlosses. Zwei Abzugsstangen verliefen durch die Schloßplatte, die eine zu einer Ausbuchtung an der Hahnvorderseite, um die Ruhraststellung zu gewährleisten, die andere sorgte an der Hahnrückseite mit der dort befindlichen Ausbuchtung für die Spannrastposition. Die obere Hahnlippenschraube hatte die Form eines offenen Ringes. Bedeutende spanische Büchsenmacher, die im ersten Viertel des Jahrhunderts für die spanische Krone arbeiteten, waren Nicolas Bis, sowie Diego Ventura, der Waffen für Karl VI. von Spanien anfertigte.

Einige sehr schöne Feuerwaffen wurden während dieser Zeit auch in Rußland hergestellt, und zwar im Waffenwerk von Tula. Diese Werkstätten wurden im Jahre 1705 von Zar Peter dem Großen ins Leben gerufen. Die besten Stücke aber wurden dort während der Regentschaft Prinzessin Elisabeths zwischen 1741 und 1762 geschaffen. Die Büchsenmacher von Tula verwendeten eine ganz bestimmte Form von Blumenmustern in Gold vor einem brünierten Stahluntergrund. Es wurden aber nicht nur Feuerwaffen gebaut, sondern auch Kerzenleuchter und Hausgeräte, alles in Stahl und mit Goldauflage.

Eines der produktivsten Zentren der Waffenherstellung im 18. Jahrhundert war die Stadt Lüttich.

Zu Beginn des Jahrhunderts folgten die Formen sehr dem Stil, der sich bereits in Frankreich herausgebildet hatte. Die Hersteller hatten ganz offensichtlich Zugang zu französischen Musterbüchern, insbesondere denen von Claude Simonin, und viele ihrer Werke spiegeln seinen Einfluß wider. Zahlreiche Pistolen aus Lüttich sind mit vergoldeten Messingbeschlägen versehen, möglicherweise Ausdruck des bedeutenden Messinggießergewerbes, das seit dem Mittelalter in Lüttich blühte. Lütticher Hersteller waren durchaus nicht verlegen, aus der Anerkennung anderer Herstellungszentren für den Verkauf ihrer eigenen Waffen Vorteile zu ziehen.

Es gibt zahlreiche Pistolen, die mit »Segalas« und »London« beschriftet sind. Es ist nahezu sicher, daß diese in Wirklichkeit in Lüttich hergestellt wurden. Berühmte Lütticher Büchsenmacher, etwa I. Devillers, scheinen auch von London her beeinflußt worden zu sein. So wird bei einem Paar Pistolen mit Silbergriffschalen dieses Büchsenmachers ganz offensichtlich der zeitgenössische englische Stil kopiert.

Bereits im 16. Jahrhundert hatte sich in Schottland eine eigene Herstellungstradition mit entsprechenden Stilrichtungen etabliert. Die Schäfte der ersten schottischen Pistolen waren entweder wie ein Fischschwanz oder wie eine Zitrone geformt. Die herzförmigen Kolben und die Widderkopf-Form, bei der das Schaftende spiralförmig nach innen gedreht war, wurden im 17. Jahrhundert entwickelt. Schottische Pistolen zeichnen sich durch die Verwendung von Messing und Stahl für die Schäfte aus. Daneben werden häufig keltische Motive bei Gravierungen oder Einlegearbeiten benutzt. Die Form des Widderhornes blieb während des ganzen 18. Jahrhunderts hindurch verbreitet. Langwaffen schottischen Ursprungs sind außerordentlich selten. Einige jedoch sind erhalten geblieben, überwiegend Stücke aus dem 17. Jahrhundert. Sie haben lange, schmale Schäfte, die in einem langgezogenen S zum Schaftende hin auslaufen.

Die Verzierung besteht aus gravierten Silberplat-

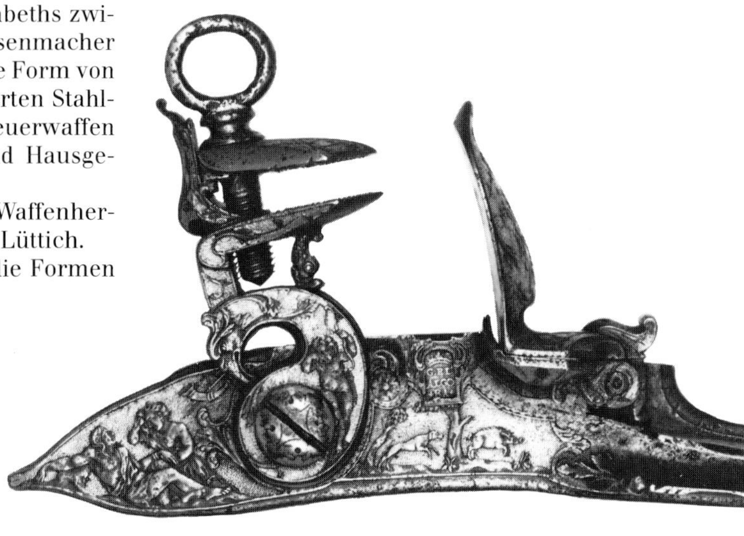

Spanische Büchsenmacher des 18. Jahrhunderts stellten eine charakteristische Form eines Steinschlosses her, bekannt als das »Madrider Schloß«. Dieses Stück ist vor mattem Golduntergrund ziseliert und mit »G. el Algora« gekennzeichnet. Um 1750; Victoria and Albert Museum.

Diese flämische Pistole mit gezogenem Lauf und graviertem Silberknauf verrät englischen Einfluß. Auf dem Pistolenknauf befinden sich die Wappen von Graf Bethlen de Bethlen aus Ungarn. Das Schloß ist mit »Devillers a Liege« gekennzeichnet. Um 1725; Victoria and Albert Museum.

ten, die in den Schaft eingelegt sind. Es gibt zahlreiche Städte und Ortschaften, die sich auf die Herstellung von Feuerwaffen spezialisiert hatten. Die bedeutendsten sind Dundee, Doune, Leith und Edinburgh. Die bekanntesten Büchsenmacher-Familien waren die Cadells, Lowes, Murdochs und Campbells.

Zusätzlich zu den Feuerwaffen höherer Qualität stellten die Büchsenmacher auch eine große Anzahl schlichter, aber diensttauglicher Militärwaffen her. Diese waren gewöhnlich von einfachster Bauweise, mit glatten Beschlägen aus Stahl oder Messing. Eine der bekanntesten englischen Langwaffen des 18. Jahrhunderts war die »Brown Bess«, die in ihren verschiedenen Formen seit den dreißiger Jahren des 18. Jahrhunderts 100 Jahre lang die Basis-Militärwaffe für die britische Armee bleiben sollte. Der Name »Brown Bess« (Braunes Lieschen) ist deutsch-englischer Abstammung, und die Farbbezeichnung bezieht sich entweder auf den Lauf, wahrscheinlicher aber auf den Schaft. Der korrekte Name für die Brown Bess lautet »Long Land musket«. Die frühesten Exemplare stammen aus der Zeit um 1725–30.

Diese frühen Modelle hatten einen knapp vier Fuß langen Lauf (ca. 120 cm), einen hölzernen Ladestock, Riemenösen am Abzugsbügel und am Mündungsende des Schaftes für einen Trageriemen, und eine tropfenförmig abgerundete Schloßplatte. Die allerersten Modell wiesen auch stählerne Beschläge auf, aber nach 1730 wurde Messing häufiger verwendet. Im Verlauf ihrer langen Geschichte wurde die Brown Bess in zahlreichen Ausführungen gefertigt.

Einige, so etwa das »Short Land«-Modell (Heeres-Modell, kurz) aus der Zeit nach 1740, hatten einen etwas kürzeren Lauf. Manche Modelle waren auch mit einem stählernen Ladestock ausgestattet.

Neben den Musketen wurde eine große Anzahl von Pistolen für militärische Verwendungszwecke produziert. Die Form ihrer Schlosse und Messingbeschläge ist von denen der Musketen abgeleitet. Das britische Waffenamt führte im zweiten Viertel des 18. Jahrhunderts einige Pistolen- und Musketenmodelle ein, die speziell für den Gebrauch in der Marine bestimmt waren. Die sogenannten »Sea Service«-Musketen (für den Dienst auf See) hatten gewöhnlich Messingbeschläge und eine flache Schaftkappe für eine sicherere Aufbewahrung und ein einfacheres Laden auf einem schwankenden Deck. Normalerweise wurden für Musketen, die für den Einsatz auf See bestimmt waren, hölzerne Ladestöcke verwendet, da sie durch das Salzwasser nicht so angegriffen wurden wie stählerne Ladestöcke. Diese militärischen Waffen wurden in großer Stückzahl in zwei bedeutenden Werkstätten gebaut – in Birmingham und in London. Viele sind mit dem Wort »Tower« markiert. Sie wurden in den Werkstätten, die sich im Londoner Tower und auf dem Tower-Werftgelände befanden, hergestellt. Zu bestimmten Zeiten hohen Bedarfs waren dort nahezu 100 Arbeiter beschäftigt.

Während des ganzen 18. Jahrhunderts wurden Hand- und Faustfeuerwaffen mit edlen Metallen verziert. Eine dekorative Technik, die schon viel früher auf dem europäischen Kontinent angewandt wurde, war das Einlegen des Schaftes mit Rankenwerk aus Silberdraht.

Zahlreiche englische Pistolen sind auf diese Weise verziert worden. Eine weitere Methode der Schaftornamentierung war die Verwendung von Silbergußplatten, oder das Ziselieren der Platten mit den gewünschten Mustern. Sie wurden dann in vorgefertigte Vertiefungen im Schaft eingesetzt.

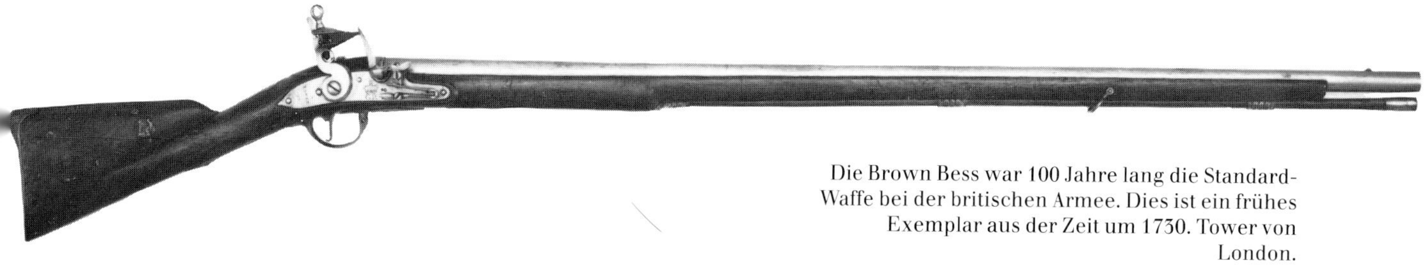

Die Brown Bess war 100 Jahre lang die Standard-Waffe bei der britischen Armee. Dies ist ein frühes Exemplar aus der Zeit um 1730. Tower von London.

Oben: Ein Paar Steinschloßpistolen aus der Fertigungsstätte Boutets. Die Läufe sind in Gold mit »Boutet à Versaille« signiert und das Schloß ist gleichfalls mit dem Herstellernamen graviert. Um 1820; Victoria and Albert Museum. **Unten:** Eine Waffengarnitur bestehend aus einem Paar Steinschloß-Taschenpistolen, einem Paar Steinschloß-Reisepistolen mit gezogenem Lauf, einem Steinschloß-Karabiner, gleichfalls mit gezogenem Lauf, sowie einem Schwert mit vergoldetem Silberheft – alle Stücke wurden im Werk von Boutet gefertigt. Sie wurden im Jahre 1797 von der Französischen Republik Napoleon als Geschenk überreicht.

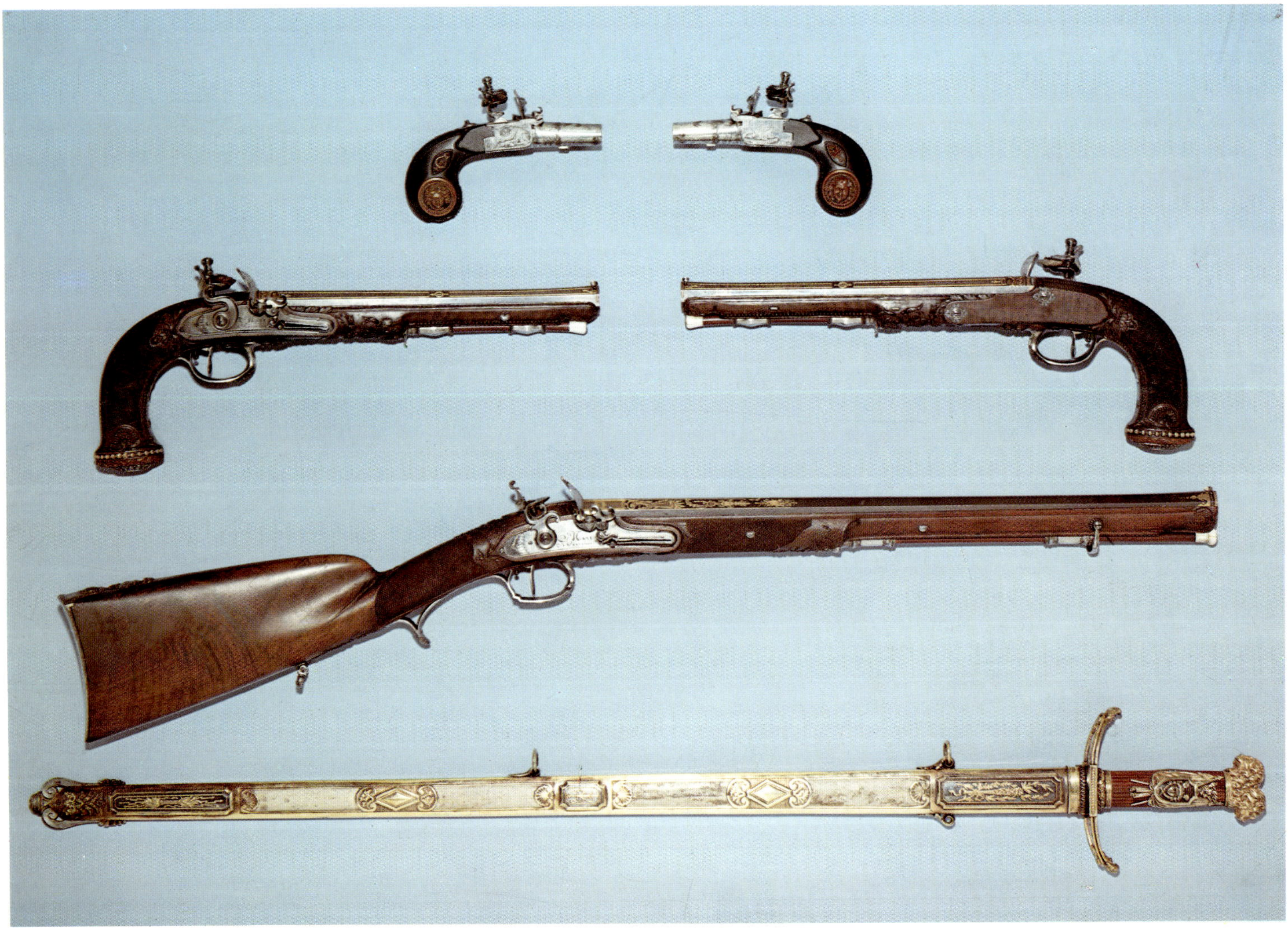

Diese Steinschloß-Vogelflinte mit vergoldeten Stahlbeschlägen ist ein Beispiel für eine sehr schöne Arbeit, die von russischen Büchsenmachern des 18. Jahrhunderts in Tula geschaffen wurde. Das Schloß ist mit »A. Leontiew« signiert. Um 1778; Victoria and Albert Museum.

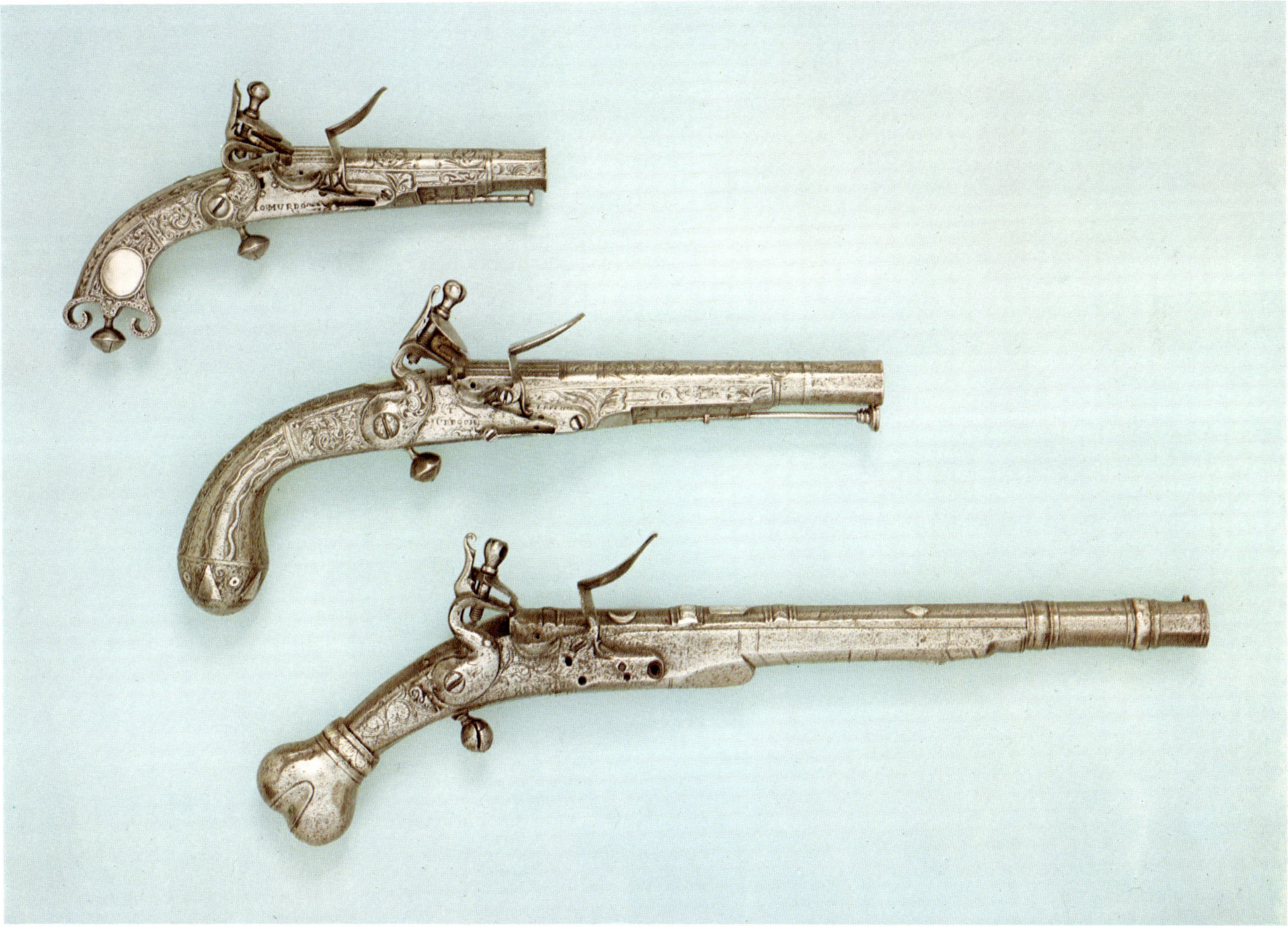

Ein Trio schottischer Steinschloßpistolen mit charakteristisch geformten Stahlknäufen, die graviert und mit Silber eingelegt sind. Jede Pistole ist mit dem Namen des Herstellers gekennzeichnet. **Von oben nach unten:** »I O Murdoch«, Doune, um 1760; »T Murdoch«, Leith, um 1775; »I A McKenzie«, Dundee, um 1710. Victoria and Albert Museum.

Englische Silberbeschläge mit Feingehaltsstempel für das Herstellungsjahr auf einem Paar Steinschloß-Halfterpistolen mit Nußbaumschaft. Die Schlosse sind mit »Griffin« signiert. London, 1754, Christies.

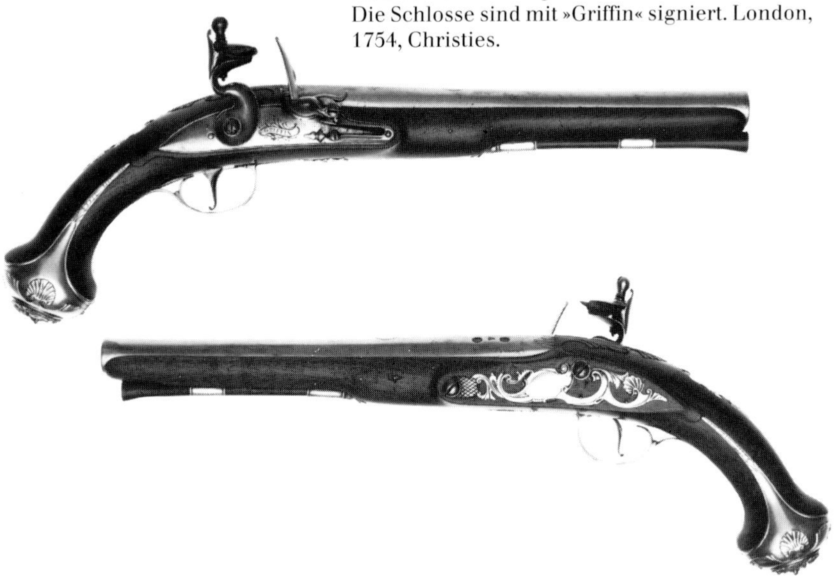

Die Büchsenmacher stellten diese Beschläge nicht selbst her, sondern sie kauften sie bei Lohnunternehmern in London und Birmingham, die sie in kompletten Sätzen lieferten. Diese Silberbeschläge umfaßten eine Schaftkappe, oft in Form einer grotesken Maske, eine Schloßgegenplatte und ein Wappenschildchen für den Schaft, für die Initialen oder das Wappen des Besitzers. Alle englischen Silberbeschläge müßten theoretisch mit dem vollen Feingehaltsstempel markiert sein. In Wirklichkeit gibt es jedoch eine große Anzahl von Pistolen und Langwaffen mit Silberbeschlägen, die keine Stempelung tragen. So sind beispielsweise die verschwenderischen Silberbeschläge an dem Luftgewehr, das Kolbe für Georg II. schuf, alle ungestempelt.

Die wohl bekanntesten Hersteller von Silberbeschlägen im 18. Jahrhundert waren Jeremiah Ashley und John King, die den Handel in London mit Beschlägen versorgten. Zu einer späteren Zeit fertigte Moses Brent Beschläge für so bekannte Büchsenmacher wie Ezekiel Baker und Joseph Manton. Die englischen Waffenhersteller des späten 18. Jahrhunderts wandten sich von der verschwenderischen Verzierung ab, wie sie von ihren zeitgenössischen Berufskollegen auf dem Kontinent zu jener Zeit noch betrieben wurde. Eine gute Pistole oder Langwaffe von einem der besten englischen Hersteller, wie etwa Egg oder Manton, bildete ein absolutes Gegenstück zu den Produkten eines französischen Büchsenmachers, wie etwa La Roche. Jegliche Dekoration war gewöhnlich auf das Gravieren eng begrenzter, glatter, brünierter Beschlagfelder beschränkt und nur eine schöne Signatur schmückte die Schloßplatte. Der sonst schmucklose Schaft wurde mit Fischhautmusterung versehen. Die Verwendung von Gold und Silber beschränkte sich auf kleine Felder am Schaft und auf dem Lauf. Kurz, die englischen Feuerwaffen vereinigten in sich alle Vorzüge bester handwerklicher Arbeit und des Stiles, den man bei Beschlägen von der Insel in jener Zeit so bewunderte.

Eine Steinschloßpistole von Durs Egg mit einem Schaft, der mit einem Fischhautmuster versehen ist. Der Name des Herstellers ist in die Schloßplatte eingraviert. London, um 1800; Christies.

Als die Feuerwaffen aufkamen, trug man das Schießpulver in Lederbeuteln. Pulverhörner oder Pulverflaschen wurden offenbar zuerst im frühen 16. Jahrhundert eingeführt. Anfänglich handelte es sich schlicht um Kuhhörner, die geglättet und an beiden Enden mit einem Verschluß versehen wurden. Jedoch um die Mitte des 16. Jahrhunderts wurden einige besonders kunstvoll dekorierte Exemplare mit metallenen Beschlägen versehen. Kleinere Flaschen, gewöhnlich aus Metall, wurden speziell für das Zündpulver hergestellt. Pulverflaschen wurden aus verschiedenen Materialien wie Messing, Leder, Holz und manchmal auch Silber gefertigt. Im späten 18. Jahrhundert wurden birnenförmige Pulverflaschen aus getriebenem Metall eingeführt, die rasch die früheren aufwendigeren Behälter ablösten.

Einige der eigentümlichsten Pulverhörner wurden in der Gegend von Aberdeen in Schottland hergestellt. Sie sind mit keltischen Verzierungen in den traditionellen Motiven versehen.

Zahlreiche Pulverhörner, die in Amerika gemacht wurden, sind mit Schnitzereien verziert. Die vielen unterschiedlichen Motive umfassen selbst Landkarten und natürlich patriotische Szenen. Es gab aber auch andere Methoden, das Pulver mit sich zu führen. In der Mitte des 16. Jahrhunderts entwickelte sich eine bequemere Methode, das Schießpulver in abgemessenen Ladungen zum sofortigen Gebrauch bei sich zu tragen. Diese Ladungen, die sich in einer Papier-Patrone befanden, wurden häufig in einer, speziell dafür konstruierten, tragbaren Büchse mit röhrenförmigen Öffnungen transportiert. Pulverladungen wurden auch an einem Riemen oder Gürtel getragen, der als »Bandolier« (Patronenschultergurt) bezeichnet wurde.

Die Ladungen befanden sich in Röhren aus Holz oder Zinn, die am Gürtel hingen. Um den Inhalt der Röhren trocken zu halten, waren sie mit Kappen verschlossen. Das Tragen eines Patronen(schulter)-

Zubehör, wie etwa Pulverflaschen oder Patronenbehälter, wurde häufig verschwenderisch dekoriert. Bei diesen Beispielen handelt es sich **links** um eine Zündkrautflasche mit Emaillemalerei, eingefaßt in vergoldetes Messing, Deutschland, um 1600. **Rechts:** Eine Kugeldose aus getriebenem Stahlblech, Deutschland um 1550. Beide Stücke befinden sich im Victoria and Albert Museum, London.

gurtes barg ein gewisses Risiko in sich, denn es bestand durchaus die Gefahr, daß die Ladungen während des Abfeuerns der Waffe losgehen konnten. Die »Bandoliers« wurden im 17. Jahrhundert von den meisten europäischen Armeen wieder abgeschafft. Im Osmanischen Reich und in den Regionen, die unter türkischem Einfluß standen, waren sie jedoch noch bis zum 19. Jahrhundert in Gebrauch.

Orientalische Büchsenmacher waren in ihrer Haltung gegenüber mechanischen Entwicklungen stets sehr konservativ. Das Radschloß wurde beispielsweise völlig zugunsten des Luntenschlosses, des Miquelet- und des Steinschlosses ignoriert. In den östlichen Ländern wie etwa dem Osmanischen Reich, die enge Beziehungen zu Europa hatten, wurde das Miquelet-Schloß im 17. Jahrhundert übernommen und blieb noch bis vor nicht allzu langer Zeit im Gebrauch. Dennoch blieb, sowohl im Nahen als auch im Fernen Osten, das Luntenschloß der am häufigsten verwendete Schloßtyp. In Indien und Persien war das Luntenschloß, bekannt als »Gaunerschloß«, sehr verbreitet.

In Japan wurden die ersten Feuerwaffen im 16. Jahrhundert durch die Portugiesen eingeführt. Die japanischen Büchsenmacher übernahmen das Luntenschnappschloß, das gewöhnlich aus Messing gefertigt war. Es blieb bei ihren Feuerwaffen bis zum 19. Jahrhundert in Gebrauch, wodurch sie in der Tat

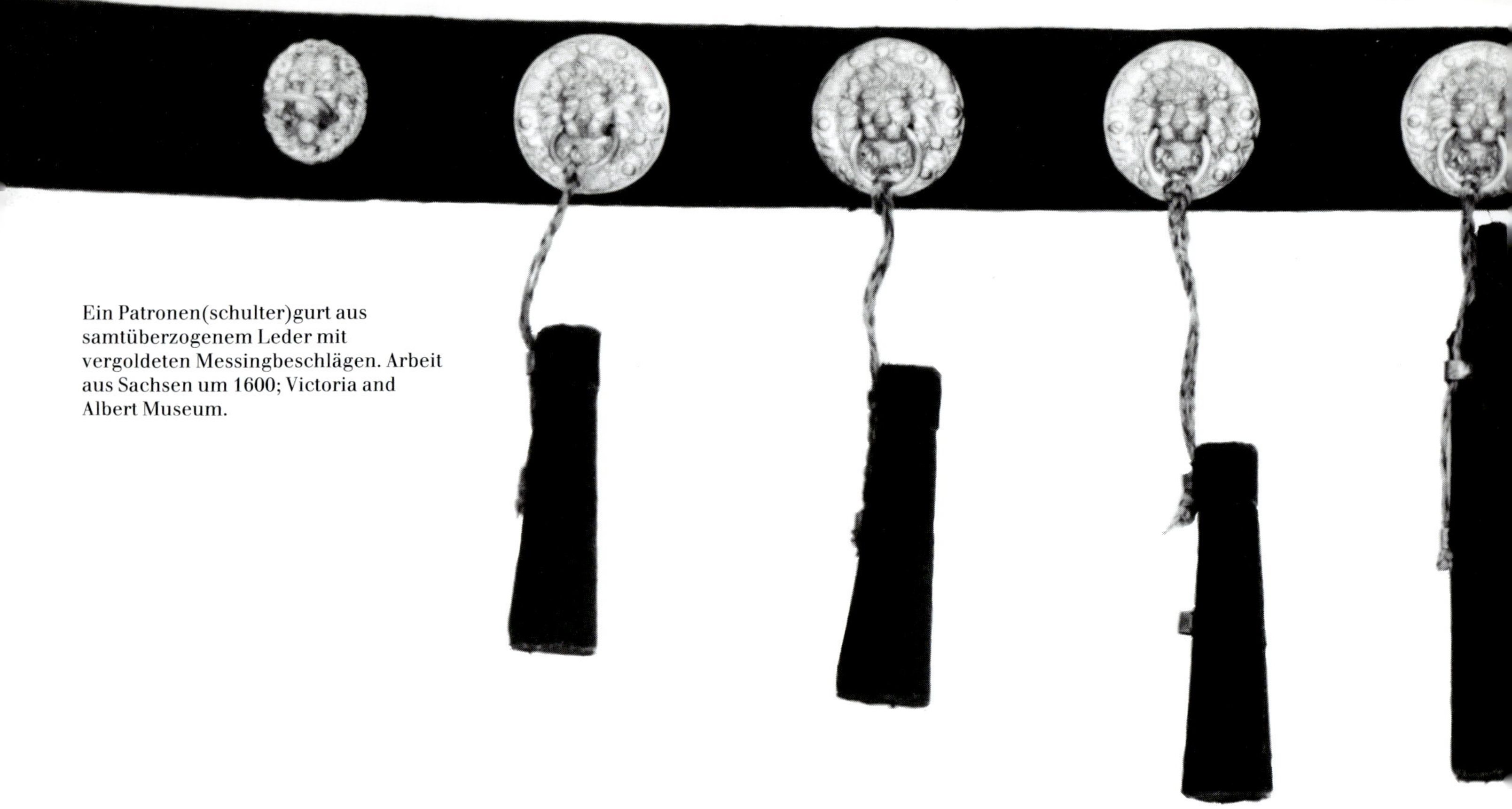

Ein Patronen(schulter)gurt aus samtüberzogenem Leder mit vergoldeten Messingbeschlägen. Arbeit aus Sachsen um 1600; Victoria and Albert Museum.

Eine Pulverflasche aus Hirschhorn. Die Beschläge sind aus vergoldetem Silber. Die Schnitzerei zeigt Adam und Eva zusammen mit dem Wappen der Familie Welsperg aus Tirol. Süddeutsche Arbeit um 1550; Victoria and Albert Museum.

alle anderen Formen von Schlossen unbeachtet ließen. Das beliebteste Schloß in den nordafrikanischen Ländern war der Schnapphahn. Es ist recht wahrscheinlich, daß es die Büchsenmacher von Modellen aus dem 17. Jahrhundert, die in England und den Niederlanden gefertigt worden waren, nachgebaut hatten.

Jedes Land hatte seine eigene Schaftform entwikkelt. Türkische Waffen waren gewöhnlich mit abgestuften Schäften im rechteckigen Querschnitt ausgestattet, die häufig mit Elfenbeinplatten besetzt waren. Der afghanische Schaft war stark nach unten abgewinkelt und verbreiterte sich am Schaftende.

Bei den meisten orientalischen Feuerwaffen sind die Läufe durch Metallringe mit dem Schaft verbunden. Die orientalischen Läufe waren häufig aus gewässertem Stahl gefertigt, die schönsten Exemplare sind über und über mit Gold und Silber verziert.

Die japanischen Läufe sind, wie überhaupt alle anderen Metallteile, sehr sorgfältig gefertigt. Normalerweise sind sie recht schwer und oft mit Gold- und Silbereinlagen vor einem brünierten Hintergrund verziert. Wie bei vielen Schwertern aus Japan, wurden sie vom Hersteller mit dem Namen der Provinz gekennzeichnet, in der er tätig war. Einige der schönsten Läufe sind Arbeiten von Schwertschmieden. Von Noda Hankei wird erzählt, er habe sowohl Waffenläufe als auch Schwerter hergestellt. Eines Tages habe er einen seiner eigenen Läufe mit einem, von ihm gefertigten Schwert auseinandergeschlagen. Hiervon war er so beeindruckt, daß er beschloß, sich wieder nur noch der Herstellung von Schwertern zu widmen.

Eine große Zahl von Feuerwaffen wurden auf dem Balkan gebaut. Gewöhnlich waren sie mit einem Miquelet-Schloß oder einem Steinschloß versehen.

Zwei türkische Steinschloßgewehre mit dem charakteristischen »abgesetzten« Kolben. Die oben abgebildete Waffe stammt aus dem 18. Jahrhundert. Schloß und Lauf sind mit Goldverzierungen geschmückt, der Schaft ist mit graviertem Silber eingelegt. Die zweite Waffe ist aus dem späten 17. Jahrhundert. Der Schaft ist mit Perlmutt ausgelegt, der Kolben mit besticktem Samt überzogen. Der Lauf ist europäischen Ursprungs und mit »Lazarino Cominaz« gekennzeichnet. Victoria and Albert Museum.

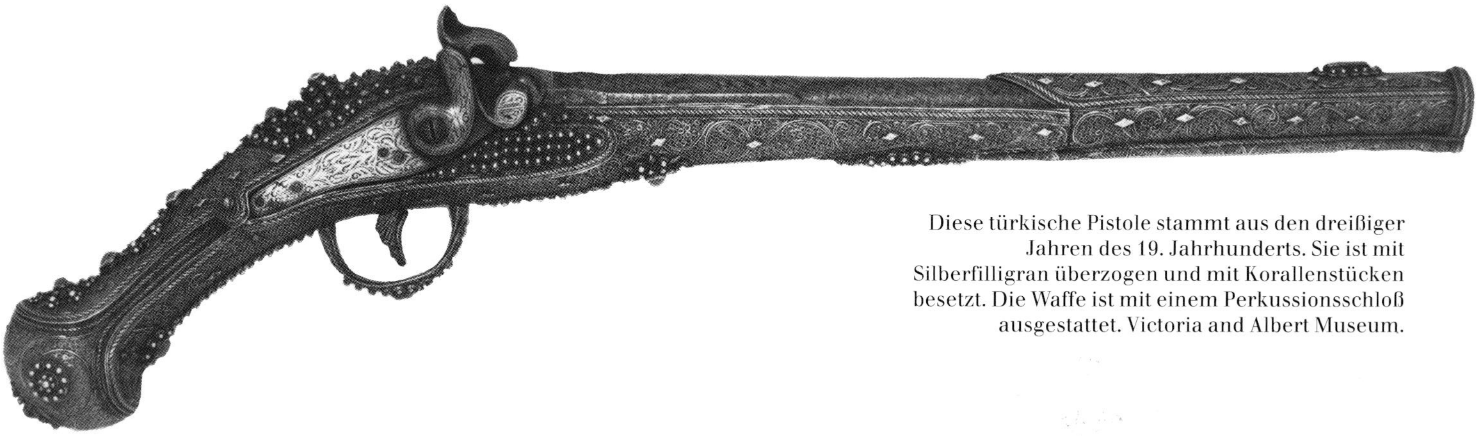

Diese türkische Pistole stammt aus den dreißiger Jahren des 19. Jahrhunderts. Sie ist mit Silberfilligran überzogen und mit Korallenstücken besetzt. Die Waffe ist mit einem Perkussionsschloß ausgestattet. Victoria and Albert Museum.

Die Schäfte, besonders die der Pistolen, waren vollkommen mit Silber bedeckt. Manchmal waren auch Verzierungen mit Korallen vorhanden. Nach der Einführung des Perkussionssystems wurden zahlreiche orientalische Feuerwaffen aus der Zeit um 1830 auf das neue Perkussionsschloß umgerüstet. Man darf annehmen, daß die Schlosse von türkischen Büchsenmachern besonders aus England eingeführt und dann in verschwenderisch dekorierte Schäfte eingesetzt wurden.

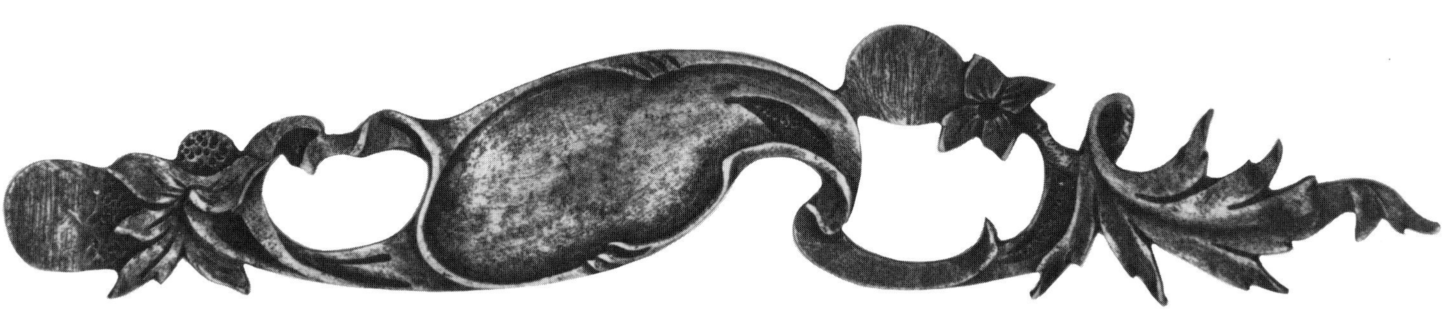

Oben: Eine unfertige Seitenplatte für eine Pistole. Es sind noch keine Löcher eingebohrt, um die Platte an den Schaft zu schrauben. Englische Arbeit um 1760; Victoria and Albert Museum.
Rechte Seite: Die Titelseite eines Musterbuches von Jean Berain, Paris, 1659; Victoria and Albert Museum.

·DIVERSES·PIECES·
tres
Vtile pour les Arquebuzieres
Nouuellement Inuentés et
Graués par Jean Berain
le Jeune et ce Vendent
chéz lauteur a Paris
Auec Priuilege du
Roy 1659

Siebtes Kapitel

Das Ziehen von Läufen und das Prinzip des Hinterladers

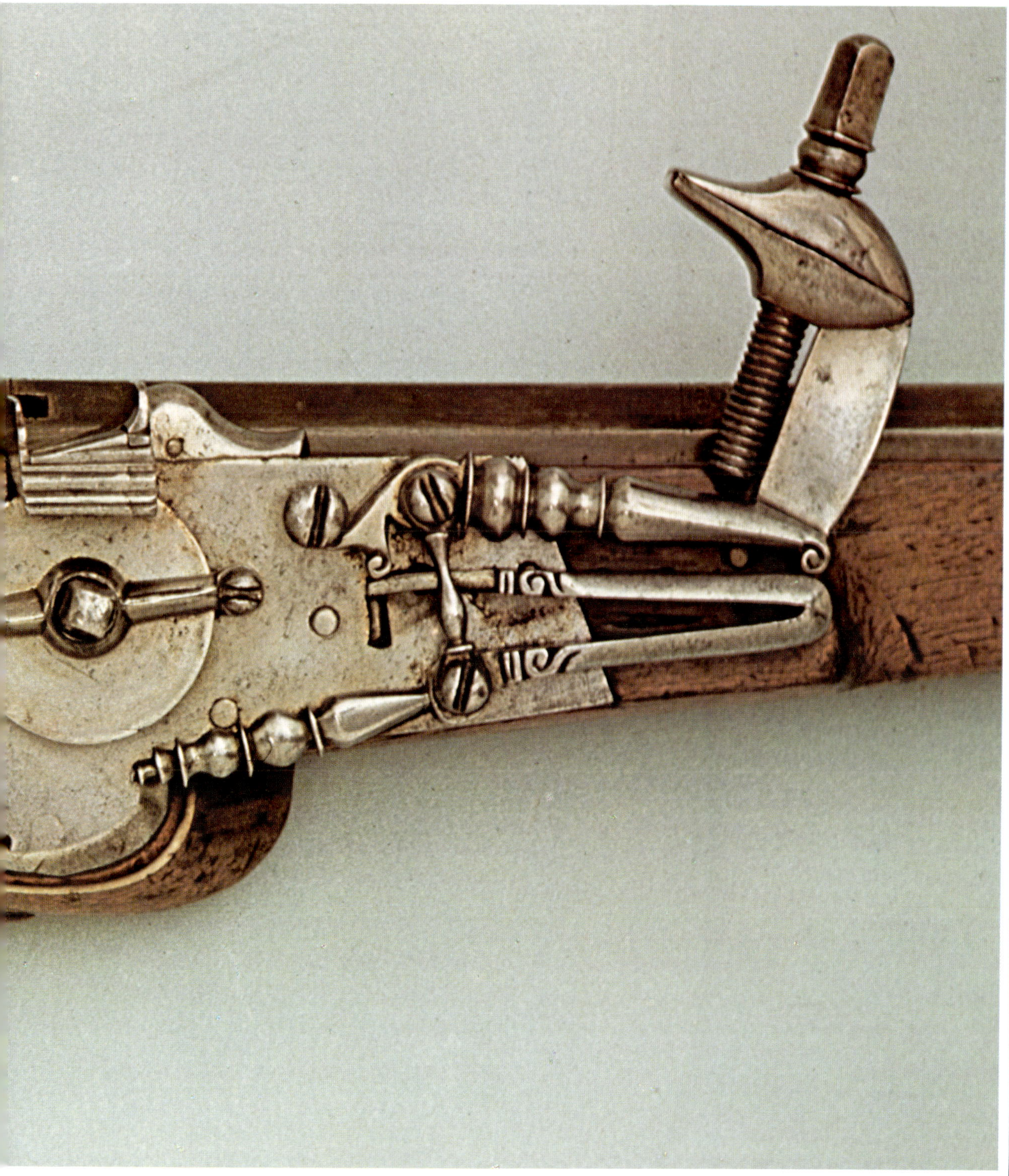

Eine der ersten Waffen mit gezogenem Lauf, die erhalten geblieben ist, ist dieses deutsche Radschloß-Gewehr von Ruhr. Der Lauf stammt aus dem Jahre 1542. Der Schaft läßt sich auf etwa 1640 datieren. Tøjhusmuseet, Kopenhagen.

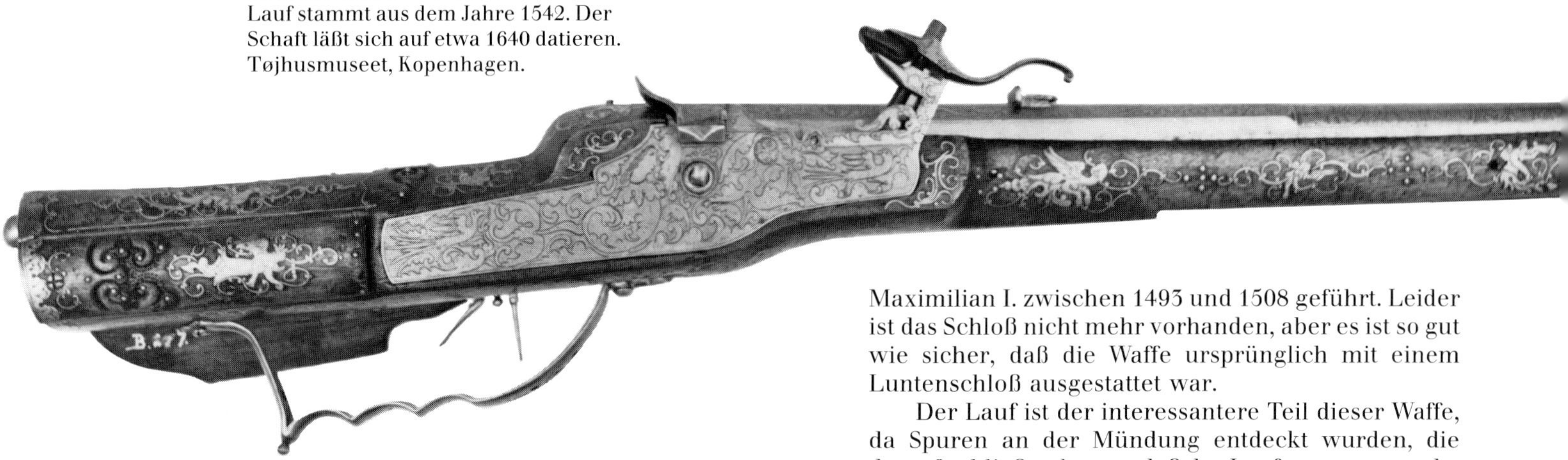

Man kann eine Büchse oder ein Gewehr im weitesten Sinne als eine Waffe definieren, bei der der Lauf innen mit einer Serie von spiralförmigen Einschnitten versehen ist, die dem Geschoß einen Drall verleihen, wenn es die Mündung der Waffe verläßt. Man hatte bereits im 15. Jahrhundert die Beobachtung gemacht, daß bei einer bestimmten Anordnung der Federn an Pfeilen oder der Flügelchen an den Armbrustbolzen diese im Fluge rotierten und dem Bolzen oder Pfeil so eine stabilere Flugbahn verliehen. Die erste Form der Züge bestand aus geraden Vertiefungen. Eine plausible Theorie lieferte die Erklärung, die Einkerbungen dienten in erster Linie dazu, das abgebrannte Pulver von vorausgegangenen Schüssen zu sammeln, um damit ein einfacheres Nachladen der Waffe zu ermöglichen, selbst wenn sie mehrmals hintereinander abgefeuert worden war.

Folgt man einigen Experten, so erfand im 15. Jahrhundert ein Nürnberger Waffenschmied namens August Kotter aus Ziehen von Läufen. Andere nennen den Namen von Gaspard Kollner, einem Wiener Büchsenmacher, der ebenfalls im 15. Jahrhundert lebte. Es gibt jedoch keinerlei echte Beweise für die Urheberschaft des einen oder anderen. Einige Sachverständige betrachten als früheste Waffe mit gezogenem Lauf eine Faustfeuerwaffe, die sich früher in der Meyrick-Sammlung auf Goodrich Court in Herefordshire befand. Auf der Seite des Schaftes nahe dem Laufende befindet sich ein gemaltes Wappenschild mit einem Adler. Dieses Wappen wurde von Kaiser Maximilian I. zwischen 1493 und 1508 geführt. Leider ist das Schloß nicht mehr vorhanden, aber es ist so gut wie sicher, daß die Waffe ursprünglich mit einem Luntenschloß ausgestattet war.

Der Lauf ist der interessantere Teil dieser Waffe, da Spuren an der Mündung entdeckt wurden, die darauf schließen lassen, daß der Lauf gezogen wurde. Die Waffe ist jedoch so stark korrodiert, daß die Züge bis hinab in den Lauf nicht mehr zu erkennen sind. Diese Waffe wäre damit 50 Jahre älter als jede andere bekannte Waffe, die mit Zügen versehen ist. Ein genauer Beweis läßt sich jedoch nicht führen. Der Anspruch, daß es sich um die erste Waffe mit gezogenem Lauf handelt, muß daher mit äußerster Vorsicht behandelt werden.

Wenn andererseits der Lauf dieser Waffe tatsächlich Züge hatte, so wird damit die Theorie gestützt, daß Büchsen und Gewehre deutsche Erfindungen gewesen sind. Um die Mitte des 16. Jahrhunderts waren Gewehre für den Jagdgebrauch Allgemeingut. Zwei wichtige, zeitlich bestimmte Exemplare aus dieser Epoche sind erhalten geblieben: ein deutsches Radschloßgewehr von 1542, das sich im Tøjhusmuseet in Kopenhagen befindet und ein ausgebauter Lauf aus dem Jahre 1547 aus der Rotunda in Woolwich. Bei dem ersten Exemplar handelt es sich um die nachweislich erste Waffe mit gezogenem Lauf. Soweit man es heute noch feststellen kann, wurde das Gewehr im 16. Jahrhundert fast ausschließlich bei der Jagd und für das Scheibenschießen benutzt. Jedoch verwendeten zu Beginn des 17. Jahrhunderts dänische Truppen gezogene Gewehre als militärische Waffen. Sowohl Langwaffen als auch Pistolen mit gezogenen Läufen waren in Deutschland und in England zur Zeit des Bürgerkrieges bekannt. Es gibt die bekannte Geschichte von Prinz Rupert, der den Wetterhahn der St. Marys Kirche in Stamford mit einem Schuß aus seiner großkalibrigen, mit Zügen versehenen Reiterpistole traf. Sein Onkel, Charles I., erklärte,

Vorhergehende Seite: Das Schloß einer deutschen Hinterlader-Radschloßpistole aus dem Victoria and Albert Museum.

Der erfolgreiche Einsatz des Gewehres mit gezogenem Lauf während des Amerikanischen Unabhängigkeitskrieges war ein entscheidender Faktor für dessen allgemeine Einführung. Diese Szene aus der Schlacht von Bunker Hill im Jahre 1775 stammt aus einem Stich nach einem Gemälde von Turnbull.

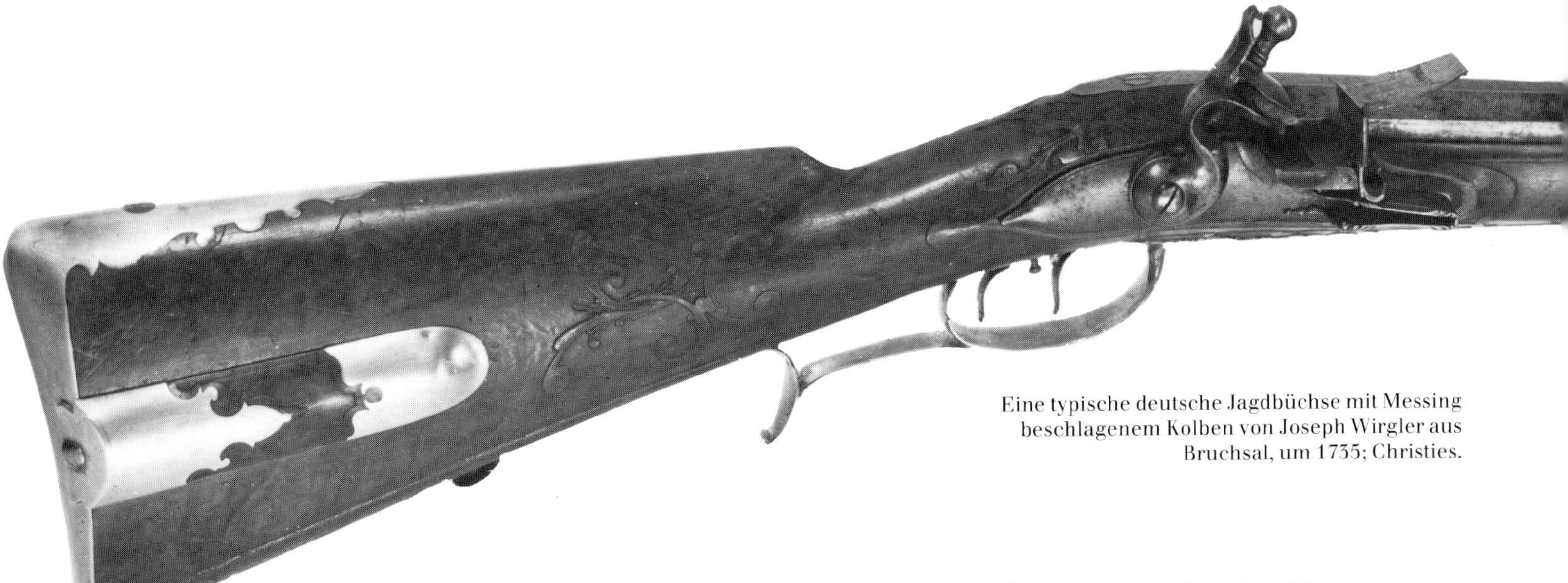

Eine typische deutsche Jagdbüchse mit Messing beschlagenem Kolben von Joseph Wirgler aus Bruchsal, um 1735; Christies.

der Schuß wäre ein Glückstreffer gewesen, worauf der Prinz ganz ruhig die andere Pistole zog und das Kunststück wiederholte.

Zwei, von Harman Barne signierte Pistolen, sind vermutlich die, welche der Prinz bei diesem Anlaß benutzte. Sie befinden sich in einer Privatsammlung. Obwohl die Franzosen bereits im 17. und 18. Jahrhundert mit einer kleinen Anzahl gezogener Gewehre ausgerüstet waren, so wurde doch erst nach 1750 die militärische Bedeutung der Gewehre erstmals voll erkannt und im praktischen Gebrauch berücksichtigt. Man darf wohl annehmen, daß einer der Hauptgründe für die allgemeine Übernahme des Gewehres mit gezogenem Lauf in seinem erfolgreichen Leistungsbeweis während des amerikanischen Unabhängigkeitskrieges zu suchen ist. Die sogenannte Kentucky-Büchse wurde dort mit großem Erfolg eingesetzt. Das Gewehr oder die Büchse waren stets beliebte Feuerwaffen in Deutschland und in den dem deutschen Kultur- oder Sprachraum nahestehenden Ländern wie Österreich und Böhmen. Die Büchsenmacher hatten dort ein besonderes Steinschloßgewehr entwickelt, das speziell für die Jagd gedacht war. Dem Sammler ist diese Waffe als Jägerbüchse bekannt. Diese Büchsen hatten einen kräftigen Schaft und schwere achtkantige Läufe, die gewöhnlich recht kurz waren.

Die Hersteller, wie z. B. die Mitglieder der Familie Kuchenreuter aus Regensburg, fertigten einige ausgezeichnete Stücke.

In der napoleonischen Zeit begann man in den europäischen Armeen den militärischen Wert der Gewehre mit gezogenem Lauf richtig einzuschätzen. Diese Szene aus der Pyrenäen-Schlacht vom 28. Juli 1813 ist ein Kupferstich nach einem Gemälde von W. Heath.

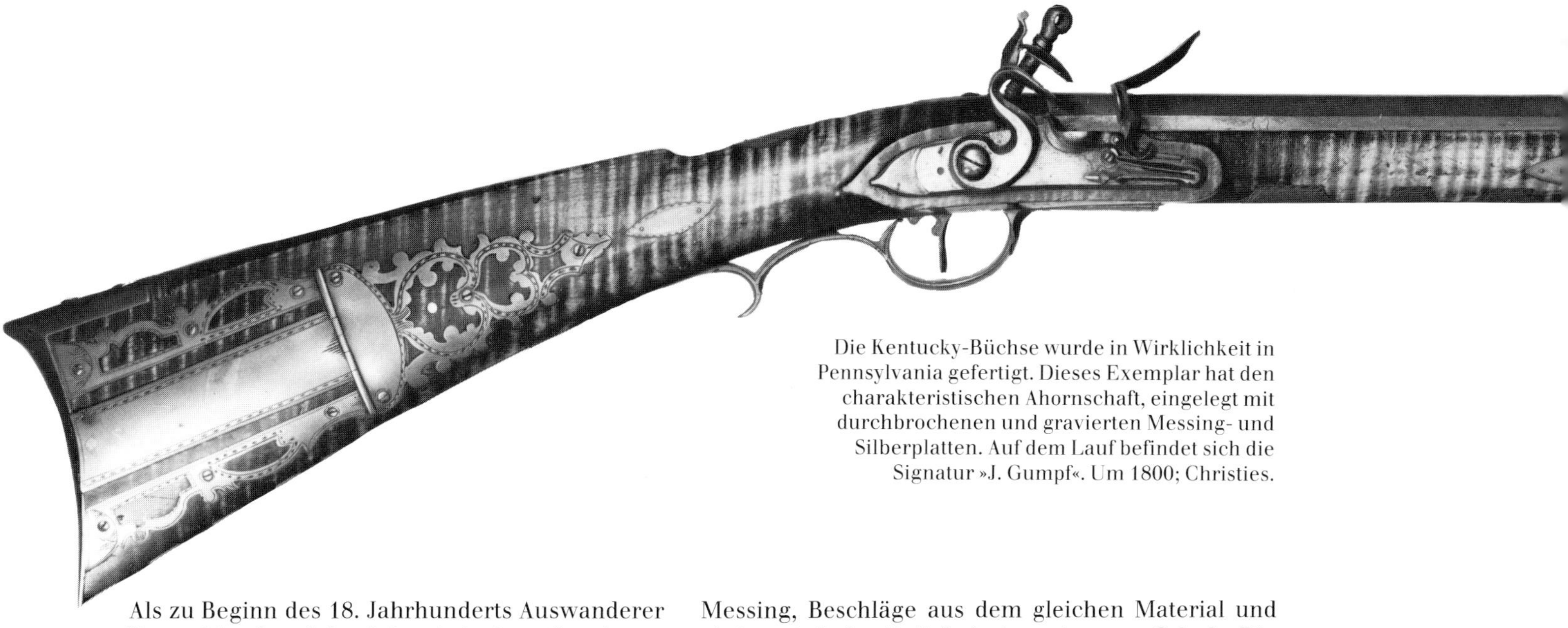

Die Kentucky-Büchse wurde in Wirklichkeit in Pennsylvania gefertigt. Dieses Exemplar hat den charakteristischen Ahornschaft, eingelegt mit durchbrochenen und gravierten Messing- und Silberplatten. Auf dem Lauf befindet sich die Signatur »J. Gumpf«. Um 1800; Christies.

Als zu Beginn des 18. Jahrhunderts Auswanderer aus Deutschland und der Schweiz in Amerika eintrafen, brachten sie in ihre neue Heimat Gewehre mit – und dazu das Wissen, wie man sie herstellt. Die Kentucky-Büchse wurde in Wirklichkeit in Pennsylvania, insbesondere in York, Lancaster und Berkshire County hergestellt. Die heimischen Handwerker fertigten die Schäfte und die Läufe, wogegen die Steinschlosse eingeführt wurden, zunächst aus Deutschland, später auch aus Birmingham. In ihren besten Tagen hatte die Kentucky-Büchse zahlreiche gute erkennbare Unterscheidungsmerkmale.

Der Lauf war achtkantig und etwa 40 Inches (101,6 cm) lang. Der Schaft war aus Ahornholz gefertigt. Hinzu kamen ein Schaftkasten mit Deckel aus Messing, Beschläge aus dem gleichen Material und einige einfache Reliefschnitzereien am Schaft. Die ersten Kentucky-Büchsen wurden für den Revolutionskrieg gebaut. Es sind ganze Dynastien von Büchsenmachern bekannt, die sich auf die Herstellung dieser Waffe spezialisiert hatten. Diese Waffe und ihre Benutzer erlangten einen furchteinflößenden Ruf. Major Hanger von der Tarleton-Legion beschreibt einen Vorfall in diesem Krieg: »In meinem ganzen Leben sah ich keine besseren Gewehre (oder Männer die besser schossen) als diese, die in Amerika gebaut worden waren.« Er fährt in seiner Beschreibung fort und berichtet dann, wie ein Schütze aus liegender Position über eine Entfernung von 400 Yards (ca. 365 m) das Pferd des Regimentstrompeters nieder-

Diese Impression einer amerikanischen Büchsenmacherwerkstatt nach einem Gemälde von Gayle P. Hoskins zeigt deutlich eine Anzahl Kentucky-Büchsen.

34 Shot at 100 Yards.

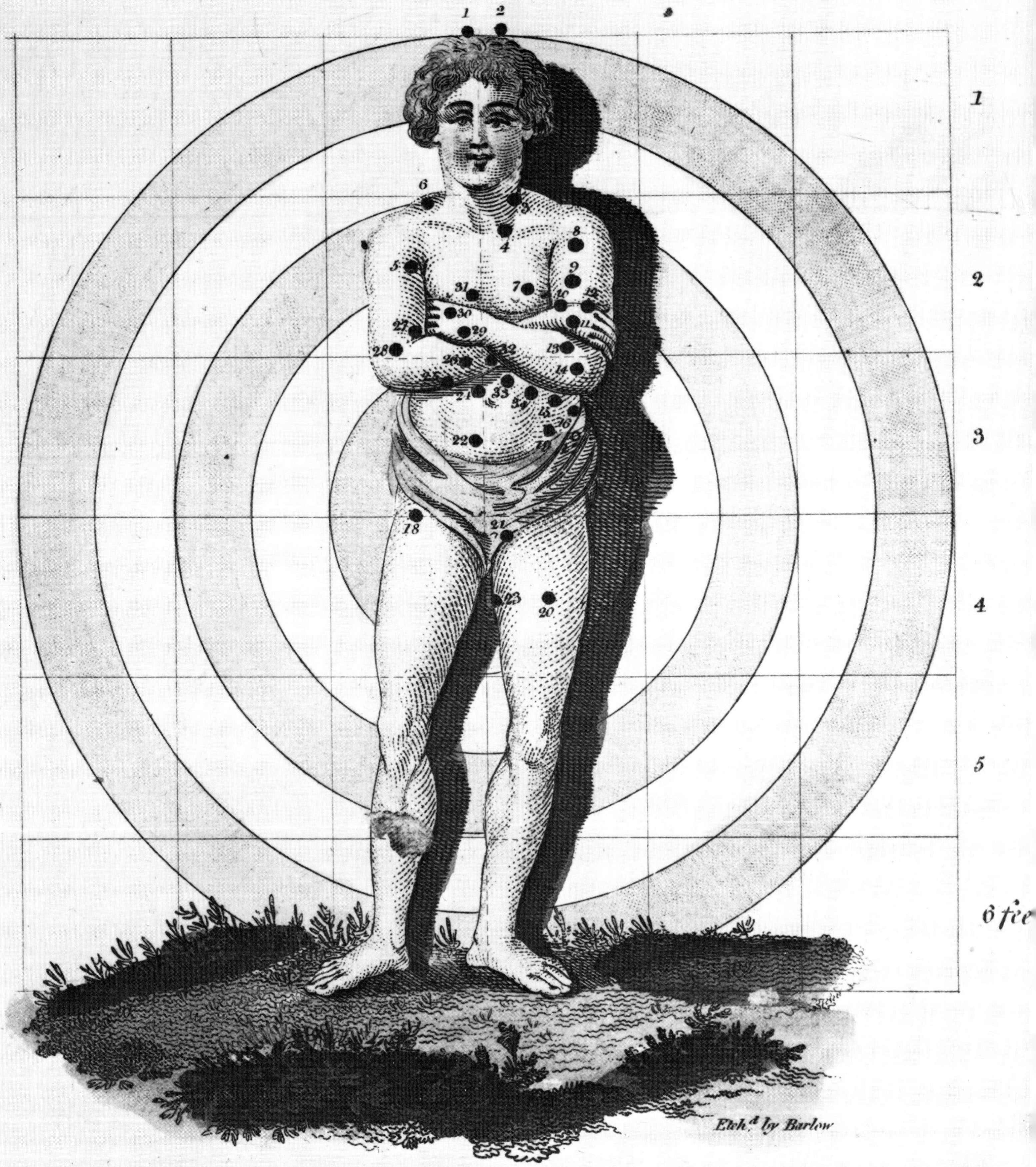

Rifle Made and Shot by Ezekiel Baker.

Published by E. Baker Gun-maker No. 24 White Chapel Road opposite the Church (from Little Alie Street)

Linke Seite: Eine Gewehr-Zielscheibe aus »Baker's Practice« herausgegeben vom Hersteller. Tower von London.
Eines der ersten britischen Gewehre mit gezogenem Lauf, das allgemein erhältlich war, wurde von dem englischen Büchsenmacher Ezekiel Baker entworfen. **Oben:** Ein Baker-Gewehr mit glattem Schaft und Messingbeschlag. Das Schloß trägt den Anfangsbuchstaben des Namenszuges von König Georg III.; Tower in London.

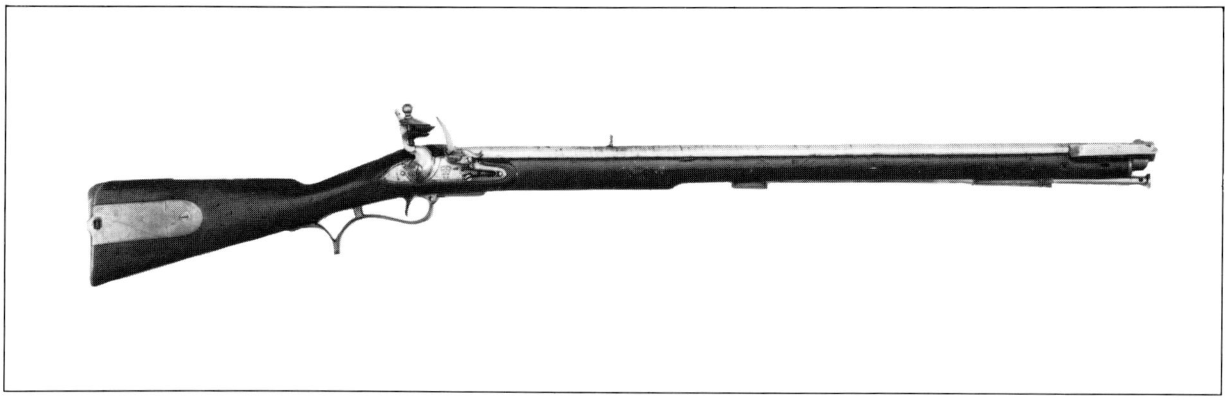

streckte, das in einigem Abstand hinter dem Major und Oberst Tarleton graste, während sie die Reihen der Amerikaner beobachteten. Noch bis in das 19. Jahrhundert hinein wurden in Pennsylvania Büchsen hergestellt.

Das Ferguson-Gewehr, konstruiert im Jahre 1774, war das erste englische Hinterlader-Gewehr, das für militärische Verwendung hergestellt wurde. Es basierte auf dem Hinterladerprinzip, das zuerst von dem Pariser Büchsenmacher Isaak de la Chaumette Anfang des 18. Jahrhunderts entwickelt wurde. Patrick Ferguson organisierte die Herstellung von 100 dieser Waffen und die Aufstellung einer Abteilung, deren Männer sie im amerikanischen Unabhängigkeitskrieg benutzten. Eine Anzahl der Ferguson-Gewehre wurden von Durs Egg, einem der besten Londoner Büchsenmacher des 18. Jahrhunderts, sowohl für Präsentationszwecke, als auch für die militärische Verwendung gebaut.
Ezekiel Baker konstruierte ein Gewehr mit sieben Zügen, das um 1800 nach ausführlichen Tests übernommen wurde. Es handelt sich um das erste britische Gewehr, mit gezogenem Lauf, das für den allgemeinen Gebrauch bei der Armee eingeführt wurde. Wie die Kentucky-Büchse basierte es auf der deutschen Jägerbüchse. Es hatte einen Schaftkasten mit Deckel aus Messing im Hinterschaft. Die Schäftung endete kurz vor der Mündung und es hatte einen Abzugsbügel in Form eines gestreckten »S«, um einen besseren Halt zu geben. Im Jahre 1838 wurde es durch das von George Lovell konstruierte Brunswick-Perkussionsgewehr ersetzt. Ezekiel Baker war früher einmal bei Henry Nock in die Lehre gegangen. Nach dem Erfolg seines Gewehres unterstützte ihn der Prinzregent, ein eifriger Sammler und Kenner von Feuerwaffen.

Ein weiterer Mitwirkender an der Entwicklung des Gewehres war der französische Hauptmann Delvigne, der im Jahre 1826 eine Konstruktion schuf, bei der die Pulverkammer im Durchmesser kleiner als der Lauf war. Das Projektil wurde mittels eines stählernen Ladestockes in die Kammer gestoßen, wobei die Kugel sich in die Züge einpreßte. Trotz seiner Nachteile erfreute sich dieses Gewehr eines beträchtlichen Erfolges bei den Franzosen, besonders im Dienstgebrauch in Algerien.

Einige dieser Gewehre sind Hinterlader. Waffenschmiede haben zahlreiche Versuche mit solchen Waffen gemacht. Einige Kanonen mit separatem, hinterem Laufende sind erhalten geblieben.

Dieses System des Ladens wurde zuerst bei kleineren Feuerwaffen angewendet. Das geschah möglicherweise im 16. Jahrhundert, da einige der ersten Exemplare Heinrich VIII. gehörten. Zwei Waffen aus seiner Sammlung werden im Tower von London aufbewahrt. Eine davon ist mit der Jahreszahl 1537 auf dem Lauf gestempelt.

Die Initialen W. H., die in das Verschlußstück

Ein Beispiel von George Lovell's Brunswick Gewehr. Dies ist das erste Modell, das 1838 von der britischen Armee eingeführt wurde. Tower von London.

S

Ganz Links: Ein frühes Beispiel für eine Hinterladerwaffe, ein Karabiner aus dem Arsenal Königs Heinrich VIII. In den Lauf ist das Monogramm »H R« und das Datum einziseliert. England 1537, Tower von London.

Links: Diese deutsche Hinterlader-Radschloßpistole befindet sich im Victoria and Albert Museum. Hier erkennt man, wie das hintere Laufende zur Seite hin gekippt ist und es so ermöglicht wird, eine Stahlpatrone einzulegen. Um 1600.

eingeschlagen sind, lassen vermuten, daß sie von William Hunt gefertigt sein könnten. Hunt führte den Titel eines »Bewahrers der königlichen Faustfeuerwaffen und der Jagdfalken«. Beide Waffen waren Radschloßwaffen, wenngleich die Original-Schlosse entfernt wurden. Am hinteren Laufende beider Waffen befindet sich eine Scharnierklappe, die sich öffnen läßt, so daß man eine Eisenröhre, die die Ladung enthält, in den Lauf einführen kann. Gleichfalls eine Verbindung zu Heinrich VIII. weist eine Gruppe von Schilden auf, die wahrscheinlich in der Zeit zwischen 1544 und 1547 von Giovanni Battista aus Ravenna geschaffen wurden. Diese Schilde bestehen aus Stahl mit einer hölzernen Auskleidung. Durch die Schildmitte ist ein Pistolenlauf geführt. Die Waffe selbst wird dahinter mittels eines Luntenschloßmechanismus' bedient. Wie auch bei den anderen Waffen, enthält eine separate Stahlröhre die Ladung. Das hintere Laufende oder Verschlußstück kann weggekippt werden, um das Einsetzen der Ladung zu gestatten. Nachdem es in die Ausgangsposition zurückgeklappt worden ist, wird es durch einen stählernen Riegel an seinem Platz gehalten.

Das Hinterladersystem, bei dem eine getrennte Röhre für die Ladung verwendet wurde, war auch im 17. Jahrhundert populär. Eine deutsche Radschloßpistole aus der Zeit um 1600, die sich jetzt im Victoria and Albert Museum befindet, hat einen geteilten Lauf mit Scharnier, dessen hinteres Ende mit einer Schnappfeder gesichert ist.

Einige Büchsenmacher fanden andere Lösungen für das Problem, wie eine Waffe von hinten zu laden ist. Eine Waffe von John Bicknell – er baute auch Waffen für Charles II. –, die sich jetzt im Londoner Tower befindet, ist mit einem Laufende ausgestattet, das hochkippt, wenn man den verlängerten Abzugsbügel nach unten bewegt.

Ein Schutzschild kombiniert mit einer Hinterladerpistole mit Luntenschloß, wahrscheinlich von Giovanni Battista aus Ravenna an Heinrich VIII. geliefert. Die Waffe findet in einem Inventarverzeichnis aus dem Jahre 1547 Erwähnung. Victoria and Albert Museum, London.

Ein Steinschloß-Hinterladergewehr nach dem Crespi-System von Durs Egg. Diese Versuchs-Version für die Verwendung bei der Kavallerie verfügt über ein Spieß-Bajonett, das an der Mündung befestigt werden kann. Englische Arbeit um 1785; Tower von London.

Eine Variante dieses Systems wurde 1770 von Giuseppe Crespi in Mailand entwickelt. Das Verschlußstück wurde mit Hilfe eines Hebels, der in zwei Haken an den Seiten eingriff, festgesetzt. Ein Karabiner, der auf diesem Prinzip beruhte, wurde von der österreichischen Kavallerie benutzt. Im Tower von London befindet sich ein Steinschloß-Karabiner, der von Durs Egg gebaut und bei dem das Prinzip des Ladens von hinten angewendet wurde.

Egg stellte 1785 zahlreiche solcher Karabiner im Auftrag des Generalzeugmeisters her, die dann an die leichten Dragoner ausgeliefert wurden. Es kann sein, daß die im Tower befindliche Waffe einer dieser Karabiner ist.

Das Crespi-System wies die gleichen Nachteile auf, die allen Hinterladern zu eigen waren – es war praktisch unmöglich, einen gasdichten Verschluß zwischen Kammer und Lauf zu erreichen. Es war ein Ladesystem, das bis in das 19. Jahrhundert hinein beliebt blieb. Im Jahre 1817 übernahm die U. S. Armee einen Hinterlader, den sich John Hall und William Thornton hatten patentieren lassen, bei dem das gleiche Grundprinzip angewendet wurde. Es wurden zahlreiche interessante Versuche unternommen, das Problem des Gasaustrittes im Verbindungsbereich zu lösen. Im Jahre 1817 ließ sich ein Franzose namens Sartoris einen Hinterlader patentieren, der auf dem Crespi-System basierte. Die Waffe hatte einen geteilten Schraubengang am Ende der Kammer. Durch Betätigen eines Kipphebels konnte der Lauf gedreht und von der Kammer getrennt werden.

Eines der erfolgreichsten Hinterladersysteme ließ sich Isaac de la Chaumette im Jahre 1721 patentieren. Nach den Worten der Patentschrift wurden die Feuerwaffen »vom Laufende her geladen«. Ein Schraubbolzen, der mit dem Abzugsbügel verbunden war, wurde vertikal durch das hintere Laufende geführt.

Der Schraubengang hatte eine sehr starke Steigung, so daß eine Drehung des Abzugsbügels um 360 Grad den Verschluß öffnete. Es war möglich, die Ladung in die Öffnung zu schieben. Es wurden ein paar Langwaffen und Pistolen gebaut, die dieses System hatten, eine von dem Franzosen Bidet für König Georg I., eine andere von den englischen Büchsenmachern Barbar und Clarkson. Dieses System wurde von Hauptmann Patrick Ferguson für sein hervorragendes Gewehr übernommen, das er sich 1776 patentieren ließ. Fergusons Verbesserungen an La Chaumettes Erfindung beschränken sich im wesentlichen auf die Konstruktion des Schraubverschlusses. Er führte eine Riffelung ein, sowie eine Öffnung, um die Schraube mit Fett zu versorgen, damit es nicht bei

Ein Hinterlader-Steinschloßgewehr, das 1838 in Harper's Ferry, USA, gefertigt wurde. Der Verschluß beruht auf dem System von John Hall. Tower von London.

sehr häufigem Benutzen zu einem Versagen kommen konnte. Versuche mit dem Ferguson Gewehr haben gezeigt, daß die besten Ergebnisse erzielt werden, wenn der Schraubbolzen nach dem Schuß geöffnet bleibt.

Ein Vorläufer der modernen Patronenfeuerwaffen wurde von dem unternehmungslustigen Schweizer Techniker Samuel Johannes Pauly (1766–1820) erfunden. Als Erfinder zeigte Pauly nicht nur Interesse an Waffen, sondern auch an Luftfahrzeugen. Im Jahre 1812 ließ sich Pauly in Paris eine Hinterladerwaffe patentieren, bei der eine selbstabdichtende Messingpatrone verwendet wurde. Die Zündladung befand sich in einer Aussparung am Boden der Patrone. Die Waffe funktionierte nach dem Zentralfeuer-Prinzip, wobei ein Schlagbolzen das Zentrum der Patronenbasis trifft, welches an dieser Stelle besonders weich ausgebildet ist. Hier wurden alle Prinzipien der modernen Feuerwaffen angewandt. Die Waffe war so der Entwicklung um Jahre voraus. In der Patentschrift wird das Hinterladersystem, das zur Anwendung kommen kann, so beschrieben, daß der Lauf entweder »gebrochen« (gekippt) wird wie bei einer modernen Schrotflinte, oder aber das Verschlußstück wird hochgezogen und ermöglicht so ein Laden der Waffe. In Bezug auf ihre Leistungsfähigkeit war die Waffe von Pauly einzigartig. Anläßlich einer Vorführung feuerte er aus ihr in zwei Minuten 22 Schüsse ab. Napoleon war jedoch nicht sonderlich beeindruckt, und obwohl zahlreiche Schrotflinten und Pistolen gefertigt wurden, erzielten diese doch nicht den Erfolg, den sich der Erfinder erwünscht hatte. Ein siebenläufiges Bündelgewehr, das im Jahre 1814 Pauly patentiert wurde, wird im Tower von London gezeigt.

Weitere Erfindungen von Pauly umfassen eine Vorrichtung, mittels der Luft komprimiert und erhitzt wird, um damit die Hauptladung einer Waffe zu zünden, ein Patent über eine wasserdichte Hülle für ein Luftschiff – genannt der »Dolphin«, sowie einen Mörser, aus dem Sprenggranaten abgefeuert werden können. All diesen Projekten war nur wenig Erfolg beschieden. Besonders die Sache mit dem Dolphin verlief unglücklich, in erster Linie auch für Durs Egg, der sich an dem Unternehmen beteiligt hatte und dabei die Summe von 10.000 £ einbüßte. Pauly starb, in Vergessenheit geraten, um das Jahr 1820.

Ein Hinterladersystem, das wahrscheinlich in der ersten Hälfte des 17. Jahrhunderts auf dem europäischen Kontinent entwickelt wurde, beruhte auf einem »abschraubbaren« Lauf. Eine Radschloßwaffe, die um das Jahr 1650 von Michael Gull in Wien gefertigt wurde, ist dafür ein Beispiel. Der Lauf wurde unmittelbar vor dem Bodenstück abgeschraubt und ließ

Ein doppelläufiges Hinterladergewehr nach dem Pauly-System von A. Renette. Französische Arbeit um 1812; Tower von London.

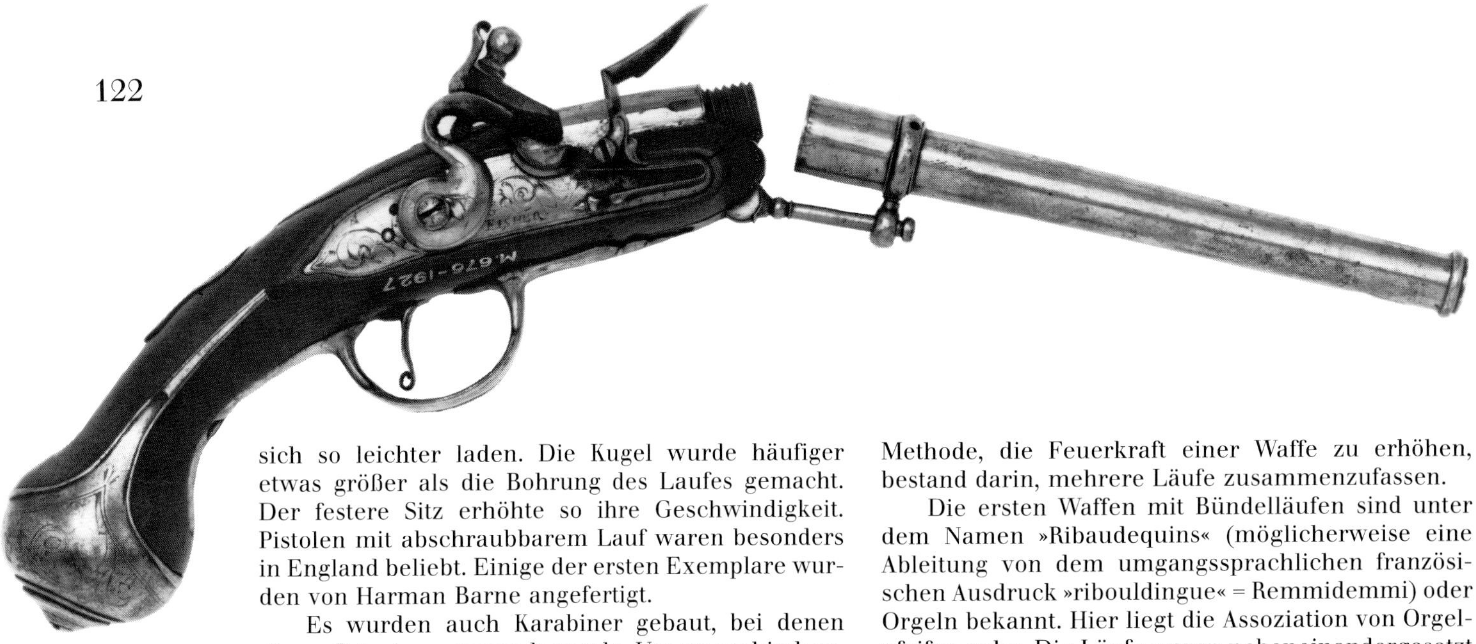

sich so leichter laden. Die Kugel wurde häufiger etwas größer als die Bohrung des Laufes gemacht. Der festere Sitz erhöhte so ihre Geschwindigkeit. Pistolen mit abschraubbarem Lauf waren besonders in England beliebt. Einige der ersten Exemplare wurden von Harman Barne angefertigt.

Es wurden auch Karabiner gebaut, bei denen dieses Prinzip angewandt wurde. Um zu verhindern, daß der abgeschraubte, und dabei vom Bodenstück getrennte Lauf verloren ging, wurde er häufig mittels eines Ringes, einer Öse oder einer Stange mit dem Verschlußstück verbunden. Abschraubbare Läufe waren besonders geeignet, um mit Zügen versehen zu werden, ferner konnte man sie in beschränktem Maße aufbohren, um eine stärkere Ladung zu verwenden. Wenngleich das Laden mehr Zeit in Anspruch nahm, so konnte es doch weitaus genauer erfolgen. Einige englische Waffen mit abschraubbarem Lauf haben kleine Ösen an der Laufseite. Sie sind dazu gedacht, einem Schrauben- oder Spannschlüssel Halt zu geben.

Schon von Anfang an hatten die Büchsenmacher versucht, ihre Waffen wirksamer zu machen. Eine Methode, die Feuerkraft einer Waffe zu erhöhen, bestand darin, mehrere Läufe zusammenzufassen.

Die ersten Waffen mit Bündelläufen sind unter dem Namen »Ribaudequins« (möglicherweise eine Ableitung von dem umgangssprachlichen französischen Ausdruck »ribouldingue« = Remmidemmi) oder Orgeln bekannt. Hier liegt die Assoziation von Orgelpfeifen nahe. Die Läufe waren nebeneinandergesetzt oder in Gruppen zu drei oder vier gebündelt und durch Stahlringe zusammengehalten. Die Zündung erfolgte durch eine Zündleine oder einen Zündsatz. Einige Schriften aus dem 15. und 16. Jahrhundert zeigen solche Vorrichtungen, wie sie auf kleinen Wagen oder Karren befestigt sind. Die direkten Nachfolger davon sind die siebenläufigen Bündelgewehre der Art, die Henry Nock Ende des 18. Jahrhunderts für die königlich britische Kriegsmarine herstellte.

Ein weiteres, vergleichsweise altes Mehrladesystem ist die sogenannte »römische Kerze«, dessen Prinzip seit dem späten 16. Jahrhundert bekannt ist.

Dabei wird einundderselbe Lauf mit verschiedenen Ladungen bestückt, die dann über eine Serie von Zündlöchern gezündet werden, oder aber jede Ein-

Das Prinzip des Hinterladers bestand im 17. Jahrhundert darin, daß man den Lauf abschraubte. Diese englische Steinschloß-Halfterpistole hat einen gezogenen Lauf, der mit dem Prüfstempel der London Gunmakers Company versehen ist. Das Schloß ist mit »Fisher« signiert. Die Stange und der Ring sollen verhindern, daß der Lauf beim Ladevorgang herunterfallen kann (oberes Bild). Um 1690; Victoria and Albert Museum.

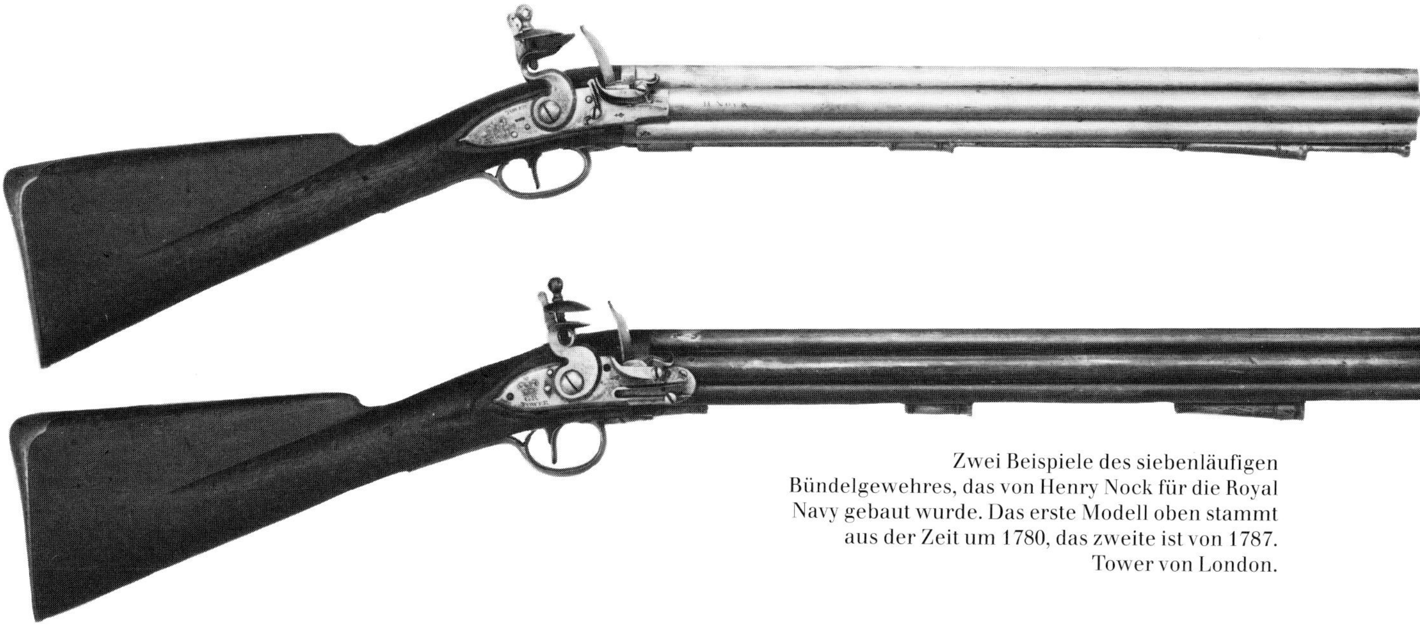

Zwei Beispiele des siebenläufigen Bündelgewehres, das von Henry Nock für die Royal Navy gebaut wurde. Das erste Modell oben stammt aus der Zeit um 1780, das zweite ist von 1787. Tower von London.

zelladung zündet durch die spezielle Art der Ladung die Folgeladung.

Im Verlaufe des 17. Jahrhunderts wurden zahlreiche Experimente von Büchsenmachern durchgeführt, um eine Methode zu finden, eine Waffe zu bauen, die genug Munition faßte, um damit mehrere Schüsse abgeben zu können. Damit sollte die Verzögerungszeit vermieden werden, die durch das fortwährende einzelne Nachladen entstand. Einer der ersten Magazin-Repetierer bzw. -Mehrlader wurde um das Jahr 1640 von dem deutschen Büchsenmacher Peter Kalthoff entwickelt. Die Familie Kalthoff stammt ursprünglich aus Solingen. Drei Angehörige dieser Familie lieferten nennenswerte Beiträge zur Entwicklung von Feuerwaffen. Peter erhielt im Jahre 1641 von den Generalstaaten ein Monopol zur Herstellung seines Magazin-Repetierers. Sein Bruder Mattias stellte ebenfalls Mehrlader her. Einige ihrer Magazin-Gewehre sind im Tøjhusmuseet in Kopenhagen zu sehen. Caspar Kalthoff arbeitete seit 1654 in England für den Grafen von Worcester. Bei dem Kalthoff-System kann der Abzugsbügel um 180 Grad bewegt werden. Hierdurch wird ein Verschlußblock von links nach rechts geschoben und damit eine Kugel in die Öffnung an der Rückseite des Laufes eingeführt.

Mit dem Abzugsbügel war ein Pulvermesser verbunden. Beim Betätigen wurde Pulver aus einem Behälter hinter dem Schloß zu einer Öffnung davor befördert, die mit dem hinteren Laufende in Verbindung stand. So gelangte das Pulver in die Kammer. Wenn der Abzugsbügel wieder in die Normalstellung gebracht wurde, nahmen der Verschlußblock und die geladene Kammer ihre Position hinter der Kugel ein. Gleichzeitig war die Pulverpfanne versorgt, der Pfannendeckel geschlossen und die Waffe gespannt.

Harman Barne stellte Feuerwaffen her, die auf diesem System basierten. Die Familie Klett in Salzburg fertigte ein leicht verbessertes Modell. Durch den Einbau von zwei vertikal drehbaren Verschlußstücken oder Ladeklappen – jeweils für die Kugel und das Pulver – wurde der ungünstige Abzugsbügellader entbehrlich.

Ein weiterer Magazin-Repetierer wurde wahrscheinlich um das Jahr 1650 in Florenz von einem Büchsenmacher mit Namen Michele Lorenzoni erfunden. Es gibt allerdings auch andere Anwärter auf die Urheberschaft. Im Schaft der Waffe befanden sich zwei Magazine, eines für das Pulver, das andere für die Kugeln. Ein weiteres Magazin war am Schloß angebracht. In ihm befand sich das Zündpulver. Die Waffe wurde mit dem Lauf nach oben gehalten. Ein Hebel, der an der linken Seite des Verschlußstückes angebracht war, wurde zurückgezogen. Dadurch wurden zwei Öffnungen im Verschlußstück mit den beiden Magazinen im Schaft ausgerichtet. Der Lauf wurde nun abwärts gehalten und die Kugel und das Pulver fielen auf Grund der Schwerkraft in das hintere Laufende und wurden durch das Zurückbewegen des Hebels in ihre Ausgangspositionen in die Kammer befördert. Wie bei dem Kalthoff-System wurde durch das Betätigen des Hebels auch der Hahn

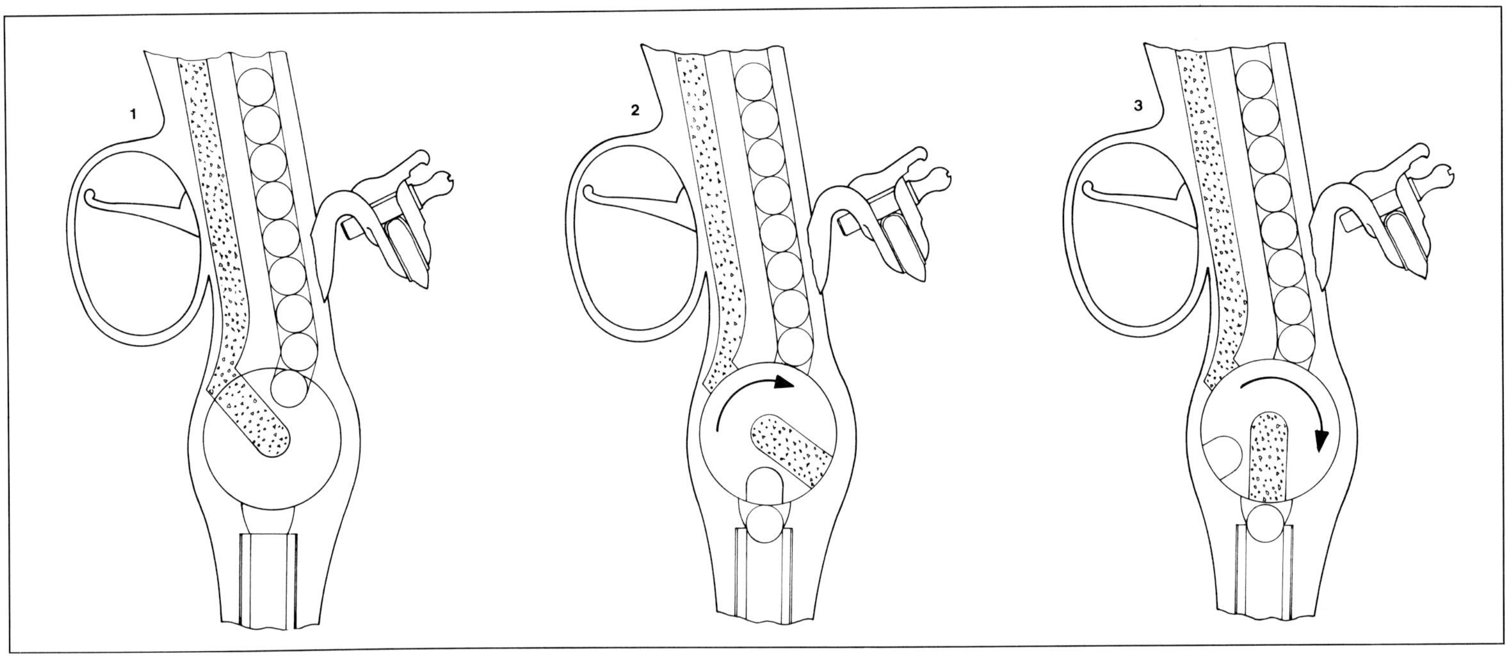

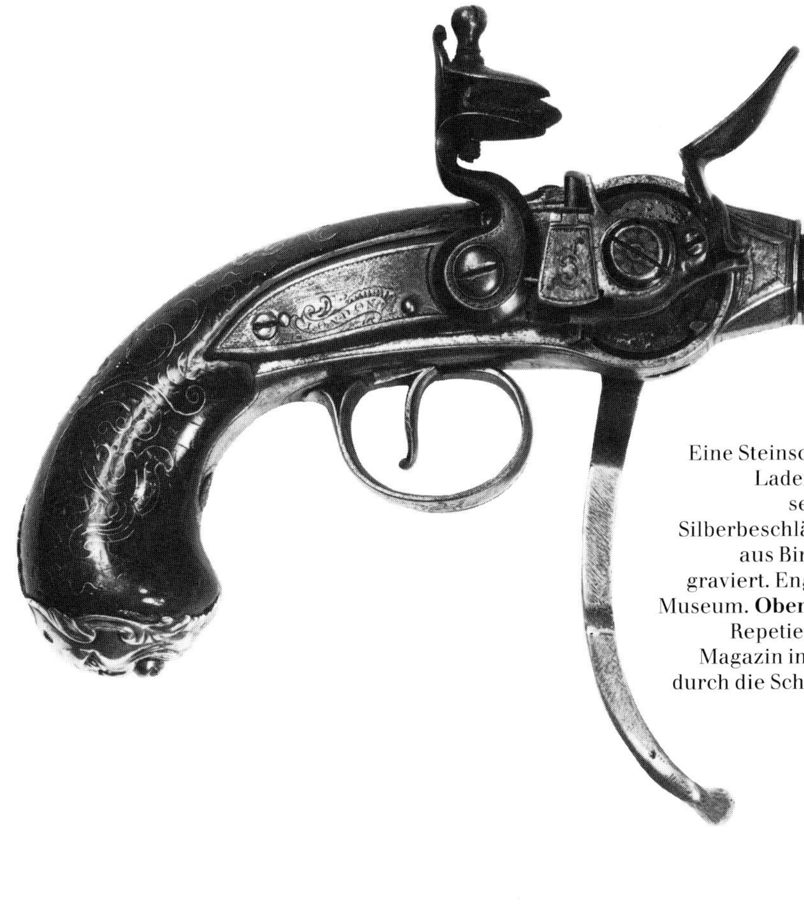

Eine Steinschloßpistole mit abschraubbaren Lauf. Das Laden von hinten mit Kugel und Pulver erfolgte selbsttätig nach dem Lorenzoni-System. Die Silberbeschläge tragen das Zeichen von Charles Freeth aus Birmingham und das Schloß ist mit »London« graviert. Englische Arbeit um 1780; Victoria and Albert Museum. **Oben:** Die Bewegungsvorgänge des Lorenzoni-Repetierers zeigen, wie Kugel und Pulver aus dem Magazin im Pistolengriff (1) entnommen werden und durch die Schwerkraft in das hintere Laufende (2 und 3) gelangen.

Diese Steinschloßwaffe – ein von hinten zu ladender Mehrlader von John Cookson gebaut, trägt dessen Namen auf Lauf und Schloß. Englische Arbeit um 1680; Victoria and Albert Museum.

gespannt und die Pulverpfanne mit Zündpulver versorgt. Englische Büchsenmacher bauten einige Waffen, die nach diesem System funktionierten. Eine, die sich jetzt im Victoria und Albert Museum befindet, ist von dem geheimnisvollen John Cookson signiert, über den tatsächlich so gut wie nichts bekannt ist. Diese Waffe besitzt sehr schön ziselierte Stahlbeschläge. Sie dürfte um 1680-90 hergestellt worden sein. Möglicherweise gibt es irgendwelche Verbindungen zwischen dem Hersteller und einem John Cookson aus Boston, Massachusetts.

Dieser gab im Jahre 1756 bekannt, daß er Steinschloß-Repetierer verkaufe. Sie funktionierten nach dem gleichen Prinzip.

Neben dem Schießpulver wurden auch andere Möglichkeiten ersonnen, ein Geschoß anzutreiben. Eine Methode war die Verwendung von komprimierter Luft. Aus dieser Zeit sind uns verschiedene alte Luftgewehre erhalten geblieben. Man kann sie in zwei Typen unterteilen: solche, die mit Hilfe eines federgetriebenen Bolzens funktionieren, und die, bei denen ein Behälter vorhanden ist, der voll Luft gepumpt wurde. Die früheren Exemplare gehören dem zweiten Typ an. Die erste dieser Waffen befindet sich in der Livrustkammaren in Stockholm und stammt aus dem Jahre 1644. Sie ist mit dem Namen Hans Köler aus Kitzing signiert. Über einen Federmechanismus wurde ein Ventil geöffnet und geschlossen. Dieser Mechanismus mußte jedesmal gespannt werden und ließ dann genügend Luft austreten, um das Geschoß anzutreiben. Einige prächtige Luftgewehre wurden von dem deutschen Büchsenmacher J. G. Kolbe signiert. Er hatte sich auf das Ziselieren von Stahl spezialisiert, war aber auch ein talentierter Graveur. Ein schönes Luftgewehr von ihm, das mit einem Attrappen-Steinschloß ausgestattet ist, befindet sich jetzt im Victoria und Albert Museum. Es wurde um das Jahr 1735 wahrscheinlich für König Georg II. gefertigt und ist mit Einlagen und ziselierten Silberbeschlägen verziert.

Zu Beginn des 19. Jahrhunderts stellte George Wallis aus Hull Luftgewehre her, die mit ihren langen Läufen und der vollkommenen Schmucklosigkeit einen guten Kontrast zu den Stücken von Kolbe bieten. Der Luftbehälter ist von der Waffe selbst völlig getrennt. Er besteht aus einer Hohlkugel, die vollgepumpt und dann unterhalb des hinteren Laufendes angeschraubt wurde. Einige Luftgewehre wurden

Ein Luftgewehr mit Pump-System, das früher Königin Christina von Schweden gehörte. (1644–54) Der Kupferlauf ist mit dem Hinweis beschriftet, daß er im Jahre 1644 von Hans Köler aus Kitzing gefertigt wurde. Livrustkammaren, Stockholm.

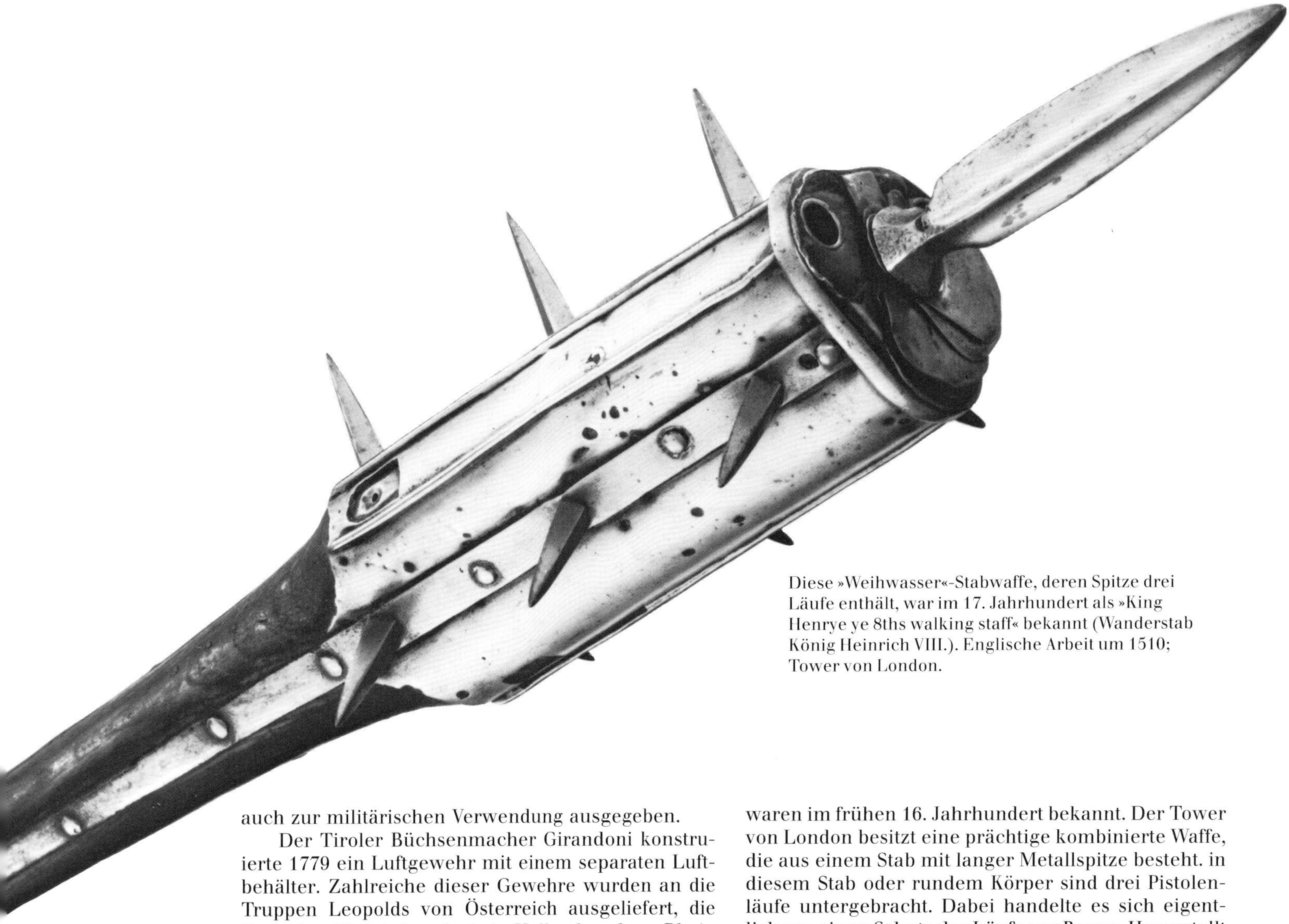

Diese »Weihwasser«-Stabwaffe, deren Spitze drei Läufe enthält, war im 17. Jahrhundert als »King Henrye ye 8ths walking staff« bekannt (Wanderstab König Heinrich VIII.). Englische Arbeit um 1510; Tower von London.

auch zur militärischen Verwendung ausgegeben.

Der Tiroler Büchsenmacher Girandoni konstruierte 1779 ein Luftgewehr mit einem separaten Luftbehälter. Zahlreiche dieser Gewehre wurden an die Truppen Leopolds von Österreich ausgeliefert, die Ende des 18. Jahrhunderts in Holland und am Rhein kämpften. Diese Luftgewehre müssen von den französischen Truppen mit besonderer Furcht betrachtet worden sein, denn ein Bericht führt an, daß jeder Soldat, der mit solch einer Waffe angetroffen und gefangen genommen wurde, auf der Stelle gehängt wurde.

Luftgewehre, die mit einer Feder arbeiten, wurden bis zum 19. Jahrhundert nicht recht gebräuchlich, obwohl man sie schon früher kannte. Dieser Mechanismus verleiht heute den modernen Luftgewehren ihre Antriebsenergie.

Revolverwaffen lassen sich in zwei Gruppen einteilen: solche mit drehbaren Läufen und Waffen mit drehbaren Trommeln. Bei der ersten Kategorie werden einige geladene Läufe normalerweise von Hand gedreht, um sie mit einer feststehenden Kammer in eine Linie zu bringen. Bei dem alternativen System verwendet man verschiedene Kammern. Jede ist für sich mit einer Ladung bestückt. Die Trommel ist um eine zentrale Achse drehbar montiert und kann so mit einem einzelnen feststehenden Lauf in eine Linie gebracht werden. Waffen mit rotierenden Läufen waren im frühen 16. Jahrhundert bekannt. Der Tower von London besitzt eine prächtige kombinierte Waffe, die aus einem Stab mit langer Metallspitze besteht. in diesem Stab oder rundem Körper sind drei Pistolenläufe untergebracht. Dabei handelte es sich eigentlich um einen Schutz der Läufe vor Regen. Hergestellt wurde das Stück im zweiten Viertel des 16. Jahrhunderts. In Inventarverzeichnissen aus dem 17. Jahrhundert wird durch die Beschreibung: »King Henry ye 8ths walking staff« – Spazierstock König Heinrich VIII. – eine Verbindung zu Heinrich VIII. hergestellt.

Im Palazzo Ducale (Dogenpalast) zu Venedig befindet sich eine dreiläufige Luntenschloßwaffe, die in einem Inventarverzeichnis aus dem Jahre 1548 genannt und beschrieben wird. Wahrscheinlich aber ist die Waffe noch früheren Datums. Ein Laufbündel von einem Luntenschloß-»Revolver«, möglicherweise ein Zeitgenosse des Exemplares aus Venedig, wird im Ashmolean Museum in Oxford gezeigt. Während des 17. Jahrhunderts wurde auf dem europäischen Festland eine Waffenart entwickelt, die unter dem Namen »Wendelauf« bekannt ist. Im englischen Sprachraum wird dieser Typ heute noch nach dem deutschen Wort als »Wender«-Typ bezeichnet. Sowohl bei Gewehren als auch bei Faustfeuerwaffen wurde dieses System verwendet, häufiger war es allerdings bei Gewehren zu finden.

Eine Wendelaufwaffe hat normalerweise zwei

Die ersten Revolver hatten Mehrfachläufe, die von Hand gedreht wurden. Dieser dreiläufige Luntenschnappschloß-Revolver befindet sich im Palazzo Ducale in Venedig. Er stammt aus der Zeit um 1540. Unten eine Ansicht im zerlegten Zustand.

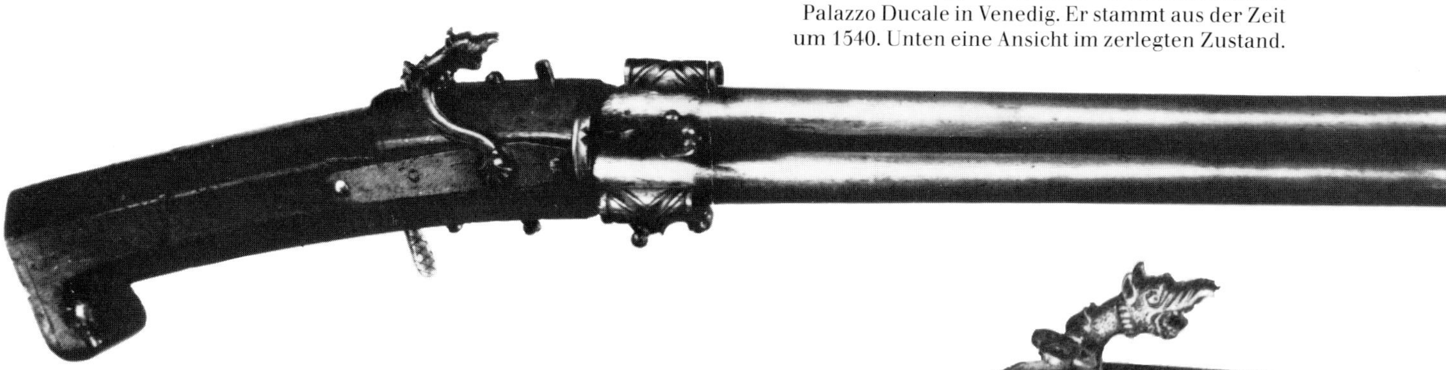

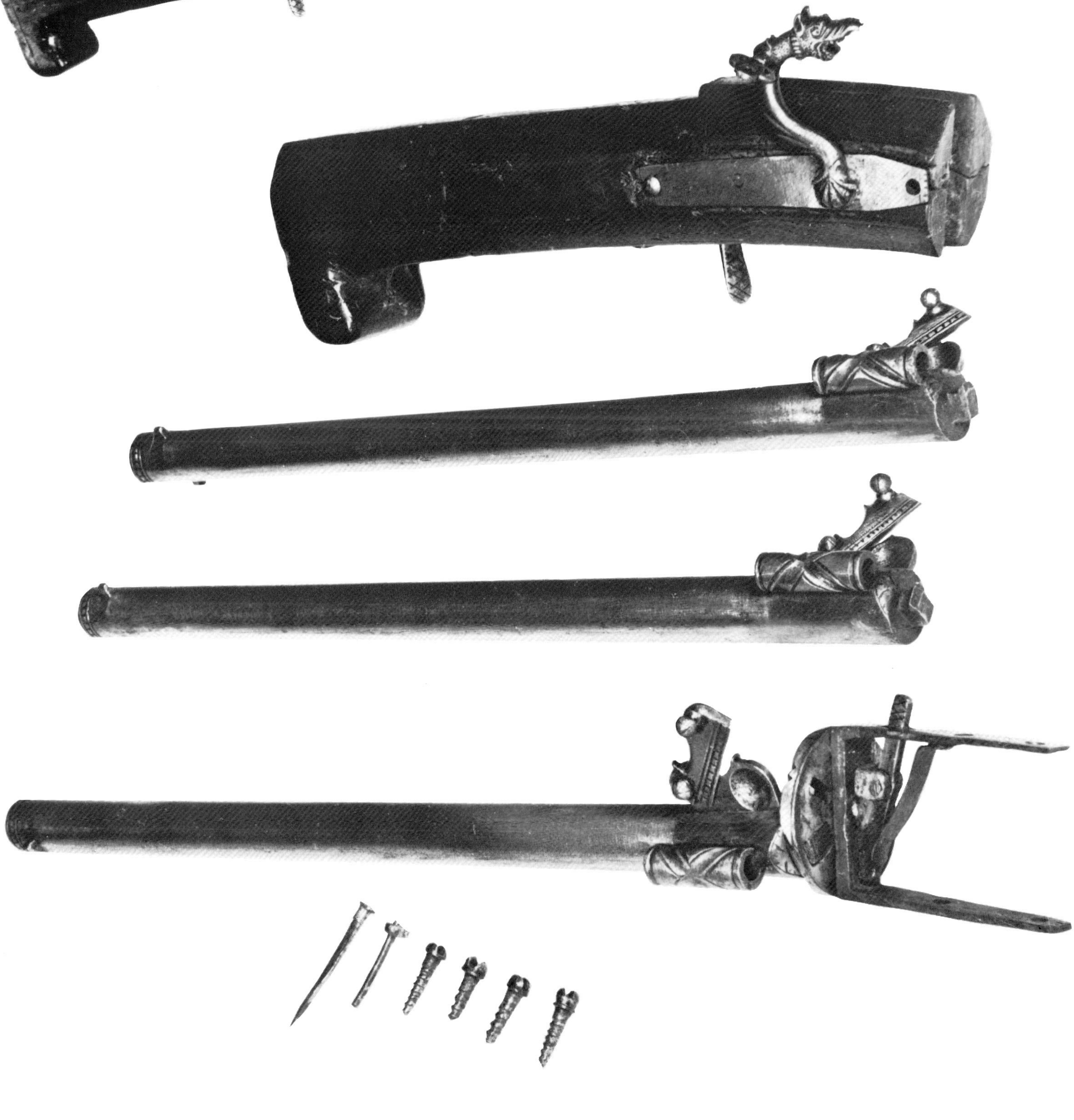

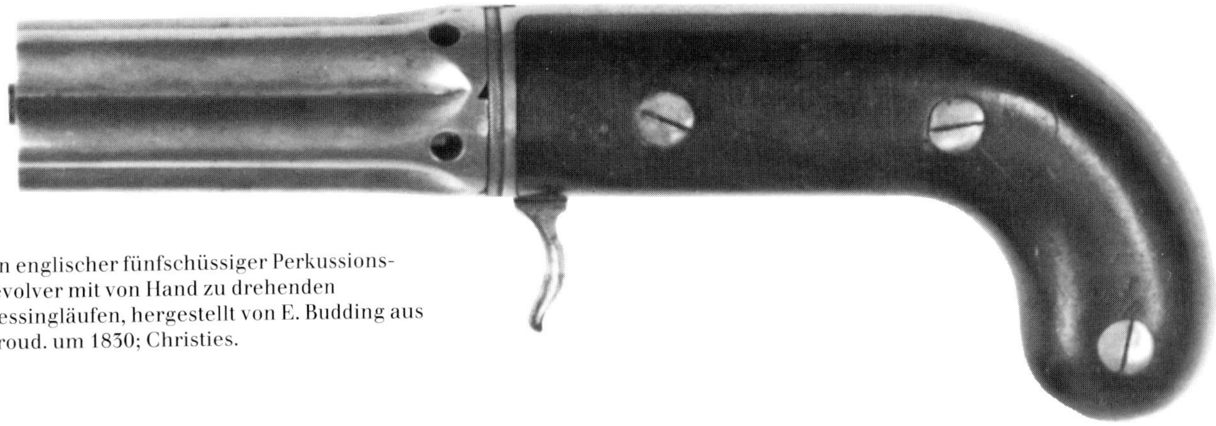

Ein englischer fünfschüssiger Perkussions-Revolver mit von Hand zu drehenden Messingläufen, hergestellt von E. Budding aus Stroud. um 1830; Christies.

Läufe, die durch ein Herunterdrücken des Abzugsbügels mit dem feststehenden hinteren Laufende oder Bodenstück jeweils in eine Linie gebracht werden können. Im späten 18. Jahrhundert wurde ein Typ von Bündelrevolver entwickelt, der auf Grund seiner Ähnlichkeit zu den damaligen Pfefferdosen auch als »Pfefferbüchse« bezeichnet wurde.

Die frühesten Exemplare hatten manuell zu bedienende Drehläufe, aber nach 1830 wurde das Laufbündel automatisch beim Spannen gedreht. Das erste Patent für eine »Pfefferbüchse« mit einfacher Hahnbewegung oder Hahnspannung wurde im Jahre 1836 in Amerika den Gebrüdern Darling erteilt.

Ein alternatives Revolversystem, bei dem die Trommel sich bewegt und der Lauf feststeht, scheint bereits um die Mitte des 16. Jahrhunderts bekannt gewesen zu sein. Eine Anzahl deutscher Radschloßrevolver sind erhalten geblieben. Hinzu kommt ein bedeutender Schnapphahnrevolver von Hans Stopler aus Nürnberg aus dem Jahre 1597, der sich jetzt in Tøjhusmuseet in Kopenhagen befindet.

Wie bei den Hinterladern war die Konstruktion eines gasdichten Verschlusses eine der Schwierigkeiten, mit denen die Hersteller von Revolverwaffen konfrontiert wurden. Der Schweizer Büchsenmacher Jacques Gorgo, der Ende des 17. Jahrhunderts in London arbeitete, fertigte eine Anzahl Hand- und Faustfeuerwaffen, die nach dem Revolver-Prinzip funktionierten. Diese hatten zwei Kammern, auszurichten auf einen Lauf, wurden jedoch durch separate Steinschlosse abgefeuert.

Eine wichtige Revolverwaffe mit Schnapphahn, die John Dafte zugeschrieben wird und die sich jetzt im Londoner Tower befindet, arbeitet nach einem Prinzip, das sehr viel später von Samuel Colt verwendet werden sollte. Dieser Revolver mit Messingbeschlägen, der um das Jahr 1680 gebaut wurde, hat eine Trommel, die sich automatisch beim Spannen der Waffe weiterdreht. Ein Hebel bewegt sich gegen eine Raste an der Trommel und dreht sie weiter.

Eine Revolverwaffe, die auf Grund ihrer Inschrift, die sie trägt, jahrelang für Gesprächsstoff sorgte, war eine Entwicklung von James Puckle. Es handelte sich dabei um eine großkalibrige Revolverwaffe, die auf einem Dreibein montiert war. Das Patent dazu wurde 1718 erteilt. Mit der Waffe verbunden waren austauschbare Trommeln, die verschiedene Ladungen hatten und die von Hand gedreht wurden. Jede Kammer hatte eine konische Ausformung, die in ein Keilloch am hinteren Laufende einrastete.

Zeitungsartikel aus der damaligen Zeit berichten, daß die Waffe »in sieben Minuten 63 mal feuern konnte.« Ein Exemplar ist im Londoner Tower zu besichtigen. Die Inschrift auf der Waffe erklärt, daß sie mit »runden Geschossen für Christen, aber mit eckigen Geschossen für die Muselmanen« geladen werden kann.

Einer der direkten Vorläufer des modernen

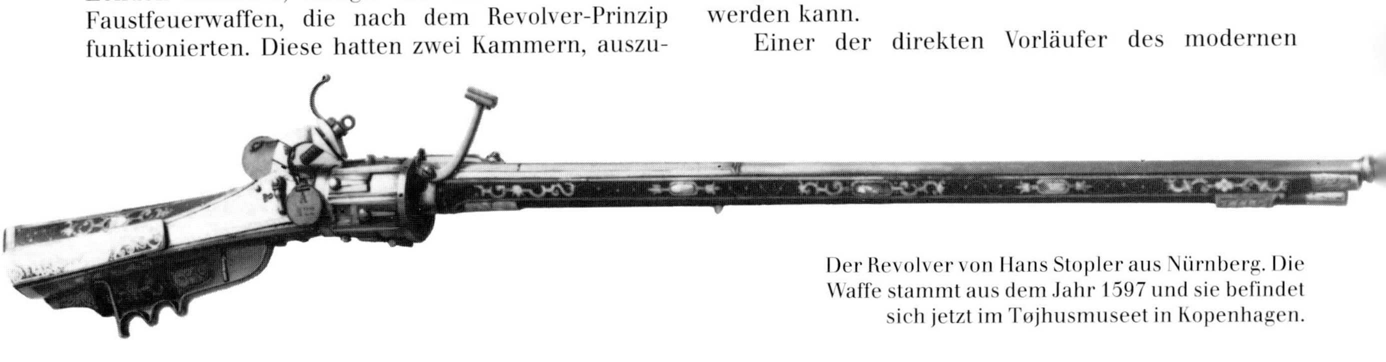

Der Revolver von Hans Stopler aus Nürnberg. Die Waffe stammt aus dem Jahr 1597 und sie befindet sich jetzt im Tøjhusmuseet in Kopenhagen.

Oben und Mitte: Ein Luftgewehr mit kugelförmigem Luftbehälter, glattem Schaft und gravierten Stahlbeschlägen von George Wallis aus Hull. Englische Arbeit, frühes 19. Jahrhundert; Victoria and Albert Museum (siehe auch Seite 126).

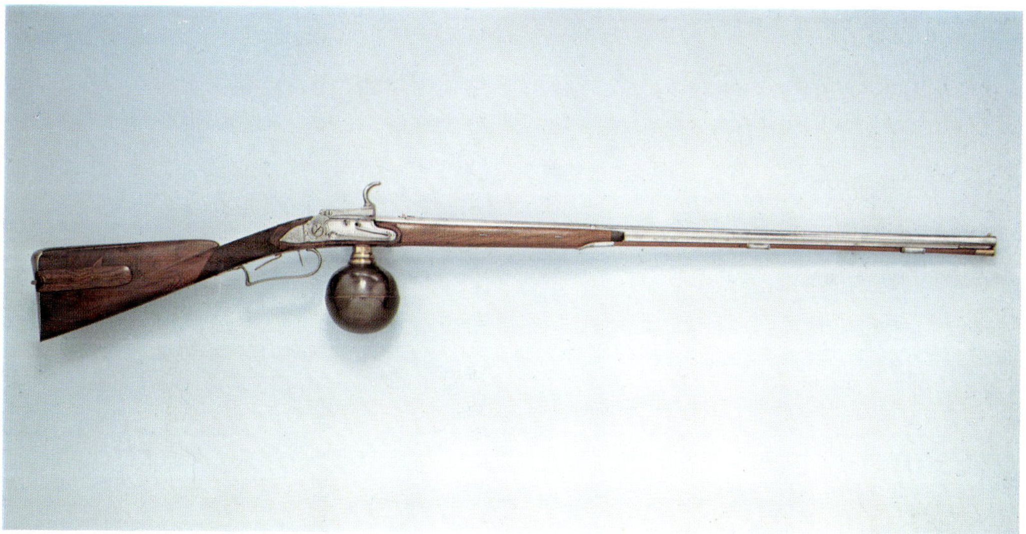

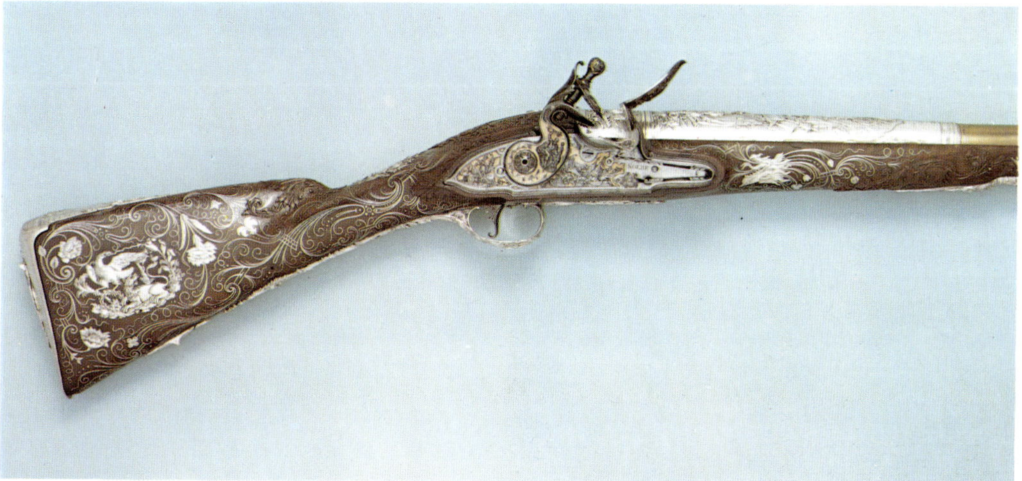

Oben und rechts: Dieses aufwendig dekorierte Luftgewehr wurde von J. G. Kolbe wahrscheinlich für König George II. hergestellt. Obwohl das Schloß den üblichen Steinschlossen glich, wurde beim Betätigen der Abzugsstange über einen Hebel das Ventil an dem Druckluftbehälter geöffnet. London, um 1735; Victoria and Albert Museum (siehe Text, Seite 126).

James Puckle (1667?–1724) auf der Titelseite seines Buches »The Club, or A Gray Cap for a Green Head. A Dialogue Between a Father and Son«, London, 1824.

Revolvers wurde im Jahre 1818 von Hauptmann Artemus Wheeler aus Concord, Massachusetts, zum Patent angemeldet. Es handelte sich um eine Steinschloßwaffe, die nach der zeitgenössischen Beschreibung »siebenmal oder noch öfter hintereinander schießen konnte«. Einer seiner Teilhaber, Elisha Haydon Collier, ließ sich etwas später im selben Jahr eine verbesserte Version dieses Revolvers patentieren. Man kann mit ziemlicher Sicherheit sagen, daß er damit Wheelers Idee raubte.

Colliers Patent wurde anerkannt, und zahlreiche Revolver mit seinem Namen wurden in London hergestellt. Bei dem ersten Collier-Modell aus dem Jahre 1819 wurde die Trommel beim Spannen der Waffe durch eine Feder und eine Klinke weiterbewegt. Bei dem zweiten Modell wurde die ausgekehlte Trommel

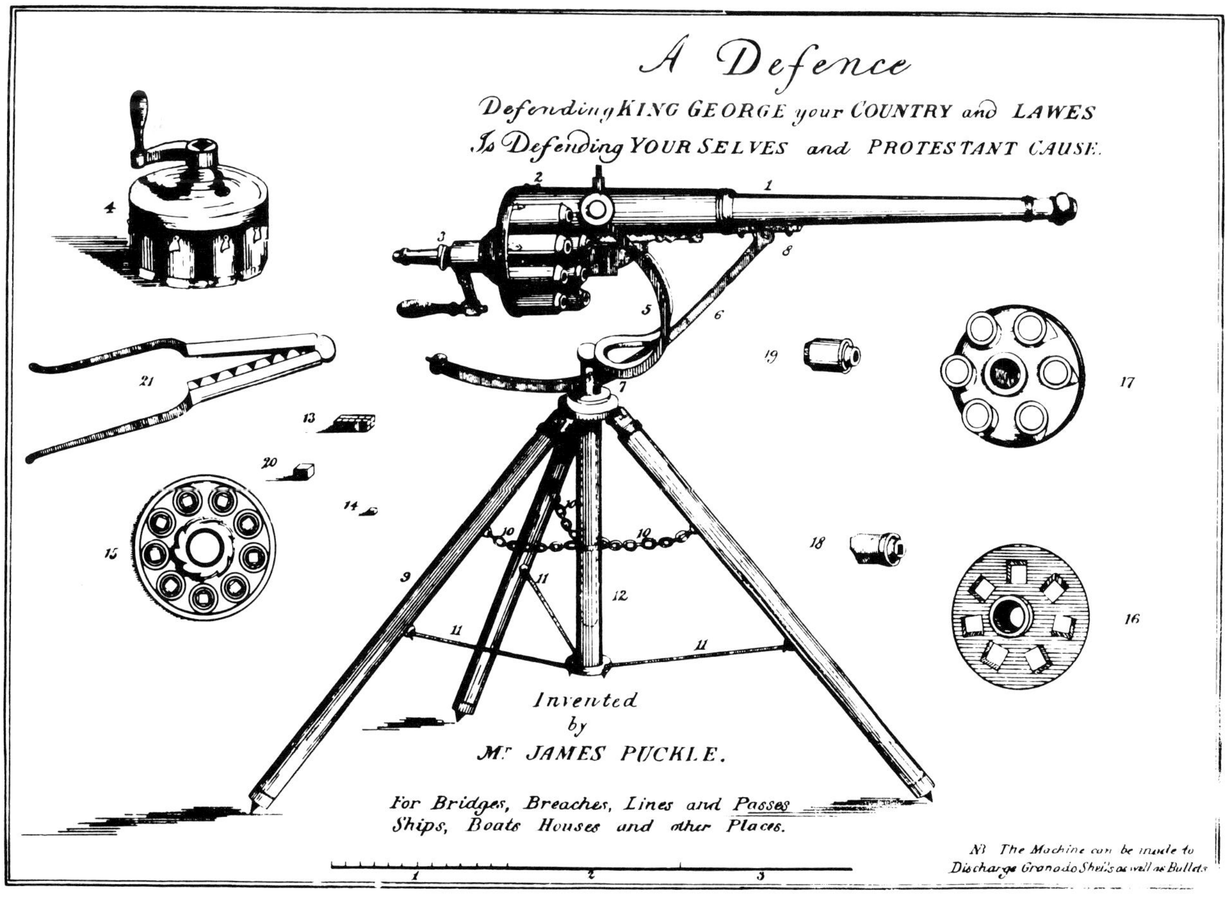

Die Kanone mit Revolver-Prinzip für die James Puckle im Jahre 1718 ein Patent erhielt. Unten ein Druck der Patentschrift. Beide Exponate befinden sich im Londoner Tower.

Einer der Vorläufer des modernen Revolvers, ein Steinschloß-Revolver mit einer von Hand zu drehenden Trommel mit fünf Kammern. Im Jahre 1818 ließ sich E. H. Collier diese Waffe patentieren. **Oben:** Das erste Modell mit innenliegendem Schloß und einem von einer Klinke betätigtem Zünder. Die Schloßplatte ist mit »E. H. Collier patent No. 23« signiert. Englische Arbeit, um 1819. **Unten:** Colliers Modell mit Verbesserungen, einschließlich eines außenliegenden Schlosses und einer kannelierten Trommel. Der Lauf ist mit »E. H. Collier 14 London« signiert. Um 1820. Beide Waffen befinden sich im Victoria and Albert Museum.

Eine typische Kombinationswaffe: eine Verbindung aus Jagdschwert und Steinschloßpistole mit Beschlägen aus graviertem Stahl. Englische Arbeit um 1750; Victoria and Albert Museum.

von Hand weitergedreht. Collier war in der Herstellung eines vergleichsweise dichten Gasabschlusses zwischen Lauf und Trommel durchaus erfolgreich. Er verwendete dazu einen Keil, der sich beim Herunterfallen des Hahnes nach vorne bewegte. Beide Modelle sind im Victoria und Albert Museum zu finden.

Während ihrer gesamten Geschichte sind Feuerwaffen häufig mit anderen Waffen kombiniert worden, und zwar nicht nur um für die Waffenliebhaber eine Neuheit zu schaffen, sondern um eine zweite Waffe vorzuhalten, wenn die erste einmal versagen sollte. Die üblicheren Kombinationen findet man gewöhnlich mit Stangenwaffen – Keulen, Äxten und dergleichen, bei denen der lange Schaft einen sicheren Halt für den Lauf bietet. Wir haben erwähnt, daß einige der wichtigsten frühen Radschloßwaffen auf Armbrusten zu finden sind.

Im 18. Jahrhundert gab es eine Modewelle für Kombinationen von Pistolen und langen Hirschfängern. Wie sich denken läßt, wurden diese gebaut, um damit dem waidwunden Tier den Gnadenstoß zu versetzen.

Man findet auch Pistolen, die mit den unmöglichsten Objekten kombiniert wurden – einschließlich Geldbörsen, wie ein Beispiel aus Sir Walter Scotts Sammlung in Abottsford zeigt. Es gibt auch einige Schlüssel, möglicherweise von Gefängniswärtern, die man als Pistole benutzen konnte.

Ein Streithammer kombiniert mit einer Radschloßpistole aus vergoldetem Stahl. Italienische Arbeit um 1540; Schloß Konopiste, Tschechoslowakei.

Die Ursprünge der Firma Mauser gehen zurück auf die Königlich Württembergische Gewehrfabrik in Oberndorf (siehe Bild). Die im Jahre 1811 gegründete Fabrik wurde 1871 von Peter Paul Mauser und seinem Bruder Wilhelm übernommen. Durch Lieferverträge, die mit dem deutschen Heer abgeschlossen werden konnten, blühte das Unternehmen auf und wurde zu einer der allerersten Adressen für die Herstellung von modernen Handfeuerwaffen.

Zweiter Teil

Neuzeitliche Handfeuerwaffen

Achtes Kapitel

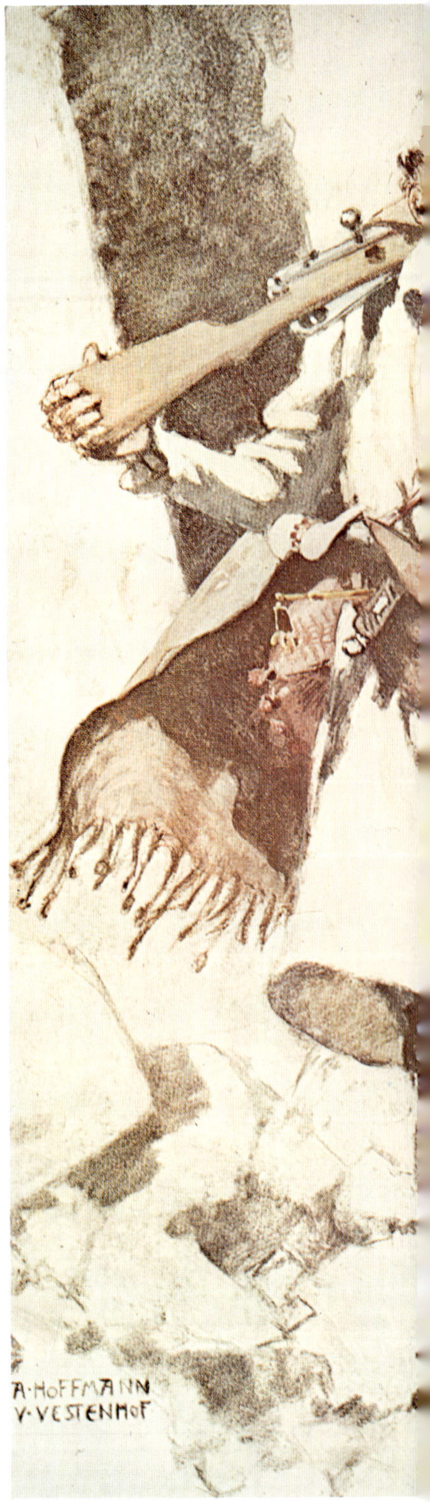

Gewehre und Büchsen

Nikolaus von Dreyse (1787–1867) war der Vater des modernen Gewehres. Sein Zündnadelgewehr (S. 139) war der erste, bei dem ein Verschlußzylinder als Verriegelungsvorrichtung benutzt wurde.

Vorhergehende Seite: Der Übergang von der Vorderlader-Muskete zum Mehrlader-Gewehr mit Zylinderverschluß: ein schwerbewaffneter Pelzjäger und ein französischer Liniensoldat aus den achtziger Jahren des vorigen Jahrhunderts flankieren einen montenegrinischen Soldaten aus dem Ersten Weltkrieg.

Das Aufkommen der Perkussionszündung brachte in den ersten Jahren beim Gewehr nur wenige bemerkenswerte Veränderungen mit sich. Die normale Reaktion bestand darin, daß man einfach die gleiche, bereits vorhandene Basiskonstruktion hernahm, das Steinschloß entfernte und das hintere Laufende so umgestaltete, daß es ein Perkussionszündhütchen aufnehmen konnte. Jedoch wurde in den ersten Jahren des 19. Jahrhunderts ein großer Teil der Anstrengungen in die Verbesserung des Geschosses investiert. Das Ziehen der Läufe war nahezu zum Allgemeingut geworden, aber es wurde bald auch ebenso deutlich, daß die normale runde Kugel kein geeignetes Projektil war, um aus einem gezogenen Lauf mit ausreichender Leistung abgefeuert zu werden. Allmählich wandelte sich daher das Geschoß und nahm eine spitze, zylindrische Gestalt an. Zur gleichen Zeit wurden auch Anstrengungen unternommen, die Form des hinteren Endes des Geschosses so zu gestalten, daß die Abdichtung verbessert und ein Maximum des Treibgases ausgenutzt werden konnte.

Die Schwierigkeit bestand darin, daß das Geschoß einerseits leicht von der Mündung her zu laden sein mußte, andererseits aber in der Lage sein sollte, sich beim Abfeuern in die Züge einzupressen und für einen dichten Gasabschluß zu sorgen. Das Eingreifen in die Vertiefung der Züge sollte so weit erfolgen, daß das Geschoß auch noch den erforderlichen Drall aufnehmen konnte. Wahrscheinlich war das Geschoß nach Minié das wirksamste und bekannteste. Es enthielt an seiner Basis in einer Aussparung einen konischen Holzpfropfen. Die Explosion der Pulverladung drückte den Pfropfen in das Geschoß, worauf der Geschoßboden expandierte und in die Züge gepreßt wurde. Minié-Geschosse fanden eine große Verbreitung und blieben bis Ende der sechziger Jahre des 19. Jahrhunderts in Gebrauch. Bekannt wurden sie besonders im amerikanischen Bürgerkrieg.

Jedoch die einzige echte Lösung bestand in der Aufgabe des Ladens durch die Mündung. Das Laden des Gewehres hatte über das hintere Laufende zu erfolgen, so daß das Geschoß einen »interferenten Sitz« in den Zügen einnehmen konnte. Der erste bedeutsame Schritt in diese Richtung wurde im Jahre 1840 unternommen, als die preußische Armee das Zündnadelgewehr von Nicholas von Dreyse einführte. Im Grunde war diese Waffe der Vorläufer aller modernen Gewehre.

Beim Zündnadelgewehr wurde zum ersten Mal ein Verschlußzylinder zum Verriegeln des hinteren Laufendes verwendet. Der Mechanismus war von den Haustürriegeln (Kippriegeln) abgeleitet. Dieser Verschlußzylinder saß am hinteren Ende des Laufes in einer Führung und enthielt eine lange, von einer Feder getriebene Zündnadel. Der Soldat zog zunächst die Zündnadel zusammen mit ihrer Feder, die sich in einem röhrenförmigen Gehäuse, freigleitend im Verschlußzylinder befand, zurück. Dann ergriff er den Hebel am Verschlußzylinder (Kammerstengel), kippte ihn um 90 Grad nach oben und zog ihn zurück. Damit war der Verschluß geöffnet und das Patronenlager lag frei. Nun führte er ein Bleigeschoß ein, das am hinteren Ende mit einer Papierpatrone verbunden war. Der Verschlußzylinder wurde nach vorne geschoben, der Kammerstengel nach unten geklappt; die Waffe war nun wieder geschlossen. Danach wurde das Zündnadelgehäuse in den hohlen Verschlußzylinder zurückgeschoben, bis es in eine Sperrklinke einrastete. Das Zurückschieben drückte auch die Zündnadelfeder zusammen. Sie rastete gleichfalls in eine Fangklinke ein, die über die Abzugsstange mit dem Abzug gekoppelt war. Bei Betätigung des Abzuges wurde die Zündnadel freigegeben. Sie durchschlug die Papierpatrone, bohrte sich durch die Schießpulververfüllung und schlug gegen ein Zündhütchen im vorderen Teil der Patrone.

Das Zündhütchen wurde auf diese Weise zwischen der Zündnadel und dem festen Boden des Blei-

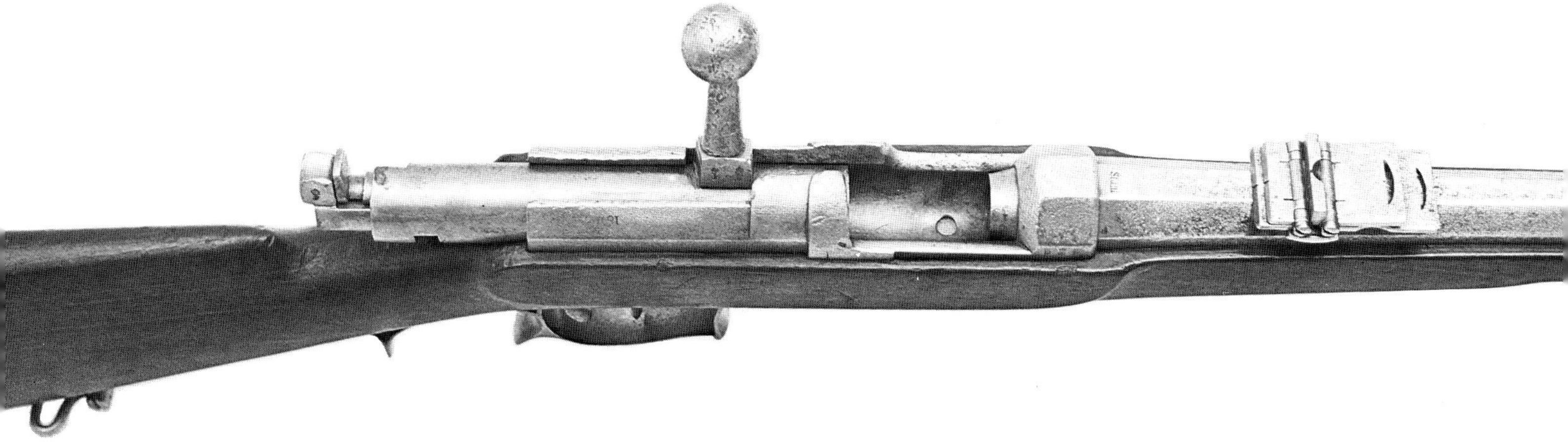

geschosses zusammengequetscht. Es zündete selbst und damit die Treibladung der Patrone. Die Stirnseite des Verschlußzylinders war konkav geformt und mit einer Hohlkehle versehen, so daß sie fest das hintere Ende des Laufes umschloß und so die Nahtstelle gegen einen möglichen Gasaustritt abdichtete. Alles in allem war es schon eine recht schwerfällige Vorrichtung, aber trotzdem immer noch wesentlich leichter und besser zu bedienen, als das beim langatmigen Laden eines Vorderladers der Fall war. Mit dieser Waffe und den verbesserten Taktiken, die sie ermöglichte, konnte die preußische Armee für die nächsten dreißig Jahre mit ihren Gegnern nach Belieben umspringen.

Als die Franzosen von dieser Waffe erfuhren, waren sie besorgt, und man forderte eigene Erfinder auf, etwas Vergleichbares zu entwickeln. Antoine Chassepot, Aufseher im französischen Artilleriearsenal, konstruierte daraufhin eine Waffe, die unter der Bezeichnung »Fusil Mle 1866« eingeführt wurde. Sie hatte gegenüber dem Zündnadelgewehr wesentliche Verbesserungen aufzuweisen, da die Zündnadeleinheit nun fester Bestandteil innerhalb des Verschlußzylinders war und beim Schließen des Verschlußzylinders automatisch gespannt wurde. Die Gasabdichtung am hinteren Laufende erfolgte durch einen Naturgummipfropfen, der auf der Stirnseite des Verschlußzylinders angebracht war. Er ragte in das Laufende hinein und lag unmittelbar hinter der Patrone an. Dazu wurde eine spezielle Patrone konstruiert, die das Zündhütchen im Boden eingesetzt hatte, so daß es nicht mehr erforderlich war, die Zündnadel durch das ganze Pulver hindurchstoßen zu lassen, um die Ladung zu zünden. In Anlehnung an die Beispiele des Zündnadelgewehrs und des Chassepot-Gewehres wurden in Europa zahllose Gewehre und auch Pistolen nach dem Zündnadelprinzip gebaut und in den Armeen Italiens, Rußlands und Österreich-Ungarns eingeführt.

Einigen Ländern widerstrebte es natürlich, einen ungeheuren Vorrat an Vorderladerwaffen einfach über Bord zu werfen, und man suchte nach Möglichkeiten und Methoden, sie auf das Hinterladersystem umzurüsten. Meistens wurden einfache Lösungen angewandt – Abtrennen des hinteren Laufendes und Einbau einer Scharniervorrichtung mit einer Kammer und einem Piston für das Perkussionszündhütchen. Durch Anheben dieser Klappe konnte eine vorbereitete Patrone in die Kammer eingeführt werden. Nach dem Schließen wurde ein Zündhütchen auf den Piston aufgesetzt und die Waffe war feuerbereit. Als eine Möglichkeit, den Bestand an alten Waffen aufzubrauchen, erfüllte dieses System durchaus seinen Zweck. Die zahlreichen Verbindungspunkte jedoch und Möglichkeiten Gas entweichen zu lassen, verhinderten, daß diese Waffen genügend wirksam und brauchbar waren.

Als die Metallpatronen in den sechziger Jahren des 19. Jahrhunderts mehr und mehr zur Einführung gelangten, begann man wiederum, ähnliche Umbauten vorzunehmen. Es geschah in der Absicht, die erheblichen Investitionen, die in dem umfangreichen alten Waffenbestand steckten, zu retten. Diese Lösungen, etwa das britische »Snider«- oder das amerikanische »Trapdoor Springfield«-Gewehr, waren nur wenig effektiver als die Perkussions-Umbauten. So war es eine klare Sache, zu dem Anfangsprinzip zurückzukehren und danach ein völlig neues Gewehr zu entwickeln. In dem Fall hieß es, Rückbesinnung auf das Zündnadelgewehr von Dreyse. Und damit beginnt genau die Geschichte des berühmtesten Namens im Zusammenhang mit Gewehren.

Peter Paul Mauser wurde im Jahre 1838 geboren. Von Beruf war er Büchsenmacher in der Königlich Württembergischen Gewehrfabrik. Sein älterer Bruder Wilhelm hatte den gleichen beruflichen Weg eingeschlagen. Beide machten sich daran, das Zündnadelgewehr so umzukonstruieren, daß es für Metallpatronen geeignet war. 1867 hatten sie ihre Konstruktion fertig, aber es gelang ihnen nicht, irgendein Interesse von militärischer Seite zu erregen. Die Preußen hatten gerade die Dänen und Österreicher (1864, 1866) in kurzen und entschlossen geführten Kriegen besiegt. Sie waren mit ihrem Zündnadelgewehr zufrieden, da es alle Anforderungen erfüllt hatte. Die Österreicher hatten sich bereits entschieden, ein anderes Modell einzuführen und waren an einer neuen Waffe nicht interessiert. Ähnlich war es im übrigen Europa.

An diesem Punkt der Geschichte kommt eine Angelegenheit ins Spiel, die man, gelinde gesagt, als Abgebrühtheit bezeichnen könnte. Amerikanische Historiker haben häufig die Tatsache strapaziert, daß die originalen Mauser-Gewehrpatente in den USA ausgestellt wurden, um damit anscheinend den Anspruch abzuleiten, das Mauser-Gewehr sei eine amerikanische Erfindung.

Vielleicht ist es gewagt, darauf zu entgegnen, daß Colt seine ersten Patente für seinen Revolver in England erhielt und daß die Engländer trotzdem nie den Colt-Revolver als ihre eigene Erfindung beansprucht haben. Tatsache ist, daß die Mauser-Brüder, die sehr

Antoine Chassepots Gewehr mit geöffnetem Verschluß.

Das Mauser-Gewehr wurde im Jahre 1871
von der Preußischen Armee angenommen.
Dieses Modell wurde 1880 hergestellt.

Eine von verschiedenen Varianten des
Hinterladergewehres von Sharp. Der
Verschlußspannhebel ist heruntergeklappt.
Es hat eine separate Kammer für das
Zündhütchenband.

Peter Paul Mauser (1838–1914) und sein Bruder Wilhelm (1834–1882).

um Unterstützung für ihre Erfindung bemüht waren, von einem gewissen Samuel Norris kontaktiert wurden. Er war als reisender Geschäftsmann gerade im Auftrag der Firma Remington in Europa unterwegs.

Norris dachte, er habe die Möglichkeit, die Mauser-Konstruktion an die französische Regierung zu verkaufen, so daß sie damit ihre Chassepot-Gewehre hätten umrüsten können. Diese Idee zeigt aber, wie wenig der Mann von der Psychologie der französischen Militärs in der damaligen Zeit verstand. Es gelang ihm, die Gebrüder Mauser durch einen dubiosen Vertrag zu binden; im Gegenzug wurde dafür in Amerika ein Patent erteilt. Im weiteren Verlauf der Ereignisse lehnten die Franzosen das Angebot ab, woraufhin Norris sogleich die Gebrüder Mauser fallen ließ. Er machte den Vertrag selbst zunichte, indem er den Fehler beging, eine jährliche Zahlung von 1000 Dollar zu vereinbaren, eine Summe, die er später aus Geldmangel nicht entrichten konnte.

Zurückverwiesen auf ihre eigenen Möglichkeiten, gelang es den Mauser-Brüdern doch, das Interesse der preußischen Armeeführung zu wecken, und im darauffolgenden Jahr 1871 führten die Preußen die Mauser-Konstruktion als ihr Gewehr 1871 ein. Das Mauser-System hatte den ersten Durchbruch geschafft!

Die Hauptveränderungen, die die Gebrüder Mauser gegenüber dem System nach Dreyse vornahmen, bestanden zunächst darin, daß der Schlagbolzen automatisch in den Verschlußzylinder zurückgezogen und gleich beim Öffnen des Verschlusses gespannt wurde. Das schloß die Gefahr aus, daß beim Verriegeln des Verschlußzylinders versehentlich der Schlagbolzen oder die Zündnadel noch vorne aus dem Verschlußzylinder hervorragte und es so zum vorzeitigen Zünden der Patrone in der Kammer kommen konnte.

Weiter erhielt der Verschlußzylinder einen automatischen Patronenauszieher, der die leeren Patronenhülsen auszog. Drittens wurde die Vorderseite des Verschlußzylinders als eine getrennte Einheit ausgebildet. Schließlich erfolgte das Öffnen des Verschlußzylinders gegen eine feste Fläche am Ende der Systemhülse. Das bewirkte eine kraftvolle Ausrückbewegung gegen Hülsen, die etwas gedehnt waren.

Ein Hinterlader-Karabiner von Sharp, abgeleitet von dem Gewehr aus dem Jahr 1853.

Alle diese Merkmale waren neu und wurden zu notwendigen Bestandteilen jeder Waffe mit Zylinder- bzw. Kammerverschluß, die danach folgen sollte.

Abgesehen von diesem nach hinten zu ziehenden Verschluß gab es durchaus noch andere Wege, das hintere Laufende zu verriegeln. In den Vereinigten Staaten dominierten andere Systeme. Im Jahre 1853 brachte Christian Sharps ein Gewehr mit einem vertikal gleitenden Verschlußblock heraus, der mittels eines Hebels unterhalb des Hinterschaftes geöffnet werden konnte. Durch Herunterdrücken des Hebels glitt der Verschlußblock innerhalb von Führungsnuten in der Basküle nach unten und ermöglichte es so, eine vorbereitete Papierpatrone zu laden. Wenn der Hebel nach oben zurückgeklappt wurde, glitt auch der Verschlußblock wieder nach oben und die scharfen Kanten an seiner Stirnseite schlitzten das Ende der Papierpatrone auf. Das Pulver wurde freigelegt und hatte Verbindung über einen Zündkanal, der durch den Block gebohrt war, nach außen. Nun wurde außen auf den Zündkanal ein Perkussions-Zündhütchen aufgesetzt, das durch einen außenliegenden Hahn zur Zündung gebracht werden konnte. Als nach und nach Metallpatronen die Papierpatronen verdrängten, wurde der Mechanismus so modifiziert, daß ein Patronenauswerfer eingebaut wurde und ein Schlagbolzen im Verschlußblock den Zündkanal und den Piston ersetzte.

Ein weiteres System aus dem Jahre 1862 stammte von dem Bostoner Bürger James Peabody. Es sollte weitaus bekannter werden. Die Verriegelung erfolgte wiederum mittels eines Verschlußblockes. Doch jetzt lag er hinter dem Laufende und wurde von der hinteren Lauföffnung weggeschwenkt. Der Verschlußblock wurde über einen Hebel unterhalb des Hinterschaftes bewegt. Wenn der Hebel heruntergezogen wurde, glitt das vordere Ende nach unten, so daß die obere Fläche des Verschlußblockes eine bequeme Führung nach unten bildete, durch die die Patrone hinab in die Kammer gleiten konnte. Die Zündeinrichtung bestand wieder aus einem Piston oder Zündhütchenkegel, dem Zündkanal im Verschlußblock und einem außenliegenden Hahn. Später erfolgte der Wechsel zu einem Schlagbolzen, der von dem außenliegenden Hahn betätigt wurde. Das Peabody-Gewehr erfreute sich ziemlicher Popularität und etliche Stücke fanden ihren Weg nach Europa, wo die Grundidee von heimischen Erfindern deutliche Veränderungen erfuhr.

Die wirksamste dieser Veränderungen erfolgte durch den Schweizer Martini, der den außenliegen-

Der Unterhebel-Repetierer von Martini-Henry war, bis zur Einführung des Gewehres von Lee-Metford mit Zylinderverschluß, die Standardwaffe bei der Britischen Armee.

Adrien Marie

Linke Seite: Britische Soldaten, ausgerüstet mit dem Martini-Henry Gewehr, bei der Schlacht von Tel-El-Kebir, Ägypten, September 1882.

den Hahn aufgab und einen Schlagbolzen innerhalb des Verschlußblockes unterbrachte. Der Schlagbolzen wurde direkt über den Abzug betätigt. Dieses Verschlußsystem wurde von der britischen Armee übernommen. Gekoppelt wurde es mit einem Lauf, dessen Züge nach den Ideen von Alexander Henry, einem schottischen Büchsenmacher, gestaltet waren. Das Ergebnis war das erfolgreiche Martini-Henry Militärgewehr von 1869. Das Martini-System wird auch heute noch bei Wettkampfgewehren häufig verwendet, weil es einfach und robust in seinem Aufbau ist.

Ein Grund für die noch erkennbare Beliebtheit ist aber auch, daß der eingebaute Schlagbolzen einen extrem kurzen Weg bis zur Patrone zurückzulegen hat, was zu einer kurzen »Zündverzugszeit« führt, der Zeit, die zwischen der Betätigung des Abzuges und dem Abfeuern der Patrone verstreicht. Wie man sich denken kann, ist eine kurze Zündverzugszeit bei Schießwettbewerben von großem Wert, denn damit wird die Zeit reduziert, in der die Schußabgabe verwackelt werden kann.

Bis jetzt war das Gewehr strikt eine einschüssige Waffe, die nach jedem Schuß nachgeladen werden mußte. Da Faustfeuerwaffen nach dem Revolverprinzip stark verbreitet waren, war es lediglich eine Frage der Zeit, bis auch eine Nachfrage für Gewehre aufkam, die nach dem gleichen einfachen Repetier-Prinzip funktionierten.

Das Revolversystem war eine ganz naheliegende Lösung. 1840 stellte Samuel Colt Gewehre her, bei denen es sich im Grunde lediglich um vergrößerte bzw. verlängerte Versionen seiner Revolver handelte. Sie waren nie sonderlich erfolgreich. Sie waren dazu vorgesehen, über große Entfernungen zu feuern, was kraftvolle Ladungen erforderlich machte. Dabei zeigten sie leider den beklagenswerten Hang, die Zündflamme überspringen zu lasen, das heißt, die Flamme von einer gezündeten Kammer zündete das Pulver in den anderen Kammern, so daß der gesamte Inhalt der Trommel schlagartig explodierte. Andere amerikanische und europäische Hersteller beschäftigten sich ebenfalls mit Gewehren, die nach dem Revolverprinzip arbeiten sollten, aber selbst als die Metallpatronen aufkamen, erreichte dieser Waffentyp nie einen hohen Grad an Verbreitung.

Das erste erfolgreiche Repetiergewehr war das amerikanische Spencer-Gewehr aus dem Jahre 1860. Es verwendete einen ab- und rückwärtsschwingenden Verschlußblock, der von einem Unterhebel betätigt wurde. Hinzu kam ein außenliegender Hahn.

Eine Röhre im Hinterschaft enthielt neun .56iger

Der Repetier-Karabiner von Spencer (er lehnt an dem Marschgepäck) war im Amerikanischen Bürgerkrieg bei der Armee der Union sehr verbreitet. Der Unteroffizier der Unionsarmee hält einen gezogenen Vorderlader, Modell 1861.

Rechte Seite: Die legendäre Annie Oakley posiert mit ihrer Winchester-Büchse.

Patronen. Durch das Betätigen des Hebels wurde der Verschluß geöffnet, eine Patrone aus der Röhre ergriffen, in die Kammer eingeführt und der Verschluß wurde wieder verriegelt. An die 250.000 Spencer-Karabiner wurden von der Armee der Union während des amerikanischen Bürgerkrieges erworben und eine ganze Anzahl wurde auch von der französischen Armee im Krieg 1870–71 verwendet.

Ein Modell von längerer Lebensdauer war die Entwicklung von Benjamin T. Henry. Er hatte bemerkenswerte Verbesserungen an einem Unterhebel-Repetiergewehr vorgenommen, das um 1850 unter dem Namen »Volcanic« bekannt war. Da ihm aber die nötigen Mittel fehlten, das modifizierte Gewehr zu produzieren, verkaufte er die Idee an Smith & Wesson, die die Herstellung aufnahmen. Sie brachten sowohl das Gewehr, als auch eine konstruktiv ähnliche Pistole heraus. Aber im Jahre 1857 entschloß man sich andere Wege zu beschreiten, und die Firma verkaufte die Rechte an Oliver Winchester. Er gründete die »New Haven Arms Company« und stellte Henry als Leiter der Fabrik ein (Winchester war zwar ein guter Geschäftsmann, hatte aber selbst keine Ahnung von Waffentechnik.). Henrys Repetiergewehr verwendete ein Röhrenmagazin, in dem sich die Patronen befanden. Es saß unterhalb des Laufes. Das hintere Lauf-

Fahnenträger der 7th Illinois Infantry der Unionsarmee, ausgerüstet mit Henry-Repetiergewehren.

BUFFALO BILL'S WILD WEST
CONGRESS, ROUGH RIDERS OF THE WORLD.
MISS ANNIE OAKLEY,
THE PEERLESS LADY WING-SHOT.

Im Verlaufe des Amerikanischen Bürgerkrieges verdrängte das Repetiergewehr nach und nach die Vorderlader-Muskete als die Standard-Militärwaffe. **Oben:** Die Schlacht von Chattanooga, 23 bis 25. November 1863. **Mitte:** Die Erstürmung von Fort Sanders, 29. November 1863. **Unten:** Die Schlacht von Franklin, 30. November 1864.

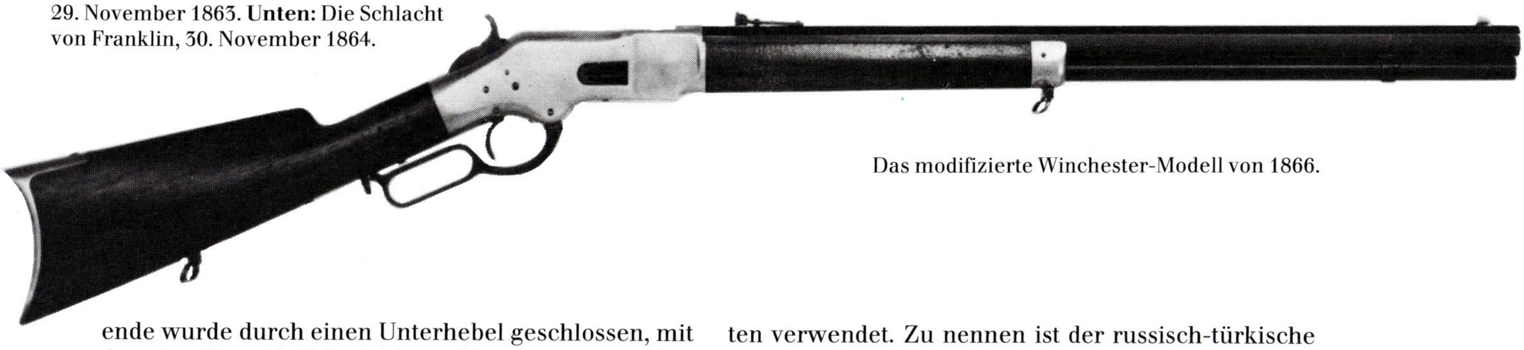

Das modifizierte Winchester-Modell von 1866.

ende wurde durch einen Unterhebel geschlossen, mit dem der Verschlußblock hin und her bewegt werden konnte. Wenn der Hebel nach unten gedrückt wurde, zog er den Verschlußblock nach hinten. Bei dieser Bewegung stieß er an den Hahn und spannte ihn gleichzeitig. Ein sogenannter Transporteur entnahm aus dem hinteren Ende des Röhrenmagazin eine Patrone. Wenn der Unterhebel in die Ausgangsposition gebracht wurde, führte der Transporteur die Patrone zum hinteren Laufende, schob sie ein und der Verschlußblock bewegte sich zurück zur Kammer und verriegelte sie hinter der Patrone.

Das Henry-Gewehr wurde im amerikanischen Bürgerkrieg von beiden Streitkräften benutzt und erwarb sich einen guten Ruf. Bei manchen Konföderierten wurde es als »das verdammte Yankee-Gewehr« bezeichnet, »welches sie am Sonntag laden, und an den übrigen Tagen der Woche abfeuern«.

Henrys ursprüngliche Methode das Magazin zu füllen bestand darin, die Abschlußkappe der Röhre zu entfernen und die Patronen von vorn einzuschieben. Im Jahre 1866 wurde sie durch das Patentsystem von King verändert. Es handelte sich dabei um eine Scharnierladeklappe im Bodenstück der Waffe unterhalb des Verschlusses, durch die die Patronen eingeschoben werden konnten und von wo aus sie direkt in das Magazin gelangten. Im Jahre 1873 erschien das Henry-Gewehr als »Winchester, Modell 1873« auf dem Markt. Im Jahre 1886 wurde das Modell nochmals von John Browning verbessert, der das Verschlußblocksystem stabiler gestaltete, so daß es in der Lage war, auch den schwersten Patronen standzuhalten. Seit der Zeit hat die Firma Winchester die Herstellung dieses Gewehrtyps aufrecht erhalten, und man kann behaupten, daß dieser stolze Name zu einem Synonym für das Unterhebelrepetiergewehr schlechthin geworden ist.

Der Unterhebelverschluß war sehr zuverlässig und tausende dieser Gewehre wurden von Streitkräften verwendet. Zu nennen ist der russisch-türkische Krieg im Jahre 1877, in dem die Türken 50.000 Winchester-Gewehre einsetzten und bei mehr als einer Gelegenheit damit die russische Armee in die Flucht schlugen.

Als bei der Kriegsführung allerdings die festen Schlachtreihen aus früheren Tagen aufgegeben wurden, zeigte sich der große Nachteil des Unterhebelverschlusses für eine militärische Waffe: Es war nahezu unmöglich eine solche Waffe in liegender Haltung zu bedienen, ohne sich dabei dem feindlichen Beschuß auszusetzen. Damit hatte der Unterhebelrepetierer für das Militär seine Anziehungskraft verloren und es wurde notwendig, sich nach einem Repetierer mit Zylinderverschluß umzusehen.

Die Mauserwaffen wurden den neuen Forderungen gerecht, indem man ganz zweckmäßig das Röhrenmagazin unter dem Lauf vom Henry-Gewehr übernahm und es mit dem vorhandenen Zylinderverschluß kombinierte. Wenn man den Zylinderverschluß öffnete, konnte man acht 11 mm-Patronen über den Transporteur in das Röhrenmagazin einführen. Eine neunte Patrone konnte auf den Transporteur gelegt werden, so daß sie beim Schließen des Verschlusses in die Kammer geschoben wurde. Die nachfolgende Bewegung des Verschlußzylinders warf die leere Patronenhülse aus und eine neue Patrone wurde aus dem Magazin zugeführt.

Leider hatte das Röhrenmagazin zwei erhebliche Nachteile. Der eine bestand darin, daß beim abnehmenden Patronenbestand im Magazin eine Veränderung der Schwerpunktlage des Gewehres eintrat. Dadurch wurde eine Veränderung der Griffhaltung und ein Verlagern des Zielpunktes erforderlich. Der andere Nachteil war, daß die Patronen so im Magazin lagen, daß die Spitze des Geschosses das Zündhütchen der nächsten Patrone berührte. Der Rückstoß der Waffe beim Feuern reichte manchmal aus, die Patronen so heftig gegeneinander zu stoßen, daß sie

Das erste amerikanische Militärgewehr mit Zylinderverschluß war das Winchester-Hotchkiss M 1883. Eine begrenzte Anzahl wurde für Versuche im Verlauf der achtziger Jahre des vorigen Jahrhunderts zur Verfügung gestellt.

Eine der ersten Waffen bei der das Lee-Kastenmagazin verwendet wurde – der Remington Lee Karabiner im Kaliber 7 mm.

ungewollt gezündet wurden. Das führt unausweichlich zu einer Kettenreaktion, in deren Verlauf der ganze Inhalt des Magazins explodierte. Diese Schwäche gab es in der Zeit der Bleigeschosse mit den abgerundeten Spitzen nicht. Als aber die militärischen Kaliber kleiner wurden und Mantelgeschosse mit scharfen Spitzen aufkamen, begann der Ärger und das Röhrenmagazin wurde schnellstens für den militärischen Gebrauch ausgemustert.

Im Jahre 1879 ließ sich James Paris Lee, ein in Schottland gebürtiger Amerikaner, ein Kastenmagazin patentieren. Ein Metallkasten wurde senkrecht unterhalb des Gewehrverschlusses befestigt. In den Kasten konnte eine Anzahl Patronen geladen werden.

Wurde der Verschlußzylinder zurückgezogen, so drückte eine Feder, die sich unter den Patronen befand, diese nach oben, bis die zu oberst liegende Patrone im Führungsweg des Verschlußzylinders lag.

Mit dem Verschieben des Verschlußzylinders wurde die Patrone aus dem Magazin gedrückt und in die Kammer eingeführt. Im selben Jahr konstruierte der Betriebsleiter der österreichischen Waffenfabrik in Steyr, Antonin Spitalsky, ein Zylinderverschlußsystem mit einem Drehmagazin. Es erinnerte an eine Revolvertrommel, in der sich sechs Patronen befinden und die sich drehen läßt. Jedoch anstelle der Patronenkammern hatte die Trommel lediglich an der Außenfläche Vertiefungen, in der die Patronen lagen. Durch einen dünnen Metallschild oder durch die Schaftflächen des Gewehres wurden die Patronen an Ort und Stelle gehalten. Beim Verriegeln des Verschlußzylinders wurde die obenliegende Patrone aus ihrer Mulde in das Patronenlager befördert. Das Öffnen des Verschlußzylinders bewirkte ein Drehen der Trommel im Uhrzeigersinn, wobei vor dem wieder verschlußbereiten Zylinder die nächste Patrone lag.

Das Kastenmagazin nach Lee war praktischer und wesentlich einfacher in der Herstellung. Es wurde von der Firma Remington übernommen, die 1884 an die Regierung von Mexiko 40.000 Remington-Lee-Gewehre verkaufte. Zu der Zeit war die britische Heeresführung auf der Suche nach einem Selbstlader in einem kleineren Kaliber, der die einschüssigen Gewehre vom Typ .45 Martini-Henry ersetzen sollte. Nach umfangreichen und ausgiebigen Tests entschloß man sich, das Verschluß- und Magazinsystem nach Lee zu übernehmen. Verbunden wurde es mit einem Lauf, der nach den Entwürfen von William Metford mit Zügen versehen war. Das Resultat war das .303 Lee-Metford Gewehr, das erstmals im Jahre 1889 vorgestellt wurde.

Das Verschlußsystem nach Lee hat einige charakteristische Merkmale, durch die es sich von dem System nach Mauser, dem Hauptrivalen in den beiden Weltkriegen, unterscheidet. Der Lee-Verschlußzylinder wird durch zwei Verriegelungswarzen in der Hülse verriegelt, die sich über zwei Drittel der Zylinderlänge von der Kammer nach hinten erstrecken. Das Spannen erfolgt durch den Verschlußschub. Bedingt durch die Form der Verriegelungswarzen ist der Übergang vom axialen Verschlußschub zur drehenden Verriegelungsbewegung gleitend. Das alles trägt zu einem Bewegungsvorgang bei, der ohne Zweifel der schnellste bei Waffen dieser Art ist. Rein theoretisch jedoch ist auf Grund der Lage der Verriegelungswarzen der Verschluß weniger stabil und genau als der des Mauser-Systems. Die Theorie zählt jedoch wenig auf dem Schlachtfeld und von gut ausgebildeten Soldaten bedient, kann das Lee-System mit einem gezielteren Feuer aufwarten, als das Mausersystem. Die Theoretiker bedauerten zwar die Übernahme des Lee-Systems, aber durch den nach-

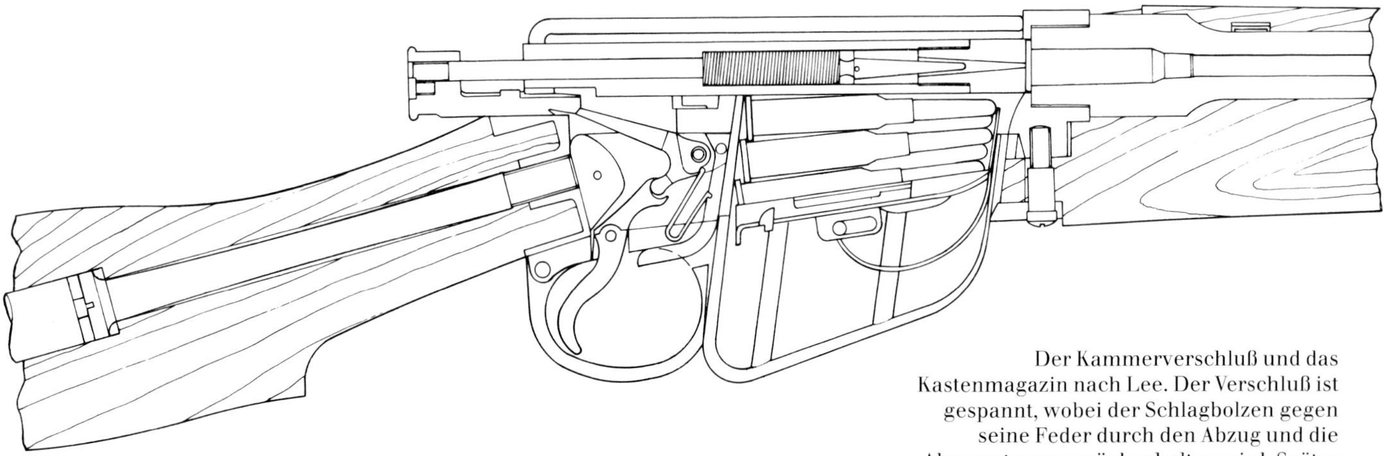

Der Kammerverschluß und das Kastenmagazin nach Lee. Der Verschluß ist gespannt, wobei der Schlagbolzen gegen seine Feder durch den Abzug und die Abzugsstange zurückgehalten wird. Später wurde die abgerundete Magazinfeder durch eine V-Feder ersetzt, um eine verläßlichere Zuführung zu gewährleisten.

Das Lee Enfield Gewehr blieb für über ein halbes Jahrhundert die Standarddienstwaffe bei der Britischen Armee. Das Mark 1 wurde im Jahre 1895 ausgegeben. Man beachte den Schmutzdeckel aus Blech über dem Verschluß und den Putzstock, der unterhalb des Laufes steckt. **Mitte:** Der Mark 3 »Stutzen« (Kurzausführung) wurde 1907 ausgegeben. Hier sehen wir die Waffe, ausgerüstet mit einem Periskop für den Grabenkrieg.

Das Lee Enfield Nr. 4 wurde kurz vor Ausbruch des Zweiten Weltkrieges entwickelt. Hier sehen wir es im Einsatz bei dem Angriff im Odon-Tal, Frankreich, Juli 1944.

Einige der Rivalen des Lee-Enfield. Von oben nach unten: das Mauser-Gewehr 98 mit fünfschüssigem Magazin innerhalb des Schaftes; der U.S. Karabiner M1898 mit dem Kammerverschluß nach Krag-Jorgensen; das Modell 1903 »short rifle« der U.S. Army, auch als das »Springfield« bekannt.

folgenden Weg, den diese Waffe machte, wurden die Männer, die sie ausgewählt hatten, bestätigt. Als das rauchschwache Pulver das Schießpulver ersetzte, wurde auch eine neue Art von Zügen als Ersatz für die Züge nach Metford geschaffen. Diese Art der Züge ist nach dem Ort des Entwurfes bekannt geworden. So entstand im Jahre 1895 das Lee-Enfield-Gewehr. Mit geringen Veränderungen blieb es bis zum Jahre 1956 die offizielle Dienstwaffe der britischen Armee.

Während dieser Zeit hatte Mauser seine Konstruktion ständig verbessert. Jedes Jahr, so schien es, übernahm ein weiteres Land die Konstruktion, und mit jeder weiteren Neueinführung wurden kleine Verbesserungen vorgenommen. 1893 führte die spanische Armee ein Mausergewehr ein, bei dem zum ersten Mal ein Kastenmagazin verwendet wurde, das vollkommen im Gewehrschaft verborgen lag. Schließlich entschied sich 1898 die deutsche Heeresleitung zur Einführung einer Mauserwaffe, bekannt unter dem Namen »Gewehr 98«. Es war wohl zur damaligen Zeit das Spitzenprodukt des Mauserschen Erfindungsgeistes. In den Grundzügen ähnelte es weitgehend seinen Vorläufern, aber viele kleine Verbesserungen machten diese Waffe zu einem der besten Militärgewehre aller Zeiten. Einmal mit dem deutschen Gütesiegel versehen, wurde das Gewehr von vielen anderen Ländern übernommen.

Nach zahlreichen Leistungstests führte die Armee der Vereinigten Staaten im Jahre 1892 das Krag-Jörgensen Gewehr als ihre Mehrladewaffe ein. Das war eine Entscheidung, die sich stets einer rationalen Begründung entzog. Das Krag-Gewehr war eine dänische Entwicklung, bei der ein Verschlußzylinder verwendet wurde, der mehr oder weniger auf dem Mauser-Prinzip basierte. Es hatte allerdings ein anderes Kastenmagazin, das durch eine Klappe an der Seite des Gewehres geladen wurde. Die Patronen wurden unter den Verschlußzylinder nach hinten geschoben und von links her in den Verschlußweg gedrückt. Warum dieses System anstelle des in den

Das Ariska-Gewehr, Type 38 war die Standardwaffe der Japanischen Armee von 1908 bis 1945. Es basierte auf dem Mauser Gewehr.

USA vorhandenen Lee-Systems eingeführt wurde, ist nicht bekannt.

Das Krag-Gewehr mußte bald im spanisch-amerikanischen Krieg seine Feuertaufe bestehen. Die Kommentare der US-Soldaten – die den spanischen Truppen gegenüberstanden, die mit dem neuesten Mausermodell ausgerüstet waren – fielen recht negativ aus. Folglich sahen sich die Amerikaner schnellstens nach einem anderen erhältlichen Gewehr-System um, und sie entschlossen sich, das Mauser-System nach ihren eigenen Vorstellungen zu modifizieren. Für das Überlassen der Rechte zahlten sie an Mauser 200.000 Dollar und übernahmen den Mauser-Verschluß sowie das Magazin. Die offizielle Bezeichnung lautete »Model 1903«, besser ist die Waffe unter dem Namen »Springfield« bekannt, benannt nach dem Ort der Waffenfabrik, in der sie hergestellt wurde.

Das Original-Springfield-Gewehr wurde 1901 mit einer Lauflänge von 30 Inches (76,2 cm) gebaut. Es entsprach der damals üblichen Praxis, zwei unterschiedliche Handfeuerwaffen zu haben. Die Hauptwaffe war das Gewehr, das von der Infanterie benutzt wurde. Die kleinere Waffe war der Karabiner, eine kürzere Ausführung der gleichen Waffe, die aber bei der Kavallerie, der Artillerie und bei den Pionieren verwendet wurde. Diese Truppenteile wünschten eine handlichere Waffe, um sich auf ihre eigenen speziellen Aufgaben konzentrieren zu können. Diese Doppelgleisigkeit war äußerst lästig und ärgerlich. Zunächst bedeutete das zwei unterschiedliche Modelle bei der Beschaffung, zwei unterschiedliche Ersatzteillager, zwei unterschiedliche Produktionseinrichtungen. Dann gab es noch ein ballistisches Problem. Eine Patrone, die optimal für einen 30-Inch (76,2 cm) Gewehrlauf geeignet ist, konnte durchaus ungünstige Ergebnisse im 20-Inch-Lauf eines Karabiners erzielen. Der umgekehrte Fall war aber auch denkbar.

Die Lösung des Problems bestand natürlich darin – und es ist schon verwunderlich, daß man für das Naheliegendste so viel Zeit benötigt – alle Truppengattungen mit einer Waffe auszurüsten, die einen Lauf mittlerer Länge hatte. Zu Beginn des Jahrhunderts kamen offensichtlich sowohl die britische als auch die amerikanische Armee auf die gleiche Lösung. Im Jahre 1903 bauten beide Staaten ein »short rifle« (Kurzgewehr). Die Amerikaner verkürz-

Im Ersten Weltkrieg: Französischen Soldaten wird in einem amerikanischen Feldlager in Frankreich das Springfield-Gewehr vorgeführt.

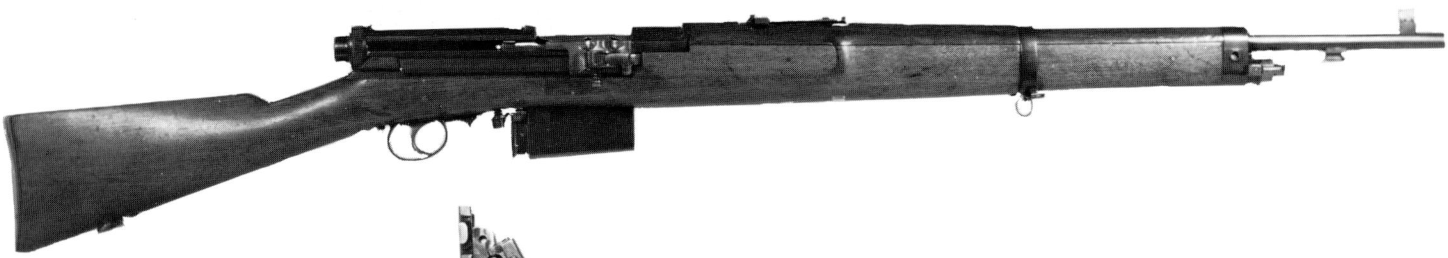

ten ihr Springfield-Gewehr durch Einbau eines 24-Inch-Laufes (61 cm) und die Engländer kappten den Lauf des Lee-Enfield Gewehres von 30 auf 25 Inch (63,5 cm).

Zu Beginn des 1. Weltkrieges gehörte das Maschinengewehr zur Standardausrüstung aller Armeen der Erde. Daraus ergab es sich, daß die Erfinder sich wieder dem Gewehr zuwandten. Man stellte Überlegungen dahingehend an, ob Gewehre nicht in der gleichen Weise selbstladend schießen könnten. Tatsächlich arbeiteten bereits seit den neunziger Jahren des 19. Jahrhunderts Konstrukteure an der Lösung des Problems, aber sie wurden nicht nur mit Schwierigkeiten bei der Konstruktion der Mechanik konfrontiert, sondern die meisten Mitglieder der militärischen Hierarchie warfen ihnen regelrecht Knüppel zwischen die Beine.

Das Magazingewehr selbst lieferte in diesen Anfangstagen handfeste Gegenargumente. Es wurde die Ansicht vertreten, daß der einfache Soldat sein volles Magazin beim ersten Anblick des Feindes sofort leerschießen würde. Käme der Feind dann aber näher heran, so hätte er nichts mehr in Händen, um ihn zu bekämpfen. Eine solche Munitionsverschwendung würde auch in nicht zu verantwortender Weise das Nachschubproblem verschärfen.

Diese gleichen Einwände, allerdings noch verstärkt, richteten sich nun gegen das Selbstlade-Gewehr. Wenn ein Mehrlader die Munition schnell verbrauchte, um wieviel schneller müsse das erst bei einer Selbstladewaffe der Fall sein, und um wie viel schwieriger würde sich die Munitionsversorgung gestalten. Um nun aber nicht zu rückständig zu erscheinen, verkündeten die meisten Armeeführungen, sie würden durchaus ein Selbstladegewehr begrüßen, vorausgesetzt, es erfülle einige unabdingbare Forderungen. Diese waren aber dermaßen überzogen, daß ihnen selbst heute kaum irgend ein militärisches Gewehr entsprechen würde. Nach einer Periode der Unschlüssigkeit war Dänemark das erste Land, das im Jahre 1886 eine kleine Zahl Selbstlade-Gewehre für den Gebrauch in der Marine einführte. Sie waren nicht sonderlich erfolgreich. In späteren Jahren wurde die Konstruktion modifiziert und in das Madsen-Maschinengewehr umgewandelt, das sehr viel erfolgreicher werden sollte. Nach diesen enttäuschenden Erfahrungen gab es für längere Zeit keine Bewegung mehr auf diesem Gebiet, bis die mexikanische Armee – eigenartigerweise immer ein Vorläufer bei der Einführung neuer Waffentypen – beschloß, das Mondragon Selbstlade-Gewehr zu übernehmen. General Mondragon von der mexikanischen Armee hatte diese Waffe konstruiert. Bei ihr wurde ein Gasdruckzylinder verwendet, der unterhalb des Laufes saß. In ihm befand sich ein Kolben, der von einem Teil des Treibgases, das hinter dem Geschoß frei

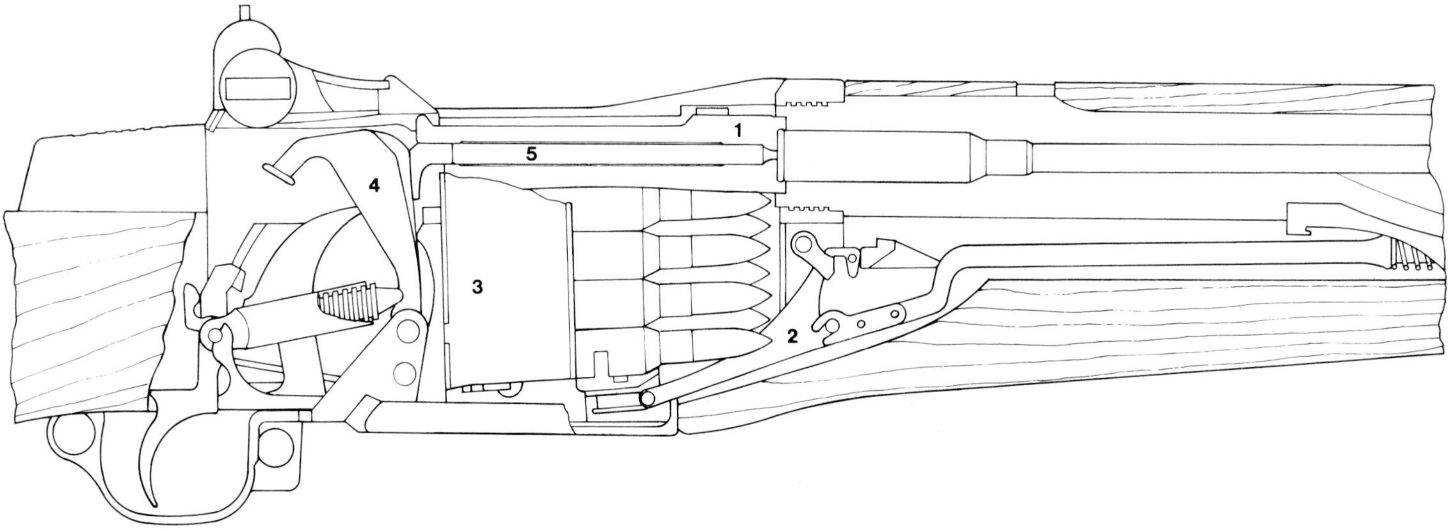

Einige der ersten Selbstladegewehre. Von oben nach unten: das mexikanische Mondragon-Gewehr von 1908; das Pedersen-Gewehr im Kaliber.276 mit geöffnetem Kniegelenkverschluß; das amerikanische Gewehr .30 M1, besser bekannt als das Garand-Gewehr, benannt nach seinem Erfinder. **Rechts:** John C. Garand (1888–1974).

wurde, angetrieben wurde. Der Kolben stieß den Verschluß zurück, um die Hülse auszuwerfen und für den nächsten Schuß nachzuladen. Offiziell wurde die Waffe 1908 erprobt, und dann mit einer Firma in der Schweiz vertraglich die Herstellung vereinbart. Einige Exemplare wurden vor Ausbruch des ersten Weltkrieges 1914 ausgeliefert, danach aber ging der verbleibende Teil der Lieferung nach Deutschland.

Viele dieser Gewehre wurden von Luftbeobachtern in den Anfängen der Luftkriegsführung eingesetzt. Einige wurden auch im Grabenkrieg benutzt, aber dort zeigten sie keine so guten Ergebnisse, da sie in Schmutz und Schlamm zu Ladehemmungen neigten. Das minderte das Ansehen der Selbstlade-Gewehre bei vielen für den Rest des Krieges. Im großen und ganzen wurde der erste Weltkrieg auf beiden Seiten mit Magazingewehren mit Zylinderverschluß als Infanterie-Handfeuerwaffe ausgetragen.

Nach dem Krieg begannen die Amerikaner ernsthaft an der Konstruktion eines Selbstladers zu arbeiten. Im Jahre 1920 bot John C. Garand der Armeeführung ein ungewöhnliches Gewehr an, bei dem die Verriegelung des Verschlusses allein durch den Rückstoß des Zündhütchens in der Patronenhülse aufgehoben wurde. Die ganze Konstruktion wurde für den Dienstgebrauch beim Militär als zu wenig stabil angesehen, doch im Vertrauen auf die weitere Entwicklungsmöglichkeit wurde Garand in der Waffenfabrik in Springfield angestellt, um weiter an einem Selbstlader zu arbeiten. Zur selben Zeit baute J. D. Pedersen, ein anderer amerikanischer Konstrukteur, ein Gewehr, in dem ein Kniegelenkverschluß benutzt wurde, ähnlich dem im Maxim-Maschinengewehr oder bei der Luger-Pistole. In dem Zusammenhang entwickelte er auch eine Patrone im Kaliber .276. Das Gewehr wurde jedoch abgelehnt, weil die verwendeten Patronen mit Fett oder Wachs geschmiert werden mußten, um eine korrekte Funktion zu gewährleisten. Andererseits ziehen gefettete Patronen Staub an, was zu Ladehemmungen führen kann. Man besann sich jedoch auf diese Patrone, und Garand stellte nun ein Gewehr als Gasdrucklader her, das .276iger Patronen verwendete. Beim Schuß wurde ein Gaskolben unterhalb des Laufes zurückgestoßen. Durch die Wechselwirkung auf die mit Nocken versehenen Oberflächen erfolgte ein Drehen und Öffnen des Gewehrverschlusses. Ein Ladestreifen oder eine Metallklammer mit acht Patronen wurde in das Magazin geschoben, und ein federgetriebener Zubringerhebel schob nach und nach die Patronen in die Führungsbahn des Verschlußstückes. Nachdem der letzte Schuß abgefeuert worden war, blieb der Verschluß offen und zeigte an, daß die Waffe leer war. Der Ladestreifen wurde darauf aus dem Magazinschacht entfernt.

Das Garand-Gewehr war robust, unkompliziert und einfach zu handhaben. Im Jahre 1929 wurde es als ein möglicher Kandidat ausgewählt, Standard-Dienstwaffe zu werden. General MacArthur, damals Generalstabschef, stimmte mit der Wahl der Experten überein, lehnte jedoch die Verwendung der .276iger Patrone ab. Die Gründe lagen in dem Vorhandensein großer Bestände an Munition Kaliber .30 und der zugehörigen Produktionseinrichtungen. Sie stellten einen zu großen Wert dar, als daß man sie einfach hätte aufgeben können. So kehrte das Garand-Gewehr in die Werkstatt des Konstrukteurs zurück, um dort auf das Kaliber .30 abgewandelt zu werden. Im Jahre 1936 wurde es als »Rifle M1« getestet und die Streitkräfte der Vereinigten Staaten waren die erste größere Armee, die ein Selbstlade-Gewehr als ihre Standardwaffe für die Infanterie einführten.

Die Übernahme des Garand-Gewehres durch die Amerikaner brachte andere Nationen dazu, das Selbstlade-Gewehr zu akzeptieren. Die Rote Armee reagierte zuerst. Ebenfalls im Jahre 1936 übernahm sie eine Konstruktion von Simonow. Es handelte sich dabei ebenfalls um eine Waffe mit Gasdrucksystem. Zylinder und Kolben waren über dem Lauf angebracht und trieben einen Verschlußzubringer an, in

Linke Seite: Das Gewehr-Verschlußsystem nach Garand. Der Verschlußzylinder (1) wird durch einen Gaskolben getrieben. Der Zubringer (2) schiebt die Patrone aus dem Patronenrahmen (3) in die Verschlußzylinderbahn. Wenn der Abzug gedrückt wird, schlägt der Hahn (4) auf den Schlagbolzen (5).

Der Mauser Karabiner 98K war in Wirklichkeit eher ein Stutzen als ein Karabiner. Er blieb bis zum Jahre 1945 die Basiswaffe bei der deutschen Infanterie.

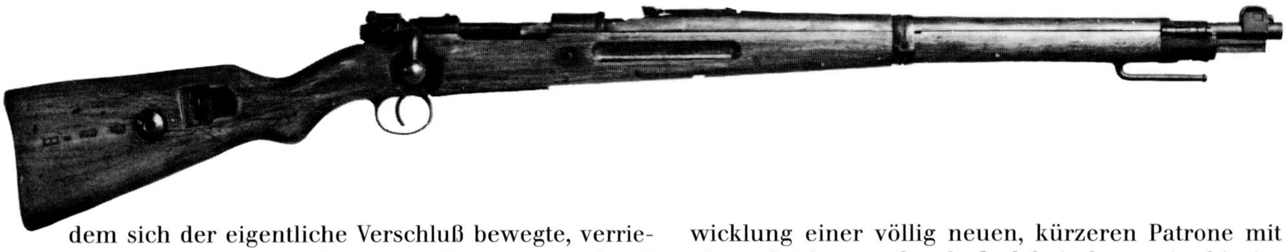

dem sich der eigentliche Verschluß bewegte, verriegelte und entriegelte. Es war jedoch zu vorschnell gehandelt, die Waffe in Dienst zu stellen. Ihre Schwächen waren ein zu starker Rückstoß und ein Hang zu Ladehemmungen bei Staub und Schmutz. Innerhalb von zwei Jahren wurde die Waffe durch eine andere Konstruktion von Tokarew ersetzt. Diese wiederum erwies sich als nicht robust genug für den Dienstgebrauch, und große Teile der Armeeführung blieben dem Mosin-Nagant-Gewehr mit Zylinderverschluß, einem Relikt aus der Zarenzeit, treu.

Die deutsche Wehrmacht hatte als Standardinfanteriewaffe den Karabiner 98K, eine verkürzte Ausführung des Gewehrs 98. Als sich aber die Lage in Europa Ende der dreißiger Jahre immer mehr in Richtung eines neuen Krieges zuspitzte, begann man die Möglichkeiten für ein Selbstlade-Gewehr zu prüfen. Im Jahre 1940 entwickelte die Firma Walther ein Modell, bei dem eine Kappe an der Mündung, vom Druck des entweichenden Gases vorwärtsgetrieben, einen Hebel bewegte, der mit dem Verschluß in Verbindung stand. Einige tausend Exemplare wurden hergestellt, aber es war keine gute Konstruktion, so daß sie militärisch keinen Bestand hatte.

In der deutschen Wehrmacht existierten zwei Denkrichtungen bezüglich der Frage nach einem neuen Gewehr. Der traditionelle Flügel wünschte sich in erster Linie einen Selbstlader, aus dem man die gleichen 7,92 mm-Patronen verschießen konnte wie schon aus der Standard-Dienstwaffe, die aus der Zeit um die Jahrhundertwende stammte. Die Gegenseite begann das Problem unter einem völlig anderen Gesichtspunkt zu betrachten. Untersuchungen der infanteristischen Operationen aus dem Ersten Weltkrieg hatten ergeben, daß ein Infanteriesoldat höchst selten gefordert worden war, sein Gewehr über eine Entfernung von mehr als etwa 450 Meter abzufeuern. Praktische Tests hatten zudem gezeigt, daß die meisten Soldaten keine Ziele mehr unterscheiden oder klar erkennen konnten, die noch weiter entfernt waren. War es wirklich weiterhin notwendig, so kraftvolle Patronen zu benutzen, die dazu konstruiert waren, über eine Entfernung von bis zu 1800 Metern genau zu treffen, die Leistungen erbrachten für eine Art von Kriegsführung, die man aus dem Burenkrieg in Südafrika kannte?

Das Resultat dieser Überlegungen war die Entwicklung einer völlig neuen, kürzeren Patrone mit einem leichteren Geschoß, dabei aber weiterhin im Kaliber 7,92 mm mit kürzerer Patronenhülse und entsprechend geringerer Treibladung. Die Patronen waren immer noch kraftvoll genug, um damit Ziele in einer Entfernung von etwa 720 Meter bekämpfen zu können, aber diese kürzere Patrone ermöglichte auch einen verkürzten Verschlußweg und verbunden damit eine kürzere Waffe. Das leichtere Geschoß und die geringere Treibladung erzeugten einen schwächeren Rückstoß, ein schnelleres, erneutes Zielen nach dem Schuß wurde möglich, die ganze Handhabung wurde einfacher. Außerdem konnte der Soldat nun mehr Munition mitführen. Von dieser Ausgangsposition aus, wurde ein völlig neuer Typ von Gewehr entwickelt. Zunächst einmal wurde es so konstruiert, daß es für die Massenproduktion geeignet war, das heißt, es wurden geprägte Metallteile verwendet, Kunststoff anstelle von Holz und Schweißverbindungen statt Nieten und Schrauben. Die Waffe war ein Gasdrucklader; zusätzlich zum Selbstladevorgang konnte sie auf vollautomatisches Feuer umgestellt werden und damit wie ein Maschinengewehr schießen.

Unter der Bezeichnung »Maschinenkarabiner 42« wurden einige tausend Stück hergestellt und an die Ostfront geschickt. Es zeigte sich, daß die Waffe bei der Truppe schnell Zustimmung fand. Jedoch war die Aufnahme der Serienproduktion von der Zustimmung Hitlers abhängig. Bei dem hatte sich aus den eigenen Erfahrungen im Grabenkrieg in den Jahren 1917–18 die Ansicht verfestigt, ein Gewehr müsse eine Patrone herkömmlicher Größe über eine Entfernung von 2000 Meter verschießen können und er erteilte der neuen Waffe eine Absage. Die Heeresleitung war über diese Entscheidung bestürzt und man reagierte, wie Soldaten überall reagieren, wenn sie mit einer schlechten Entscheidung konfrontiert werden: Sie gehorchen, gehen zur Tagesordnung über und treffen für sich eine bessere Entscheidung. Die Waffe ging ohne die Zustimmung Hitlers in die Serienfertigung.

In den monatlichen amtlichen Berichten wurde dieser Vorgang durch eine Umbenennung verschleiert. Die Waffe wurde nun als »Maschinenpistole 43« bezeichnet und der Gattung der Maschinenpistolen zugerechnet. Möglicherweise wurde dieser Trick auf-

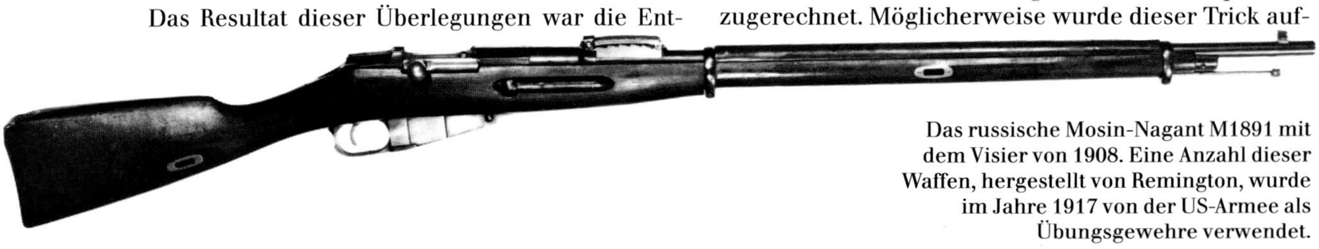

Das russische Mosin-Nagant M1891 mit dem Visier von 1908. Eine Anzahl dieser Waffen, hergestellt von Remington, wurde im Jahre 1917 von der US-Armee als Übungsgewehre verwendet.

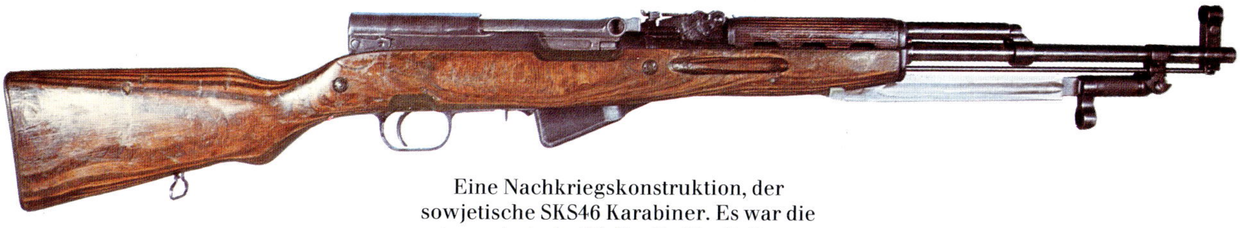

Eine Nachkriegskonstruktion, der sowjetische SKS46 Karabiner. Es war die erste sowjetische Waffe, die für die Patrone 7,62 mm x 39 eingerichtet war.
Die Landung von US-Truppen, ausgerüstet mit Garand-Gewehren, bei Leyte, Philippinen, im Oktober 1944. Gemälde von H. Charles McBarron.

Die moderne Generation der Automatik-Gewehre.

Von oben nach unten: Der Maschinen-Karabiner 42 (W), konstruiert von Walther – ein Konkurrenzmodell wurde durch die Firma Haenel entwickelt. Die Maschinenpistole 43, entwickelt aus dem Modell MKb42 von Haenel.
Das Enfield EMI Halbautomatik-Gewehr im Kaliber .280; Das Kalaschnikov-Sturmgewehr, konstruiert für die 7,62 mm Kurzpatrone.

gedeckt und Hitler bekam einen seiner Tobsuchtsanfälle, aber als ihm schließlich die Waffe vorgeführt wurde, ließ er sich überzeugen und gab ihr nun seinerseits einen anderen Namen. Sie wurde jetzt unter dem Namen »Sturmgewehr 44« bekannt, was im englischen Sprachraum dem Begriff »Assault Rifle« entspricht.

In den Jahren nach dem Kriege fand diese deutsche Entwicklung Anhänger in den Armeeführungen vieler Länder. Verschiedene Neukonstruktionen dieser Waffenart wurden vorgenommen. Dabei legte man die gleichen Parameter zugrunde – eine kleinere Patrone mit reduzierter Leistung, um eine leichtere Waffe zu erhalten. In Großbritannien wurde das umwälzende »EM1« Gewehr (Enfield Model 1) herausgebracht. Es war für eine 7 mm Kurzpatrone entwickelt worden. Das Erscheinungsbild der Waffe war mit dem, was man bisher kannte, nicht zu vergleichen. Anstelle eines langen Hinterschaftes hatte das Gewehr lediglich ein abgeflachtes Polster unmittelbar hinter dem Bodenstück. Der Verschluß lag nun nicht mehr vor dem Gesicht des zielenden Schützen, sondern unterhalb seiner Wange. Das bedeutete, daß bei einer gegebenen Lauflänge das ganze Gewehr um die Länge des sonst vorhanden gewesenen Hinterschaffens oder Kolbens verkürzt worden war. Leider kamen nun politische Argumente ins Spiel. Die Standardisierung innerhalb des Nato-Bündnisses war das Gebot der Stunde. Die Nato entschied sich für eine etwas verkürzte Version der amerikanischen .30iger Patrone, die Patrone 7,62 mm Nato.

Dazu wurde das in Belgien entwickelte Automatik-Gewehr der Fabrique Nationale übernommen. Die Amerikaner modifizierten die Garand-Konstruktion, um ihr eigenes Gewehr zu produzieren, das dann ebenfalls die 7,62 mm Nato-Patrone verschießen konnte.

Auch die Russen griffen die deutschen Überlegungen auf und entwickelten eine 7,62 mm-Patrone mit nahezu der gleichen Größe wie die deutschen Patronen aus dem Zweiten Weltkrieg. Dafür stellten sie ein Sturmgewehr mit Gasdrucksystem her, das bekannte Kalaschnikow. Diese robuste und unkomplizierte Waffe ist bis jetzt die wohl am weitesten verbreitete Handfeuerwaffe der Geschichte. Sie wurde von allen Staaten im sowjetischen Machtbereich übernommen und an jeden Staat geliefert, der die Sowjets um Hilfe bat.

Schließlich sollte die Kurzpatrone auch in Amerika noch erfolgreich werden, und zwar sozusagen durch die Hintertür. Man entwickelte das Armalite-Gewehr als ein Sturmgewehr für eine völlig neue 5,56 mm-Patrone und ließ es zunächst in spekulativer Erwartung in Produktion gehen. Die U. S. Air Force führte es für ihre Flugzeugbesatzungen ein, die eine leichte Waffe benötigten.

Die Waffe wurde von den amerikanischen Streitkräften im Vietnam-Krieg benutzt, von da verbreitete sie sich in den U. S. Streitkräften und wurde schließlich als Standardwaffe übernommen.

Nach und nach ersetzt dieses Sturmgewehr die 7,62 mm-Nato-Waffen, die noch allgemein in den Infantrieverbänden im Gebrauch sind.

Die britische 4,85 mm »Individual Weapon« ist vergleichsweise so ausgelegt wie das EMI, mit einem verkürzten Schaft und dem Magazin hinter dem Abzug.

Neuntes Kapitel

Der Revolver

Vorhergehende Seite: »Schießerei« von Charles M. Russel.

Der Gedanke, eine Gruppe drehbarer Kammern für das aufeinanderfolgende Abfeuern einzelner Schüsse zu verwenden, ist nicht neu. Es handelt sich hierbei um eine der ältesten Methoden. Doch dieser Idee erging es wie vielen technischen Lösungen. So lange die Ladung aus Pulver und getrennter Kugel bestand und dem Feuerstein als Zündkomponente, war sie nicht wirklich befriedigend umzusetzen. Mit der Vervollkommnung des Forsythschen Perkussionssystems und der Einführung des Perkussionszündhütchens wurden die bestehenden Probleme sehr vereinfacht und es erschienen erstmals brauchbare Waffen auf der Bildfläche, die nach dem Revolverprinzip funktionierten.

Der Bündelrevolver – die sogenannte »Pfefferbüchse« – war ein Versuch aus der Steinschloßära. Das Drehteil umfaßte eine Anzahl eigenständiger Läufe. Diese Waffe war technisch durchaus geeignet, um auf die Perkussionszündung umgestellt zu werden. Bei den ersten Modellen wurde das Laufbündel oder die Trommel von Hand bewegt. Die Trommeleinheit mußte nach jedem Schuß vom Schützen weitergedreht werden. Ungefähr um 1830 wurde die erste »Pfefferbüchse« mit Selbstspannung gebaut. Dabei wurde eine einfache bewegliche Stange verwendet, die mit dem Abzug in Verbindung stand. Sie wirkte auf eine Klinke am hinteren Ende des Laufbündels. Der geladene Lauf wurde so weit gedreht, bis er mit dem Hahn in einer Linie stand. Der Hahn wurde dabei gleichzeitig in Spannrast-Position gebracht und mit der letzten Bewegung am Abzug freigegeben. Bei den meisten Konstruktionen befand sich der Hahn oben in der Waffe und schlug auf das Perkussionszündhütchen herunter, das im rechten Winkel zur Kammer auf den Piston aufgesteckt war. Bald erschienen wesentlich verbesserte Konstruktionen, bei denen die Pistons axial in das Ende des Laufes eingeschraubt waren und ein innenliegender Hahn nach vorne schlug.

Es sollte vielleicht in diesem Zusammenhang darauf hingewiesen werden, daß gerade damals eine lange Friedensperiode herrschte, die zur Folge hatte, daß die Nachfrage nach Pistolen in Europa sehr gering war. Die gleiche Situation war auch in Amerika anzutreffen. Der Unabhängigkeitskrieg und die Grenzkonflikte waren abgeschlossen, die Eroberung des Westens stand noch bevor, so daß selbst jenseits des Atlantiks die Nachfrage mäßig war. Dessenungeachtet ließ sich im Jahre 1835 Samuel Colt, gleich nach dem er seine Volljährigkeit erlangt hatte, seinen Revolver patentieren, dessen Prinzip bis heute Gültigkeit hat. Er führte eine vollkommen neue Gestaltung ein, indem er die drehbare Einheit so stark verkürzte, bis schließlich nur noch die Kammern selbst übrig blieben. Dann setzte er nur einen Lauf vor die oberste Kammer. Colts tatsächliche Patentansprüche (englisches Patent Nr. 6909 vom 22. Oktober 1835) bezogen sich auf »Verbesserungen, anwendbar bei Feuerwaffen«. Im Detail hatte das Patent solche Inhalte wie die Methode, mittels einer Klinke in Verbindung mit dem Hahn die Trommel zu drehen, und einer Methode, jede einzelne Kammer zu verriegeln, die in einer Linie mit dem Lauf stand.

Im Jahre 1836 erhielt er in Amerika ein gleiches Patent (Nr. 9430X) und damit konnte er wirksam auf Jahre hinaus jede andere Form der Entwicklung einer mechanischen Drehtrommel und der entsprechenden Trommelsperre verhindern.

Ende 1836 begann man Revolver nach Colts Entwürfen in der »Patent Arms Mfg Co« in Paterson, New Jersey, herzustellen. Nach dem Herstellungsort sind seither diese Waffen als »Paterson Colts« bezeichnet worden.

Infolge der mangelnden Nachfrage, wie bereits oben erwähnt, war das Unternehmen kein Erfolg und die Firma wurde im Jahre 1843 geschlossen. Es hätte das wirtschaftliche und unternehmerische Ende für Sam Colt und seinen Revolver bedeuten können, wenn nicht 1847 der amerikanisch-mexikanische Krieg ausgebrochen wäre. Colt schaffte es, eine Bestellung über 1000 Revolver im Kaliber.44 zu ergattern, die in seinem Auftrag von Eli Whitneys Whitneyville Armory hergestellt wurden. Colts ursprüngliche Konstruktion war hauptsächlich auf der Grundlage von Vorschlägen seitens Captain Walker von den Texas Rangers und auch von Whitney verbessert worden, der ja über bedeutende Erfahrung in der Mas-

Ein belgischer Bündelrevolver mit Lefaucheux-Zündung (Stiftzündung). Bei ihm sind die Trommelbohrungen verlängert und dienen damit als Läufe. Die Waffe verfügt über einen Klappabzug.

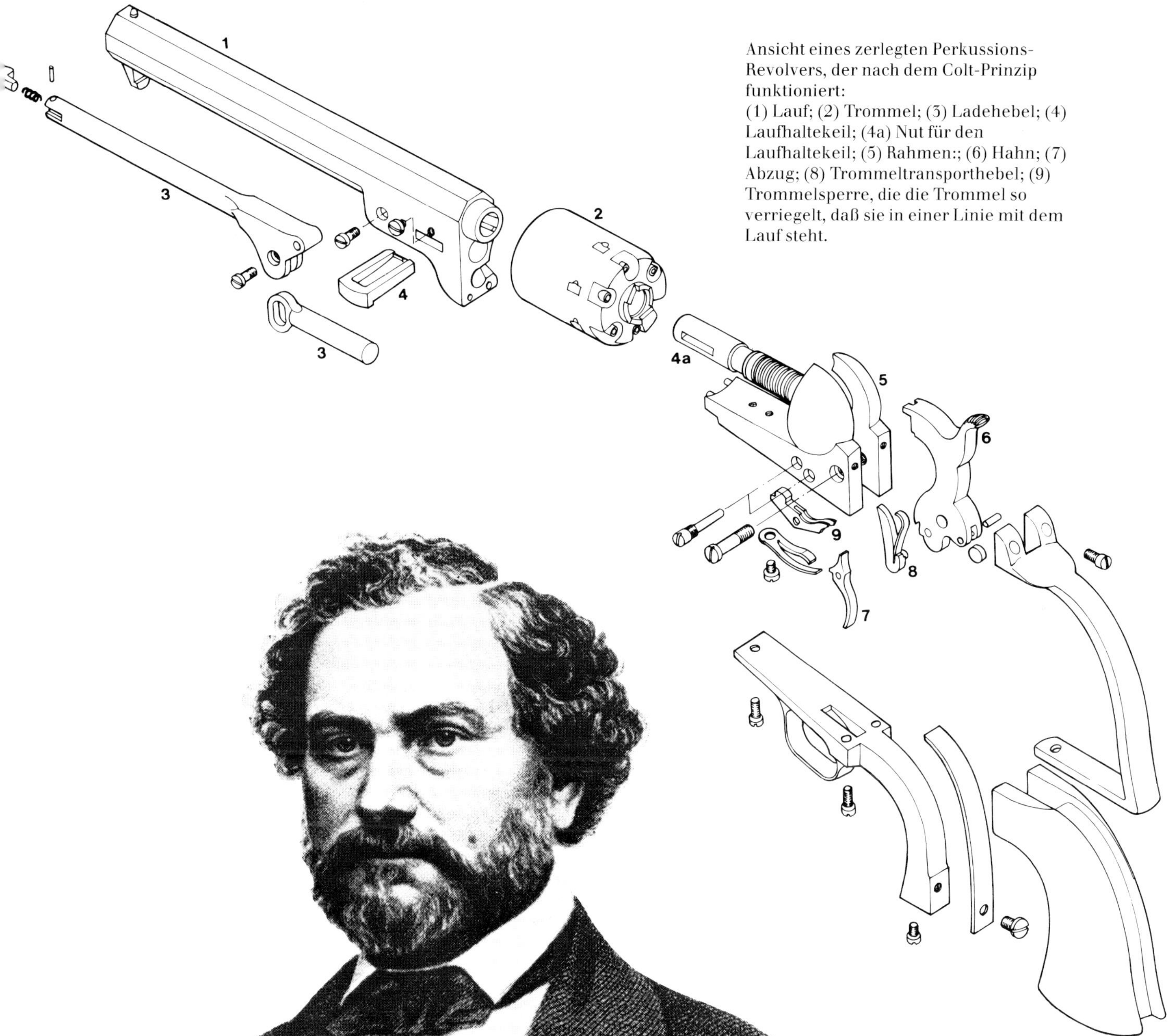

Ansicht eines zerlegten Perkussions-Revolvers, der nach dem Colt-Prinzip funktioniert:
(1) Lauf; (2) Trommel; (3) Ladehebel; (4) Laufhaltekeil; (4a) Nut für den Laufhaltekeil; (5) Rahmen:; (6) Hahn; (7) Abzug; (8) Trommeltransporthebel; (9) Trommelsperre, die die Trommel so verriegelt, daß sie in einer Linie mit dem Lauf steht.

Samuel Colt (1814–1862) Erfinder des berühmten Colt-Revolvers.

senherstellung von Feuerwaffen besaß. Obwohl die Waffe offiziell als »Model 1847« bezeichnet wurde, sind diese schweren Revolver bei den Sammlern allgemein besser unter dem Namen »Whitneyville-Walker Colt« bekannt. Sie sind heute außerordentlich selten und wertvoll. Aus den Einnahmen von diesen Waffen war Colt in der Lage, seine eigene Fabrik in Hartford, Connecticut, zu finanzieren und von da an, so wird gesagt, schaute er nie mehr rückwärts.

Im Jahre 1851 wurde in London die »Great Exhibition of the Industry of All Nations« durchgeführt (Große Ausstellung der Industrien aller Länder – Weltausstellung). Ungeachtet des Mottos »Peace and Industry« – Friede und Industrie – stellte Colt mehr als 100 Revolver unterschiedlicher Art aus. Diese Exponate, verbunden mit einigen pfiffigen Werbeaktionen von Colt, der zweifellos auch sein bester eigener Handelsvertreter war, erregten das Interesse des Publikums. Plötzlich blühte das Geschäft mit den Revolvern. Dies erwies sich auch als ein glücklicher Umstand für Robert Adams, einem englischen Büchsenmacher, der sich im Jahre 1851 einige Verbesserungen an Feuerwaffen hatte patentieren lassen.

Darunter befand sich eine Konstruktion für einen Revolver. Der Adams-Revolver war im Gegensatz zu denen von Colt die einzige existierende gelungene Konstruktion; so begann Adams auf der Erfolgswelle von Colt mitzureiten.

Der Adams-Revolver war in der Tat ein wesentlich besserer Revolver als der von Colt. Zunächst einmal wurde bei dieser Konstruktion eine solidere Rahmenform verwendet; der Revolvergriff, Rahmen und Lauf waren als eine Einheit geschmiedet. Eine rechteckige Aussparung wurde für das Einsetzen der Trommel freigelassen. Diese Lösung war in sich schon stabiler als Colts offene Rahmenkonstruktion, wobei der Lauf als separate Einheit vorn am Rahmen befestigt werden mußte. Adams zweite Verbesserung lag im Bereich des Schlosses. Der Colt-Revolver besaß ein Schloß mit einfacher Hahnbewegung (»single action«), das es erforderlich machte, den Hahn mit dem Daumen zu spannen und dann den Abzug zu betätigen, um über die Freigabe des Hahnes den Schuß abzugeben. Der Adams-Revolver hatte ein Schloß mit Selbstspannung. Der anhaltende Druck auf den Abzug hob zunächst den Hahn in die Spannposition und gab ihn dann ohne Unterbrechung frei. Das bedeutete, daß der Adams-Revolver bei raschem Feuern im Vorteil war. Andererseits war das Coltsche Schloß dann von Vorteil, wenn ein langsames und gezieltes Schießen gefordert war. Mit dem gespannten Hahn war ein präzises Zielen möglich. Ein leichter Druck auf den Abzug, der den Zielvorgang nicht störte, konnte den Schuß auslösen. Mit der Zeit wurde daher ein drittes System geschaffen, dergestalt, daß der Hahn in beiden gewünschten Arten bewegt werden konnte. Dieser Mechanismus ist unter dem Namen »double action« bekannt – doppelte Hahnbe-

Oben: Der englische Büchsenmacher Robert Adams lädt den Revolver seiner Königlichen Hoheit, des Prinzgemahls (Prinz Albert).
Aus: »The Revolver« von Patrick Edward Dove.

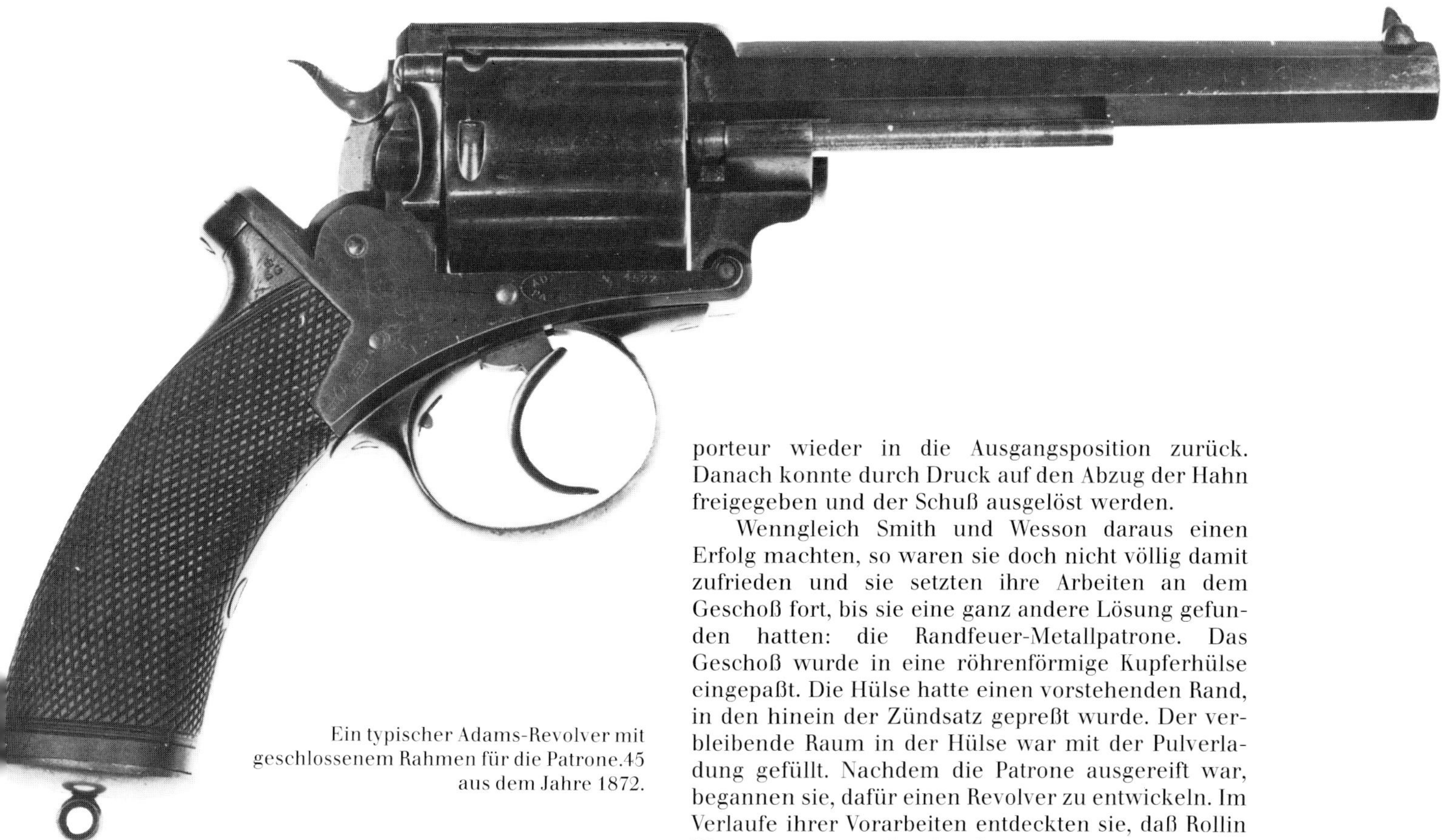

Ein typischer Adams-Revolver mit geschlossenem Rahmen für die Patrone.45 aus dem Jahre 1872.

wegung, bzw. Hahn- und Abzugsspannung.

Seitdem gehört diese Art des Schlosses zur Normalausstattung neuzeitlicher Revolver, aber selbst intensive Nachforschungen in der Suche nach dem Erfinder haben zu keinem Erfolg geführt.

Adams und Colt beherrschten mit ihren umfassenden Patenten auf Jahre hin gemeinsam den Markt für den Bau und Vertrieb von Revolvern. Erst als 1854 das Patent von Colt und im Jahre 1865 das von Adams erlosch, wurde die Revolverherstellung in den Vereinigten Staaten und in Großbritannien für andere Hersteller möglich. Unter denen, die auf diese Freigabe gewartet hatten, waren auch die beiden Amerikaner Horace Smith und Daniel B. Wesson. Sie schlossen sich im Jahre 1852 zusammen, um eine völlig andere Faustfeuerwaffe zu bauen, die das Hauptpatent von Colt umgehen sollte. Sie entwickelten eine Magazin-Pistole, bei der sich unterhalb des Laufes eine Röhre mit den Patronen befand. Sie gaben die Verbindung Zündhütchen – Pulver – Einzelgeschoß auf und verwendeten eine zusammengesetzte Einheit, die sie als »Volcanic-Geschoß« bezeichneten. Im wesentlichen bestand es aus einer verbesserten Version einer früheren, wenig erfolgreichen Entwicklung von Walter Hunt, dessen Rechte daran von Smith und Wesson aufgekauft worden waren. Das Bleigeschoß hatte eine Aushöhlung am Boden, in der sich die Pulverladung befand. Die Höhlung war durch einen Korkstöpsel verschlossen, in dessen Mitte das Zündhütchen steckte. Die Pistole hatte zur Handhabung einen Hebel unterhalb des Gehäuses. Wurde der Hebel heruntergedrückt, so öffnete er den Verschluß und schob eine »Patrone« aus dem Magazin hoch. Das Hochdrücken des Hebels beförderte sie in das Patronenlager, verriegelte den Verschluß und führte den Transporteur wieder in die Ausgangsposition zurück. Danach konnte durch Druck auf den Abzug der Hahn freigegeben und der Schuß ausgelöst werden.

Wenngleich Smith und Wesson daraus einen Erfolg machten, so waren sie doch nicht völlig damit zufrieden und sie setzten ihre Arbeiten an dem Geschoß fort, bis sie eine ganz andere Lösung gefunden hatten: die Randfeuer-Metallpatrone. Das Geschoß wurde in eine röhrenförmige Kupferhülse eingepaßt. Die Hülse hatte einen vorstehenden Rand, in den hinein der Zündsatz gepreßt wurde. Der verbleibende Raum in der Hülse war mit der Pulverladung gefüllt. Nachdem die Patrone ausgereift war, begannen sie, dafür einen Revolver zu entwickeln. Im Verlaufe ihrer Vorarbeiten entdeckten sie, daß Rollin White, ein Angestellter bei Colt, ein Patent besaß (U.S. 12648 von 1855), welches eine Lösung schützte, mit der ein Revolver in der Art eines Magazines schnell geladen und schußbereit gemacht werden konnte. Mehr oder weniger mit einem Nebengedanken hatte White als Neuerung vorgeschlagen, »die Kammer durch das hintere Ende der Trommel auszuweiten, um sie von hinten her laden zu können und nicht, wie es bei den Perkussionsrevolvern üblich war, ›unsichtbar‹ am hinteren Ende«.

Smith und Wesson schafften es, White die Exklusivrechte an dieser Idee abzuluchsen. Laut Vereinbarung erhielt White eine Lizenzgebühr von 25 Cents für jeden verkauften Revolver. Ihm verblieb aber weiterhin die Verantwortung, die Patentrechte zu verteidigen. Mit dieser Sicherheit im Rücken fertigten Smith und Wesson im Jahre 1857 ihren ersten Patronen-Revolver im Kaliber.22. Das Patent blieb bis zum Jahre 1869 in Kraft und auf diese Weise hielten Smith und Wesson ein absolutes Monopol bei der Herstellung von Revolvern für Metallpatronen. Der unglückliche White zog aus dem Geschäft nicht die Vorteile, die er wohl erwartet hatte, denn den Großteil seiner Lizenzgebühren mußte er in Prozesse zur Abwehr potentieller oder tatsächlicher Patentverletzungen stecken.

Glücklicherweise hatte er Erfolg mit der Erfindung einer Nähmaschine und des berühmten »White Steam Car« (White'scher Dampfwagen). Hierdurch wurden seine negativen Erfahrungen auf dem Gebiet der Feuerwaffen ein wenig kompensiert.

Wenngleich das Rollin White Patent in den USA Gültigkeit hatte, so erstreckte sich der Patentschutz doch nicht auf Europa. Hier gab es ein früheres Patent aus dem Jahre 1854, das im Auftrag eines unbekannten Erfinders durch einen Londoner Patentanwalt

Horace Smith.

Daniel B. Wesson (1825–1906)

erworben worden war. Es schützte einen Revolver mit durchbohrter Trommel und Stiftzündung. Dieser Waffentyp beruhte auf einer Idee von Casimir Lefaucheaux aus Paris, der 1837 die nach ihm benannte Patrone mit Stiftzündung (Lefaucheaux-Zündung) entwickelt hatte. Hierbei wurde eine kleine Kapsel Zündmittel verwendet, die sich innerhalb einer Papphülse befand. Diese Art Zündpille wurde durch einen Metallstift gezündet, der seitlich von außen in die Hülse hineinragte und der von dem Hahn getroffen wurde. Die Patrone wurde zunächst für Sport- und Jagdwaffen entwickelt. Als aber zu Beginn der fünfziger Jahre des vorigen Jahrhundert die Patronen aus Metall gefertigt wurden, kamen auch zahlreiche Revolver dafür auf, die eine durchbohrte Trommel hatten. Das Patent aus dem Jahre 1854 schützte eines dieser Exemplare. Der Revolver mit Stiftzündung wurde im Jahre 1856 bei der französischen Kriegsmarine eingeführt und später auch von weiteren europäischen Ländern übernommen. Einige tausend Stück wurden auch im amerikanischen Bürgerkrieg benutzt. Die Empfindlichkeit des Stiftes gegenüber zufälligen Beschädigungen und versehentlichen Zündungen rief jedoch in militärischen Kreisen den Widerstand gegen die allgemeine Einführung von Waffen mit Stiftzündung hervor. Schließlich wurden billige Taschenrevolver und diese Art von Munition in einem Atemzug genannt.

Während der »Schonzeit«, in der sich Smith und Wesson ihres Monopols erfreuen durften, entstand bei den Patronen eine dritte Art der Zündung – die Patrone mit Zentralzündung. Das Zündhütchen war dabei in der Mitte des Patronenbodens eingesetzt. Das hatte erhebliche Vorteile. Zunächst einmal war es nun möglich, größere Ladungen zu verwenden. Bei den Randfeuerpatronen bestand dagegen stets die Gefahr, daß eine große Ladung den Rand der Patrone wegsprengen konnte. Daneben ergaben sie eine sichere und gleichmäßigere Zündung und führten außerdem zu Fortschritten in der weiteren Entwicklung der Revolver. Zu dieser Zeit aber mußten all diese Ideen unausgeführt bleiben. Die Herstellung und Konstruktion von Revolvern in den USA machte erst dann wieder Fortschritte, als das Patent von

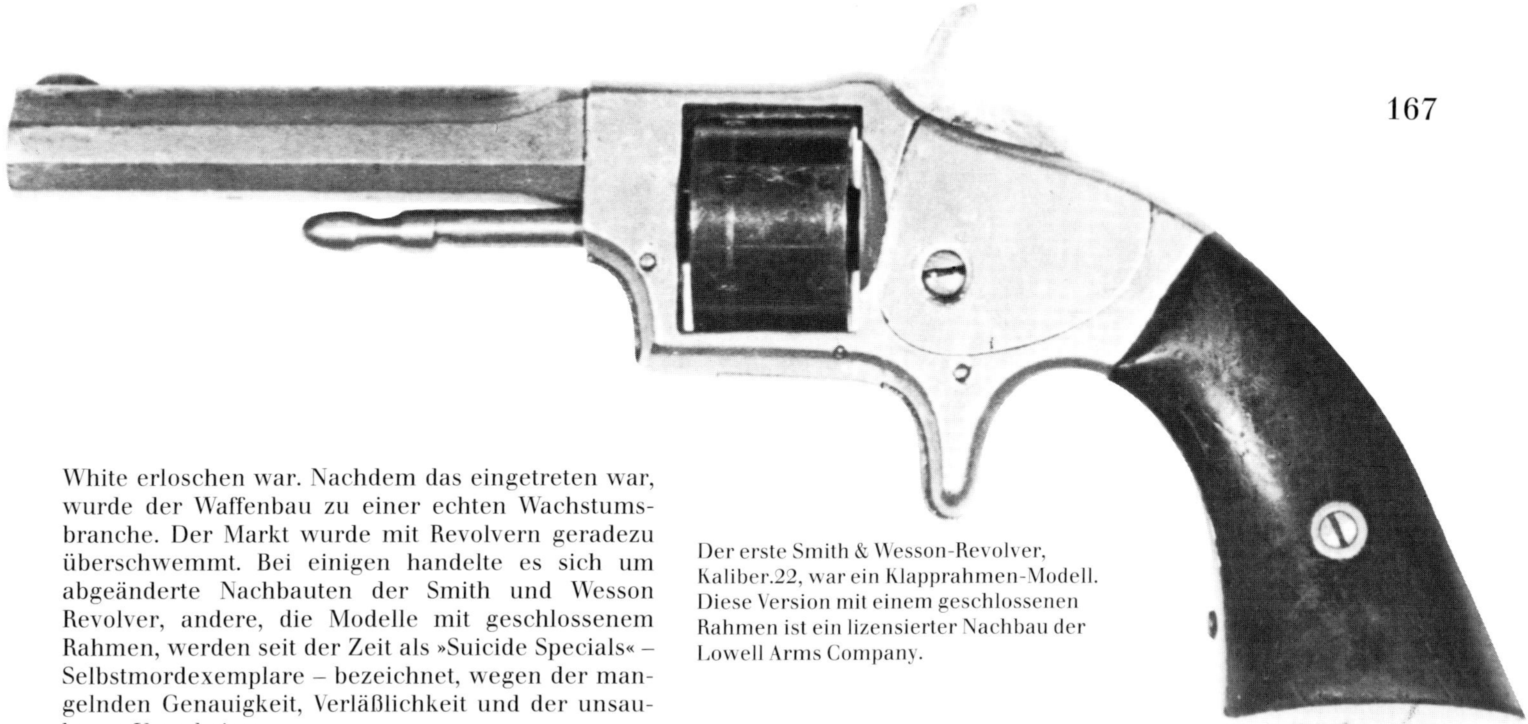

White erloschen war. Nachdem das eingetreten war, wurde der Waffenbau zu einer echten Wachstumsbranche. Der Markt wurde mit Revolvern geradezu überschwemmt. Bei einigen handelte es sich um abgeänderte Nachbauten der Smith und Wesson Revolver, andere, die Modelle mit geschlossenem Rahmen, werden seit der Zeit als »Suicide Specials« – Selbstmordexemplare – bezeichnet, wegen der mangelnden Genauigkeit, Verläßlichkeit und der unsauberen Verarbeitung.

Der erste Smith & Wesson-Revolver, Kaliber.22, war ein Klapprahmen-Modell. Diese Version mit einem geschlossenen Rahmen ist ein lizensierter Nachbau der Lowell Arms Company.

Es wird niemanden in Erstaunen versetzen, daß sich auch Colt unter denen befand, deren Fähigkeiten sich nun frei entfalten konnten. Die ersten Konstruktionen der Firma kann man jedoch nicht gerade als gelungen bezeichnen. Es dauerte einige Jahre, bis man einen wirklich guten Revolver herausbrachte. Als das aber der Fall war, wurde das Ergebnis dieser Bemühungen zu einer Legende. Im Jahre 1873 kam das neue Modell auf den Markt. Es trug die Bezeichnung »New Model Army Metalic Cartridge Revolving Pistol« – Revolver für Metallpatronen, New Army Model. Besser bekannt sind allerdings die Namen »Peacemaker«, »Frontier« oder »Single Action Army«. Bei einer weniger enthusiastischen, kühlen Betrachtungsweise war es keine besonders gelungene Konstruktion. Das gesamte System zeigte keine Verbesserung gegenüber Colts ersten Vorderladern. Teile von denen man erwarten durfte, daß sie mit dem Rahmen zusammen als eine Einheit geschmiedet worden wären, waren lediglich im Nachhinein am Rahmen festgeschraubt. Sowohl der Schlagbolzen als auch der Ausstoßer waren bruchanfällig. Trotzdem wurde der Single Action Army von 1873 zum Wahrzeichen des alten Wilden Westens und wurde, mit Ausnahme einer kurzen Unterbrechung, seit dieser Zeit gebaut. Daneben diente er als Vorbild für zahllose Kopien in aller Welt.

Mit dem Aufkommen der Metallpatronen, ob nun als Randfeuer- oder Zentralfeuerpatronen, wurden die Konstrukteure mit dem doppelten Problem des Ladens der Patronen in die Trommelbohrungen und dem späteren Ausstoßen der leeren Hülsen konfrontiert. Bei den.22iger Revolvern von Smith und Wesson konnten der Lauf und die Trommeleinheit nach oben geschwenkt werden, wobei der Drehpunkt vor dem Hahn lag. Auf diese Weise war es möglich, die Trommel zum Zweck des Entladens und des erneuten Ladens von der Achse zu ziehen. Wo größere und kraftvollere Patronen verwendet wurden, war dieses System nicht zu gebrauchen. Bei den Revolvern mit geschlossenem Rahmen wurden die Patronen einzeln durch die sogenannte Ladeklappe auf der rechten Seite des Rahmens in die Trommel geschoben. Das Ausstoßen erfolgte durch dieselbe Ladeklappe. Die Hülsen wurden einzeln und nacheinander mittels

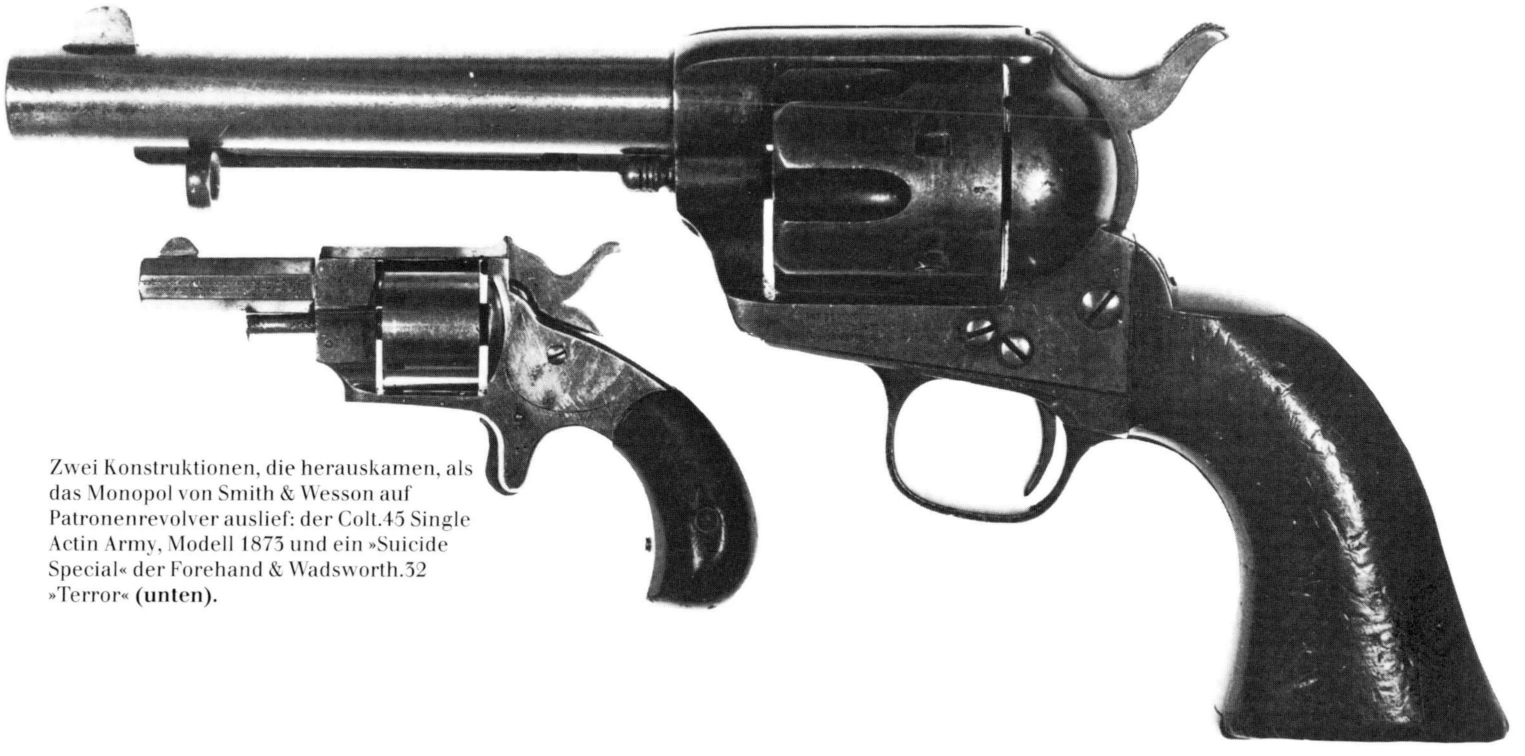

Zwei Konstruktionen, die herauskamen, als das Monopol von Smith & Wesson auf Patronenrevolver auslief: der Colt.45 Single Actin Army, Modell 1873 und ein »Suicide Special« der Forehand & Wadsworth.32 »Terror« **(unten)**.

Die drei Grundbaumuster bei Revolvern: **(von oben nach unten)** Bei einem British Webley mit automatischem Hülsenauswurf ist der Lauf nach unten gekippt und die Funktionsweise des sternförmigen Ausstoßers wird sichtbar.
Ein Ruger »Super Single Six« mit geschlossenem Rahmen. Einer der vielen modernen Revolver, die in ihrer Entstehung vom Colt New Model aus dem Jahr 1873 angeregt wurden.
Einer der vielen launischen Einfälle aus Belgien – der Lauf ist nach oben gekippt, es sind zwei Läufe vorhanden, sowie ein Doppelkreis von Trommelbohrungen, der der Waffe eine Kapazität von 16 Patronen gibt.

Laden durch eine Ladeklappe beim Modell Colt Frontier.

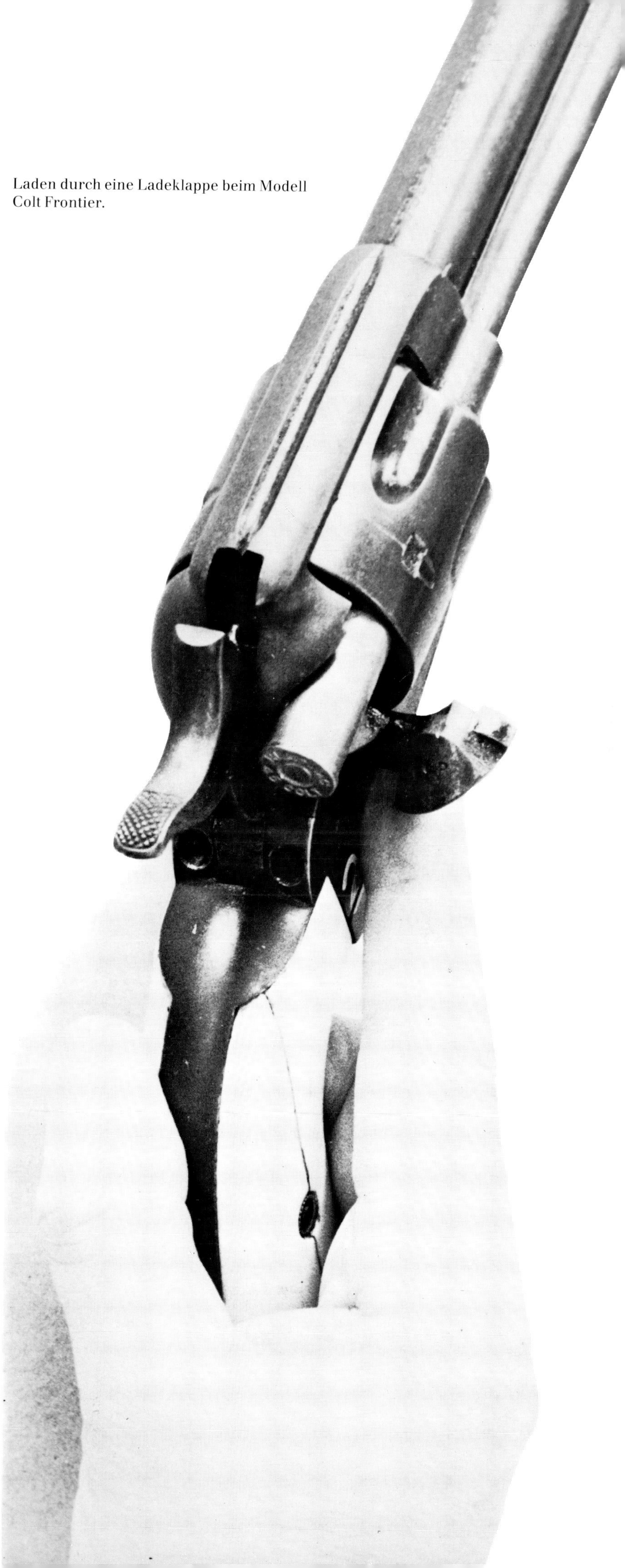

einer Stange, die unterhalb des Laufes befestigt war, ausgestoßen. Diese Auswerferstange konnte sich auch innerhalb der Trommelachse befinden. An diesem einfachen System wurden verschiedene Verbesserungen vorgenommen, um Unfälle zu verhindern.

Eines der häufigsten Mißgeschicke war das ungewollte Verschlagen des Hahnes während des Ladens. Befand sich eine Patrone in der oberen Kammer, so wurde sie dadurch ungewollt gezündet. Bei den Revolvern von Colt wurde die Laderaste eingeführt. Wurde der Hahn nur ein Stück zurückgezogen, so wurde er in seiner Laderaste festgesetzt und konnte nicht durch Druck auf den Abzug freigegeben werden. Ein belgischer Büchsenmacher mit Namen Abadie fand eine elegantere Lösung. Er stellte eine Verbindung von Ladeklappe und Trommelsperre her. Wurde die Ladeklappe zum Laden geöffnet, so wurde der Hahn automatisch zurückgezogen, die Verbindung zum Abzug unterbrochen und die Trommelsperre aufgehoben, so daß sie im Uhrzeigersinn zum Laden gedreht werden konnte.

Das Laden durch die Ladeklappe war eine mühsame und zeitraubende Angelegenheit, und schon bald wurden Versuche unternommen, eine bessere Lösung zu finden. Im Jahre 1856 wurde W.C. Dogde aus Washington ein Patent über eine Revolverkonstruktion erteilt, bei der der Lauf nach unten gekippt werden konnte und so die Trommel zum Laden freilegte. Er erhielt ein weiteres Patent über eine sternförmige Platte, die in die hintere Fläche der Trommel eingearbeitet war. Durch eine entsprechende Vorrichtung konnte diese bewegt werden, unterhalb die Ränder der Patronenhülsen greifen und gleichzeitig alle Hülsen aus der Trommel auswerfen. Wiederum waren Smith und Wesson so gewitzt, diese wichtigen Patente an sich zu bringen, dieses Mal erstreckte sich der Patentschutz auch auf Europa. Unglücklicherweise versäumte es Dodge, rechtzeitig die Zahlungsanweisung zur Verlängerung des Patentes abzuschikken. Das Schiff kam mit Verspätung an und im Jahre 1868 wurden die europäischen Patente ungültig. Dodges Mißgeschick ermöglichte es europäischen Herstellern von da an, den sternförmigen Ausstoßer zu verwenden. Das veranlaßte verschiedene amerikanische Autoren, den Begriff vom »perfiden Albion« (treulosen England) ins Spiel zu bringen. Sie beschuldigten das britische Patentamt undurchsichtiger Handlungsweisen. Dieser Vorwurf wurde auch in einigen Patentprozessen vorgebracht, aber es gab keine Beweise für eine solche Haltung seitens des Patentamtes.

Ausgestattet mit den Patenten von Dodge, produzierte die Firma Smith & Wesson ihren.44iger Revolver »Army Model 1869«, der auch unter dem Namen »Number Three« bekannt ist. Er wird als einer der besten Revolver aller Zeiten angesehen. Es handelte sich um eine schwere Waffe mit einem nach unten abknickbaren Lauf und einem selbsttätigen Hülsenauswurf durch die sternförmige Auswurfplatte nach Dodge. Die Laufeinheit war mit dem Rahmen über eine stabile Sperrklinke verriegelt, die wiederum mit dem Hahn verbunden war, um ein versehentliches Öffnen zu verhindern. Der neue Revolver wurde mit zahlreichen Medaillen und Preisen ausgezeichnet. Im Jahre 1870 wurde er als offizielle Dienstwaffe für die russische Kavallerie bestimmt. In den darauffolgenden fünf Jahren war die Firma Smith & Wesson fast ausschließlich damit beschäftigt, diesen Riesenauftrag abzuwickeln. Es wurden schließlich etwa 250.000 Revolver geliefert! Während dieser Zeit wurde der Firma Colt, die gerade ein weniger hochwertiges Produkt herstellte, der amerikanische Markt überlassen. Dieser Umstand ermöglichte es der in Hartford ansässigen Firma zu expandieren und dem »Colt« seinen Platz in der Geschichte des legendären Wilden Westens zu geben. Zu der Zeit eroberte sich der Revolver natürlich auch einen festen Platz in den militärischen Arsenalen Europas. Die britische Armee nahm den Adams-Revolver an, nachdem sie den von Colt zunächst getestet hatte. Dann sah man sich nach einem Patronen-Revolver um. Als man keine entsprechende Waffe im kommerziellen Angebot fand, begann man eine Eigenentwicklung voranzutreiben. Die Vorgabe, bei der Konstruktion bereits bestehende Patentrechte nicht zu verletzen, führte zu einem höchst eigentümlichen Resultat: dem.476iger Enfield-Revolver, einer Waffe mit Kipplauf. Da aber der Hülsenauszieher, über den Dodge die Patentrechte besaß, nicht verwendet werden konnte, mußte ein anderes System angewandt werden. So war es möglich, die Trommel axial nach vorne zu schieben. Nach einem kleinen Stück griff ein sogenannter Hülsenausziehering ein, die Trommel wurde weiter nach vorne geschoben und damit von den leeren Hülsen weggezogen. Die unvermeidliche Folge war, daß die Hülse aus der unteren Patronenkammer häufig nicht herausfiel und so immer wieder Störungen auftraten. Im übrigen war der Enfield-Revolver durchaus eine ordentliche Waffe. Sein Auswerfer-System allerdings ist ein geradezu klassisches Beispiel für die Probleme, die sich ergeben, wenn man eine gelungene und gut durchdachte Konstruktion umgehen muß, weil darüber ein Patentschutz besteht.

In Deutschland brachte die Firma Mauser ebenfalls einen Militärrevolver mit abweichenden Konstruktionsmerkmalen heraus. Die Trommel wurde hier nicht durch die sonst übliche Klinke und die Nocken gedreht, die sich am hinteren Ende der Trommel befinden. In die Außenfläche der Trommel waren Nuten eingefräst und innerhalb des Rahmens saß ein Gestänge mit einem Dorn, das mit dem Abzug verbunden war. Der Dorn griff in die Nuten ein. Jedesmal wenn der Abzug betätigt wurde, bewegte sich der Dorn als Mitnehmer in der entsprechenden Nut vor und zurück und drehte so die Trommel weiter. Um die Waffe zu laden und die Hülsen auszuwerfen, war der Lauf mit der Trommel oben mit einem Scharnier versehen. Die Einheit aus Lauf und Trommel konnte so nach oben gekippt werden. Am Ende des Öffnungsvorganges wurde ein Hebel gezogen, der die Auswerferplatte betätigte, die dann die leeren Hülsen aus der

Der Smith & Wesson.44 Number Three Revolver, ein Modell mit Kipplauf, das zu dem ähnlichen.44iger Russian führte.

Der »Zick-Zack«-Revolver von Mauser aus dem Jahre 1878. Die Waffe ist zum Nachladen geöffnet. Durch das Ziehen des Ringhebels in Richtung Mündung wird der Ausstoßerstern in der Mitte der Trommel zurückgeschoben.
Darunter: Der Enfield.476 Revolver ist geöffnet, um zu zeigen, wie die Trommel nach vorne gleitet, während der Ausstoßerstern an Ort und Stelle bleibt.

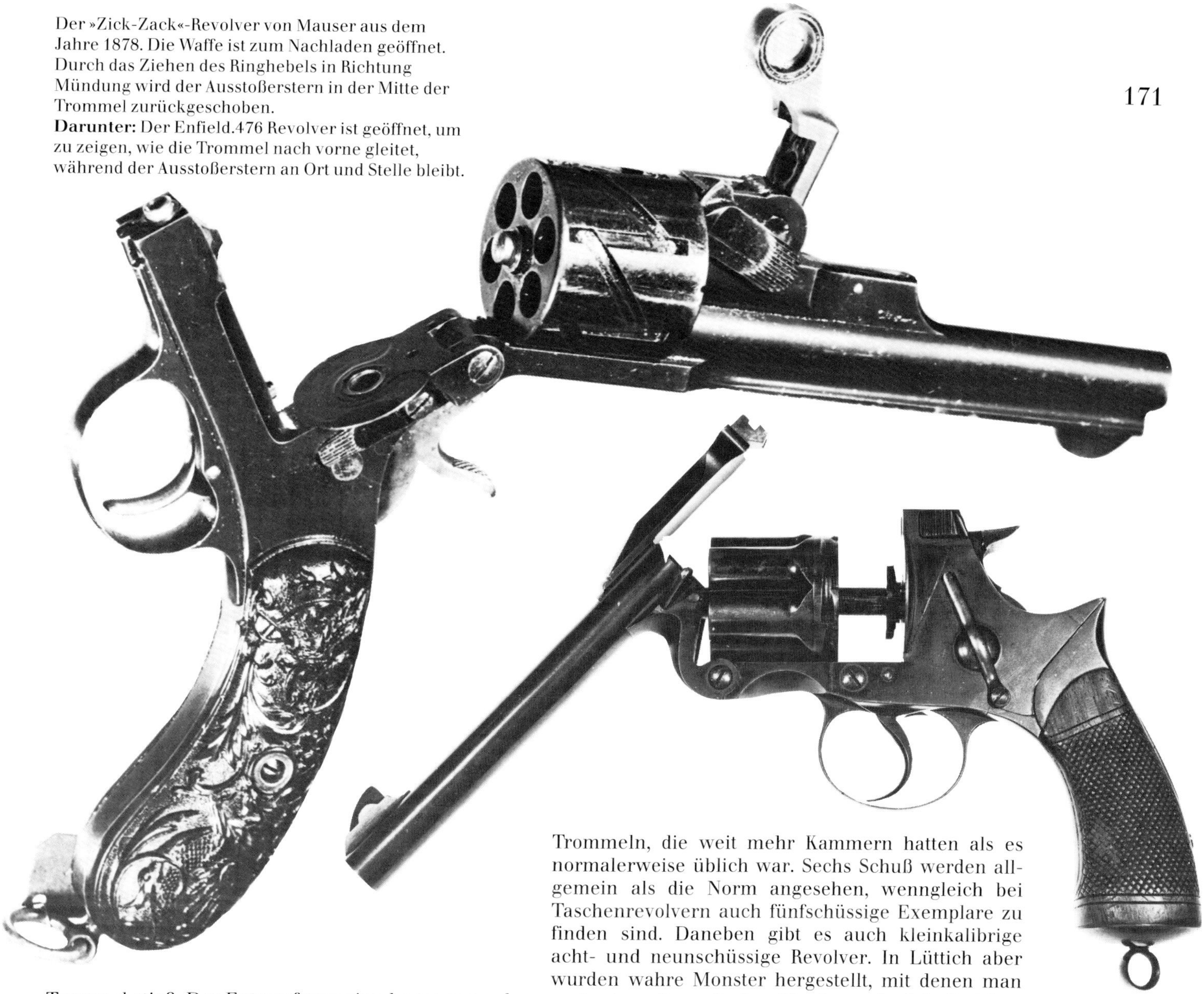

Trommel stieß. Der Entwurf war eine hervorragende Ingenieurleistung, aber doch zu kompliziert für den allgemeinen Dienstgebrauch. So zog es die deutsche Heeresleitung vor, einen für ihre Zwecke brauchbareren Revolver mit geschlossenem Rahmen zu übernehmen, bei dem die Trommel zum Laden und Entladen vollkommen entfernt werden mußte.

Diese Art des automatischen Hülsenauswurfes durch das Abknicken nach oben ist in Europa allgemein als das »Spirlet System« bekannt. Es wurde nach dem belgischen Büchsenmacher benannt, der es 1869 eingeführt hatte. Belgien, und hier besonders die Stadt Lüttich, war durch die Verbindung von Bergbau und Stahlverarbeitung zu einer der wichtigsten Waffenschmieden in Europa avanciert. In den achtziger Jahren des vorigen Jahrhunderts stellten viele kleine Firmen billige Revolver in großer Stückzahl her. Bei den meisten von ihnen handelte es sich um wenig auffällige Konstruktionen, die zudem meist auf den Ideen anderer basierten. Es sollten hier aber einige höchst ungewöhnliche Exemplare Erwähnung finden, die aus Lüttich kamen und die bis heute noch von Zeit zu Zeit auftauchen. Eine besondere Merkwürdigkeit war die Herstellung von Revolvern mit Trommeln, die weit mehr Kammern hatten als es normalerweise üblich war. Sechs Schuß werden allgemein als die Norm angesehen, wenngleich bei Taschenrevolvern auch fünfschüssige Exemplare zu finden sind. Daneben gibt es auch kleinkalibrige acht- und neunschüssige Revolver. In Lüttich aber wurden wahre Monster hergestellt, mit denen man nach einmaligem Laden 20 oder mehr Schuß abfeuern konnte. Dies erreichte man, indem man entweder den Durchmesser der Trommel vergrößerte, oder die Trommel erhielt einen Doppelkreis von Kammern, vor den ein entsprechender Doppellauf gesetzt wurde. Eine Umstellung am Hahn ermöglichte es dem Schlagbolzen, entweder den inneren oder den äußeren Kreis der Trommelbohrungen zu treffen und das Geschoß durch den jeweiligen Lauf zu verschießen. Auf Grund der räumlichen Abmessungen der Patronen konnten diese Waffen ausnahmslos nur in einem kleinen Kaliber angeboten werden, und man konnte sie nicht gerade als praktisch bezeichnen.

Eine weitere erwähnenswerte Absonderlichkeit sind Revolver, aus denen verschiedene Arten von Munition verschossen werden konnten. Das bekannteste Exemplar unter ihnen ist der Le Mat-Revolver, eine Erfindung des in Frankreich geborenen amerikanischen Arztes F.A. Le Mat. Dieser Revolver, den er sich erstmalig im Jahre 1856 patentieren ließ, hatte eine ganz normale Trommel. Sie drehte allerdings um einen Lauf als Achse, der mit einer Ladung Grobschrot geladen wurde. Durch eine Umstellung am Hahn war es möglich, die Patronen in der Trommel in

Die Konstruktion des Kombinations-Revolvers stammt von Jean Alexandre François Le Mat (1824–1885). Die Waffe wurde in unterschiedlichen Ausführungen gebaut, vom Baby Revolver bis hin zum Karabiner. Hier ist ein spätes Modell abgebildet.

Der Webley RIC, ein schwerer Revolver im Kaliber.476.

der gewohnten Weise abzufeuern. Im Notfall konnte der Schlagbolzen so umgestellt werden, daß er die Schrotladung aus dem als Achse eingebauten Lauf abfeuerte. Viele dieser Revolver wurden in Frankreich hergestellt und während des amerikanischen Bürgerkrieges an die Konföderierten ausgeliefert. Auch später noch wurden sie einige Jahre lang in Paris gebaut, nachweisbar bis etwa 1880.

Eine vergleichbare Waffe, heute aber weniger bekannt, ist der Osgood Duplex Revolver, der in den achtziger Jahren des vergangenen Jahrhunderts von den Osgood Gun Works in Norwich, Connecticut, gebaut wurde. Es handelte sich um einen aufklappbaren achtschüssigen Revolver im Kaliber.22, bei dem sich die Trommel um eine Röhre drehte, die als Lauf im Kaliber.32 angelegt war. Eine einzelne Randfeuerpatrone Kaliber.32 konnte in den Zentrallauf geladen und wie bei dem Le Mat-Revolver durch Umstellen des Schlagbolzens am Hahn gezündet werden.

Zu der Zeit bekam in Großbritannien auf dem Gebiet der Revolverherstellung der Name Webley einen guten Klang. Nach der erfolgreichen Produktion eines zuverlässigen Taschenrevolvers schaffte es Webley, mit der Armee einen Liefervertrag abzuschließen. Der Enfield-Revolver war schließlich so sehr in Mißkredit geraten, daß man ihn nicht mehr haben wollte. Der Webley-B gehörte zum Typ der aufklappbaren Revolver. Die Verriegelung der Laufeinheit mit dem Rahmen erfolgte durch eine besonders stabile Form einer Bügelsperrklinke. Sie wurde von einem kleinen Waffenhersteller namens Edwinson Green entwickelt, der eine Werkstatt in Cheltenham besaß. Diese Form des Sperrstückes ermöglichte es, den Webley-Revolver für das Verschießen starker und gleichzeitig großkalibriger Patronen einzurichten. So blieb der Webley-Revolver Kaliber.455 bis in die dreißiger Jahre unseres Jahrhunderts hinein die Standardseitenwaffe der britischen Streitkräfte. Der Name Webley wurde auch durch einen kleineren, schweren Revolver bekannt, der bei der Royal Irish Constabulary (Polizeitruppe) eingeführt wurde und von daher auch als »RIC«-Modell bezeichnet wird. Ausgestattet mit einem kurzen Lauf und einer ungefluteten Trommel für die Kaliber.455,.476, ja selbst.500, waren diese robusten Waffen sehr weit verbreitet. Wohl genau so weit verbreitet waren aber auch Nachbauten anderer Hersteller in den achtziger und neunziger Jahren des vorigen Jahrhunderts.

Während dieser Zeit stellte die Firma Colt weiterhin ihre Waffen mit geschlossenem Rahmen und

Ordonnanz-Ausführung des Revolvers von E. C. Green aus Cheltenham. Zu erkennen ist die Originalversion der Verriegelungsklinke, die später von Webley übernommen wurde.

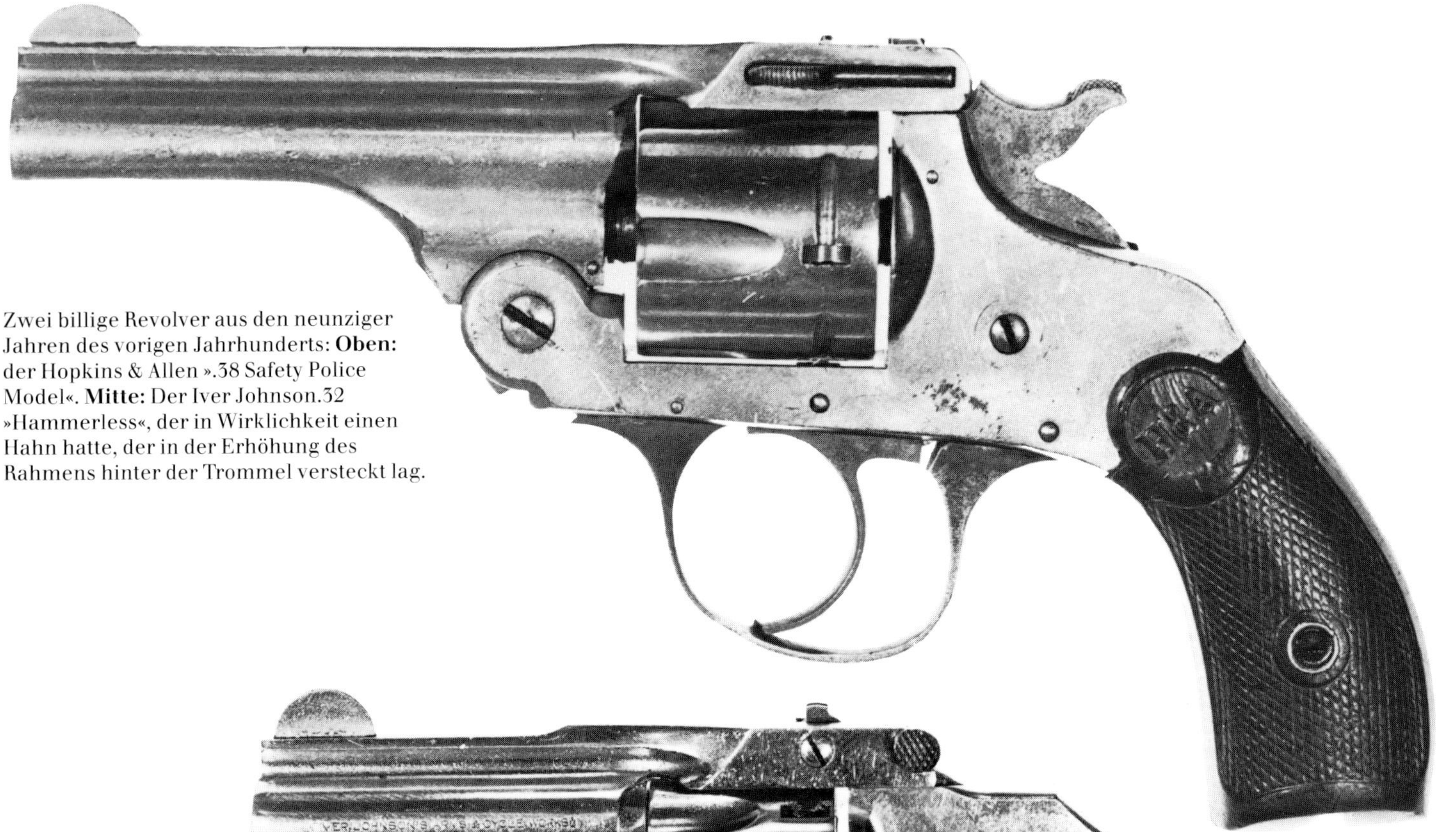

Zwei billige Revolver aus den neunziger Jahren des vorigen Jahrhunderts: **Oben:** der Hopkins & Allen ».38 Safety Police Model«. **Mitte:** Der Iver Johnson.32 »Hammerless«, der in Wirklichkeit einen Hahn hatte, der in der Erhöhung des Rahmens hinter der Trommel versteckt lag.

Der Colt.38 »New Army Model« aus dem Jahre 1893, einer der ersten Revolver mit geschlossenem Rahmen und seitlich ausschwenkbarer Trommel. Die Trommel wird freigegeben, wenn man die Sperrklinke unterhalb des Hahnes nach hinten zieht.

Ladeklappe her. Daher verlor sie immer mehr Boden gegenüber den aufklappbaren Revolvern mit selbsttätigem Hülsenauswurf wie sie von Smith & Wesson und anderen Herstellern, etwa Iver Johnson, Harrington & Richardson und Hopkins & Allen, angeboten wurden. Sie alle stellten recht ähnliche Revolver her. So wurde es für Colt höchste Zeit, ein Produkt herauszubringen, das dem Stand der Technik entsprach. Im Jahre 1889 erschien der »New Navy«-Revolver auf dem Markt. Mit diesem neuen Modell wurde ein ganz neuer Weg hinsichtlich des Hülsenauswurfes beschritten. Bei Colt war man abgeneigt, den geschlossenen Rahmen aufzugeben, und tatsächlich hat man im Verlauf der Firmengeschichte nie einen Kipplauf-Revolver gefertigt. Die vorteilhaftere Handhabung des Ladens und des Hülsenstoßens beruhte auf einem Patent, das 1881 einem Angestellten der Firma, einem gewissen W. Mason, erteilt worden war. Bei diesem System saß die Trommel auf einem schwenkbaren Arm, dem sogenannten »Trommelkran«, der an der unteren Stirnseite des Rahmens drehbar gelagert war. Durch Ziehen eines Sperrschiebers an der linken Seite der Waffe konnte die Trommel mit ihrem Kran seitwärts nach außen geschwenkt werden; sie befand sich dann parallel zum Rahmen. Wenn sie sich in dieser Position befand, wurde eine Ausstoßerstange so gegen eine innenliegende Feder gedrückt, daß dabei mit dem üblichen sternförmigen Ausstoßer alle leeren Hülsen gleichzeitig entfernt werden konnten. Nach dem erneuten Laden wurde die Trommel wieder zurückgeschwenkt und rastete hinter dem Sperrschieber ein. Colt hatte das Glück, für diese Waffe einen Auftrag durch die Armee zu erhalten, der einen hilfreichen Anstoß für ihren kommerziellen Erfolg darstellte. Darauf folgten verschiedene Modellvarianten sowohl im Taschenformat als auch für den militärischen Gebrauch. Die Firma Smith & Wesson ihrerseits war auch weiterhin recht zufrieden mit den Verkaufszahlen ihrer Kipplauf-Revolver, und man hätte auch ohnehin nichts der Idee mit der seitlich ausschwenkbaren Trommel entgegensetzen können, bevor die Colt-Patente 1895 ausliefen. Als dies der Fall war, stand man schon mit einer eigenen Neuentwicklung bereit.

Der neue Revolver zeigte nur geringe Unterschiede gegenüber dem von Colt. Die Trommel wurde beispielsweise durch Ziehen am vorderen Ende der Ausstoßerstange entriegelt. Die Ausstoßerstange befand sich unterhalb des Laufes. Dieses System konnte ebenso wenig zufriedenstellen wie das von Colt, bei dem die Trommel an ihrem hinteren Ende gehalten wurde. Da die U.S. Marine unbedingt auf der Trommeldrehung entgegen dem Uhrzeigersinn bestand, ergaben sich zusätzliche Schwierigkeiten. Es zeigte sich nämlich beim Einwirken der Transportklinke auf den Zahnkranz die Tendenz, daß die Trommel seitlich aus ihrer Ausrichtung mit dem Lauf gedrückt wurde.

Colt erkannte die Möglichkeit und konnte die zuständigen Offiziere der Marine schließlich davon überzeugen, ihre Vorgabe zu ändern. Smith & Wesson entwickelten jedoch ein neues System der Verriegelung, bei dem das Vorderende der Ausstoßerstange in einen gefederten Rastbolzen unterhalb des Laufes einsetzte. An dieser Lösung hat die Firma bis heute weitgehend festgehalten.

In den neunziger Jahren des vergangenen Jahrhunderts schien es so, als habe der Revolver die

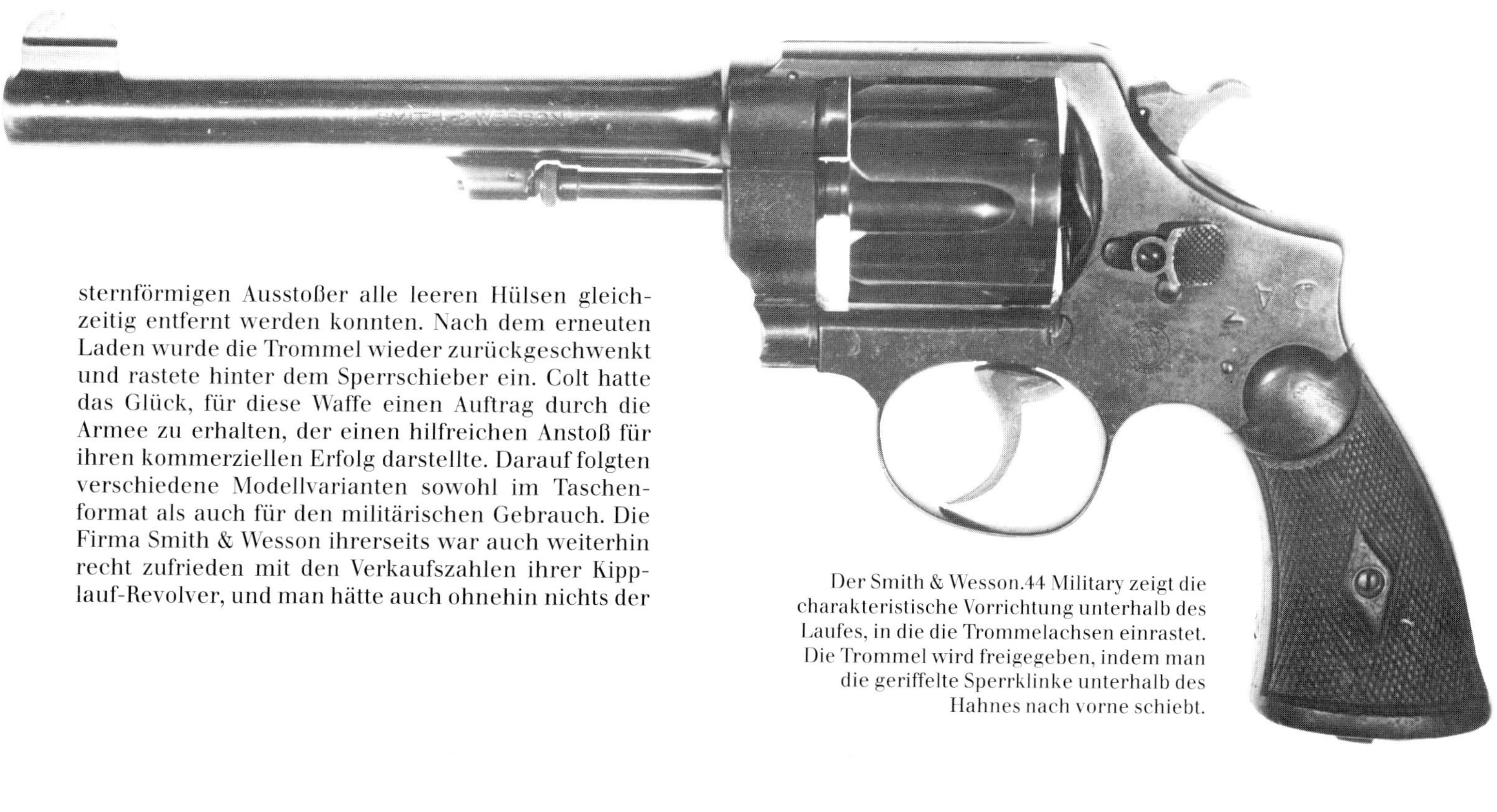

Der Smith & Wesson.44 Military zeigt die charakteristische Vorrichtung unterhalb des Laufes, in die die Trommelachsen einrastet. Die Trommel wird freigegeben, indem man die geriffelte Sperrklinke unterhalb des Hahnes nach vorne schiebt.

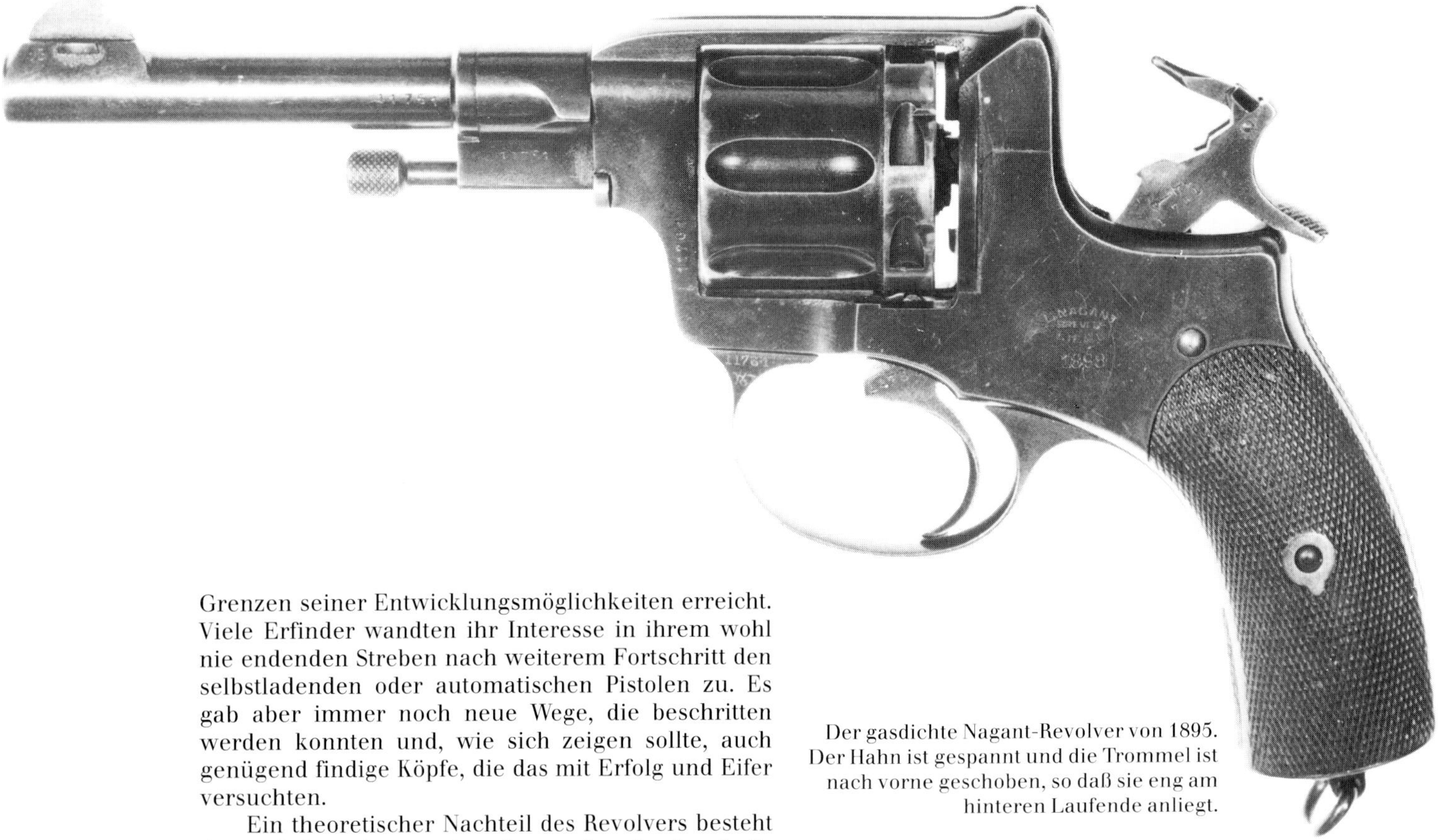

Der gasdichte Nagant-Revolver von 1895. Der Hahn ist gespannt und die Trommel ist nach vorne geschoben, so daß sie eng am hinteren Laufende anliegt.

Grenzen seiner Entwicklungsmöglichkeiten erreicht. Viele Erfinder wandten ihr Interesse in ihrem wohl nie endenden Streben nach weiterem Fortschritt den selbstladenden oder automatischen Pistolen zu. Es gab aber immer noch neue Wege, die beschritten werden konnten und, wie sich zeigen sollte, auch genügend findige Köpfe, die das mit Erfolg und Eifer versuchten.

Ein theoretischer Nachteil des Revolvers besteht darin, daß es einen mehr oder weniger breiten Luftspalt zwischen der Trommelvorderseite und dem Ansatz des Laufes gibt. Beim Schuß »überspringt« das Geschoß diesen geringen Zwischenraum, gefolgt von den Pulvergasen. Es ist unvermeidlich, daß an diesem Spalt etwas Gas entweicht, was zudem mit einer entsprechenden Geräuschentwicklung verbunden ist. Deswegen kann auch ein Revolver nicht erfolgreich schallgedämpft werden.

Dieser Nachteil zog die Aufmerksamkeit des belgischen Büchsenmachers Pieper auf sich. Im Jahre 1886 fertigte er einen Revolver, für den eine besondere Patronenhülse verwendet werden mußte, die länger als üblich war. Für diese Patronen wurde die Trommel an der Vorderseite etwas gekürzt, so daß die Hülse ein Stück vorstand. Ein Hebel unterhalb des Rahmens war mit dem Lauf verbunden. Bewegte man diesen Hebel, so wurde der Lauf vorwärts oder rückwärts geschoben. Bewegte man ihn nach hinten, so schob sich sein Ende über den Hülsenmund und trat in die Aussparung der eigentlichen Trommelkammer ein. Wurde das Geschoß abgefeuert, überbrückte auf diese Weise der Hülsenmund den Luftspalt und es trat kein Gas aus.

Pieper fertigte nach diesem Entwurf einige Waffen, aber aus uns heute nicht mehr bekannten Gründen versäumte er es, 1890 sein auslaufendes Patent erneuern zu lassen. Zu einem späteren Zeitpunkt baute er einige Revolver, basierend auf diesem Prinzip, war aber damit nicht so erfolgreich wie Leon Nagant, ein anderer Büchsenmacher aus Lüttich. Dieser griff nach dem Auslaufen des Pieperschen Patents dessen Idee auf, modifizierte sie etwas und ließ sich dann seinerseits das Ergebnis als seine eigene Erfindung patentieren. Nach der patentrechtlichen Absicherung war er so schlau, die Idee an die russische Armee zu verkaufen, die im Jahre 1895 dann den »gasdichten« Nagant-B einführte. Der Hauptunterschied des Revolvers von Nagant gegenüber dem Revolver von Pieper bestand darin, daß der Lauf festsaß und die Trommel sich vor- und zurückbewegen ließ. Tatsächlich war aber auch dieses Prinzip in dem Patent von Pieper bereits angesprochen und geschützt; er wandte es bei seinen später gebauten Revolvern an.

Bei der Patrone vom Kaliber 7,62 mm handelte es sich um eine spezielle Anfertigung für diese Waffe, sie war von entscheidender Bedeutung für deren Funktionstüchtigkeit. Hinter dem Geschoß war die Hülse ausgeweitet. Diese trat vorne aus dem erweiterten Teil der Trommelbohrung vor. Zwischen der Trommelstirnseite und dem Lauf in der sogenannten Ruheposition bestand eine deutliche Lücke. Wurde jedoch der Hahn gespannt, entweder mit dem Daumen oder durch Ziehen am Abzug, so trat damit ein Schubstück in Funktion, durch das die Trommel nach vorn gedrückt wurde. Dabei umschloß die jeweilige Kammer das hintere Ende des Laufes und der Hülsenmund der Patrone steckte fest in dessen Übergangskonus. Dann schlug der Hahn vor und zündete die Patrone. Wurde der Hahn für den nächsten Schuß gespannt, wo wurde dabei die Trommel zurückgezogen, weitergedreht und wieder nach vorne geschoben, um erneut eine gasdichte Verbindung mit Lauf und Patrone zu bilden.

War das Ergebnis den Aufwand wert? Rechtfertigte der Zuwachs an Leistung auf Grund des gasdichten Abschlusses diese komplizierte Mechanik? Die Antwort auf diese Frage ist nicht leicht, da eine direkte Vergleichsmöglichkeit zwischen einem Revolver mit Gasabdichtung und einem ohne Gasabdichtung nicht besteht. Es gibt nämlich keine Vergleichsexemplare in genau demselben Kaliber, der gleichen Lauflänge und so weiter. Es wurde vielleicht ein Zuwachs an Mündungsgeschwindigkeit von ca. 15 m/s erzielt. Da die nominale Mündungsgeschwindigkeit, die mit einem solchen Patronentyp unter normalen Umständen zu erreichen ist, bei etwa 271 m/s liegt, ist der Vorteil nur sehr gering. In einem tatsächlichen Gefecht wäre der Unterschied vernachlässigbar klein. Dessen ungeachtet waren die Russen mit diesem Revolver sehr zufrieden. Sie erwarben schließlich eine Exklusivlizenz an der Waffe und bauten sie viele Jahre in der Waffenfabrik von Tula nach. Der Revolver blieb Dienstwaffe bis kurz nach dem 2. Weltkrieg.

Das Interesse an Selbstladern in den neunziger Jahren des vergangenen Jahrhunderts führte viele Erfinder zu der Überlegung, wie man es anstellen könnte, den Revolver in einen Selbstlader umzuwandeln. Im Jahre 1885 ließ sich der Ingenieur Paulson aus Nottingham in England eine Konstruktion patentieren, bei der das Gas aus dem Revolverlauf zu einem Teil abgeleitet wurde, um einen Kolben anzustoßen, der nach hinten durch die Trommelachse führte. Das Ende der Kolbenstange drückte gegen den Hahn. Wirkte der Gasdruck vorn auf den Kolben ein, so wurde der Hahn gespannt. Dies wiederum drehte die Trommel für den nächsten Schuß weiter. Es ist nicht wahrscheinlich, daß Paulsen jemals mehr als nur einen Prototyp hergestellt hat; er ließ nach Ablauf von fünf Jahren das Patent verfallen.

Der einzige erfolgreiche Automatik-Revolver wurde von Oberstleutnant G.V. Fosbery, Träger des Victoria-Kreuzes, entwickelt. Zeit seiner Lebens war dieser Offizier an der Weiterentwicklung von Hand- und Faustfeuerwaffen interessiert. Er hielt einige Patente, die sich auf Gewehre und Pistolen bezogen. Im Jahre 1895 erwarb er ein Patent über einen Colt-Revolver, Modell Single Action Army, bei dem Lauf- und Trommeleinheit vom übrigen Rahmen getrennt waren. Der Laufteil konnte auf dem Rahmen gegen eine starke Feder zurückgleiten. Bei dieser Rücklaufbewegung wurde ein Riegelnocken zurückgestoßen, der auf der Hahnachse saß. Dadurch wurde der Hahn gespannt und die Trommel weitergedreht.

Die Idee war gut, aber völlig ausgereift. Sie fand Interesse bei der Firma Webley und Scott, dem Nachfolger von P. Webley, die nach dem Ausscheiden von Enfield die britischen Armeerevolver lieferte.

Fosbery und die Konstrukteure bei Webley machten sich an die Arbeit, um die Grundidee zu verbessern. Im Jahre 1901 brachte man eine völlig neue Konstruktion auf den Markt, die auf dem bereits vorhandenen Militärrevolver von Webley basierte. Wie bei Fosberys Entwurf bestand die Waffe aus zwei getrennten Hauptgruppen, dem Lauf- mit der Trommel und dem Rahmen mit Griff. In die Außenseite der Trommel waren Nuten eingefräst, vergleichbar denen bei dem älteren Mauser-Revolver. In diese Nuten griff ein feststehender Stift, der im Rahmen saß, ein. Beim Abfeuern der Waffe wurde das Laufteil durch den Rückstoß gegenüber dem Rahmen nach hinten verschoben. Bei dieser Bewegung wirkte der Stift auf die Nut so ein, daß sich die Trommel um den zwölften Teil eines Vollkreises weiterdreht. Gleichzei-

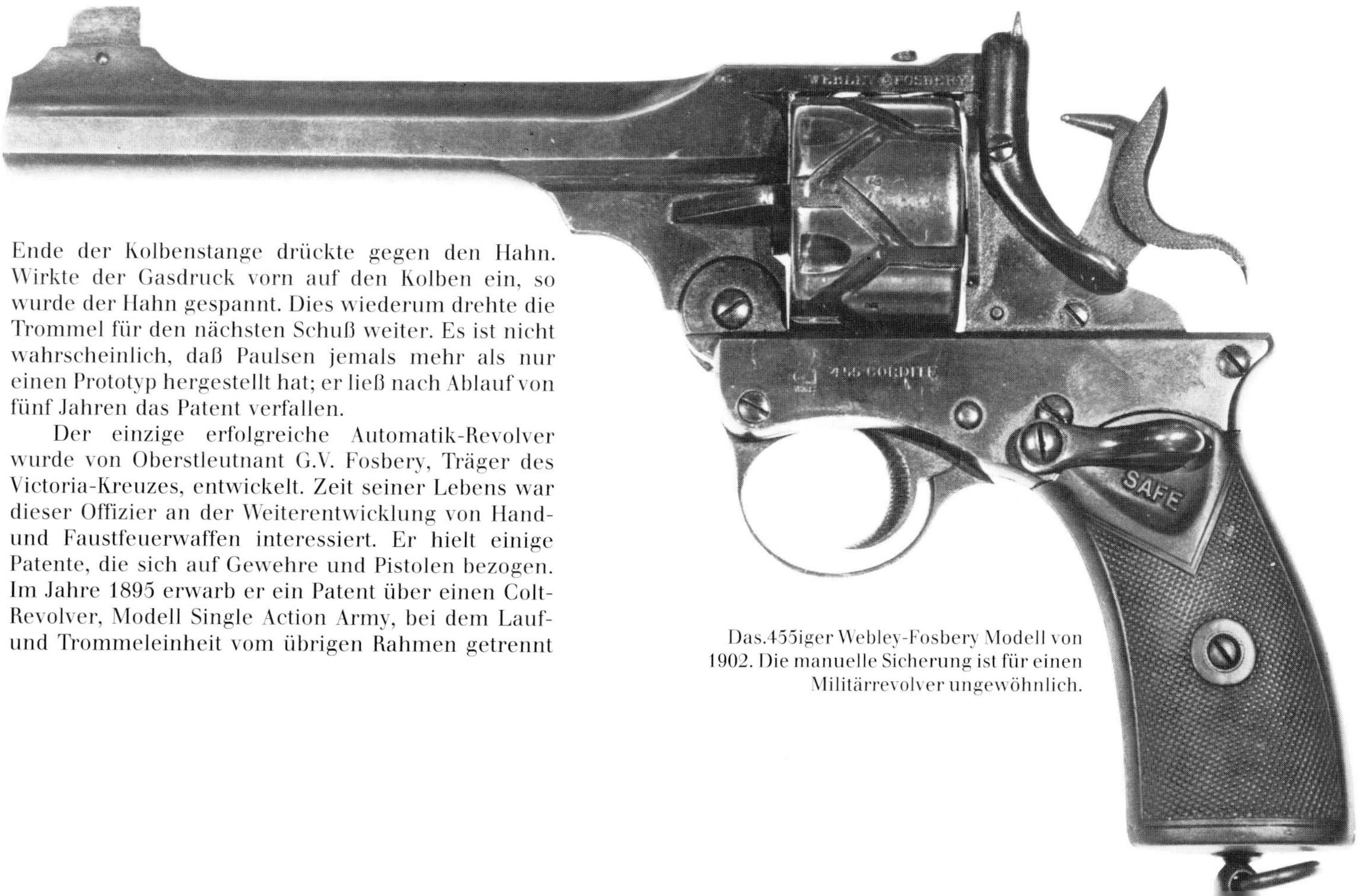

Das.455iger Webley-Fosbery Modell von 1902. Die manuelle Sicherung ist für einen Militärrevolver ungewöhnlich.

Rechte Seite: Eine Schnittzeichnung des Ruger Single Six. Sie zeigt die Verwendung einer Spiralfeder anstelle der früheren Blattfeder, sowie die Verwendung eines Übertragungshebels, der zwischen dem Hahn und dem in den Rahmen eingesetzten Schlagbolzen liegt. Wenn der Hahn beispielsweise durch das Herunterfallen der Waffe angestoßen wird, kann er nicht auf den Schlagbolzen schlagen, sondern er drückt gegen den Rahmen. Lediglich wenn der Abzug ordnungsgemäß betätigt wird, schiebt sich der Übertragungshebel nach oben. Schlägt der Hahn dann herab, so überträgt der Hebel seinen Schlag auf den Schlagbolzen.

tig damit wurde der Hahn gespannt und in seiner Spannrast gehalten. Die Rückholfeder drückte dann den Laufteil über den Rahmen nach vorn; der Stift in der Trommelnut bewegte die Trommel um weitere 30 Grad und vollendete damit die Bewegung, die erforderlich war, um die nächste Patrone genau hinter den Lauf zu bringen.

Es war schon ein recht ungewohntes Gefühl, mit einem Webley-Fosbery Revolver zu schießen. Die Waffe mußte sehr fest gehalten werden, damit der Rückstoß zur Betätigung des Mechanismus ausgenutzt werden konnte. Wenn der Schütze die Waffe nicht fest genug hielt, so wurden lediglich sein Handgelenk und sein Arm durch den Rückstoß nach hinten gedrückt, der Rückstoß wurde damit aufgefangen und die restliche Bewegungsenergie reichte zum Selbstspannen nicht mehr aus. Der Revolver verkaufte sich gut, besonders an Sportschützen. Schließlich wurde er aber für sportliche Wettkämpfe verboten, da er dem Schützen, der ihn benutzte, Wettbewerbsvorteile gegenüber den anderen Teilnehmern verschaffte.

Zahlreiche Revolver wurden von britischen Armeeoffizieren gekauft. In den harten Tests auf dem Schlachtfeld versagten die Webley-Fosbery-Revolver häufig, weil Schmutz in das System geraten war. Die Herstellung wurde noch während des Ersten Weltkrieges eingestellt. Der Revolver wurde in einer militärischen Ausführung im Kaliber.455 gefertigt; Es wurden aber auch einige Exemplare in einer achtschüssigen Ausführung gebaut. Sie waren für die Patrone.38 Auto eingerichtet. Der letztgenannte Revolver war für Sportschützen gedacht und ist heute sehr selten zu finden.

Als ein weiteres technisches Kunststück ist der Revolver von Landstadt aus dem Jahre 1899 zu nennen. Hier wurde der Versuch unternommen, die Einfachheit eines Revolvers mit dem Magazin-Ladesystem einer Selbstladepistole zu kombinieren. In das Griffstück war ein Stangenmagazin eingesetzt. An die Stelle der normalen zylindrischen Trommel trat ein flachseitiger Block, in dem sich zwei Kammern befanden, eine in Ausfluchtung mit dem Lauf, die zweite darunter. Durch Betätigen einer Sperrklinke wurde ein Riegel zurückgezogen und beim Loslassen der Klinke eine Patrone von unten aus dem Stangenmagazin in die untere Kammer des Blockes geschoben. Beim Ziehen des Abzuges drehte sich der Block so, daß die geladene Kammer sich direkt hinter dem Lauf befand und die leere Kammer nach unten kippte. Wenn die Kammer einrastete, wurde der Schlagbolzen freigegeben und der Revolver schoß. Der zweikammrige Block wurde dann vom Gasdruck zurückgestoßen, dabei die leere Hülse ausgeworfen und eine neue Patrone in die untere Kammer geschoben. Die Absicht, die hinter dieser Konstruktion stand, war die Verbesserung der Sicherheit. Nur wenn der Abzug in der Absicht betätigt wurde, wirklich zu schießen, schob sich auch eine Patrone vor den Schlagbolzen und stand in einer Linie mit dem Lauf.

Zu jedem anderen Zeitpunkt war die Waffe wirksam gegen eine zufällige Schußauslösung gesichert. Es braucht wohl nicht besonders betont zu werden, daß nur wenige Schützen bereit waren, eine derart umständliche Prozedur zu akzeptieren, so daß der Landstadt-Revolver nie aus dem Versuchs-Stadium herauskam.

Seit Ende des Ersten Weltkrieges hat es kaum noch Fortschritte in der Technik der Revolver gegeben. Die Gründe hierfür sind im wirtschaftlichen

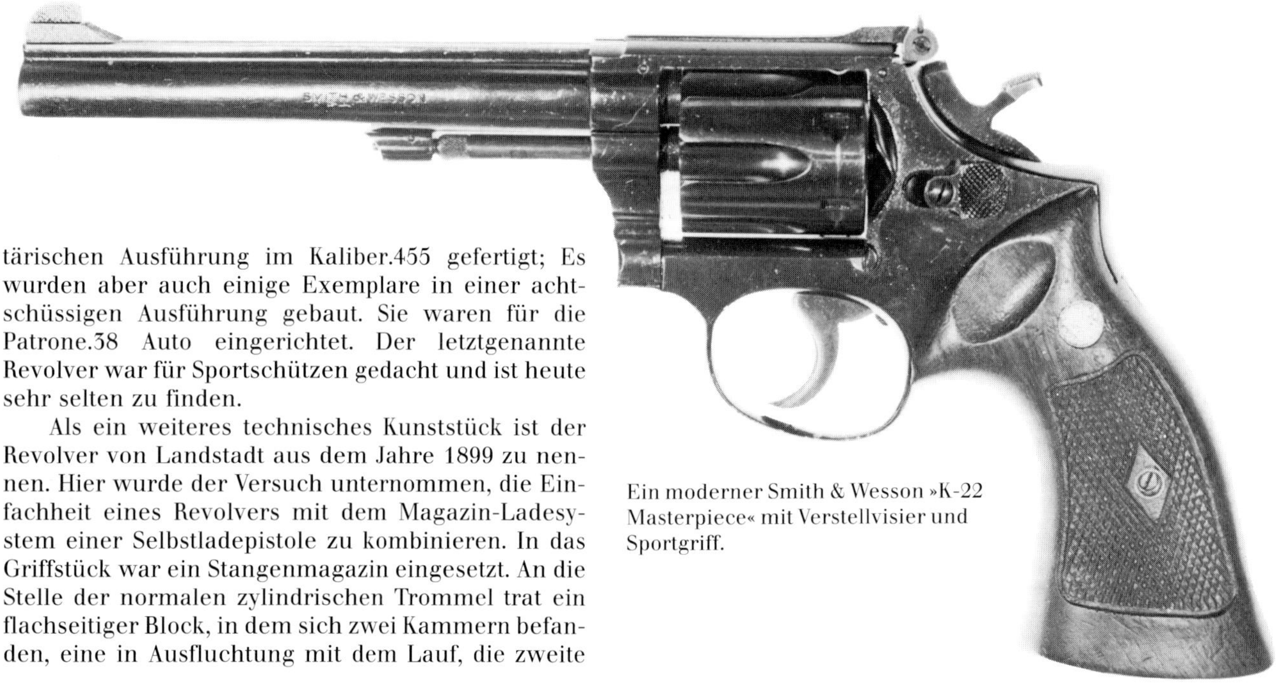

Ein moderner Smith & Wesson »K-22 Masterpiece« mit Verstellvisier und Sportgriff.

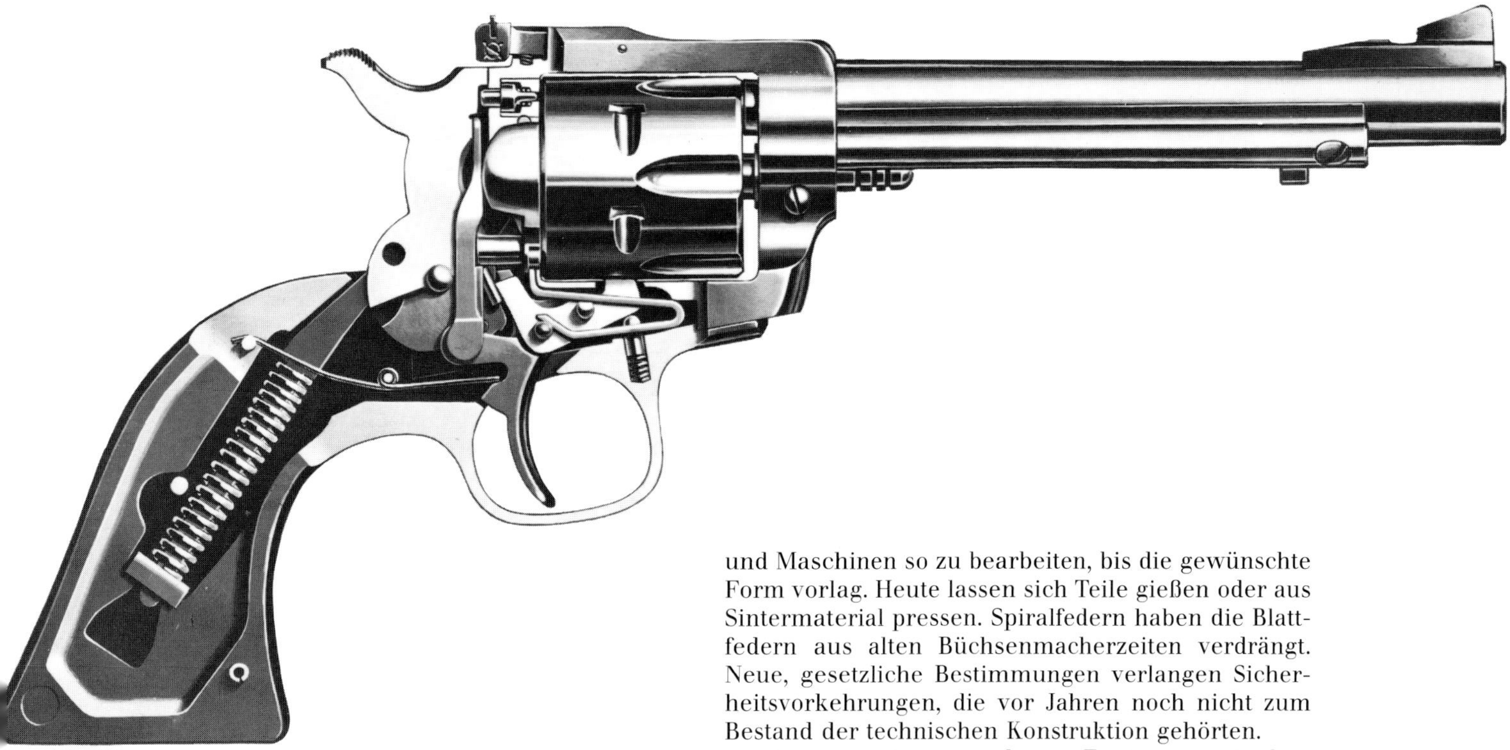

Bereich zu suchen. Revolver sind kostspielig in der Herstellung. Sie haben einen Entwicklungsstand erreicht, von dem aus es nur noch wenig einbringt, ihn noch weiter zu verbessern. Praktisch wurde bereits jede mögliche Verbesserung schon mal ausprobiert, und kein Hersteller ist gewillt, seinen guten Ruf und sein Geld bei einem Versuchsvorhaben aufs Spiel zu setzen. Es ist zwar richtig, daß von Zeit zu Zeit neue Ideen hervorgebracht wurde, sie sind aber alle wieder aufgegeben worden. Die Revolver, die heute von Webley, Colt und Smith & Wesson gefertigt werden, unterscheiden sich in ihrem Erscheinungsbild nur sehr wenig von den Waffen, die schon im Jahre 1907 gebaut wurden. Der heutige Unterschied gegenüber früher liegt ganz woanders und ist der Waffe äußerlich nicht anzusehen.

Im Jahre 1907 bestand die einzige Möglichkeit einen Revolver zu bauen darin, ein Stück Stahl zu nehmen und es mit den entsprechenden Werkzeugen und Maschinen so zu bearbeiten, bis die gewünschte Form vorlag. Heute lassen sich Teile gießen oder aus Sintermaterial pressen. Spiralfedern haben die Blattfedern aus alten Büchsenmacherzeiten verdrängt. Neue, gesetzliche Bestimmungen verlangen Sicherheitsvorkehrungen, die vor Jahren noch nicht zum Bestand der technischen Konstruktion gehörten.

Selbst mit diesen modernen Fertigungstechniken sind gute Revolver immer noch recht kostspielig. Mitte der siebziger Jahre kostete beispielsweise der Colt Python im Kaliber.357 Magnum 329 Dollar. Die Selbstladepistole M1911 A1 von Colt im Kaliber.45 ACP kostete dagegen nur 213 $. Ein Revolver vermittelt ein »Feeling«, das keine Selbstlade-Pistole je bieten kann und so lange es Schützen gibt, die diesen Unterschied spüren, wird man auch weiterhin Revolver herstellen.

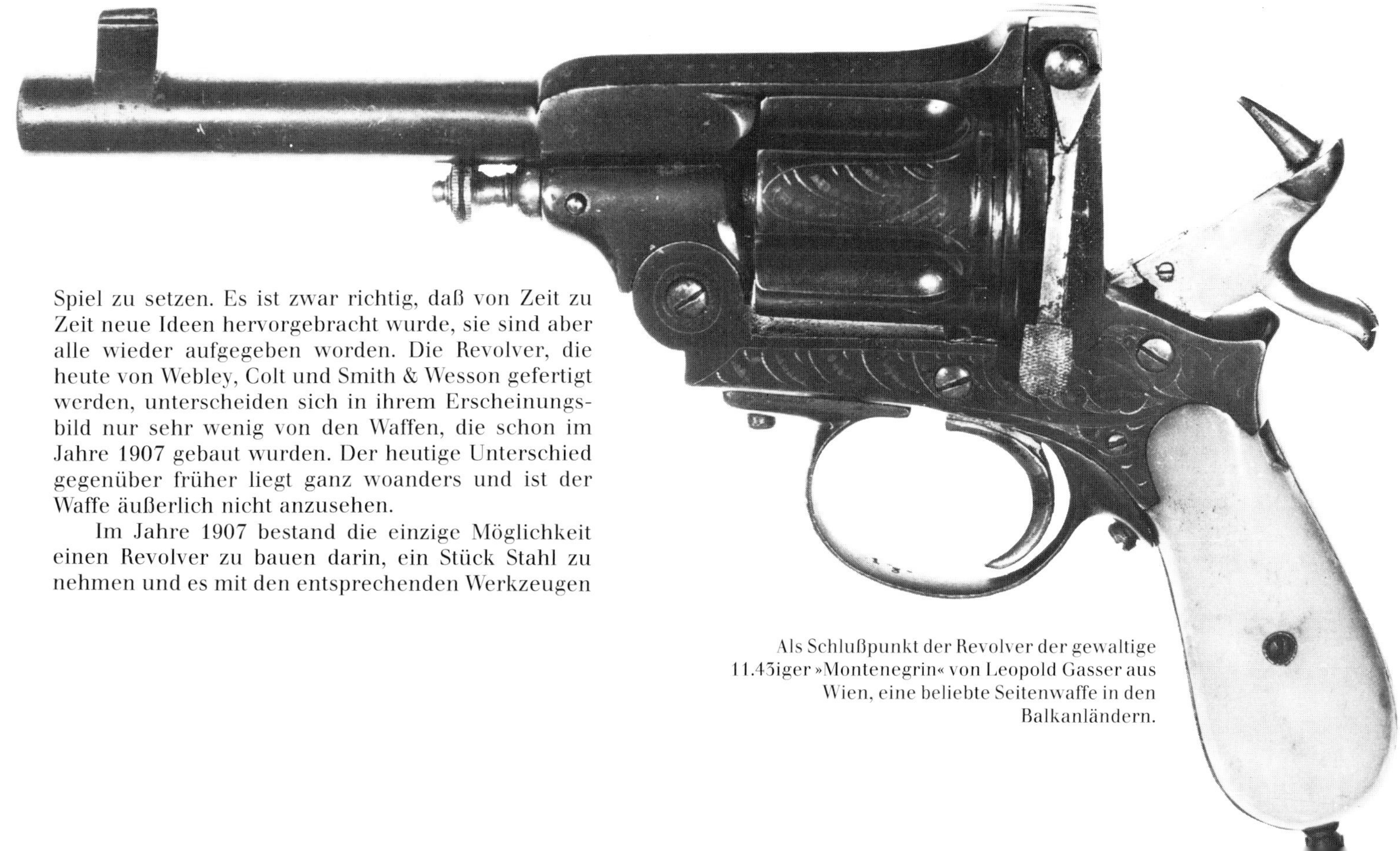

Als Schlußpunkt der Revolver der gewaltige 11.43iger »Montenegrin« von Leopold Gasser aus Wien, eine beliebte Seitenwaffe in den Balkanländern.

Zehntes Kapitel

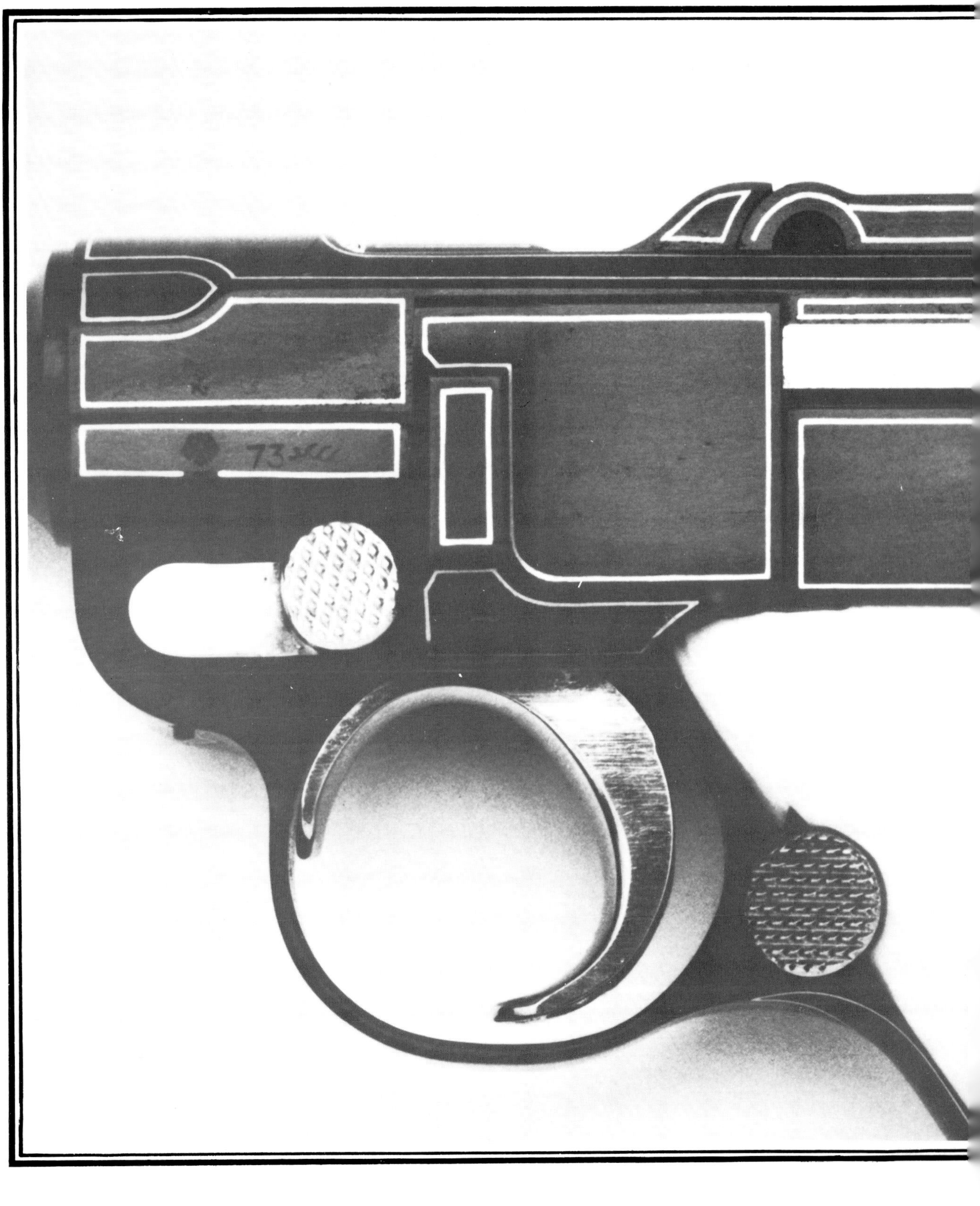

Selbstlade- und Repetierpistolen

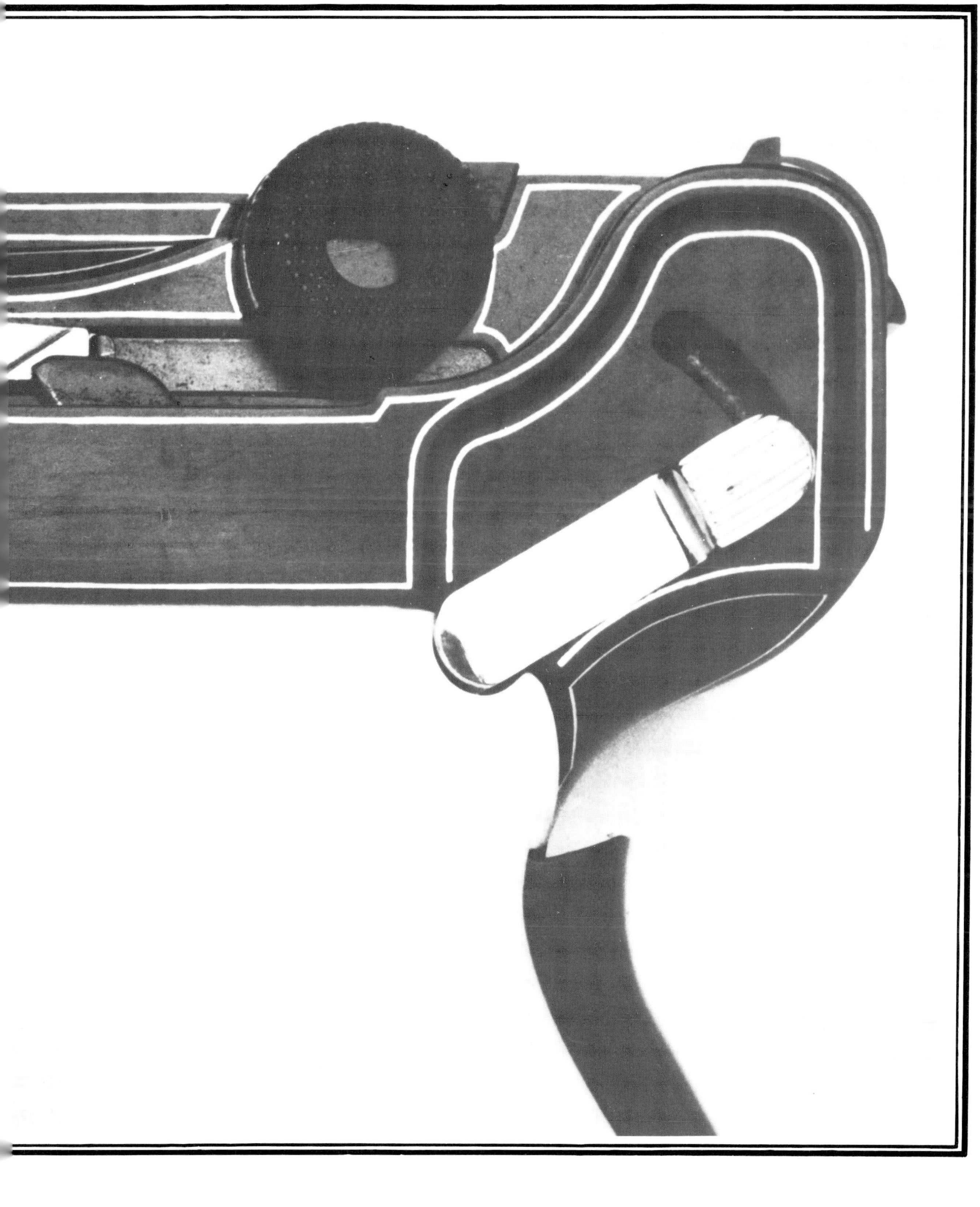

In den achtziger Jahren des vorigen Jahrhunderts hatten die Revolver ganz offenkundig den Höhepunkt ihrer technischen Entwicklung erreicht. Noch verbliebene Möglichkeiten schienen völlig durch Patente blockiert zu sein, die von den Großen in diesem Geschäft gehalten wurden. So taten sich Erfinder um und überlegten, welche anderen Möglichkeiten es gäbe, neue Formen von Faustfeuerwaffen zu entwikkeln. Gerade zu der Zeit wurde das Magazin-Gewehr mit Kammerverschluß auf dem militärischen Sektor eingeführt. Es kann daher nicht verwundern, daß diese Art des Systems für die Verwendung in einer Pistole »abgeklopft« wurde.

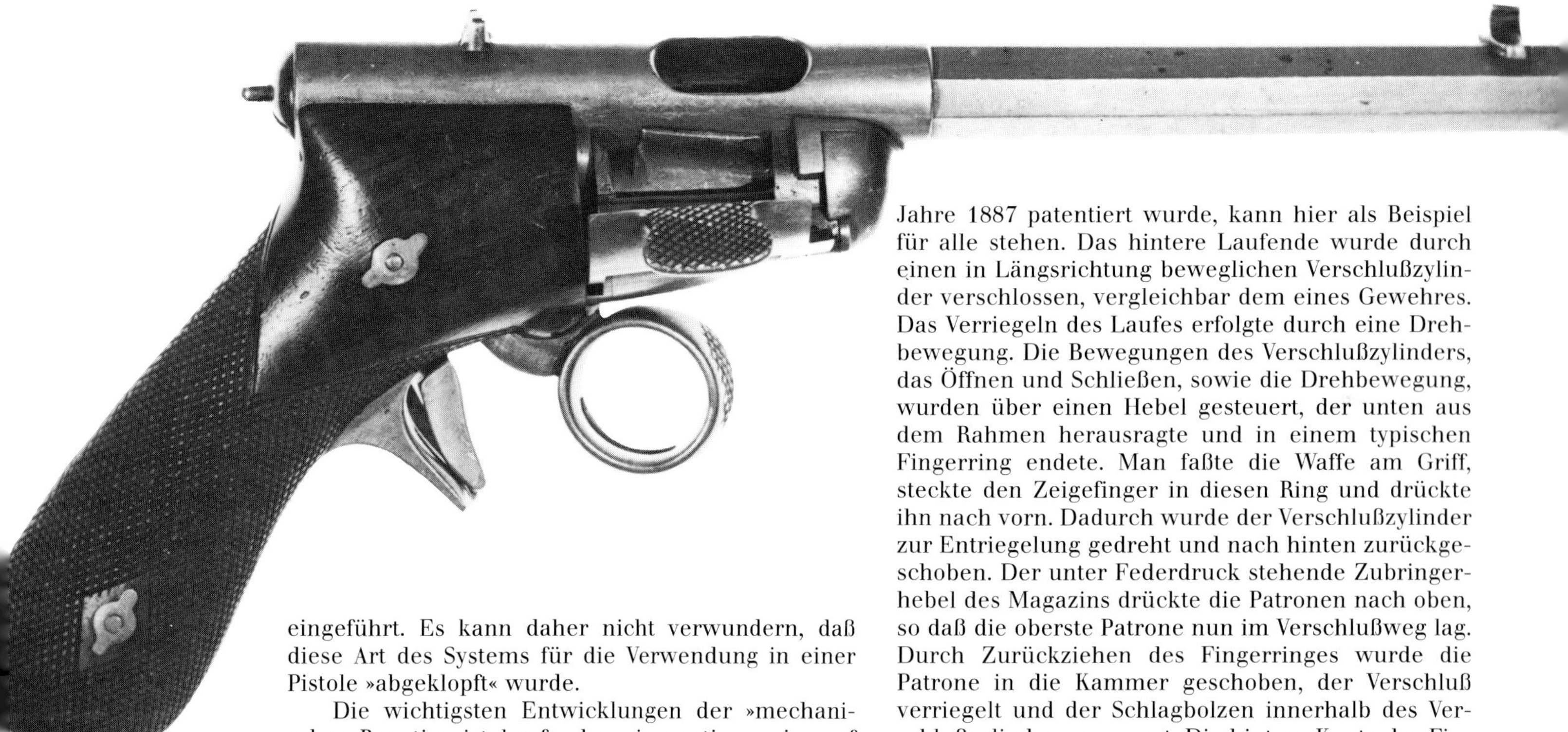

Die wichtigsten Entwicklungen der »mechanischen Repetierpistole« fanden eigenartigerweise auf dem Gebiet der damaligen Donaumonarchie statt. Es ist außerordentlich schwierig, genau zu sagen, wer was erfunden hat, da sich viele Ideen überschnitten. Es würde schon eine Menge überflüssiger Zeit in Anspruch nehmen, jene Patenthalter aufzulisten, die außer einer Konstruktionszeichnung sonst nichts geliefert hatten.

Es gab aber eine Handvoll Erfinder, die es tatsächlich fertigbrachten, funktionstüchtige Pistolen zu bauen. Einige davon schafften es gar, wenn auch nur in geringer Stückzahl, Pistolen in den Handel zu bringen. Unter den erfolgreicheren Erfindern wären zu nennen: Passler und Seidl aus Wien, Erwin Reiger, ebenfalls ein Wiener, Karl Krnka, der aus Böhmen stammte, aber in Wien wohnte, Gustav Bittner aus Wiepert in Böhmen und Schulhof, ein weiterer Wiener. In Österreich und in Deutschland (in Berlin und von Mauser) wurden Entwürfe vorgestellt. In diese Gruppe kann auch die Volcanic-Pistole und die Remington-Rider aus den USA eingereiht werden, wenngleich dabei unterschiedliche mechanische Prinzipien angewandt wurden. Bei den europäischen Pistolen waren Handhabung und Funktion nahezu gleich. Die Entwicklung von Passler & Seidl, die im Jahre 1887 patentiert wurde, kann hier als Beispiel für alle stehen. Das hintere Laufende wurde durch einen in Längsrichtung beweglichen Verschlußzylinder verschlossen, vergleichbar dem eines Gewehres. Das Verriegeln des Laufes erfolgte durch eine Drehbewegung. Die Bewegungen des Verschlußzylinders, das Öffnen und Schließen, sowie die Drehbewegung, wurden über einen Hebel gesteuert, der unten aus dem Rahmen herausragte und in einem typischen Fingerring endete. Man faßte die Waffe am Griff, steckte den Zeigefinger in diesen Ring und drückte ihn nach vorn. Dadurch wurde der Verschlußzylinder zur Entriegelung gedreht und nach hinten zurückgeschoben. Der unter Federdruck stehende Zubringerhebel des Magazins drückte die Patronen nach oben, so daß die oberste Patrone nun im Verschlußweg lag. Durch Zurückziehen des Fingerringes wurde die Patrone in die Kammer geschoben, der Verschluß verriegelt und der Schlagbolzen innerhalb des Verschlußzylinders gespannt. Die hintere Kante des Fingerringes war mit einem Schlitz versehen, in den nach Abschluß der Verriegelung die Abzugszunge einsetzte. Durch einen zusätzlichen Druck des Zeigefingers wurde dann dieser »zweite Abzug« betätigt. Diese Bewegung wiederum gab den Schlagbolzen frei, der den Schuß auslöste. Danach konnte der gesamte Bewegungsablauf wiederholt werden.

Theoretisch handelt es sich um eine makellose Konstruktion. Das hintere Laufende war sicher verriegelt, so daß auch sehr leistungsstarke Patronen verschossen werden konnten. Die mechanischen Komponenten des Systems waren relativ unkompliziert, einfach herzustellen und zu montieren. Zusammengenommen ergab das eine preiswerte und zuver-

Vorhergehende Seite: Details einer modernen Parabellum-Pistole, hergestellt von der Firma Mauser (siehe auch Seite 189).

Ein frühes Beispiel einer »mechanischen Repetierpistole« war die Schulhof 8 mm, Modell 1884.

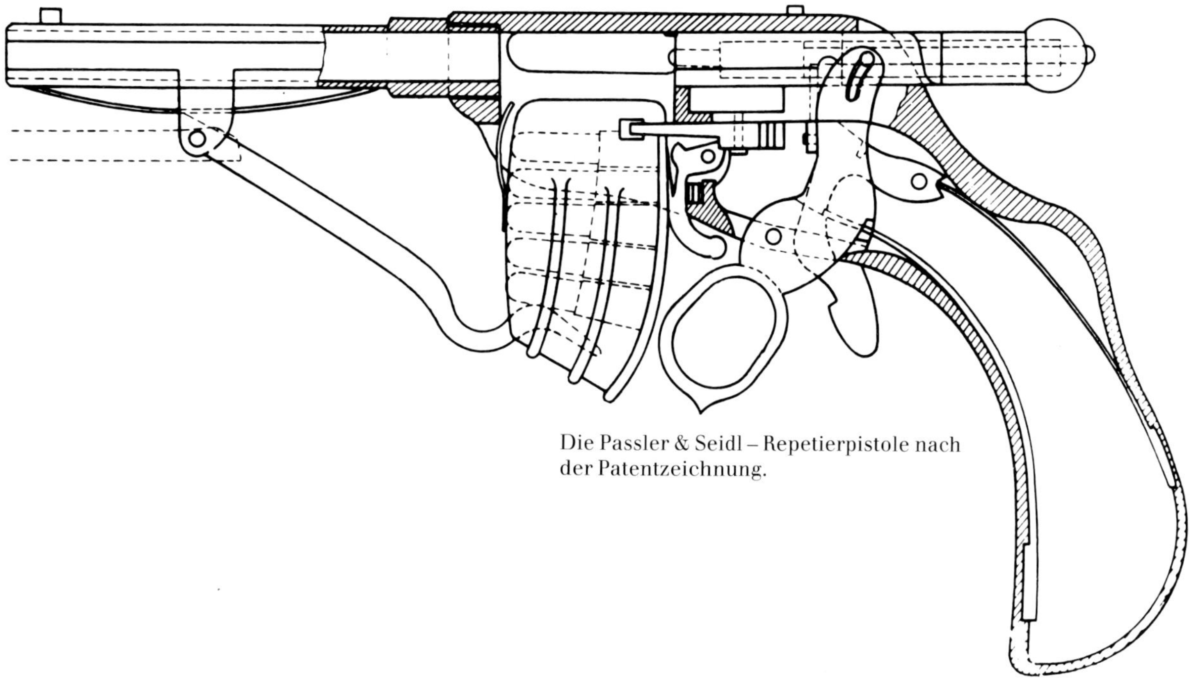

Die Passler & Seidl – Repetierpistole nach der Patentzeichnung.

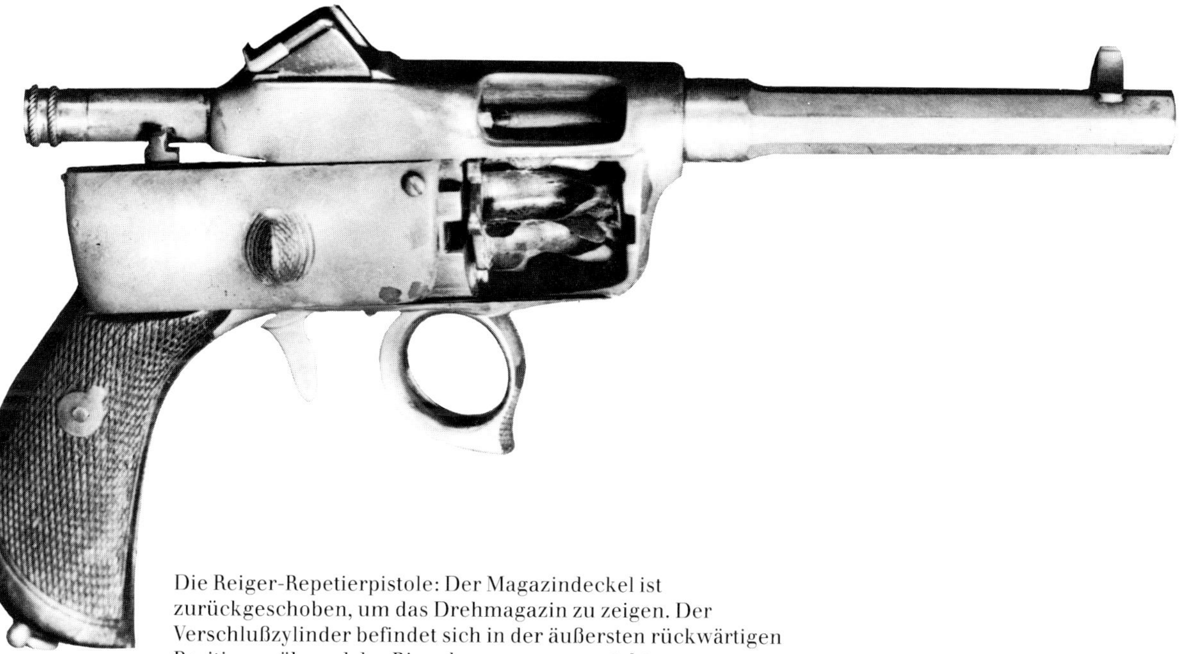

Die Reiger-Repetierpistole: Der Magazindeckel ist zurückgeschoben, um das Drehmagazin zu zeigen. Der Verschlußzylinder befindet sich in der äußersten rückwärtigen Position, während der Ringabzug ganz vorn steht.

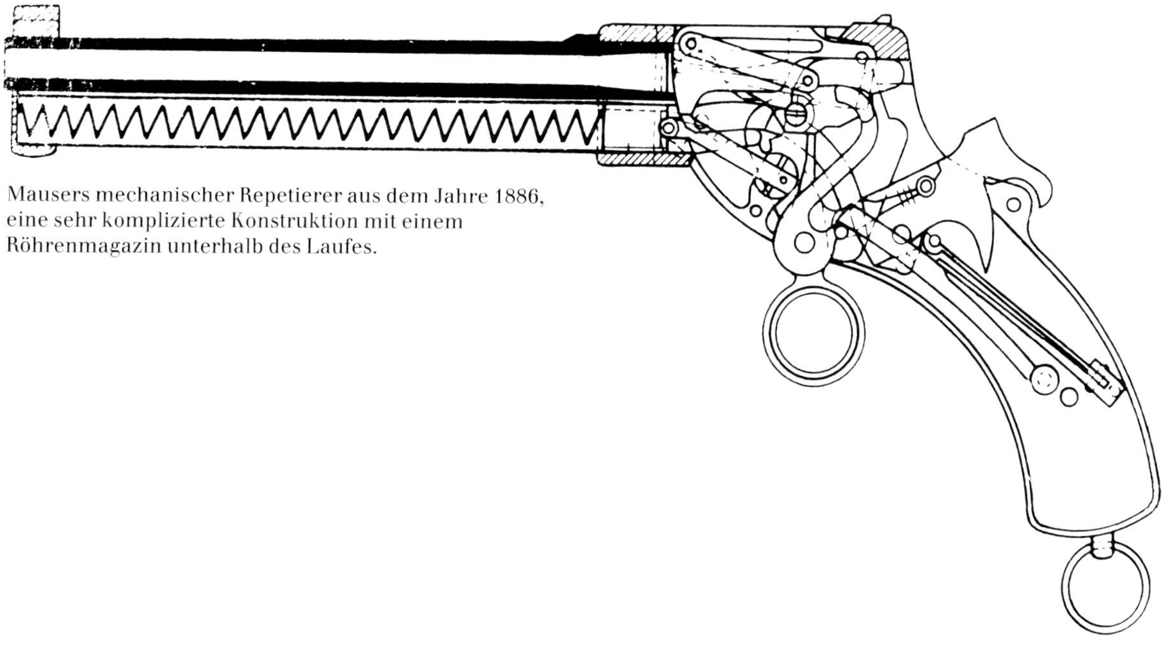

Mausers mechanischer Repetierer aus dem Jahre 1886, eine sehr komplizierte Konstruktion mit einem Röhrenmagazin unterhalb des Laufes.

lässige Waffe. Der Hauptnachteil jedoch lag in der Ergonomie. Der menschliche Zeigefinger ist nicht besonders gut dazu geeignet, eine kraftvolle vorwärtsgerichtete Bewegung auszuführen. Es war wahrscheinlich in dem Fall, daß die Patronenhülse sich ausgedehnt hatte und eng in der Kammer festsaß ein ziemlicher Krafteinsatz erforderlich, um den Verschluß zu öffnen. Selbst wenn sich die Muskelkräfte durch den täglichen Gebrauch vergrößert hatten, so blieb der mechanische Reptierer dennoch eine schwer zu bedienende Waffe. Die Pistole hatte nur eine kurze Lebenszeit. Die ersten Modelle kamen um 1885 heraus. Bereits zehn Jahre später war diese Konstruktion wieder von der Bildfläche verschwunden, mit dem Ergebnis, daß die Modelle heute außerordentlich selten sind.

Eine kleine, jedoch recht erfolgreiche »Nebenlinie« der mechanischen Repetierpistolen sind die Waffen, die allgemein unter der Sammelbezeichnung »Handballenpistolen« geführt werden. Die französische »Mitrailleur« ist hierfür ein gutes Beispiel Aus dieser Waffe wurden in der Regel Randfeuerpatronen oder Patronen mit Stiftzündung verschossen, die eine geringe Geschoßgeschwindigkeit hatten. Gegen Ende ihrer kurzen Blütezeit wurden diese Waffen allerdings auch für Zentralfeuerpatronen gefertigt. Wie der Name schon verrät, lag die Pistole in der Handfläche oder im Handballen verborgen, während nur die Mündung aus der geschlossenen Faust hervorragte. Beim Zusammendrücken der Faust wurde ein Verschlußspannhebel in Funktion gesetzt, der eine Patrone in die Kammer schon, die dann gezündet wurde. Lockerte man den Griff, so kehrte der Verschlußspannhebel in seine Ausgangsposition zurück und warf die leere Patronenhülse aus, oder aber, und das war gebräuchlicher, schob sie aus dem hinteren Laufende, bevor dann die nächste Patrone eingeführt wurde. Viele dieser Waffen wurden von Damen und Herren zum Schutz vor Straßenräubern mitgeführt, die sich ansonsten wenig mit Feuerwaffen beschäftigten. Aus diesem Grund kann man sie häufig mit Ornamenten verziert finden, dazu in Lederkassetten, oder aber sie zeigen Einlegearbeiten in Elfenbein oder edlen Metallen. Diese Pistolen wurden überraschend lange hergestellt – und zwar von Mitte der achtziger Jahre des vorigen Jahrhunderts bis zum Beginn des Ersten Weltkrieges. Gegen Ende der Herstellungszeit wurden sie jedoch zum Teil durch billige Selbstlader-Taschenpistolen verdrängt.

Das Aufkommen des letztgenannten Waffentyps erklärt auch die kurze Lebensdauer der großen mechanischen Repetierer. Das ist wiederum der Grund für ihre heutige Seltenheit. Die Geschichte begann mit der Entwicklung des Maxim-Maschinengewehres in den späten achtziger Jahren des vergangenen Jahrhunderts. Bei dieser Waffe wurde demonstriert, daß die Kraft der Treibladung genausogut zum Antrieb des Lade- und Ausstoßmechanismen verwendet werden konnte wie zum Antreiben des Geschosses selbst. Das führte zu Untersuchungen, inwieweit dieses Selbstlade-Prinzip auch auf Hand- und Faustfeuerwaffen zu übertragen sei.

Bereits zu Beginn der neunziger Jahre war die Selbstladepistole geboren. Tatsächlich basierte die erste automatische Selbstlade-Pistole, die auf dem Markt erschien, noch auf einem Umbau eines mechanischen Repetierers.

Diese bahnbrechende Waffe war die sogenannte »Schönberger-Pistole«, wenngleich der Grund für diese Namensgebung nicht ganz klar ist. Die Konstruktion stammt von Laumann. Dieser hatte sie zunächst als einen konventionellen Repetierer, ähnlich dem von Passler & Seidl entworfen. Er konstruierte sie in einen automatischen Selbstlader um und ließ sie in der österreichischen Waffenfabrik »Steyr« herstellen. Schönberger war zu der damaligen Zeit Betriebsleiter der Fabrik, und es mag sein, daß er der Produktion der Pistole unter der Bedingung zugestimmt hatte, daß sie dann auch seinen Namen tragen sollte.

Das technische Problem, mit dem Laumann konfrontiert wurde, lag im Entriegeln und Zurückziehen oder Zurückschieben des Verschlusses. Er löste dieses Problem auf eine höchst ungewöhnliche Weise. Dabei verlegte er sich auf ein System, das seit dem nur noch sehr selten angewandt wurde, und dann auch nur bei Prototypen. Es handelt sich dabei um den »Zündhütchen-Rückstoß«. Dieses Prinzip ist so ungebräuchlich, daß es einer Erklärung bedarf.

Wenn die Ladung einer Patrone gezündet wird, breitet sich der dabei entstehende Gasdruck nach allen Richtungen aus. Ein Teil findet auch den Weg durch den Zündkanal an der Basis der Hülse bis hin zum Zündhütchen. Dabei besteht immer die Tendenz, daß das Zündhütchen nach hinten herausgestoßen wird. Bei der Mehrzahl der Waffen wird durch die Stirnseite des Verschlusses oder des Verschlußblockes diesem rückwärtsgerichteten Druck ein Widerstand entgegengesetzt, der das Zündhütchen in seiner Glocke hält.

Bei der Konstruktion von Laumann dagegen konnte das Zündhütchen um den kleinen Weg von ca.

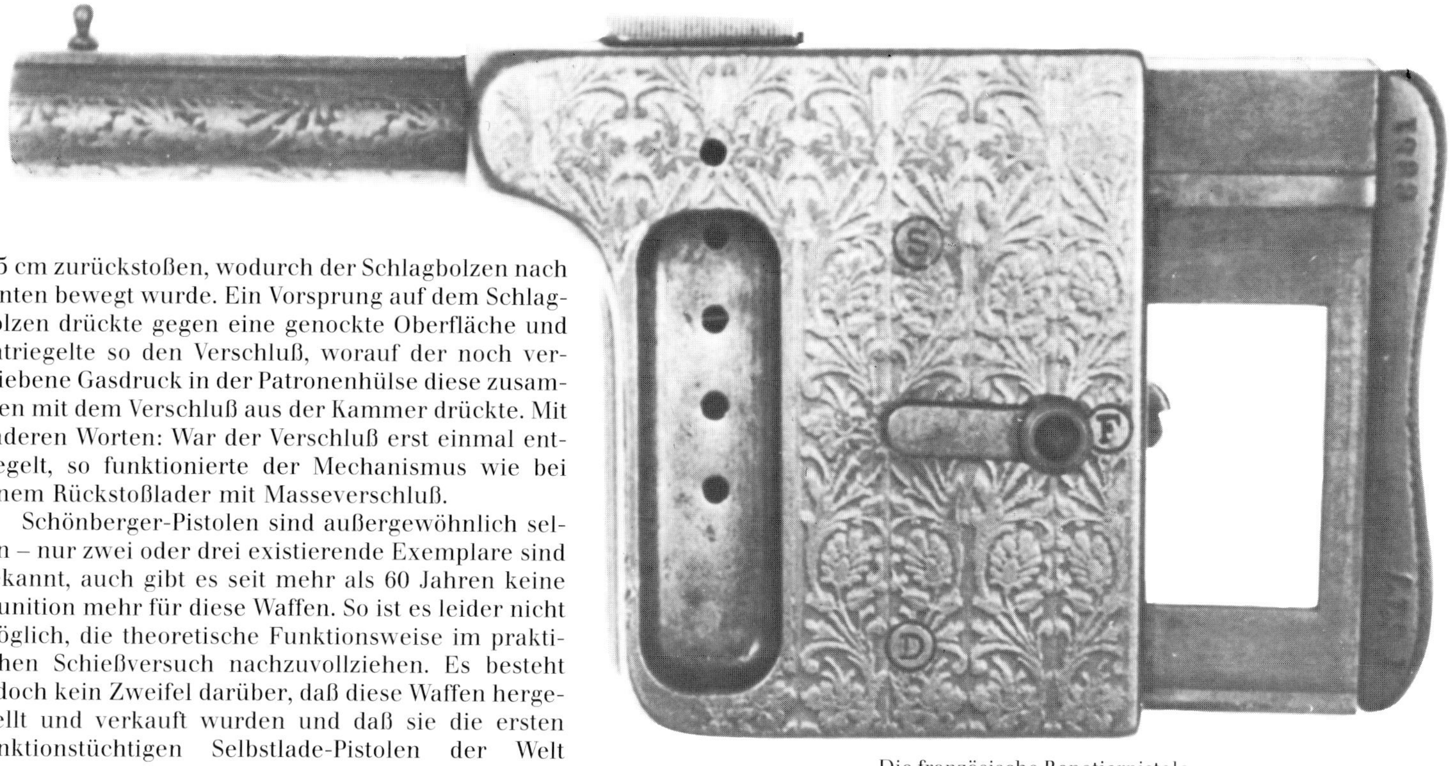

2,5 cm zurückstoßen, wodurch der Schlagbolzen nach hinten bewegt wurde. Ein Vorsprung auf dem Schlagbolzen drückte gegen eine genockte Oberfläche und entriegelte so den Verschluß, worauf der noch verbliebene Gasdruck in der Patronenhülse diese zusammen mit dem Verschluß aus der Kammer drückte. Mit anderen Worten: War der Verschluß erst einmal entriegelt, so funktionierte der Mechanismus wie bei einem Rückstoßlader mit Masseverschluß.

Schönberger-Pistolen sind außergewöhnlich selten – nur zwei oder drei existierende Exemplare sind bekannt, auch gibt es seit mehr als 60 Jahren keine Munition mehr für diese Waffen. So ist es leider nicht möglich, die theoretische Funktionsweise im praktischen Schießversuch nachzuvollziehen. Es besteht jedoch kein Zweifel darüber, daß diese Waffen hergestellt und verkauft wurden und daß sie die ersten funktionstüchtigen Selbstlade-Pistolen der Welt waren.

Auch dieser Erfindung ging es wie so vielen: Hatte sich erst einmal ein System als brauchbar erwiesen, so gab es in Hülle und Fülle Verbesserungen und Weiterentwicklungen. Die Schönberger-

Die französische Repetierpistole »Miltrailleur«. Durch das Zusammenballen der Hand wurde der hintere Teil in den Rahmen der Waffe geschoben und damit die Verschlußfunktionen in Gang gesetzt.

Zwei der ersten Selbstladepistolen, bei denen die Kraft der Treibladung dazu verwendet wurde, den Lade- und den Ausziehmechanismus zu betätigen: die Schönberger und die Borchardt (unten).

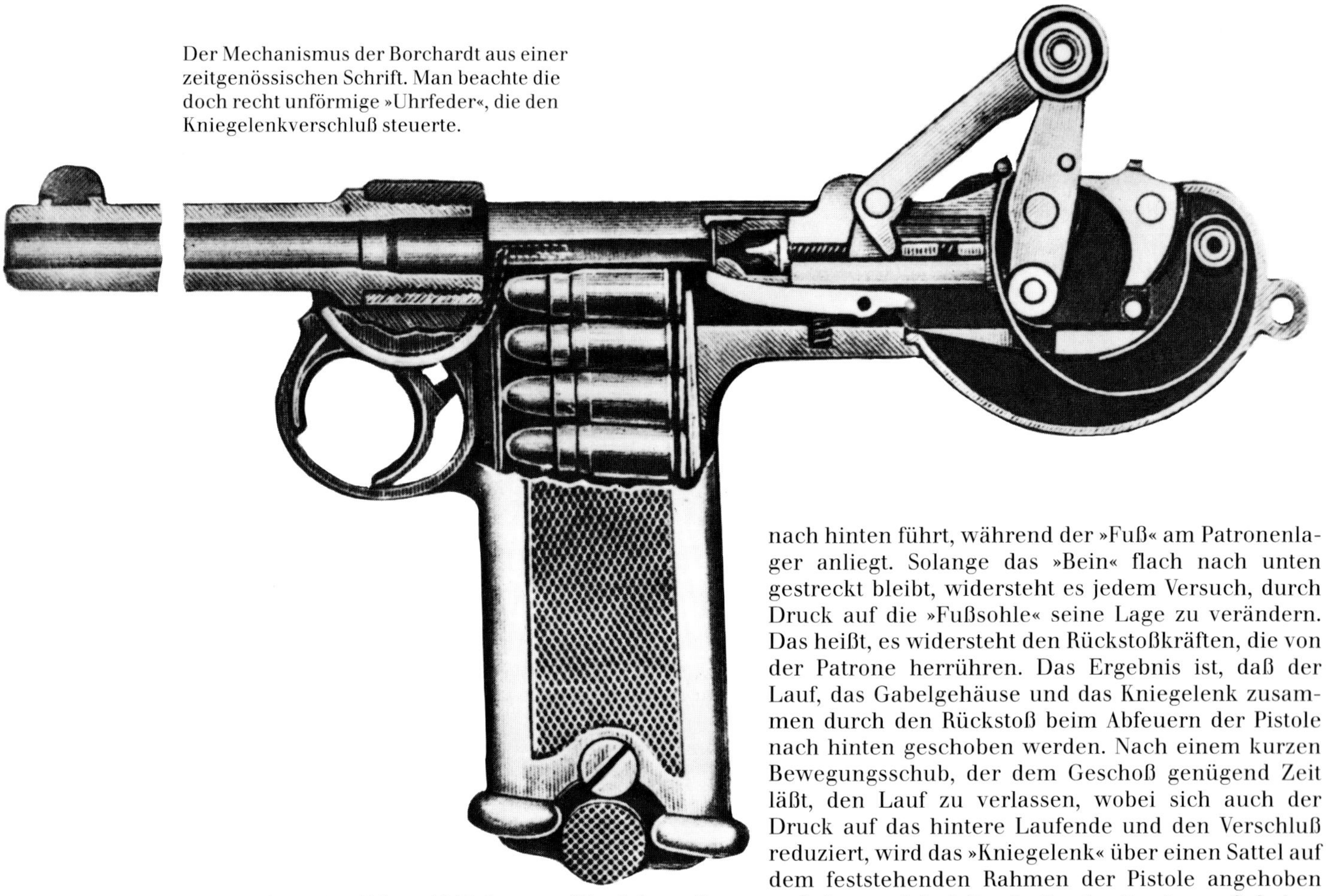

Der Mechanismus der Borchardt aus einer zeitgenössischen Schrift. Man beachte die doch recht unförmige »Uhrfeder«, die den Kniegelenkverschluß steuerte.

Pistole kam im Jahre 1892 heraus. Ein Jahr später folgte ihr zunächst eine Fehlkonstruktion von Andreas Schwarzlose. Dann folgte die Borchardt-Pistole. 1894 erschien die ersten von noch vielen Bergmann-Konstruktionen. 1896 wurde die Charola-Anitua und die Simplex herausgebracht; schließlich folgte 1898 die Mauser-Pistole. Von diesen sind die Borchardt und die Mauser die wichtigsten, weil es die beiden Waffen mit dem größten Erfolg waren. Hugo Borchardt hatte als Konstrukteur einen guten Ruf. Bevor er zu Ludwig Loewe in Berlin ging, hatte er mehrere Jahre in den USA und in verschiedenen europäischen Ländern gearbeitet. Während dieser Zeit hatte er das Konzept für einen Selbstlader entwickelt und genau dieses wurde bei Loewe in die Wirklichkeit umgesetzt.

Das Kernstück bei der Borchardt-Pistole war die Verriegelung des hinteren Laufendes (des Patronenlagers) durch einen Kniegelenkverschluß. Im allgemeinen denkt man dabei an das menschliche Bein. Das »Hüftgelenk« ist mit einem Verlängerungsarm (Gabelgehäuse) verbunden, der vom Pistolenlauf nach hinten führt, während der »Fuß« am Patronenlager anliegt. Solange das »Bein« flach nach unten gestreckt bleibt, widersteht es jedem Versuch, durch Druck auf die »Fußsohle« seine Lage zu verändern. Das heißt, es widersteht den Rückstoßkräften, die von der Patrone herrühren. Das Ergebnis ist, daß der Lauf, das Gabelgehäuse und das Kniegelenk zusammen durch den Rückstoß beim Abfeuern der Pistole nach hinten geschoben werden. Nach einem kurzen Bewegungsschub, der dem Geschoß genügend Zeit läßt, den Lauf zu verlassen, wobei sich auch der Druck auf das hintere Laufende und den Verschluß reduziert, wird das »Kniegelenk« über einen Sattel auf dem feststehenden Rahmen der Pistole angehoben und der zurückgleitende Lauf mit seinem Gabelgehäuse kommt zum Stehen. Die nach hinten wirkenden Kräfte der Patrone drücken dann den »Fuß« – die Stirnseite des Verschlusses – zurück und knicken das »Knie« oder die Kniegelenkverbindung gegen den Druck einer Feder nach oben. Dadurch wird das Patronenlager frei und die leere Hülse ausgeworfen. Die Feder drückt dann das Verbindungsgelenk wieder herunter. In dem Moment, in dem die Stirnseite des Verschlußstückes nach vorne gleitet, wird eine Patrone aus dem Magazin in das Patronenlager geschoben. Das »Bein« liegt dann wieder flach und hält die Patrone sicher für den nächsten Schuß im Patronenlager.

Das Gelenk ist der kritische Teil der ganzen Konstruktion. Es muß genau zur Bauweise der Patrone passen, sorgfältigst gefertigt und eingepaßt und aus einem hoch belastbaren Material sein. Um 1890 herum war das keine Schwierigkeit mehr. Die Borchardt-Pistole wurde ein kommerzieller Erfolg. Als Faustfeuerwaffe war sie etwas unhandlich, sie wurde jedoch stets mit einem ansetzbaren Anschlagschaft

Eine kurzläufige Version der 7,63 mm Mauser.

verkauft. Mit angesetztem Schaft war eine sehr hohe Präzision zu erzielen. Noch wichtiger als die Pistole war Borchardts Entwicklung einer 7,65 mm-Patrone, die damit einherging. Es handelte sich um eine Flaschenhalspatrone mit einem Mantelgeschoß für hohe Geschwindigkeit. Bei dem Kniegelenkverschluß mußte man sich, wenn es störungsfrei funktionieren sollte, auf gleichbleibende ballistische Eigenschaften der verwendeten Patrone verlassen können. Die Patrone von Borchardt lieferte konstante Leistungen, wie sie für die damalige Zeit einmalig waren. Bei Revolvern macht es wenig aus und es wird kaum bemerkt, wenn von Patrone zu Patrone geringe ballistische Unterschiede bestehen. Bei einem Selbstlader dagegen spielt eine gleichbleibende Qualität eine große Rolle.

Als die bekannte Firma Mauser beschloß, auch Selbstlader-Pistolen zu bauen, war konsequenterweise die Patrone von Borchardt der Ausgangspunkt für die Mauser-Konstruktion. Lediglich die Maße wurden ganz geringfügig für die eigenen Zwecke auf das Kaliber 7,63 mm verändert. Ein Umstand, über den Borchardt außerordentlich erbost war. Die Mauser-Pistole, eine der besten Selbstlade-Pistolen auf der ganzen Welt, funktionierte nach einem völlig anderen Prinzip. Im Verschlußgehäuse hinter dem Lauf bewegte sich axial ein Verschlußstück (die Kammer) mit quadratischem Querschnitt, in das ein Schlagbolzen eingesetzt war. Das ganze erinnerte daher an die mechanischen Repetierer. Die Kammer wurde mittels des sogenannten Riegelblockes an ihrer Unterseite innerhalb des Verschlußgehäuses verriegelt, wenn sie nach vorn glitt. Bewegten sich der Lauf, das Verschlußgehäuse und die Kammer durch den Rückstoß nach hinten, so konnte der Riegelblock ausrasten, die Kammer setzte den Bewegungsvorgang ohne den Block fort und schloß den Ladevorgang ab, indem eine neue Patrone aus dem Magazin, das sich vor dem Abzug befand, zugeführt wurde. Dieses System war sehr viel unkomplizierter als das der Borchardt-Pistole und in seiner Funktionszuverlässigkeit nicht so stark von der gleichbleibenden Qualität der Munition abhängig. Das Mauser-System funktionierte bei fast jedem Rückstoß, wogegen die Borchardt-Pistole gewöhnlich Ladehemmungen bekam, wenn der Rückstoß zu schwach oder zu stark ausfiel. Als diese Pistolen anfingen, populär zu werden, begannen kommerzielle Munitionshersteller damit, ihre eigenen Patronen zu fertigen. Von Marke zu Marke gab es eine Grenze hinsichtlich einer gewissen Bandbreite an unterschiedlicher Leistungsfähigkeit.

Hinter der Entwicklung jeder leistungsfähigen Selbstlade-Pistole stand in jenen Tagen die Absicht, das Militär dafür zu interessieren und Verträge abzuschließen, um die Streitkräfte damit auszurüsten. War das einmal erreicht, war auch die Wirtschaftlichkeit gesichert, da die Übernahme durch die Armee nicht nur für sich selbst genommen schon recht gewinnbringend war, sondern sozusagen ein Gütesiegel von nicht zu unterschätzender Werbewirkung darstellte. Weder Borchardt noch Mauser konnten dieses erstrebte Ziel erreichen. Die Borchardt-Pistole war viel zu schwerfällig und unsicher in ihrer Funktion, wogegen die Mauser-Pistole zwar zuverlässig, aber zu schwer war. Trotzdem statteten sich viele Offiziere selbst auf eigene Kosten mit diesen Pistolen, besonders mit der von Mauser, aus.

Im Loewe-Werk kam ein anderer Konstrukteur zu der Überzeugung, daß die Borchardt-Pistole nach

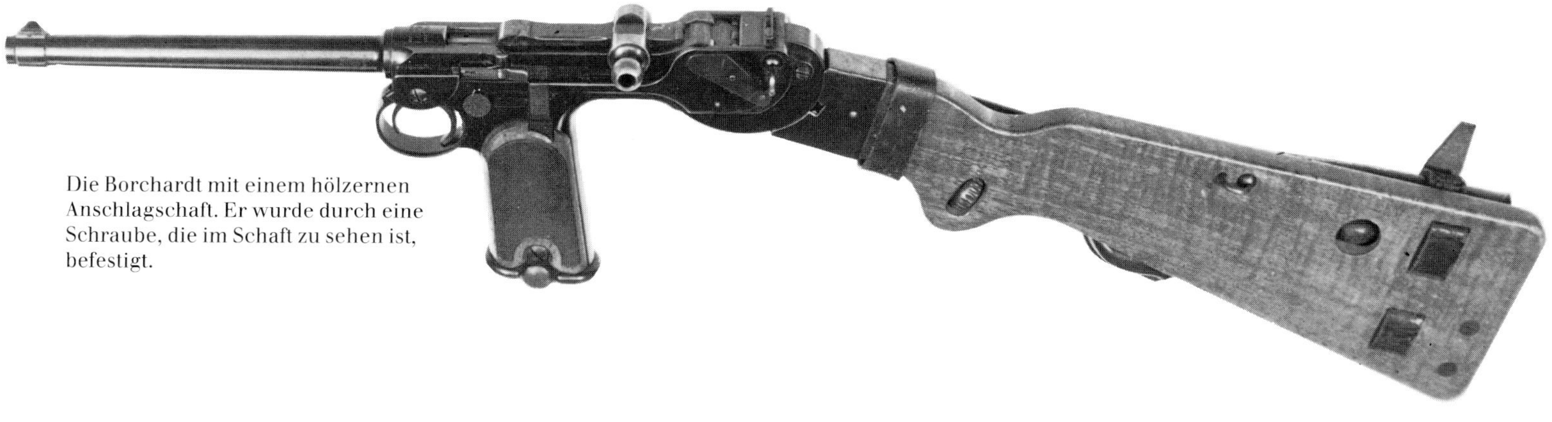

Die Borchardt mit einem hölzernen Anschlagschaft. Er wurde durch eine Schraube, die im Schaft zu sehen ist, befestigt.

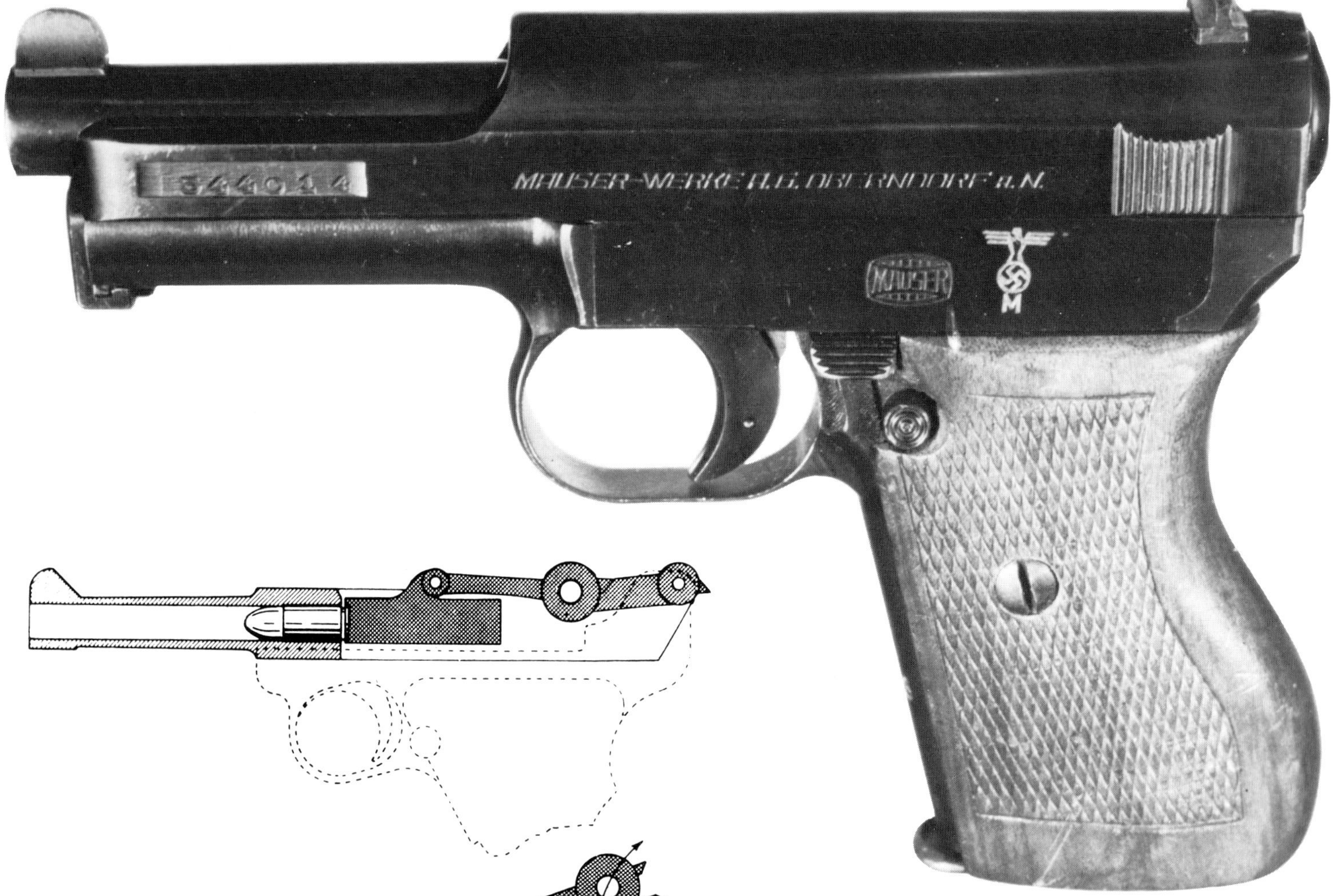

Deutsche Offiziere, die eine handlichere Alternative zu der Luger suchten, übernahmen diese Mauser, aus der handelsübliche 7,65 mm-Patronen verschossen wurden. Ursprünglich als Polizeiwaffe konzipiert und hergestellt, wurde sie auch von der Luftwaffe und der Kriegsmarine verwendet. Dieses Modell 1934 trägt den Dienststempel der Kriegsmarine.

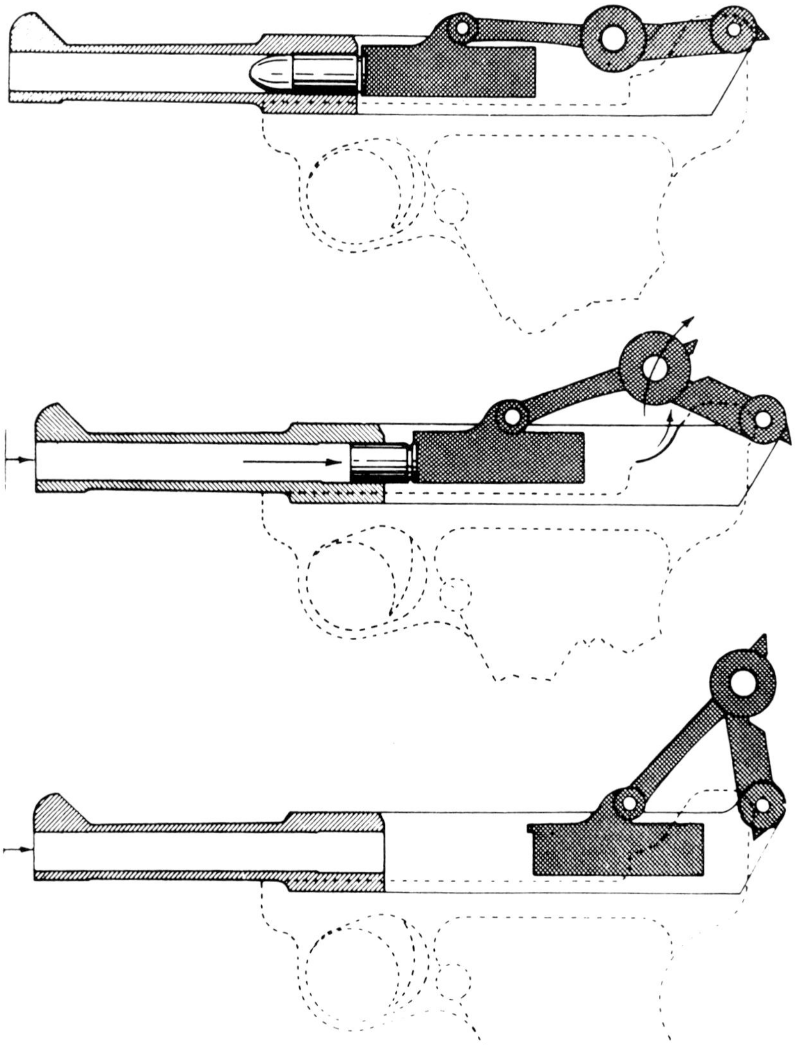

Die Bewegungsabläufe des Luger-Kniegelenkverschlusses: Die obere Skizze zeigt, daß das mittlere Gelenk unterhalb des hinteren Gelenkes liegt. Die nach rückwärts wirkenden Kräfte können es somit nicht nach oben hin abknicken. Wenn der Lauf und das Gelenk durch den Rückstoß nach hinten gleiten (zweite Skizze), wird das Gelenk über eine Rampe hinten am Griffstück nach oben gedrückt. Das ermöglicht dann dem Rückstoßimpuls, den Öffnungsvorgang zu vollenden.

einem Umbau bessere Chancen für eine Einführung bei den Streitkräften hätte.

Dieser Konstrukteur war Georg Luger. Borchardt wies dessen Überlegungen zurück, weil er offensichtlich davon überzeugt war, daß seine eigene Konstruktion bereits perfekt sei. So machte sich denn Luger daran, eine eigene Konstruktion zu schaffen. Er verkürzte die Pistole, veränderte die Funktionsweise des Kniegelenkverschlusses und überarbeitete ganz allgemein die gesamte Technik des Systems. Damit schuf er eine Waffe, die Parabellum, die überall in der ganzen Welt nicht ganz korrekt als die »Luger« bezeichnet wird. Im Jahre 1899 wurde sein erster Entwurf der Heeresleitung in der Schweiz vorgeführt. Das Modell war für die 7,65 mm-Patrone von Borchardt eingerichtet. Die Schweizer aber wünschten eine etwas schwächere Patrone. Luger entsprach diesem Wunsch, indem er die Borchardt-Patronenhülse kürzte und damit eine Patrone herstellte, die seitdem als 7,65 mm Parabellum bekannt ist. Die Schweizerische Armee war damit einverstanden und im Jahre

1900 führte sie die Parabellum als ihre neue Armeepistole ein.

Luger schlüpfte nun in die Rolle eines Geschäftsmannes und versuchte auch andere Länder für die neue Pistole zu interessieren. Viele europäische Länder zeigten in der Tat Interesse, und selbst die USA kauften eine Anzahl Exemplare, um sie zu testen. Im Jahre 1904 erzielte Luger schließlich einen großen Durchbruch, als nämlich die Kriegsmarine des Deutschen Kaiserreiches die Parabellum einführte. Ein Grund, der diesen Erfolg verzögert hatte, war die Ansicht, daß das 7,65 mm-Geschoß zu leicht für Gefechtszwecke sei. Um dem entgegen zu wirken, weitete er den Hülsenhals der 7,65 mm-Patrone so auf, daß er ein 9 mm-Geschoß aufnehmen konnte. In diesem Kaliber nahm die deutsche Kriegsmarine die Pistole offiziell an.

Im Jahre 1908 wurden Lugers Bemühungen schließlich dadurch belohnt, daß die deutsche Heeresleitung die Waffe unter dem Namen »Pistole 1908« oder »P 08« als allgemeine Dienstwaffe einführte. Danach war die Zukunft gesichert, und bis zum Jahre

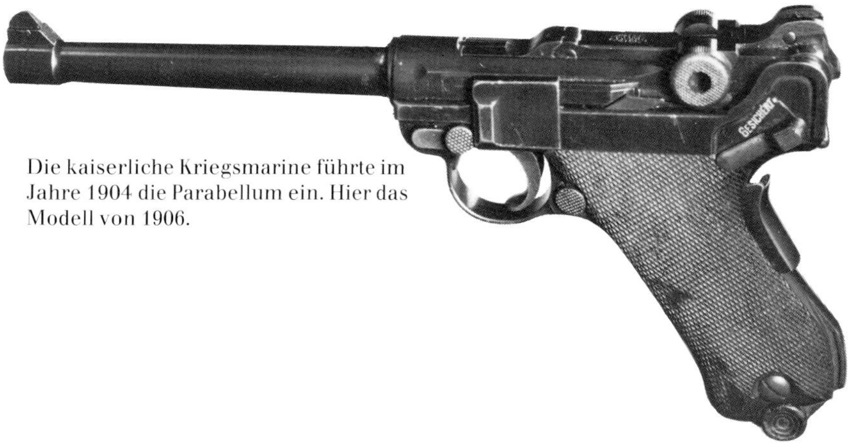

Die kaiserliche Kriegsmarine führte im Jahre 1904 die Parabellum ein. Hier das Modell von 1906.

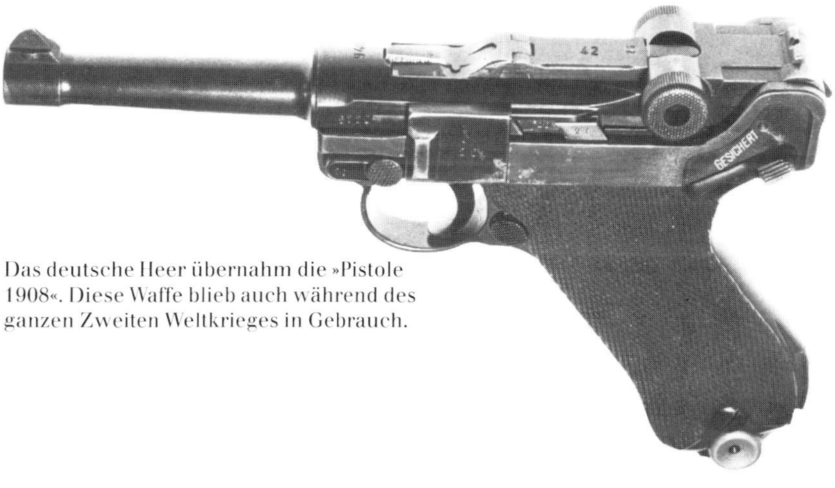

Das deutsche Heer übernahm die »Pistole 1908«. Diese Waffe blieb auch während des ganzen Zweiten Weltkrieges in Gebrauch.

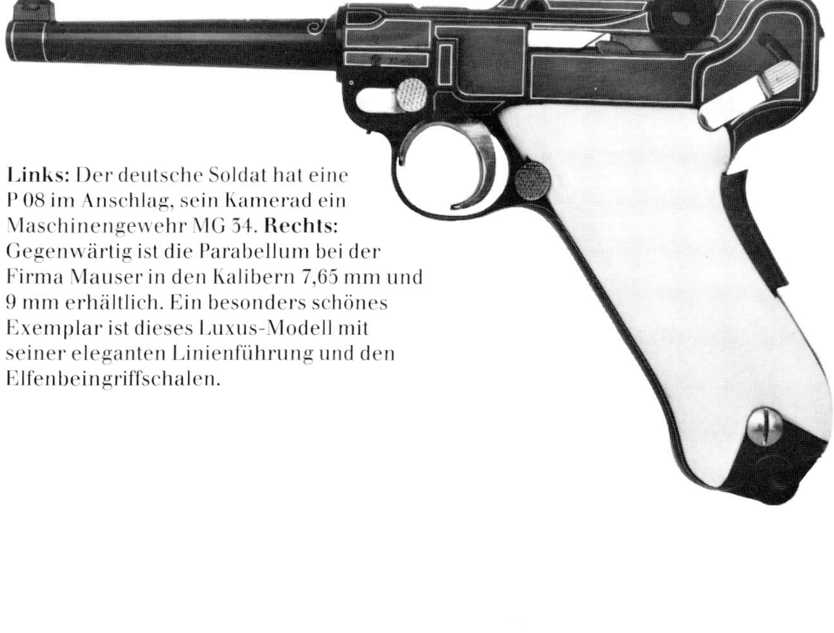

Links: Der deutsche Soldat hat eine P 08 im Anschlag, sein Kamerad ein Maschinengewehr MG 34. **Rechts:** Gegenwärtig ist die Parabellum bei der Firma Mauser in den Kalibern 7,65 mm und 9 mm erhältlich. Ein besonders schönes Exemplar ist dieses Luxus-Modell mit seiner eleganten Linienführung und den Elfenbeingriffschalen.

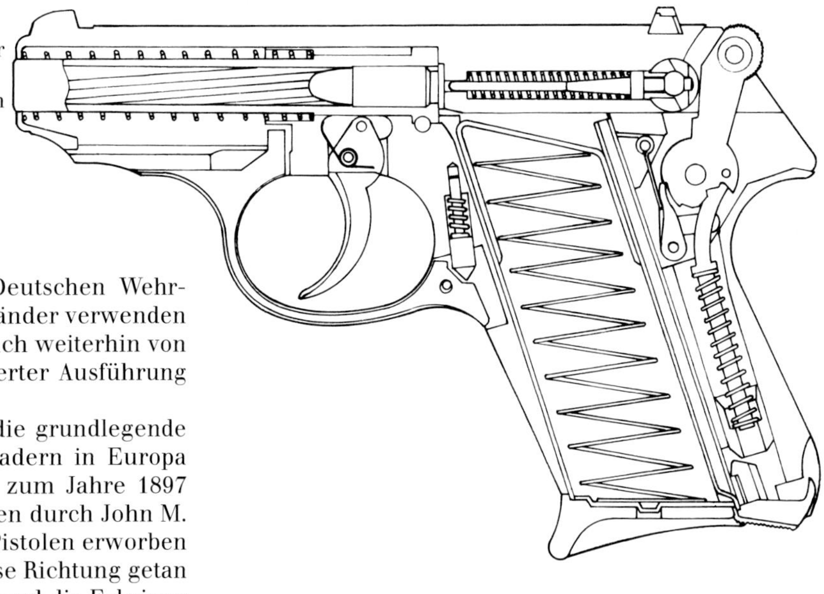

Die Walther ist eine typische Masseverschluß-Pistole. Der Rückstoß der Patronenhülse bewegt den Schlitten, der den Schlagbolzen trägt, nach hinten. Beim Vorgehen wird eine frische Patrone zugeführt. Eine Spiralfeder, die um den Lauf herum liegt, fängt den Rückstoß auf und drückt den Schlitten wieder in die Ausgangsstellung.

1945 blieb diese Pistole bei der Deutschen Wehrmacht in Gebrauch. Verschiedene Länder verwenden sie auch heute noch und sie wird auch weiterhin von der Firma Mauser in leicht veränderter Ausführung gebaut.

Es ist ganz offensichtlich, daß die grundlegende Entwicklungsarbeit bei den Selbstladern in Europa geleistet wurde. Es sollte noch bis zum Jahre 1897 dauern, bis in den Vereinigten Staaten durch John M. Browning erste Patente über diese Pistolen erworben und damit auch erste Schritte in diese Richtung getan wurden. Die Firma Colt in den USA und die Fabrique Nationale dArmes de Guerre in Belgien erwarben Lizenzen von diesen Patenten und begannen selbst Pistolen zu entwickeln. Die Firma Colt war in erster Linie an einer großkalibrigen Pistole interessiert, die für militärische Verwendungszwecke geeignet war. Sie nahm die Arbeit an Selbstlade-Pistole mit halbstarrer Verriegelung auf. Die belgische Firma dagegen sah, wie auch einige andere Hersteller, einen enormen privaten Bedarf an leichten selbstladenden Taschenpistolen; daher lenkte man die Entwicklungsarbeit in diese Richtung.

Die Konstruktion einer Pistole für den allgemeinen Markt, die eine leichtere Patrone verschießt, war ein geringeres Problem als die Entwicklung einer halbstarren Verriegelung. So bracht die Firma FN bereits im Jahre 1899 ihre erste Taschenpistole auf den Markt. Diese Pistole hatte einen sogenannten Masseverschluß, das bedeutet ganz einfach, daß der Verschluß beim Abfeuern der Patrone lediglich durch seine eigene Massenträgheit verriegelt gehalten wurde. Sobald dieses Massenträgheitsmoment durch den nach rückwärts gerichteten Impuls der Patronenhülse überwunden worden war, ging der unverriegelte Verschluß zurück und der Zyklus des Hülsenauswurfes und des erneuten Ladens folgte wie üblich. Damit dieses System funktionieren konnte, mußte die Masse des Verschlusses erheblich größer sein als die Masse des Geschosses. Das wurde dadurch erreicht, indem man den Verschluß zu einem Teil einer weit größeren Baugruppe macht, die als »Schlitten« bezeichnet wurde. Es handelt sich dabei um ein Metallgehäuse, das den Lauf und den oberen Teil der Pistole vollkommen umschließt oder abdeckt. Der Lauf war fest mit dem Griffstück verbunden und um ihn herum war eine starke Feder geführt. Wenn die Pistole abgefeuert wurde, hielt die Masse des Schlittens zusammen mit der Federkraft den Verschluß noch solange angedrückt, bis das Geschoß den Lauf

Zwei frühe Masseverschluß-Rückstoßlader, die von der belgischen Fabrique Nationale gefertigt wurden, waren das Browning Modell von 1900 und darunter die Browning von 1903 im Kaliber 9 mm. Diese Waffen waren in Europa als Polizei- und Militärpistolen weit verbreitet.

Im Jahre 1900 brachte Colt eine Selbstladepistole heraus, aus der die neue.38iger Patrone verschossen wurde. Abgebildet ist hier das modifizierte Militärmodell 1902, das bald ersetzt wurde, als die US-Streitkräfte wieder zum Kaliber.45 zurückkehrten.

verlassen hatte. Dann drückte die Patronenhülse noch weiter nach hinten und der Schlitten wurde zurückgeschleudert, wobei die Feder zusammengedrückt wurde. Wenn das Maß des Federdruckes die Bewegungsenergie des Schlittens überstieg, kam die Bewegung zum Stillstand. Die Feder schob dann den Schlitten wieder nach vorn, wobei eine neue Patrone zugeführt wurde und das hintere Laufende wieder verschlossen wurde, dies ohne Verriegelung im eigentlichen Sinne.

Im Jahre 1900 führte die belgische Armee die Browning-Pistole ein, das Produkt der FN erhielt diesen Namen, und von da an erlebte auch der private Handel mit dieser Waffe einen Aufschwung. 1903 kam ein noch unkomplizierteres Modell auf den Markt, und in den darauffolgenden Jahren wurden noch einige Verbesserungen an der Pistole durchgeführt. Der unkomplizierte Aufbau der Pistole aus dem Jahre 1903 wirkte so anziehend auf andere, daß sie sowohl von spanischen Herstellern wie auch von anderen europäischen Waffenfirmen vielfach nachgebaut wurde.

Es gibt zuverlässige Schätzungen, die besagen, daß etwa 75 Prozent der auf der Welt kommerziell vertriebenen Pistolen entweder direkte Browning-Pistole oder Nachbauten davon sind.

Die Firma Colt ließ sich bei der Entwicklung einer schweren Pistole Zeit. Sie belieferte die U.S. Armee und Marine ja bereits mit Dienstrevolvern, so daß zur Eile kein Anlaß bestand. Darüberhinaus besaß die Firma einen beneidenswert guten Ruf, und es stand zu erwarten, daß die zukünftige Selbstlade-Pistole gut ausfallen würde. Es dauerte bis zum Jahre 1900 um die Neukonstruktion auf den Markt zu bringen. Diese Waffe war für eine neue Patrone, die ».38 Automatic Colt Pistol« eingerichtet. Bei der Konstruktion wurde der gleiche umgreifende Schlitten verwendet wie bei den belgischen Modellen, der innere Aufbau war jedoch zum größten Teil völlig anders. Der Lauf war mit dem Griffstück durch zwei Kettenstücke beweglich verbunden, eines unterhalt der Mündung, das andere fast unterhalt des Patronenlagers. An der Oberseite des Laufes befanden sich drei hervorstehende Verriegelungswarzen, und innerhalb der Oberseite des Schlittens waren die entsprechenden Nuten eingefräst. Unterhalb des Laufes lag eine kraftvolle Schließfeder. Vor dieser Schließfeder war ein Querbolzen durch den Schlitten geführt, so daß jede nach rückwärts gerichtet Schlittenbewegung die Feder zusammendrücken mußte.

Befand sich die Pistole in verriegeltem Zustand, so drückte die Schließfeder den Schlitten nach vorne. Der Stoßboden war als Teil innerhalb des Schlittens ausgeformt und legte sich somit gegen den Boden der im Lauf eingeführten Patrone an. Gleichzeitig wurde der Lauf auf seinen Kettenstücken nach vorn und etwas nach oben gedrückt, so daß die Warzen auf seiner Oberseite in die Aussparungen an der Innenseite des Schlittens eingreifen konnten.

Lauf und Schlitten waren auf diese Weise fest miteinander verriegelt. Wurde die Pistole abgefeuert, bewirkte der Rückstoß, daß Lauf und Schlitten, immer noch miteinander verbunden, gemeinsam nach hinten gestoßen wurden. Bei dieser Bewegung bewirkten jedoch die Kettenstücke, daß der Lauf sowohl einen leicht abwärts gerichteten Bogen als auch eine kurze Rückwärtsbewegung ausführte, bis die Warzen aus den entsprechenden Aussparungen heraustraten. War das geschehen, konnte der Schlitten durch den noch verbliebenen Rückstoßimpuls frei nach hinten gleiten. Gleichzeitig wurde durch den Restdruck im hinteren Laufende die Patronenhülse nach hinten gestoßen. Beim Zurückgleiten des Schlittens wurde so die Patronenhülse herausgedrückt und durch ein Fenster im Schlitten ausgeworfen. Bei diesem Bewegungsvorgang wurde zur gleichen Zeit die Schließfeder zusammengedrückt. Die Feder schob dann den Schlitten in die Ausgangsposition zurück, wobei eine neue Patrone aus dem Magazin zugeführt wurde.

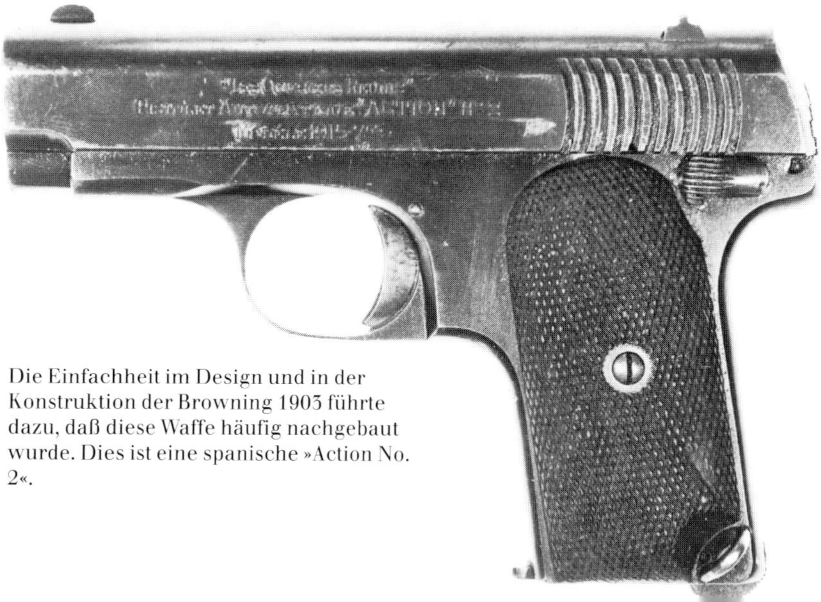

Die Einfachheit im Design und in der Konstruktion der Browning 1903 führte dazu, daß diese Waffe häufig nachgebaut wurde. Dies ist eine spanische »Action No. 2«.

Diese Bergmann-Pistole ist eine der Waffen, die an den Versuchen der U.S. Army im Jahre 1907 teilnahmen.

Befand sich die neue Patrone im Patronenlager, wurde der Lauf durch die Kraft der Vorwärtsbewegung des Schlittens nach vorn und oben geschoben, die Verschlußwarzen griffen erneut in die Aussparungen ein und der Lauf wurde wieder mit dem Schlitten verriegelt.

Etwa 3000 dieser Pistolen wurden gebaut – heute werden sie als Sammlerstücke gehandelt. Gegen Ende ihrer Produktionszeit im Jahr 1901 wurden einige Veränderungen vorgenommen, bei denen vom Hersteller verschiedene Ideen ausprobiert wurden.

Ein Jahr später kam ein leicht verändertes Modell auf den Markt, das bis in die späten zwanziger Jahre hinein hergestellt wurde. Das Kaliber.38 war für das Militär jedoch nicht brauchbar, obwohl die Geschosse eine relativ hohe Geschwindigkeit erreichten. Tatsächlich waren die US-Streitkräfte im Jahre 1892 beim Kaliber ihres Dienstrevolvers von.45 auf.38 umgestiegen.

Die Niederwerfung des Aufstandes auf den Philippinen hatte jedoch gezeigt, daß ein Revolver im Kaliber.38 nicht die notwendige Aufhaltekraft besaß. Man kehrte zum Kaliber.45 zurück. Daraus ergab sich, daß eine Selbstlade-Pistole im Kaliber.38 nur eine geringe Chance hatte, dienstlich eingeführt zu werden. So entwickelte Colt 1905 eine passende.45iger Patrone. Pistolen, die für diese Patrone speziell entwickelt waren, wurden der U.S. Armee angeboten und von ihr getestet. Die Militärs waren begeistert, wiesen aber auf ein, zwei Details hin, die ihrer Meinung nach noch verbessert werden konnten. Bei Colt kehrte man noch mal an das Zeichenbrett zurück. Die Patrone wurde dadurch verbessert, indem man das Gewicht des Geschosses erhöhte. Es wurde eine Griffstücksicherung eingebaut, so daß die Waffe nicht eher abgefeuert werden konnte, bevor sie fest in der Hand lag. Das zweifache Kettenstück, durch das der Lauf gehalten wurde, ersetzte man durch ein einzelnes Kettenstück unterhalb des Laufendes. Der Lauf wurde durch eine besondere Buchse in der Vorderseite des Schlittens geführt. Die Schließfeder wurde ebenfalls ausgewechselt; Konturen des Schlittens wurden geändert. Das geschah, weil ein Schwachpunkt der ersten Konstruktion darin bestand, daß bei einem Bruch des Querbolzens (als Verbindung von Schlitten und Schließfeder) der Schlitten oben aus dem Rahmen heraus ging und in das Gesicht des Schützen geschleudert werden konnte.

Im Jahre 1907 führte die Armee der Vereinigten Staaten ein Vergleichsschießen für Pistolen durch. Neben der Pistole Colt und der Parabellum-Pistole waren Konstruktionen von Savage, Knoble, Bergmann und White-Merril zugelassen, dazu noch einige Revolver. Der Prüfungsausschuß trat im Januar zusammen, im April war der Bericht fertig – ein bemerkenswertes Beispiel zügigen Arbeitens.

Das Colt.45 Militär-Modell von 1908.

Als ein Ergebnis weiterer Prüfungen wurden einige leichte Veränderungen an der Pistole von Colt vorgenommen, so daß die Waffe dann als das Modell 1911 von den US-Streitkräfte übernommen wurde. Erfahrungen im Ersten Weltkrieg führte zu einigen mehr kosmetischen Überarbeitungen – die Form des Griffes wurde verändert, der Hahnsporn wurde umgestaltet und so weiter. Mitte der zwanziger Jahre wurde so das Modell 1911A1 daraus. Seit dieser Zeit ist sie stets bei den Streitkräften im Gebrauch geblieben und sie ist zweifellos die beste Militärpistole, die je entwickelt wurde. Die Pistole von Colt verschießt eine leistungsstarke Patrone und erzielt damit eine massive Aufhaltekraft. Ihr Aufbau ist leicht verständlich, und sie ist einfach zu handhaben. Auch unter ungünstigen Bedingungen ist sie ausgesprochen zuverlässig und für eine kurzläufige Dienstwaffe sehr präzise. Der einzige Nachteil besteht darin, daß die Waffe ohne entsprechende Übung nur ungenau trifft, aber dieser Nachteil läßt sich ja leicht beheben.

Zur fast gleichen Zeit erprobte die britische Armee eine Anzahl Selbstlade-Pistolen, aber man entschloß sich, den schweren Webley-Revolver beizubehalten. Im Jahre 1913 jedoch führte die Royal Navy eine Selbstlade-Pistole von Webley & Scott ein. Es handelte sich um eine stabile und zuverlässige Waffe im Kaliber.455 – vorausgesetzt sie wurde unter sauberen Bedingungen benutzt. Als Waffe für den Dienst auf See war sie durchaus zufriedenstellend. Wenig erfolgreich war sie allerdings, als sie während des Ersten Weltkrieges in Flandern zum Einsatz kam.

Webley begann die Entwicklung einer Selbstlader-Pistole mit einer etwas merkwürdigen und wenig Glück verheißenden Konstruktion, bekannt als die »Mars-Pistole«. Diese Konstruktion stammt von einem Mann namens Gabbet-Fairfax.

In den neunziger Jahren des vorigen Jahrhunderts und in den ersten Jahren dieses Jahrhunderts wurden ihm zahlreiche Patente über verschiedene Arten von Selbstladern erteilt. In dem Bemühen, eine leistungsstarke Pistole zu bauen, die auch den militärischen Anforderungen genügte, versuchte er bei vergleichsweise kleinem Kaliber eine hohe Geschwindigkeit zu erzielen. Das Ergebnis war eine monströse Waffe. Bei der Mars-Pistole wurde ein ungewöhnliches Funktionsprinzip angewandt, so daß man von einem »Lang-Rückstoßlader« sprechen konnte. Das Verschlußstück verriegelte mit dem Lauf mittels Dreh-Verriegelungswarzen. Wenn die Pistole abgefeuert wurde, so wurden der Lauf mitsamt dem Verschlußblock im verriegelten Zustand durch den Rückstoß über die volle Länge des Griffstückes nach hinten geschoben. Beim Abbremsen dieser Bewegung wurde die Verriegelung gelöst, der Verriegelungsblock jedoch zurückgehalten, während der Lauf selbst nach vorn in die Ausgangslage zurückkehrte. Wenn der Lauf festsaß, ließ ein Fanghebel den Verschlußblock wieder frei, der glitt nach vorn, schob dabei eine neue Patrone in das Patronenlager und verriegelte den Lauf wieder. Als Ergebnis all dieser

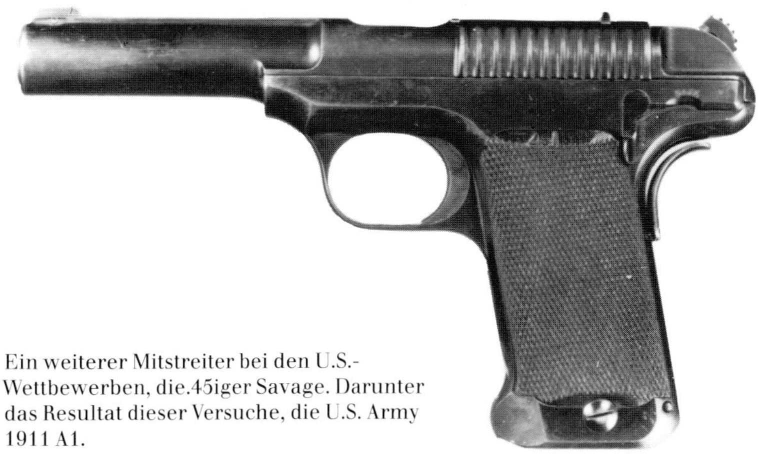

Ein weiterer Mitstreiter bei den U.S.-Wettbewerben, die.45iger Savage. Darunter das Resultat dieser Versuche, die U.S. Army 1911 A1.

Die »Mars« (3. von oben) war die kraftvollste Faustfeuerwaffe, die je hergestellt wurde. Die Militärexperten wiesen sie mit der Bemerkung ab: »Niemand, der mit der Waffe geschossen hat, wünscht es ein zweites Mal zu tun.«

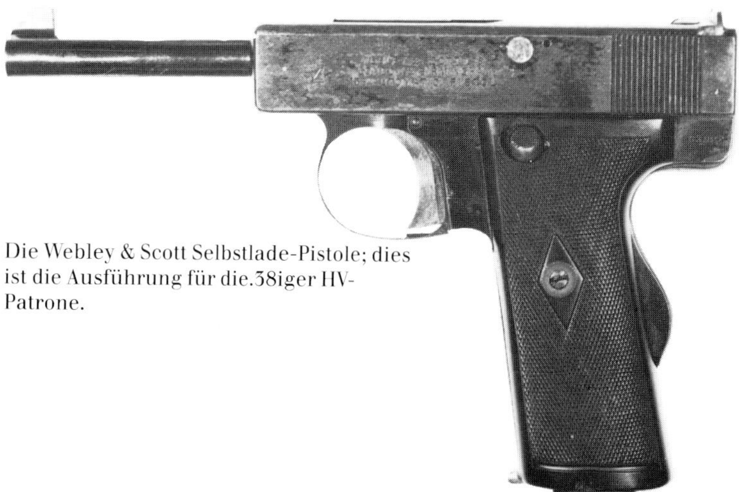

Die Webley & Scott Selbstlade-Pistole; dies ist die Ausführung für die.38iger HV-Patrone.

Die 7,65 mm Frommer »Stop«, Dienstpistole der ungarischen Armee ab 1912.

Bewegungsabläufe stellte sich heraus, daß die Pistole nahezu unkontrollierbar war. Beim Schießen verriß sie nach oben und war kaum zu halten. Die Munition war speziell für diese Waffe gefertigt und die 9 mm-Patrone erzielte eine Mündungsgeschwindigkeit von etwa 1650 Fuß pro Sekunde (495 m/s), ein erstaunlicher Wert für eine Faustfeuerwaffe. Webley entschied sich selbst dagegen, die Mars-Pistole auf den Markt zu bringen, war aber damit einverstanden, daß etwa 85 Exemplare dieser Pistole gefertigt wurden. Wahrscheinlich sind es heute die seltensten und wertvollsten Selbstlader-Pistolen, die je in Produktion gewesen sind.

Das Funktionsprinzip dieses »Lang-Rückstoßladers« wurde später von Rudolf Frommer, einem ungarischen Konstrukteur, benutzt. Auf dieser Basis wurde für den ungarischen Teil der k.u.k. Armee eine Dienstpistole hergestellt. Es handelte sich um die »Frommer Stop«, eine Waffe mit langer Rückstoßverriegelung, aus der Patronen im Kaliber 7,65 mm Browning verschossen wurde, die jedoch nicht so kraftvoll waren, um eine derartige Verriegelung zu rechtfertigen.

Bis zur Mitte unseres Jahrhunderts schützten die Patente von Mauser, Luger, Browning und Bergmann deren Systeme bei den Selbstlade-Pistolen. Es bestand aber auch kein Mangel an Erfindern, die neue Systeme versuchten. Nahezu jedes nur denkbare technische Prinzip wurde ausprobiert. Die meisten von ihnen funktionierten oft nur auf dem Papier – jedoch ein, zwei Versuchen war Erfolg beschieden. Eine der besseren Verriegelungen, die entwickelt wurden, war die Verwendung eines sich drehenden Laufes. Das beste Beispiel hierfür ist die österreichische Steyr-Pistole Modell 1912. Äußerlich ähnelt sie sehr der Pistole von Colt mit ihrem abdeckenden Schlitten und dem außenliegenden Hahn, aber unterhalb des Schlittens lagen die Dinge völlig anders. Der Lauf war nun nicht mit dem Rahmen verbunden, sondern er lag nur noch auf. Seine Drehung wurde durch zwei Warzen eingeleitet, eine quadratische unterhalb des hinteren Laufendes und eine schraubengangförmige Warze genau gegenüber an der Oberseite.

Der Schlitten war innerhalb des oberen Teiles mit entsprechenden schraubenförmigen Einfräsungen versehen, in die hinein die Warze auf den Lauf paßte. Wurde die Pistole abgefeuert, so wurden durch den Rückstoß Lauf und Schlitten gemeinsam nach hinten geschoben, und durch die schraubenförmige Warze, die in die Vertiefung des Schlittens eingriff, fest miteinander verriegelt. Die Form dieser ineinander greifenden Oberflächen war so gestaltet, daß die rückwärts gerichtete Bewegung des Schlittens versuchte, über die schraubenförmige Warze den Lauf in eine Drehbewegung zu versetzen. Diese Drehbewegung wurde jedoch durch die quadratische Warze an der Unterseite des Laufes verhindert, die selbst in eine Nut im Griffstück eingriff. Nach einer kurzen Rückwärtsbewegung war das Ende dieser Nut erreicht und

Eine zerlegte Steyr M1912. So ist die Nocke und die Nut sichtbar, die den Vorgang der Verriegelung durch die Drehung des Laufes steuern.

Die amerikanische.32iger Savage Pistole. Obwohl sie als Taschenpistole im Handel allgemein erhältlich war, wurden zahlreiche Exemplare im Jahre 1915 von der portugiesischen Armee angeschafft.

die Warze an der Laufunterseite konnte ausrasten, da die Nut zu einer Seite hin ausgeweitet war. Nun drehte sich die Laufwarze zur Seite, denn durch die rückwärtsgerichtete Schlittenbewegung konnten die schraubenförmige Warze und die entsprechende Vertiefung nun wirksam werden, und den Lauf drehen. Nachdem der Lauf eine Vierteldrehung gemacht hatte, rastete die Warze aus der schraubenförmigen Vertiefung in eine ausgeweitete Aussparung ein. Der Schlitten konnte nun ohne den Lauf zurückgleiten, um die leere Hülse auszuziehen, auszuwerfen und eine neue Patrone zuzuführen. Bei der Vorwärtsbewegung des Schlittens rastete die schraubenförmige Warze wieder ein, drehte den Lauf und verriegelte wieder. Der Mechanismus arbeitete weich und gleitend, so daß die Steyr-Pistole eine ausgezeichnete und zuverlässige Pistole war, die bis 1945 in Österreich als Dienstwaffe verwendet wurde. Etwa um die gleiche Zeit schuf Arthur Savage, ein amerikanischer Konstrukteur, unter Mithilfe von Major Searle von der US-Armee ebenfalls eine Pistole mit Drehlauf. Diese Waffe war nicht so kompliziert wie die Pistole von Steyr. Es wurden keine schraubengangförmigen Einfräsungen benutzt, Schlitten und Lauf wurden einfach durch die genockten Oberflächen miteinander verbunden. Der erforderliche Widerstand gegen das vorzeitige Öffnen wurde durch das Drehmoment erzielt, das sich beim Durchgang des Geschosses durch die Züge des Laufes aufbaute. Wenn das Geschoß die Mündung verlassen hatte, hörte dieser Widerstand auf, der Lauf konnte sich frei drehen und der Schlitten konnte entriegeln. So sah es in der Theorie aus. In der Praxis war die Funktion nicht so sicher wie es sich Searle und Savage gedacht hatten.

Tatsächlich hat ein Experiment unter Benutzung von Zeitlupenkameras gezeigt, daß bei der Pistole von Savage der Verschluß wirklich etwas schneller geöffnet wird als es bei den gewöhnlichen Rückstoßladern der Fall ist. So steht die Behauptung, die Savage sei verriegelt, auf tönernen Füßen. Die Art und Weise der Funktionsabläufe läßt sich am besten mit dem Begriff »Rückstoßlader mit Verzögerung« umschreiben.

Nach dem Ersten Weltkrieg trat die Entwicklung von Feuerwaffen in eine ruhige Phase ein. Die Armeen der Welt hatten riesige Bestände an Waffen und auf Jahre hinaus bestand kein Bedarf, eine neue Ausrüstung zu bestellen. Darüberhinaus verfügten sie über einen solchen Überfluß an schweren, großkalibrigen Pistolen, daß sie den freien Markt damit überschwemmten. Lediglich die Hersteller von Taschenpistolen waren in der Lage, die Entwicklung voranzutreiben, obwohl nur geringe Gewinnspannen zu erreichen waren. Viele spanische Hersteller überlebten, indem sie mit Erfolg in das amerikanische Versandgeschäft einstiegen. Bei Verkaufspreisen von zwei oder drei Dollar in den USA für Selbstlade-Pistolen im Kaliber 7,65 mm ist es völlig klar, daß die Spanier dabei nicht in kurzer Zeit reich werden konnten.

Als die Welt nach und nach wieder zu ihrem altgewohnten Zustand der politischen Unsicherheit und Überreiztheit zurückgefunden hatte, fanden es auch die Waffenhersteller wieder lohnend, ein paar neue Ideen auszuprobieren. In den späten zwanziger Jahren fertigte die spanische Firma Zulaica in Eibar,

Zusätzlich zu den großen Militärpistolen produzierte Colt auch Selbstlade-Taschenpistolen wie dieses elegante Modell im Kaliber.25 (6,35 mm).

Das Mauser Modell 712. Die Firma Mauser mußte dieses Modell anbieten, um die Marktposition angesichts der spanischen Maschinenpistolen zu halten.

dem traditionellen Zentrum der spanischen Waffenindustrie, einen Nachbau der Militärpistole von Mauser. Diese Waffe war für den Export nach China bestimmt. Die Spanier kamen auf den Gedanken, am Feuer-Mechanismus leichte Veränderungen vorzunehmen.

Bei den herkömmlichen Selbstladern ist der »Unterbrecher« eines der wichtigsten Teile. Wie der Name schon sagt, unterbricht er die Verbindung zwischen dem Abzug und den übrigen Komponenten des Feuermechanismus unmittelbar nach der Schußabgabe. Die Verbindung kann erst wieder dadurch hergestellt werden, indem der Schütze ganz bewußt den Abzug losläßt, bevor er ihn für den nächsten Schuß wieder betätigt. Ohne diesen Unterbrecher würde die Waffe so lange weiterschießen, wie der Abzug gezogen bleibt. Zulaica fügte dem Unterbrecher einen Umschalter zu, mit dem der Schütze je nach Wunsch den Unterbrecher ein- oder ausschalten konnte. War der Unterbrecher eingeschaltet, so funktionierte die Pistole wie ein normaler Selbstlader mit einzelner Schußfolge. Wurde der Unterbrecher ausgeschaltet, so wurde die Waffe zu einer vollautomatischen »Maschinen-Pistole« mit Dauerfeuer. Da diese Mauser-Kopien alle mit hölzernen Anschlagschäften und einer Visiereinrichtung für etwa 900 Meter ausgestattet waren, handelt es sich um eine Art Maschinenpistole, was auch letztlich die Absicht war. In der Realität sah die Angelegenheit jedoch anders aus, und die Absicht erfüllte sich nicht. Die leichtgewichtige »Royal«, so war der Name dieser Waffe – verschoß die leistungsstarken 7,63 mm-Patronen von Mauser. Dabei führten der leichte Verschluß und der kurze Verschlußweg zu einem extrem schnellen Bewegungsablauf in der Waffe. Das Ergebnis war eine irrsinnig hohe Schußfolge, so daß die Pistole unkontrollierbar wurde. Das ganze Magazin wurde in weniger als einer Sekunde leergeschossen. Der gewaltige Rückstoß riß die Mündung nach dem ersten Schuß weg vom Ziel nach oben, so daß ein Großteil der Munition vergeudet wurde.

Trotzdem war es eine eindrucksvolle Waffe, sehr geräuschvoll und spektakulär.

In Gebieten der Erde, wo die technische Entwicklung weniger fortgeschritten war, verkaufte sie sich gut. Andere spanische Hersteller begannen, die Idee aufzugreifen. Als die Firma Mauser schließlich ihre Marktchancen schwinden sah, schickte sie sich selbst an, eine Kopie ihres eigenen Modells zu bauen, allerdings besser in der Konstruktion und sauberer gefertigt, um in diesem Wettbewerb mitzuhalten. Vergleichbare Umbauten zu automatischen Pistolen wurden auch von der spanischem Firma Echeverria vorgenommen, von der die »Star«-Pistolen auf den Markt gebracht wurden. Sie hatten die Colt-Pistole als Vorbild. Als man die Konstruktion in eine vollautomatische Pistole änderte, erwies sich die Waffe im Vergleich zur Royal als weniger brauchbar, da sie kürzer als die Mauser-Nachbauten und damit im Dauerfeuer noch weniger kontrollierbar war. Mit Ausnahme einer kleinen Anzahl von Mauser-Waffen, die Mitte der dreißiger Jahre von der Deutschen Wehrmacht gekauft wurden, um einen zeitweise bestehenden Engpaß an Maschinenpistolen auszugleichen, wurde dieser Pistolentyp vor dem Zweiten Weltkrieg von keiner wichtigen Armee angeschafft.

Die bemerkenswerteste technische Neuerung in den Jahren zwischen den beiden Weltkriegen war die Einführung eines neuartigen Typs von Feuer-Mechanismus für Selbstlader. Über die Jahre hin waren die Diskussionen nicht verstummt, welcher Waffentyp im Vergleich besser sei, der Revolver oder die Selbstlade-Pistole. Ein Vorteil, der für den Revolver sprach, bestand darin, daß man die Waffe sicher bei sich führen, sie aber sofort abfeuern konnte, wenn man sie aus der Tasche gezogen hatte. Die Ursache lag in dem sogenannten »double-action«-Schloß (doppelte Hahnbewegung). Hiermit wurde es möglich, durch die einmalige Betätigung des Abzuges den Hahn sowohl zu spannen wie ihn auch unmittelbar danach für den ersten Schuß freizugeben.

Die Selbstlade-Pistolen dagegen mußten entweder mit einer Patrone im Lauf und bereits gespann-

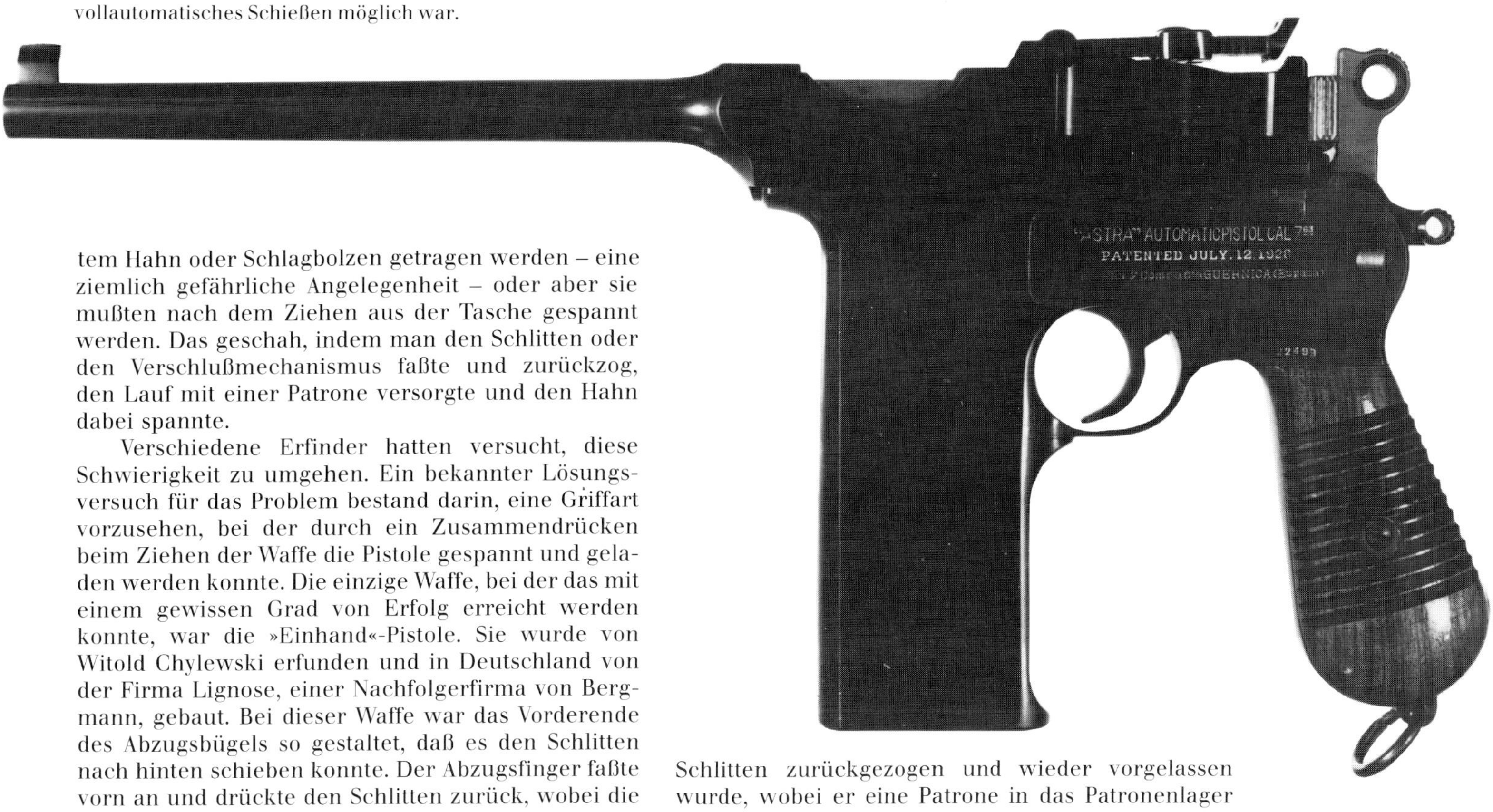

Die Astra 902, eine von verschiedenen spanischen Kopien der Mauser, die so modifiziert wurde, daß auch vollautomatisches Schießen möglich war.

tem Hahn oder Schlagbolzen getragen werden – eine ziemlich gefährliche Angelegenheit – oder aber sie mußten nach dem Ziehen aus der Tasche gespannt werden. Das geschah, indem man den Schlitten oder den Verschlußmechanismus faßte und zurückzog, den Lauf mit einer Patrone versorgte und den Hahn dabei spannte.

Verschiedene Erfinder hatten versucht, diese Schwierigkeit zu umgehen. Ein bekannter Lösungsversuch für das Problem bestand darin, eine Griffart vorzusehen, bei der durch ein Zusammendrücken beim Ziehen der Waffe die Pistole gespannt und geladen werden konnte. Die einzige Waffe, bei der das mit einem gewissen Grad von Erfolg erreicht werden konnte, war die »Einhand«-Pistole. Sie wurde von Witold Chylewski erfunden und in Deutschland von der Firma Lignose, einer Nachfolgerfirma von Bergmann, gebaut. Bei dieser Waffe war das Vorderende des Abzugsbügels so gestaltet, daß es den Schlitten nach hinten schieben konnte. Der Abzugsfinger faßte vorn an und drückte den Schlitten zurück, wobei die Pistole in einem einzigen Bewegungsablauf gespannt und geladen wurde. Der Finger glitt dann weiter zum eigentlichen Abzug – die Pistole konnte abgefeuert werden. Dieses Prinzip war nur bei kleinkalibrigen Waffen mit einem Masseverschluß anwendbar. Versuche, es auch auf großkalibrige Waffen mit verriegeltem Verschluß zu übertragen, scheiterten stets.

Im Jahre 1908 fand ein böhmischer Erfinder, Alois Tomiska, die naheliegende Lösung. Er übertrug das System der doppelten Hahnspannung des Revolvers auf eine Selbstladepistole und schuf damit die »Little Tom«-Pistole in den Kalibern 6,35 mm und 7,65 mm.

Abgesehen von der anderen Art der Zündung handelte es sich um eine Kopie der Browning-Pistole. Die Waffe wurde schußbereit gemacht, indem der Schlitten zurückgezogen und wieder vorgelassen wurde, wobei er eine Patrone in das Patronenlager schob. Dann wurde der Hahn vorsichtig bis zu einer Sperre heruntergelassen. Die Waffe war dann sicher genug, um in der Tasche getragen werden zu können. Wurde sie gezogen, so genügte ein kräftiges Durchziehen des Abzuges, um den Hahn zu spannen und ihn zum Zünden vorschlagen zu lassen. Danach erfolgte der Funktionsablauf in der für Selbstlader gewohnten Weise. Der Rückstoß des Schlittens bewirkte nach jedem Schuß ein erneutes Spannen des Hahnes.

Tomiska setzte die Herstellung der Pistole in den Kriegsjahren fort. Im Jahre 1920 verkaufte er seine Patentrechte an eine Firm in Wien, die bis etwa 1925 die Herstellung weiterbetrieb.

Offensichtlich verkaufte sie sich so gut, daß Tomiska ein ordentliches Einkommen erzielte. Aber

Die »Einhand-Pistole« von Lignose, Kaliber 6,35 mm, hier in der Spann-Stellung abgebildet.

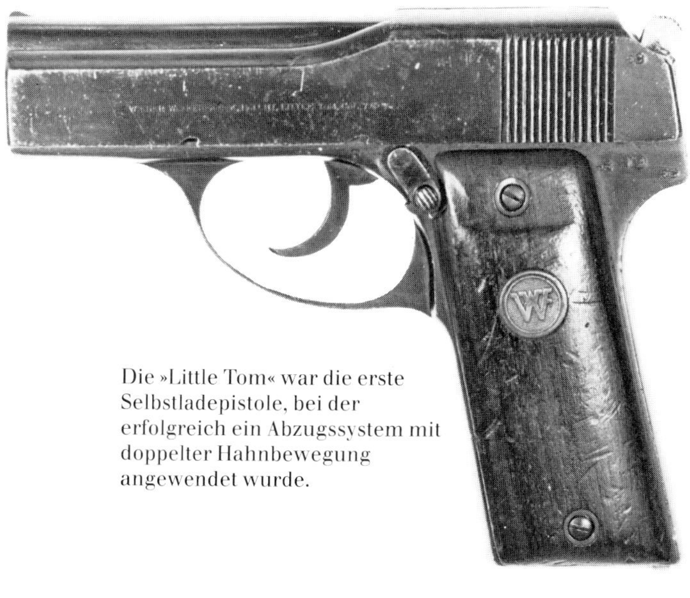

Die »Little Tom« war die erste Selbstladepistole, bei der erfolgreich ein Abzugssystem mit doppelter Hahnbewegung angewendet wurde.

trotzdem wurde die Little Tom nie so populär, wie diese Waffe es verdient gehabt hätte. Heute findet man gut erhaltene Stücke relativ selten.

Mit der Produktionseinstellung der Little Tom verschwand die Idee der doppelten Hahnbewegung, bis sie 1929 in Deutschland von der Firma Walther wieder zum Leben erweckt wurde. Im Jahre 1908 begann man bei Walther Taschenpistolen mit Masseverschluß herzustellen und brachte ein Vielzahl hervorragender Waffen heraus. Aber in den späten zwanziger Jahren wiesen alle Modell ein recht antiquiertes Aussehen auf und man machte sich daran, eine Waffe zu konstruieren, die mehr »up-to-date« war. Nach Beendigung der Arbeiten brachte man das »Modell PP« oder die »Polizei Pistole« auf den Markt. Man verband damit die wohlbegründete Hoffnung, daß sie als Holster-Pistole weitgehend bei den Polizeieinheiten in Europa eingeführt werden könnte.

Es handelt sich um einen Rückstoßlader in Kaliber 7,65 mm – einem Kaliber, das weitgehend von der Polizei verwendet wurde – mit einem sehr gut durchdachten System, natürlich mit Spann-Abzug. Der Sicherungshebel der Pistole befand sich auf dem Schlitten und nicht, wie es sonst der Fall gewesen war, auf dem Griffstück. Die Bedienungsabläufe waren wie folgt: Nach dem Einsetzen des gefüllten Magazins in die Pistole wurde der Schlitten zurückgezogen und wieder losgelassen. Dadurch wurde eine Patrone in den Lauf geschoben und der Hahn gespannt. Die Sicherung wurde nun auf die Position »Gesichert« geschwenkt. Bei dieser Drehung wurde zunächst die Sicherungswelle so gedreht, daß sie das Ende des Schlagbolzens abdeckte. Erst dann wurde der Hahn freigegeben, so daß er vorging und an dem Sicherungsblock im Griffstück anlag. Für die Schußabgabe mußte man nur die Sicherung auf »Entsichert« stellen und den Abzug betätigen, woraufhin der Sicherungsblock nach unten gedrückt und der Hahn gespannt wurde, um dann auf das freie Ende des Schlagbolzens zu schlagen.

Das Modell »PP« war auf Anhieb ein Erfolg. Bald folgte das Modell »PPK« als »Polizeipistole Kriminal«, eine kleinere Ausführung der »PP«, die für die Kriminalpolizei oder sonstige Polizeikräfte in Zivil gedacht war. Es gab bei diesem System mit Spann-Abzug nur einen geringen Nachteil. Er bestand darin, daß ein zielsicheres Schießen durch das erschwerte Durchziehen des Spann-Abzuges kaum möglich war. Der lange Weg des Zeigefingers und der hohe Abzugswiderstand störten gewöhnlich das Zielen. Dieser Unzulänglichkeit wurde jedoch nur geringe Aufmerksamkeit gewidmet, da der Sinn der Waffe darin bestand, durch einen schnellen Warnschuß einen fliehenden Kriminellen zu stellen. Im Jahre 1938 versuchte eine andere Firma diesen Nachteil zu umgehen.

Die Firma J.P. Sauer und Sohn entwickelte eine 7,65 mm-Pistole mit Masseverschluß, bei der das gleiche System des Spann-Abzuges wie in der Walther-Pistole verwendet wurde. Dabei konnte jedoch der Hahn durch eine Hebelsicherung unterhalb der linken Griffschale gesichert oder entsichert werden, wo sie von einem Rechtshänder besser zu erreichen war. Wenn die Waffe geladen und der Hahn gespannt war, konnte durch Druck auf die Sicherung der Hahn

Nachfolger der erfolgreichen Walther »PP« **(oben)** war die kleinere »PPK«. Sie inspirierte zu zahlreichen Nachbauten, einschließlich dieser türkischen »MKE«

gefahrlos entspannt werden, wonach man dann schnell in der gewohnten Weise über den Spann-Abzug schießen konnte. Dazu bestand die Alternative, durch einen zweiten Druck auf die Sicherung den Hahn in die Spannrast-Position zu bringen, um so einen sorgfältig gezielten Schuß abzugeben.

Im Jahre 1936 hatte in Deutschland die Wiederaufrüstung in großem Stil begonnen. Die Heeresführung hatte entschieden, daß die seit langem eingeführte Parabellum-Pistole nicht länger die richtige Waffe für den Dienstgebrauch sein sollte. Die Pistole war teuer in der Herstellung, und das System mit dem Verschluß war anfällig gegenüber Beeinträchtigungen durch Staub und Schmutz. Daneben war die Pistole recht empfindlich gegenüber Munition unterschiedlicher Qualitätsgrade. Als man an einen Ersatz dachte, antwortete die Firma Walther mit der Neukonstruktion einer Pistole mit verriegeltem Verschluß, bei der das System des Spann-Abzuges aus der »PP« verwendet wurde. Die Wehrmachtsführung war beeindruckt, hatte jedoch gegenüber der Konstruktion Einwände, weil der Hahn innerhalb des Schlittens verdeckt lag. Technisch gesehen war das durchaus eine saubere Lösung, sie mißfiel jedoch den Militärs. Es war nämlich unmöglich, nur auf den bloßen Blick hin zu sagen, ob die Pistole gespannt oder nicht gespannt war. Walther änderte das ab, die Waffe erhielt einen außenliegenden Hahn.

Nach dieser Änderung wurde die Pistole im Jahre 1938 offiziell als »Pistole 38« bei der Deutschen Wehrmacht eingeführt. Sie war ein sofortiger Erfolg. Wohl über eine Million Stück wurden bis zur Produktionseinstellung im Jahre 1945 gebaut. Als die Firma Walther in den Nachkriegsjahren ihre Aktivitäten auf diesem Gebiet wieder aufnahm, war eine ihrer ersten Geschäftsentscheidungen, die Produktion der P-38 wieder aufzunehmen, diesmal für die neuaufzustellende Bundeswehr in den fünfziger Jahren.

Der wichtigste Schritt in der Weiterentwicklung der Pistolen in den dreißiger Jahren war die Überarbeitung der Verriegelung mit einem Kettenstück wie es Browning zuerst entworfen hatte. Mehr oder weniger zur selben Zeit befaßten sich damit zahlreiche Konstrukteure. Bis zu seinem Tode im Jahre 1926 hatte Browning einige Veränderungen vorgenommen. Diese waren für die Ingenieure in der belgischen Fabrique Nationale die Grundlage für eine neue Pistole. Zur selben Zeit entwickelte ein unbekannter Franzose namens Charles Petter, der für die Société Alsacienne de Constructions Méchaniques arbeitete, eine ähnliche Pistole. Die Hauptverände-

Die Walter »Pistole 38«, die die Parabellum als deutsche Militärpistole ersetzte.

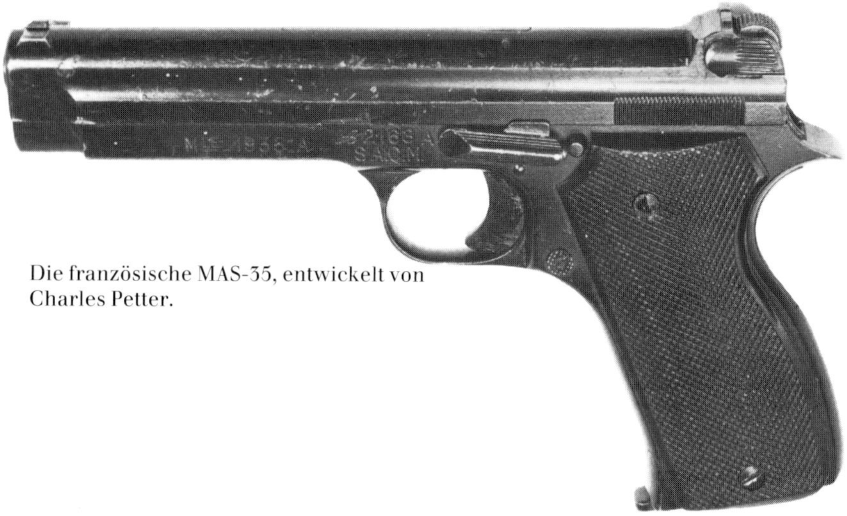

Die französische MAS-35, entwickelt von Charles Petter.

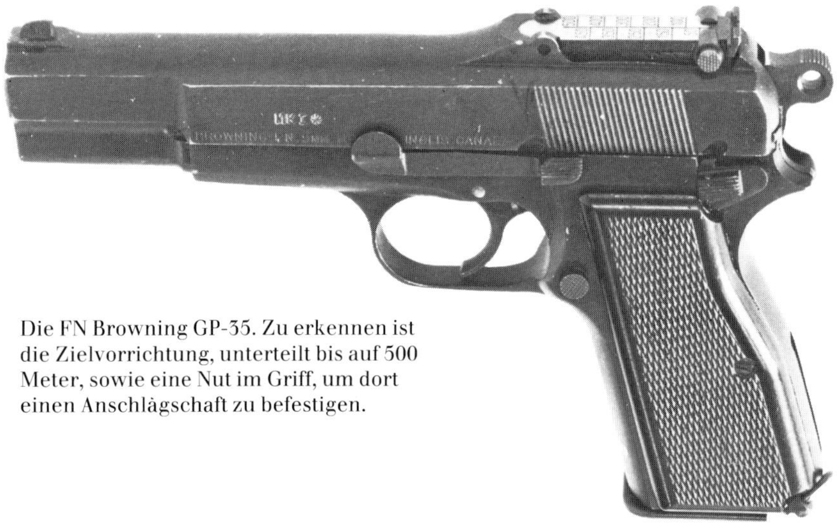

Die FN Browning GP-35. Zu erkennen ist die Zielvorrichtung, unterteilt bis auf 500 Meter, sowie eine Nut im Griff, um dort einen Anschlagschaft zu befestigen.

Die polnische VIS-35. Der Hebel am Schlitten dient zum langsamen Verlassen des Hahnes bei geladener Waffe, während der Hebel am Ende des Griffstückes beim Zerlegen der Waffe betätigt wird.

rung bestand im Weglassen der Kettenverbindung unterhalb des Laufes. An deren Stelle trat eine Steuerkurve als Teil der fest angesetzten Steuerkulisse. Sie war über einen Querbolzen im Griffstück gelagert. Wenn der Lauf durch den Rückstoß nach hinten glitt, zwang die Steuerkurve den Lauf nach unten, wodurch die Verriegelungswarzen, wie üblich vom Schlitten getrennt wurden. Petter schuf noch eine zusätzliche Verbesserung, indem er den Hahn zusammen mit der Schlageinrichtung als eine leicht demontierbare Einheit ausbildete. Sie konnte zur Reinigung oder bei Reparaturen leicht aus dem Griffstück genommen werden. Petters einziger Fehler bestand darin, daß er die Pistole für die relativ leistungsschwache Patrone 7,65 mm Longue eingerichtet hatte.

Diese eigenartige französische Patrone verfügte über eine derart geringe Leistung, daß sie als Gefechtspatrone nur von geringem Wert war.

Die Ingenieure von FN verwendeten die gleiche Art der Steuerkulisse. Sie machten jedoch ihre Sache besser, indem sie ein Magazin schufen, das immerhin 13 Patronen aufnehmen konnte und aus dem die Pistole mit 9 mm Parabellum-Patronen versorgt wurde. Das Ergebnis der Entwicklungsarbeit wurde im Jahre 1935 als das »Grande Puissance Modèle 35« herausgebracht. Die Waffe wurde sogleich von der belgischen Armee eingeführt. Die Länder Litauen, Lettland, Rumänien und Dänemark übernahmen das Modell ebenfalls. Da der größte Teil der Produktion zunächst für die Erfüllung des belgischen Regierungsauftrages benötigt wurde, erhielten diese Länder, bevor sie im Krieg von der Belieferung abgeschnitten wurden, nur wenige Stücke.

Die dritte bemerkenswerte Pistole dieser Zeit kam aus Polen. Die polnische Armee war mit einer Sammlung unterschiedlicher Waffen ausgerüstet, die noch aus dem Ersten Weltkrieg stammten. Zu Beginn der dreißiger Jahre entschloß man sich durch die Einführung eines gemeinsamen Modells eine Vereinfachung durch Standardisierung herbeizuführen. An verschiedene Hersteller ergingen Einladungen und es wurde ein vergleichender Wettbewerb veranstaltet. Der Gewinner war eine einheimische Konstruktion von den beiden Polen Wilniewczyc und Skrzypinski. Auch sie hatten auf die Idee gesetzt, die Steuerung über das Kettenstück durch eine feste Steuerkulisse zu ersetzen. Ansonsten gab es bei der Konstruktion kaum Erwähnenswertes. Sie basierte auf der von Browning. Es handelte sich um eine außerordentlich solide gebaute Waffe. Im Jahre 1936 wurde sie als

»VIS-35« für den Dienstgebrauch eingeführt. Die Pistole erhielt allerdings im allgemeinen Sprachgebrauch den Namen »Radom«, benannte nach dem polnischen Arsenal, in welchem sie hergestellt wurde.

Eine letzte Pistole aus der Mitte der dreißiger Jahre sollte noch Erwähnung finden. Es ist ein finnisches Modell, das von Aimo Lahti konstruiert und auch nach ihm benannte wurde. Auf den ersten Blick erinnert die Lahti an die Parabellum, mit dem gleichfalls nach hinten gezogenen Griff und dem weit vorstehenden Lauf. Der Verschluß ist jedoch völlig anders. In ihm wird ein Verschlußblock verwendet, der in einem quadratischen Gehäuse gleitet. Die Lathi-Pistole hat das Kaliber 9 mm Parabellum. Das hintere Laufende wurde durch ein Joch-Stück verriegelt, das in Nuten auf den Seiten des Verschlußblokkes eingriff und für eine Verriegelung mit dem Verschlußgehäuse sorgte. Bemerkenswert an der Lahti war ferner die Verwendung eines Beschleunigers, um das Öffnen des Verschlusses zu erleichtern. Eine solche Vorrichtung ist eher bei einem Maschinengewehr, als bei einer Pistole üblich. Nach einem falschen Einbau des Jochstückes war ein Zerlegen nur noch in der Fabrik möglich. Trotzdem hatte die Waffe wegen ihrer Zuverlässigkeit, besonders unter extrem kalten Wetterbedingungen, einen hervorragenden Ruf. Sie wurde sowohl von der finnischen, als auch von der schwedischen Armee übernommen.

Die finnische Lahti 9 mm-Parabellum.

Im Zweiten Weltkrieg erfolgten kaum grundlegende Veränderungen im Bau der Pistolen. Das lag in erster Linie daran, daß die Hauptkontrahenten genug damit zu tun hatten, andere Arten von Waffen zu verbessern. Die Pistole wird in heutigen Gefechten relativ selten benutzt. Die Modelle, die zu Beginn des Krieges verwendet werden, waren die gleichen, die noch nach dem Ende des Krieges zur Ausrüstung der Streitkräfte gehörten.

Als Belgien und Polen besetzt wurden, blieben sowohl die Browning GP-35 als auch die VIS-35-Pistolen in Produktion. Sie wurden von der Deutschen Wehrmacht übernommen und dienten als Ergänzung der eigenen Bestände. Tatsächlich war aber der Bedarf der Wehrmacht an Pistolen so enorm, daß sogar die Parabellum P-08, von der man annehmen durfte, sie wäre von der Walther-Pistole 1938 abgelöst worden, noch bis zum Jahre 1944 hergestellt wurde.

Eine Nachfrage an Pistolen bestand auch seitens der Organisationen, die im Untergrund als Partisanen, Widerstandsbewegungen oder vergleichbare paramilitärische Einheiten operierten. Eine große Anzahl wurde beschafft und gelangte auch zur Verteilung. Schließlich waren die Märkte in Spanien und Südamerika zu leergefegt, um dort die erforderlichen Mengen zu besorgen. Eine der bemerkenswertesten Waffen war die sogenannte »Liberator«-Pistole, die in den Vereinigten Staaten entwickelt wurde, um dann

Die amerikanische »Liberator«, eine Partisanen-Pistole im Kaliber.45 ACP.

an Gruppen der französischen Résistance verteilt zu werden. Es handelte sich um eine primitive einschüssige Waffe für die Standard-Patrone.45 ACP. Der Verschluß mußte von Hand bedient werden. In dem hohlen Griff befanden sich noch zehn Ersatzpatronen. Das Ausstoßen der leeren Hülse erfolgte, indem man den Verschluß öffnete und mit einem mitgelieferten Hebestab von der Mündung her in dem Lauf herumstocherte bis die Hülse draußen war. Zunächst wurde die Waffe mit der Tarnbezeichnung »Leuchtpistole« versehen. Hergestellt wurde diese Pistole von der Lampenabteilung bei General Motors, sie wurde aus Stahlblech gestanzt und gepreßt. Von der Herstellung von Pistolen verstand man bei dieser Firma zwar kaum etwas, dafür aber um so mehr von der schnellen Produktion von Stanzteilen. Innerhalb von drei Monaten wurden eine Million dieser »Vorrichtungen« gefertigt – alle 7 1/2 Sekunden eine Pistole! Es dürfte wohl in der Geschichte ein einmaliger Fall sein, daß die Herstellung einer Waffe weniger Zeit in Anspruch nahm als ihr Laden und Schießen.

Nach 1945 trat auf dem Gebiet der Pistolenentwicklung, wie auch nach 1918, ein Stillstand ein. Die Gründe waren die gleichen wie damals. Die weltpolitische Situation blieb jedoch nicht so ruhig, wie es in den zwanziger Jahren der Fall gewesen war, und schon sehr bald richtete man weltweit bei den Armeen wieder das Augenmerk verstärkt auf die Ausrüstung. Die Pistole hatte gegenüber der Maschinenpistole an Bedeutung verloren. Die erfinderischen Talente, die an der Entwicklung hätten arbeiten können, fanden ein dankbareres Betätigungsfeld bei den automatischen Waffen größeren Kalibers. Der einzige bemerkenswerte Fortschritt in den fünfziger Jahren war die Übernahme einer halbautomatischen Pistole – der Browning GP-35 – durch die britische Armee, die damit endgültig den Webley-Revolver in den verdienten Ruhestand schickte. In den sechziger Jahren kam erneut Bewegung in die Sache. Das bemerkenswerteste Ereignis war das Wiedererscheinen der »Maschinen-Pistole«. Diese Idee, von der die meisten Experten meinten, sie sei durch die Mauser und die spanischen Waffen ein für alle Male in Verruf geraten, tauchte von Rußland her kommend überall wieder auf. Bei der Roten Armee war die Tokarev jahrelang die Standard-Dienstwaffe gewesen, eine Pistole im Kaliber 7,72 mm, die nach dem gleichen Prinzip verriegelte wie die Pistole von Colt. Jedoch verschwand Mitte der sechziger Jahre die Tokarev allmählich, um zwei neuen Pistolen Platz zu machen: der Makarov und der Stetchkin. Beide waren für eine neue Patrone eingerichtet, die 9 mm »Soviet« oder 9 mm x 18 (18 mm war die Länge der Patronenhülse). Die Patrone war etwas kürzer und weniger leistungsfähig als die 9 mm Parabellum, aber wiederum etwas länger und kraftvoller als die alte 9 mm kurz – eine Patrone, die häufig in Europa in Dienstpistolen der Polizei und auch in den Berettas der italienischen Armee verwendet wurde.

Mit dieser Entwicklung wurde zweifellos beab-

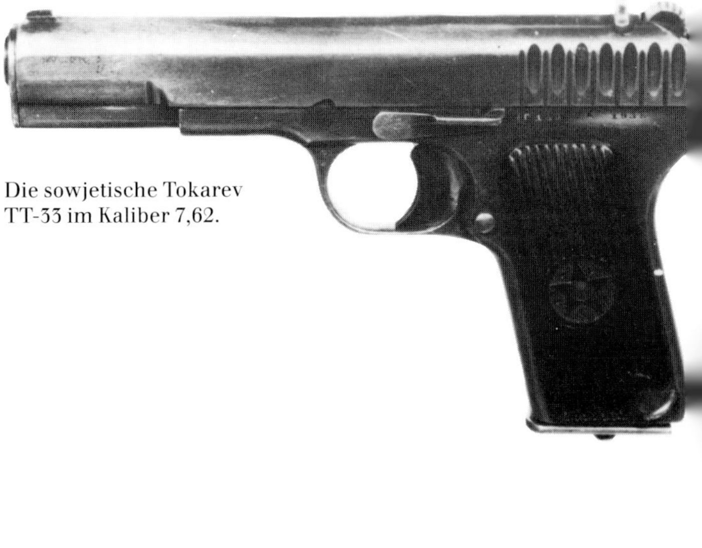

Die sowjetische Tokarev TT-33 im Kaliber 7,62.

Die in der DDR gefertigte Makarov. Die Ähnlichkeit zwischen dieser Waffe und der Walther PP ist beträchtlich.

sichtigt, eine Patrone zu schaffen, die gerade noch so leistungsstark war, daß man sie, ohne eine zusätzliche mechanische Verriegelung an der Pistole verwenden konnte. Beide neuen sowjetischen Pistolen waren nämlich Rückstoßlader mit Masseverschluß. Tatsächlich basierten beide mehr oder weniger auf der Konstruktion der Walther »PP« mit Spann-Abzug – abgesehen von geringfügigen Veränderungen, die sich aus dem Produktionshergang ergaben. Während es sich bei der Makarov um eine eher konventionelle Waffe handelte, verfügte die Stetchkin über einen Umschalthebel, mit dem sie auf vollautomatisches Feuer gestellt werden konnte. Dazu war noch ein Anschlagschaft vorgesehen, um sie vollends in eine »Quasi-Maschinenpistole« zu verwandeln. Wie es scheint, war ihr nur wenig Erfolg beschieden. Letzte Informationen deuten darauf hin, daß sie im Dienstgebrauch zurückgenommen wurde und an Bedeutung verloren hat.

Eine vielversprechende Lösung wurde seither von der deutschen Firma Heckler & Koch vorgestellt. In den Jahren nach dem Krieg begann diese Firma Taschenpistolen zu fertigen, dann nahm man die Produktion von Militärgewehren und von Maschinengewehren auf. Zu Beginn der siebziger Jahre stellte man eine Pistole mit Spann-Abzug her, die P-9S. Aus ihr wurden 9 mm Parabellum Patronen verschossen. Kurz darauf kam ein neues Modell unter der Bezeichnung VP-70 heraus.

Bei diesem letzteren Modell wurden einige bedeutende und völlig neuartige Konzepte bei der Konstruktion von Pistolen in die Tat umgesetzt. Bei einem Großteil des Griffstückes wird Kunststoffmaterial verwendet. Wo notwendig, sind Metallteile zur Verstärkung eingegossen. Die äußere Oberfläche ist kunststoffbeschichtet, um die Pflege zu erleichtern und die Lebensdauer der Waffe zu erhöhen. Im Normalzustand handelt es sich um eine, wie üblich in der Hand zu haltende Pistole, die jedoch mit einem Anschlagschaft aus Kunststoff zu versehen ist. Wenn dieser angesetzt wird, so ragt die Arretiernase oben in das Griffstück der Pistole hinein und schaltet damit den Feuermechanismus auf »Feuerstoß« um. Das heißt, durch einen einzigen Zug am Abzug wird ein Feuerstoß von drei Schuß ausgelöst. Wird der Abzug freigegeben und erneut betätigt, so erfolgt wiederum ein Feuerstoß von drei Schuß. Auf diese Weise erlangt man die Vorteile einer vollautomatischen Maschinen-Pistole ohne sich den Nachteil einzuhandeln, daß beim Zielen die Waffe durch den Rückstoß verrissen wird, d.h. zwischen jedem Feuerstoß ist ein Nachrichten möglich.

Die Heckler & Koch VP-70.

Elftes Kapitel

Maschinengewehre

Ein Problem der Konstruktion von Feuerwaffen, das das Interesse der Erfinder weckte, war die Frage, wie in einer gegebenen Zeiteinheit mehr Feuerkraft zu erzielen sei, oder wie man ein Dauerfeuer erreichen könnte. Von Zeit zu Zeit wurden immer wieder mal sogenannte »Bündelgewehre« herausgebracht, gewöhnlich handelte es sich mehr oder weniger um vergrößerte Formen von Revolverwaffen. So lange jedoch die Munition noch aus separaten Elementen bestand – Pulver, Geschoß, Zündhütchen – bestand wenig Aussicht, die gewünschte Lösung zu finden. Bevor nicht die Patrone als handhabungsfreundliche Einheit verfügbar war, konnte auch nicht eine Waffe für Dauerfeuer gebaut werden.

Eine Möglichkeit, dieses Problem zu umgehen, bestand darin, die Munitionsbestandteile vorher entsprechend vorzubereiten.

Diesen Weg beschritt ein amerikanischer Erfinder mit Namen Agar. Er entwickelte eine Waffe, die sogleich den Spitznamen »Kaffeemühle« erhielt, da eine Art Einfülltrichter und eine Kurbel zu den wichtigsten Teilen des Mechanismus gehörten. Stahlröhren wurden so vorbereitet, daß man sie einzeln mit einer Pulverladung füllte und sie mit einer Bleikugel und einem Perkussionszündhütchen versah. Sie wurden dann in den Einfülltrichter gelegt.

Drehte man an der Kurbel, so wurde eines der Stahlröhrchen in die Kammer der Waffe gestoßen, verriegelt und ein Hahn schlug herab, um das Zündhütchen zu zünden. Durch das Weiterdrehen an der Kurbel wurde die leere Röhre zurückgezogen, ausgeworfen und die Kammer mit einer neuen, vorbereiteten Röhre bestückt. Der Gehilfe des Richtschützen mußte die Röhren aufheben, sie säubern und nachladen. Dann legte er sie wieder in den Füllstutzen ein, um das Feuern nicht zu unterbrechen.

Agar ließ sich seine »Kanone« kurz vor Ausbruch des amerikanischen Bürgerkrieges patentieren, aber sie war für die Soldaten der damaligen Zeit zu umwälzend. Es sind wahrscheinlich kaum mehr als 50 Stück davon gefertigt worden. Ein ähnliches Schicksal widerfuhr der sogenannten »Billinghurst-Requa Battery Gun«. Es handelte sich dabei um ein Bündel von 24 gezogenen Läufen auf einem Gestell mit Rädern. Eine gleiche Anzahl vorbereiteter.60 inch Kartuschen wurden in einem Rahmen gehalten, der dann hinter den Läufen so eingesetzt wurde, daß die Patronen in die Kammern der Waffe eingeschoben werden konnten. Ein einzelnes Perkussionszündhütchen feuerte alle auf einmal in einer ungeordneten Salve ab. Danach wurde der »Laderahmen« mit den leergeschossenen Hülsen entnommen und durch einen frisch gefüllten ersetzt.

Diese Waffe wurde unmittelbar vor Ausbruch des amerikanischen Bürgerkrieges in New York vorgeführt und beide Bürgerkriegsparteien beschafften sich einige Stücke davon. Mit ihrem unerwarteten Feuerstoß dienten sie besonders zur Verteidigung von Brücken.

Eine dieser »Kanonen« wurde im Jahre 1863 nach England gebracht, um der Beurteilung durch das »Ordonance Select Committee« unterworfen zu werden. In dem Bericht dieser Kommission zur Auswahl von Waffen und Gerät heißt es, daß »keine dieser Gewehr-Batterien jemals wirksam die Feldartillerie werde ersetzen können... und selbst als eine Vorrichtung zur Vervielfachung und Beschleunigung des Infanteriefeuers aus gezogenen Läufen... scheint die Nützlichkeit sehr in Frage zu stehen...« Und genau das zeigt das Dilemma, in dem sich die verschiedenen Experten befanden, als sie mit diesem Waffentyp konfrontiert wurden. Handelte es sich nun um eine Feldartilleriewaffe oder um eine Infanteriewaffe? Wie sollte sie taktisch eingesetzt werden? Die Klärung dieser Probleme erwies sich als das größte Hindernis bei der allgemeinen Einführung des Maschinengewehrs.

Zur gleichen Zeit wurde in Europa eine ähnliche Waffe fertiggestellt. Ein Belgier, Hauptmann Fafchamps, hatte eine Waffe mit mehreren Läufen konstruiert, bei der ein Laderahmen mit vorbereiteten Patronen verwendet wurde. In mancher Hinsicht ähnelt das sehr der Idee von Agar. Sein Entwurf wurde von einem Hersteller namens Montigny übernommen. Er nahm einige Verbesserungen daran vor und ließ die Waffe als die »Montigny Mitrailleuse« in Produktion gehen. Schließlich schaffte er es, den französischen Kaiser Napoleon III. dafür zu interessieren. Unter größter Geheimhaltung wurde die französische Armee mit 156 dieser »Kanonen« ausgerüstet, die sie dann 1870 gegen die Preußen und ihre Verbündeten einsetzte.

Die Mitrailleuse bestand aus 25 Läufen, die innerhalb eines Gehäuses gebündelt waren und somit das Aussehen eines Feldgeschützes boten. Ein seitlicher Hebel bewegte einen schweren Verschlußblock zurück, wonach man einen Laderahmen mit 25 Patronen hinter den Läufe einsetzen konnte. Nach erneuter Betätigung des Hebels wurde der Verschlußblock wieder an Ort und Stelle geschoben und damit auch die Patronen in die Kammern eingeführt. Durch Drehen an der Kurbel am hinteren Ende der »Kanone«

Vorhergehende Seite: Ein amerikanischer Maschinengewehrschütze im Einsatz in Süd-Vietnam, in der Nähe von Bong Son, März 1967.

wurden 25 Schlagbolzen ausgelöst, die die Patronen nacheinander abfeuerten, schneller oder langsamer, je nachdem mit welcher Geschwindigkeit die Kurbel gedreht wurde. Unglücklicherweise war der Eindruck, den die Mitrailleuse im Felde machte, geradezu ein Desaster. Die Franzosen setzten die Waffe wie die Artillerie ein und ließen sie im offenen Gelände auf die preußische Infanterie feuern. Sobald sie ausgemacht war, eröffnete die preußische Artillerie mit ihrer viel größeren Reichweite das Feuer und brachte die Mitrailleuse zum Schweigen. Das bedeutete fast das Aus für die Idee des Maschinengewehres, aber man erkannte, daß ein taktisches Fehlverhalten vorgelegen hatte und kein wie auch immer geartetes technisches Versagen, so daß die Idee schließlich doch weiterverfolgt wurde.

Die »Montigny Mitrailleuse« nach einem zeitgenössischen Druck. Er zeigt die Waffe auf einer Feldlafette und wie der mit Patronen bestückte Rahmen in das hintere Laufende eingeschoben wird.

Oben: Richard Jordan Gatling (1818–1903), Erfinder des ersten erfolgreichen »mechanischen« Maschinengewehres. **Unten:** Ein.45iger Gatling-Maschinengewehr der britischen Armee auf einer Feldlafette. Die Waffe befindet sich im Royal Artillery Rotunda Museum in Woolwich, England.

Während der Zeit als die Mitrailleuse entwickelt wurde, brachte in den USA Dr. Richard J. Gatling mit seiner Erfindung das berühmteste »mechanische« Maschinengewehr heraus. Gatling hatte sich intensiv mit der Hitzewirkung auseinandergesetzt, die durch das Abfeuern mehrerer Patronen in Folge aus einem Lauf entsteht. Ein Punkt, der verschiedentlich Anlaß zur Kritik bei der Beurteilung der Agar-Waffe gegeben hatte. Gatling löste das Problem, indem er sechs Läufe verwendete, die nacheinander im Wechsel feuerten.

Rechte Seite: Das Herstellerschild auf dem hinteren Laufende des Gatling-Maschinengewehres im Rotunda-Museum. **Darunter:** Darstellung einer Kamel-Abteilung, die mit Gatling-Maschinengewehren ausgerüstet ist. Es stand die Absicht dahinter, eine kompakte, kurzläufige Version, das »Kamel-Maschinengewehr« bekannter zu machen. Es gibt aber so gut wie keine Beweise, daß je ein solches Kamel-Corps existiert hat.

Hatte das Maschinengewehr eine Feuergeschwindigkeit von 600 Schuß in der Minute, so waren aus jedem einzelnen Lauf nur 100 Schuß abgegeben worden, und fünf Sechstel der Zeit konnte zum Abkühlen zwischen den Schüssen ausgenutzt werden. Die sechs Läufe waren auf einem Drehrahmen vor dem Verschlußgehäuse angeordnet. Das Gehäuse enthielt den Verschlußmechanismus, das Herzstück der Gatlingschen Erfindung. Angetrieben von einer Handkurbel, drehte sich die Verschlußeinheit zusammen mit den Läufen. Eine komplizierte Nockenoberfläche steuerte die verschiedenen Funktionen: das Laden, Verriegeln, Feuern und Ausziehen an den verschiedenen Punkten der Kreisbahn, die die Läufe beschrieben. Das Abfeuern des jeweiligen Laufes erfolgte dabei stets am oberen Punkt der Kreisbewegung. Ein Patronenstreifen wurde von oben in das Verschlußgehäuse eingeführt. In späteren Jahren wurde ein verläßlicheres drehendes Trommelmagazin verwendet.

Obwohl im Jahre 1861 erfunden, wurde das Gatling-Maschinengewehr im amerikanischen Bürgerkrieg kaum eingesetzt. Die konservative Haltung der Militärs war immer noch außerordentlich stark. Wie es scheint, mißtrauten beide Kontrahenten, die Union und die Konföderierten, der »patriotischen Loyalität« Gatlings. Keine Seite war gewillt, ihm einen nennenswerten Auftrag zu geben. Man fürchtete, er könnte das Lager wechseln und dem Gegner die Waffen liefern. Im Januar des Jahres 1865 bestellte das US-Kriegsministerium 100 Maschinengewehre und mit dieser offiziellen Wieder-Anerkennung startete Gatling den Verkauf seiner Maschinengewehre überall in der Welt. Firmen in Europa erhielten Lizenzverträge für die Produktion. Ein bemerkenswerter Verkauf ins Ausland war die Lieferung von 400 Maschinengewehren an die russische Regierung im Jahre 1871. Ein russischer Offizier, General Gorloff, wurde in die USA entsandt, um die Herstellung zu überwachen. Listigerweise hatte er sich Schilder mit seinem Namen darauf anfertigen lassen, die vor dem Versand an jedes Maschinengewehr montiert wurden. Das Ergebnis davon war, daß die Waffe in Rußland stets nur als das »Gorloff-Maschinengewehr« bekannt war und man die Erfindung Gorloff zuschrieb. Der Name Gatling fand nicht einmal Erwähnung. In dem darauffolgenden Jahrzehnt wurde eine Reihe konkurrierender mechanischer Maschinengewehre herausgebracht. Das Gardner, das Nordenfelt, die »Revolver-Cannon« von Hotchkiss, das Lowell und noch andere wurden entwickelt und von den Armeen verschiede-

GATLING BATTERY GUN
PAT. MAY 9. 1865.
MANUFACTURED BY
COLT'S PT. FIRE ARMS MFG. CO.
HARTFORD, CONN. U.S.A.

Einige der Konkurrenten des Gatling-Maschinengewehres: **Links:** Ein zweiläufiges Gardner-Maschinengewehr, bedient von zwei Marinesoldaten. **Rechts oben:** Ein dreiläufiges Nordenfelt-Maschinengewehr auf einer Feldlafette. **Mitte rechts:** Die Revolver-Kanone von Hotchkiss, aus der Sprenggranaten vom Kaliber 37 mm abgefeuert wurden. **Rechts unten:** Das amerikanische Lowell-Maschinengewehr, bei dem zur gleichen Zeit nur einer der vier Läufe benutzt wurde. Die anderen wurden erst dann in die entsprechenden Positionen gedreht, wenn der erste Lauf zu überhitzen drohte.

ner Nationen auch eingeführt. Alle funktionierten nach den gleichen Prinzipien, sie hatten mehrer Läufe, die nacheinander bei Betätigung einer Kurbel feuerten. Gatling ging so weit, daß er für die Drehbewegung sogar einen Elektromotor einsetzte. Er zeigte, daß damit bei seiner Waffe eine Feuergeschwindigkeit von 3000 Schuß pro Minute zu erzielen war. Da diese Antriebskraft auf einem Schlachtfeld ja nicht zur Verfügung stand, handelte es sich lediglich um einen interessanten Versuch. Ansonsten mußte man sich auf die Kraft des Menschen verlassen. Es wäre auch dabei geblieben, jedoch nicht so für einen genialen Mann wie Hiram Maxim.

Maxim war ein erfahrener Ingenieur und Erfinder. Im Jahre 1881 wurde seine Aufmerksamkeit auf den Bereich der Feuerwaffen gelenkt. Folgt man seiner eigenen Version der Geschichte, so wurde ihm von einem Freund geraten: »Wenn du eine Menge Geld machen willst, so erfinde etwas, was diese verrückten Europäer in die Lage versetzt, sich gegensei-

Hiram Maxim (1850–1916), Erfinder des ersten Maschinengewehres als Rückstoßlader.

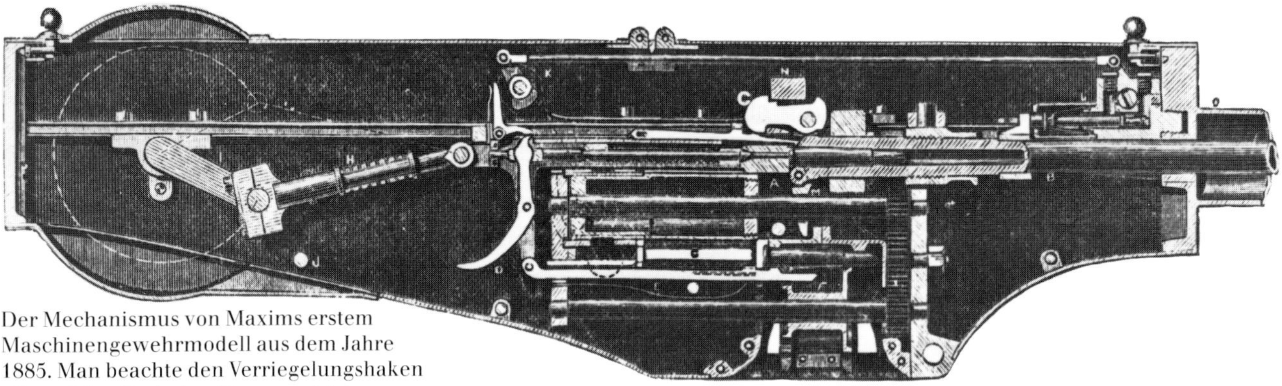

Der Mechanismus von Maxims erstem Maschinengewehrmodell aus dem Jahre 1885. Man beachte den Verriegelungshaken »C« und das Kurbelgestänge am hinteren Ende.

tig auf noch einfachere Weise die Gurgel durchzuschneiden.« In den folgenden Jahren untersuchte er sorgfältig die zeitgenössischen Feuerwaffen und analysierte jede mögliche Methode ihrer Funktionsweise. Er kam zu dem Ergebnis, daß ein Großteil der in den Patronen verfügbaren Energie vergeudet wurde.

Irgendwie mußte es machbar sein, diese Energie für die Funktion der Waffe zu nutzen.

Im Jahre 1885 führte Maxim sein erstes Modell vor, bei dem die Treibkraft aus dem Rückstoß gewonnen wurde. Es war für die britische.45 Martini-Henry Patrone eingerichtet. Im Augenblick der Schußabgabe wurden der Verschlußblock und der Lauf fest durch einen großen Haken miteinander verriegelt. Beim Abschuß wurden die beiden Einheiten gemeinsam durch den Rückstoß nach hinten geschoben. Auf einer Strecke von einem halben Inch (12,7 mm) blieben die Teile miteinander verbunden, dann rastete der Haken aus und der Lauf blieb stecken. Der Verschlußblock war dann frei und setzte die Bewegung nach hinten fort, wobei die Hülse ausgezogen und ausgeworfen wurde. Durch eine Stange war der Block mit einer Kurbel verbunden. Wenn die Bewegung des Verschlußblockes das Kurbelgestänge bis zum toten Punkt bewegt hatte, trat ein Stillstand der Bewegung ein. Dann sorgte das Trägheitsmoment aus der Verschlußbewegung dafür, daß der tote Punkt der Kurbel überwunden wurde. Es erfolgte eine Umkehrung der Bewegung, der Block glitt zurück, eine neue Patrone wurde nachgeladen und das hintere Laufende verriegelt. Beim Abfeuern des nächsten Schusses wurde der ganze Bewegungsablauf wiederholt, die Kurbel in die umgekehrte Richtung gedreht bis sie zum Stillstand kam und ein weiteres Mal das hintere Laufende verriegelte. Maxim wandte dieses System der partiellen Rotation an, da sonst die Gefahr der zunehmenden Beschleunigung bestanden hätten. Die Schußfolge der Waffe wäre bei Beibehaltung der Drehrichtung nach jedem Schuß immer schneller erfolgt.

Maxim führte sein Maschinengewehr verschiedenen hohen Offizieren vor, aber sie waren nicht davon begeistert. Daraufhin zog er sich zurück, überarbeitete die Konstruktion von Grund auf und machte sie leichter, unkomplizierter und zuverlässiger.

Bei der verbesserten Ausführung wurde nach wie vor der Rückstoß als Antriebskraft eingesetzt, jedoch das komplizierte und schwerfällige Kurbelgestänge weggelassen. An dessen Stelle trat ein Kniegelenk, ein Vorläufer jener Vorrichtung, die auch in den Parabellum- und Borchardt-Pistolen Verwendung finden sollte. Es beruhte auf dem gleichen Funktionsprinzip. Wenn die Kniegelenkeinheit flach ausgestreckt war, widerstand sie dem Rückstoß, wurde das Kniegelenk jedoch gebeugt, brach die Verriegelung sofort auf und erlaubte ein Zurückgleiten des Verschlußstückes.

Maxims Kniegelenk knickte nach unten weg. Durch den hinteren Gelenkzapfen war ein Querbolzen geführt, der in einer kleinen Kurbel auslief. Wenn der Lauf und der Verschluß zurückglitten, stieß diese Kurbel gegen einen Vorsprung am Bodenstück der Waffe, wodurch es zu einer Drehung des Querbolzens kam. Die Folge war ein Knicken des Kniegelenkes und das Öffnen des Verschlusses. Beim Drehen des Querbolzens wurde eine Feder gespannt, die das Kniegelenk streckte und somit das hintere Laufende wieder verriegelt. Die Waffe wurde mit Patronen aus

Das Maxim-Maschinengewehr von 1885, montiert auf einem Dreibein. Die gebogene Platte mit Skalierung und der Zeiger an der Seite sind der Feuergeschwindigkeits-Regler. Daran konnte die Kadenz der Waffe von einem Schuß bis zu 600 Schuß pro Minute eingestellt werden.

einem Textilgurt versorgt, der 333 Stück enthielt. Ein Haken am Ende des Gurtes ermöglichte das Einhängen eines neuen Gurtes, so daß ein Schießen ohne Unterbrechung gewährleistet war.

Maxim reiste quer durch Europa und führte seine Waffe zahlreichen, aufs äußerste erstaunten Zuschauern vor, deren Reaktionen sehr gemischt waren. In Rußland hörten die Offiziere des Zaren den Erklärungen Maxims zu, wie seine Waffe funktioniere. Sie konnten sich jedoch das Lachen nicht verkneifen. Niemand, so sagten sie, könne den kleinen Hebel 600 mal in einer Minute bewegen. Ihnen verging das Lachen, als sie sahen, wie die Waffe diese Bewegung selbsttätig ausführte.

In Dänemark verfolgte der König, wie Maxim den Inhalt mehrerer Gurte auf ein Ziel abfeuerte. Daraufhin erkundigte er sich, was eine einzelne Patrone koste. Als man ihm das mitteilte, sagte er zu Maxim, daß eine einzige dieser Waffen an einem halben Tag das Königreich Dänemark bankrott machen könne. Trotz all dieser Widrigkeiten wurde das Maschinengewehr ein sofortiger Erfolg. Bereits um 1890 war es bei der britischen, der deutschen, der österreichischen, der schweizerischen, der italienischen und der russischen Armee eingeführt.

Nachdem Maxim erst einmal den Weg gewiesen hatte, traten andere Erfinder in Massen auf, die sich in der Entwicklung ähnlicher Waffen versuchten. Unter den ersten befand sich ein anderer bemerkenswerter amerikanischer Konstrukteur, John M. Browning. Während er mit Maxim hinsichtlich der Ausnutzung des Rückstoßes übereinstimmte, so meinte er doch, es wäre noch mehr Energie zu gewinnen, wenn

Ein frühes Maxim-Modell, hier eine britische Version auf einer Rampenlafette, die dazu entwickelt wurde, um auch ein Feuern über Wehre und Wälle hinweg zu ermöglichen. **Unten:** Das russische Modell 1910 auf der »Sokolov-Lafette«. Die Räder konnten im Winter durch Kufen ersetzt werden.

man sich die Druckwelle an der Mündung zunutze machen könnte. Sein erster Vorschlag bestand darin, vor der Mündung eine Platte anzubringen. Sie war durchbohrt, um das Geschoß durchzulassen. Diese Platte war über ein System von Hebeln mit dem Verschlußstück verbunden. Der dem Geschoß mit großer Kraft nacheilende Gasdruck prallte auf die Platte und sollte so den Verschluß in Funktion setzen. Diese Idee erwies sich tatsächlich als durchführbar und wurde einige Jahre später von anderen Erfindern aufgegriffen, allerdings nur mit mäßigem Erfolg. Browning selbst ließ schon bald von diesen Gedanken zugunsten einer anderen Lösung ab. Er bohrte in die Unterseite des Laufes ein kleines Loch. Der unmittelbar hinter dem Geschoß austretende Gasdruck wurde dazu verwendet, den Ausleger eines Hebels herunterzudrücken. Dieser Druckhebel war so mit dem Verschluß verbunden, daß er ihn wirkungsvoll in Funktion setzen konnte.

Um das Jahr 1890 war die Idee so ausgereift, daß Browning die Konstruktion der Firma Colt anbieten konnte. Man baute einige funktionstüchtige Waffen, und nach verschiedenen Tests führte die US-Regierung die Konstruktion als das Maschinengewehr M1895 ein. Wegen des schwingenden Armes unterhalb des Laufes war es notwendig, die Waffe mit der entsprechenden Bodenfreiheit aufzustellen. Wo das nicht beachtet wurde, kam es zu einigen spektakulären Vorfällen, die dem Maschinengewehr den Spitznamen »Kartoffelroder« eintrugen.

Es gibt nur drei Systeme, nach denen ein automatisches Maschinengewehr funktionieren kann: durch Rückstoß, Gasdruck oder Rückschlag. Die ersten beiden wurden nun bereits verwendet. Im Jahre 1893 wurde mit dem Skoda-Maschinengewehr aus Böhmen die dritte Methode angewandt. Es hatte überhaupt keinen festen Verschluß des hinteren Laufendes, sondern man verließ sich hier lediglich auf einen schweren Verschlußblock, der durch eine kraftvolle Feder angedrückt wurde. Im gleichen Jahr wandte sich der österreichische Hauptmann Odkolek mit der Konstruktion eines Maschinengewehres an die französische Firma Hotchkiss. Der amerikanische Direktor der Firma, Lawrence V. Benet, erkannte sogleich die besonderen Vorzüge dieses Entwurfes und verstand es geschickt, umgehend die Patente und Rechte an der Waffe zu erwerben. Odkolek ging hinsichtlich einer Lizenzgebühr leer aus.

Nach einigen Konstruktionsveränderungen entstand aus dem Entwurf das Hotchkiss-Maschinengewehr, das im Jahre 1897 von der französischen Armee eingeführt wurde. Bei dem Hotchkiss-Maschinengewehr handelte es sich um einen Gasdrucklader. Das abgezweigte Gas wurde in einen Zylinder unterhalb des Laufes geleitet. Dort trieb es eine Kolbenstange nach hinten, die wiederum den Verschlußblock in Bewegung setzte.

Neben einigen bemerkenswerten Faustfeuerwaffenkonstruktionen, schuf John M. Browning (1855–1926) auch ein Maschinengewehr, das als Gasdrucklader funktionierte.

Die Munition wurde von der rechten Seite der Waffe mittels eines Metallstreifens zugeführt, in dem die Patronen in Clips gehalten wurden. Wenn das Maschinengewehr feuerte, wurden die Patronen dem Streifen entnommen, während dieser quer durch die Waffe gezogen wurde bis er leer auf der linken Seite wieder herausfiel. Obwohl das Hotchkiss-Maschinengewehr empfindlich auf Überhitzung reagierte, so war es dennoch in Grenzen zuverlässig. Es hatte nicht zuletzt den Vorteil, bedeutend leichter als das Maxim-Maschinengewehr zu sein.

Das Kühlproblem war ein Grund für das hohe

Das Hotchkiss-Gasdrucklader-MG war eines der ersten Maschinengewehre, das im Luftkrieg eingesetzt wurde. Hier sehen wir es in einem Maurice Farman-Doppeldecker im Sommer des Jahres 1914.

Gewicht des Maxim-Maschinengewehres. Eine Feuergeschwindigkeit von 600 Schuß in der Minute verursacht eine beträchtliche Erhitzung des Laufes. Das Maxim-Maschinengewehr wurde zunächst lediglich durch die Luftströmung entlang des freiliegenden Laufes gekühlt. Diese Art der Kühlung wurde aber schon bald als ungenügend erkannt. Man führte eine Wasserkühlung mit einem wassergefüllten Gehäuse ein – seitdem ein wichtiger Bestandteil der meisten früheren Maschinengewehre. So etwa 4 bis 5 Liter Wasser wurden in dieses Gehäuse geschüttet, und in dem Maße, wie es sich erhitzte, absorbierte es die Hitze des Laufes. Wenn das Wasser kochte, entwich eine verräterische Dampfwolke, die später im gefechtsmäßigen Einsatz als außerordentlich störend empfunden wurde. So wurden in dem Bemühen, die Wassertemperatur niedrig zu halten, verschiedenartige Kondensatoren und Wasserumlaufpumpen zur Standardausrüstung. Beim Hotchkiss-Maschinengewehr verließ man sich jedoch auf die Luftkühlung. Um eine größere Kühlfläche zu haben, wurde die Laufoberfläche mit Kühlrippen ausgestattet. Der Nachteil dieses Systems bestand darin, daß sich beim Reinigen der Waffe unweigerlich ein Ölfilm zwischen den Kühlrippen ablagerte, der sich beim Feuern erhitzte und wegbrannte. Dabei bildete sich ein blaues Qualmwölkchen über der Waffe, das beim Zielen ebenfalls störte.

Das Maxim-Maschinengewehr kam gefechtsmäßig erstmals im Jahre 1888 in Gambia zum Einsatz. Es wurde von einem britischen Expeditionskorps gegen feindliche Stammeskrieger eingesetzt. Danach erschien es immer häufiger auf der Bildfläche, und mit jedem Einsatz breitete sich sein Ruf aus. Der wichtigste Schritt zur allgemeinen Anerkennung des Maschinengewehres erfolgte im Russisch-Japani-

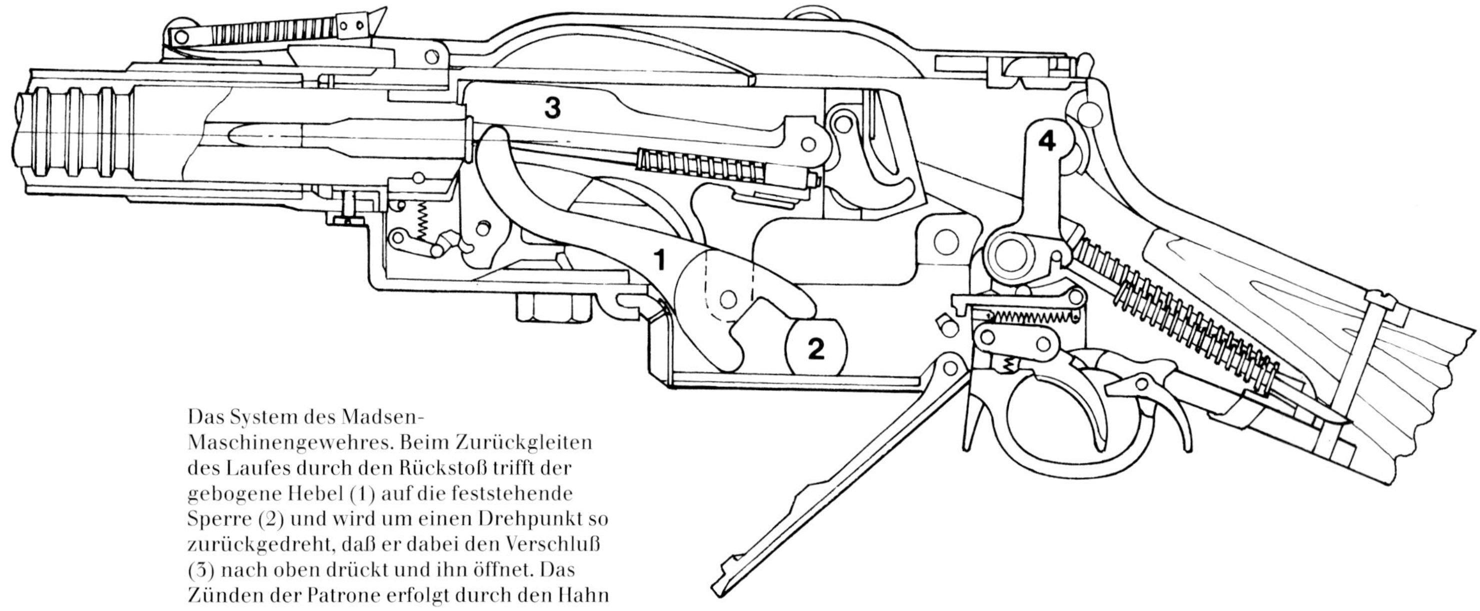

Das System des Madsen-Maschinengewehres. Beim Zurückgleiten des Laufes durch den Rückstoß trifft der gebogene Hebel (1) auf die feststehende Sperre (2) und wird um einen Drehpunkt so zurückgedreht, daß er dabei den Verschluß (3) nach oben drückt und ihn öffnet. Das Zünden der Patrone erfolgt durch den Hahn (4).

Das Madsen-MG wurde 50 Jahre lang ohne wesentliche Veränderungen verwendet. Dies hier ist ein spätes Modell, das für die thailändische Marine gebaut wurde.

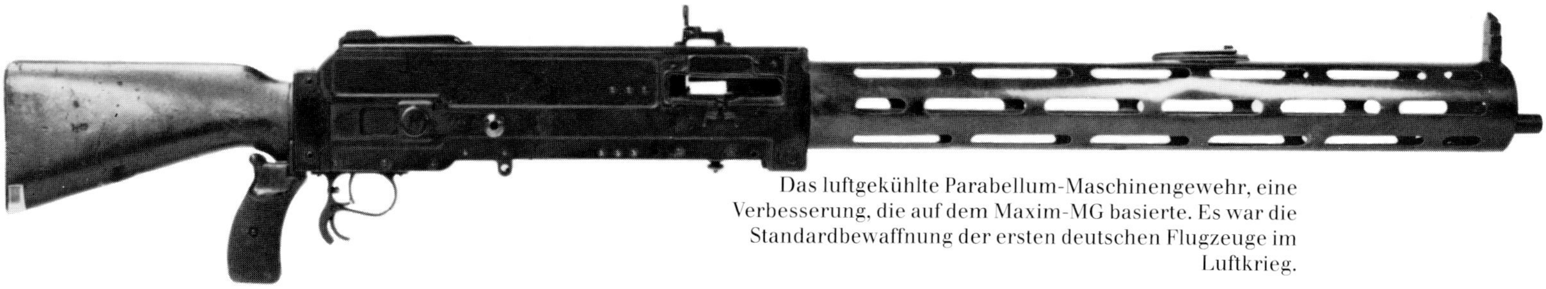

Das luftgekühlte Parabellum-Maschinengewehr, eine Verbesserung, die auf dem Maxim-MG basierte. Es war die Standardbewaffnung der ersten deutschen Flugzeuge im Luftkrieg.

schen Krieg, dem ersten Weltanschauungskrieg, der mit modernen technologischen Mitteln geführt wurde. Die Japaner verwendeten Hotchkiss-Maschinengewehre, während die Russen mit Maxim- und Madsen-Maschinengewehren ausgerüstet waren. Es war das erste Mal, daß sich zwei Weltmächte mit Maschinengewehren im Gefecht begegneten. Die Militärs der übrigen Welt betrachteten das »Schauspiel« mit höchstem Interesse. Die russischen Maxim-Maschinengewehre schlugen zunächst aus ihren vorbereiteten Stellungen heraus den Gegner aus dem Felde. Die Japaner dagegen verwendeten ihre leichteren Hotchkiss-Maschinengewehre, in einer beweglicheren Kriegsführung. Verbunden mit ihrer mehr auf Angriff ausgerichteten Taktik bahnten sie mehr und mehr den Weg für ihren endgültigen Sieg.

Das Madsen-Maschinengewehr, das von den russischen Kavallerie-Divisionen benutzt wurde, war eines der bemerkenswertesten Maschinengewehre der Geschichte und verdient eine besondere Erwähnung. Entworfen wurde es von einem Dänen namens Schouboe. Benannt wurde es nach dem dänischen Kriegsminister Madsen, der für die Einführung der Waffe bei der dänischen Armee im Jahre 1902 verantwortlich war. Das Madsen-Maschinengewehr blieb dann für die nächsten 50 Jahre ohne wesentliche Veränderungen in Produktion. Die Waffe wurde von nicht weniger als 34 unterschiedlichen Staaten übernommen. Verwendet wurde sie in jeder denkbaren Situation. Das System allerdings war eines der sinnreichsten und kompliziertesten, das je gebaut wurde.

Die Bewegung des Verschlusses erfolgte über den Rückstoß. Die Funktionsweise läßt sich am besten als Anwendung des nach oben gleitenden Verschlußblock-Systems nach Martini beschreiben. Der Verschlußblock hatte jedoch neben dem Verschließen des hinteren Laufendes keine andere Funktion. Die verschiedenen Funktionsabläufe wie das Nachladen oder Ausziehen, die der Verschlußblock in anderen Selbstladewaffen auch auszuführen hat, erfolgten in dem Madsen-Maschinengewehr durch zusätzliche Verrichtungen. Durch den Rückstoß der Waffe schwingt der Verschlußblock nach oben und ermöglicht dem getrennten Hülsenauszieher die leere Hülse auszuziehen und auszuwerfen. Der Schlagbolzen ist gespannt und eine Feder zusammengedrückt. Am Ende der Rückstoßphase streckt sich diese Feder und stößt den Block und den Lauf wieder nach vorn. Während dieses Vorwärtsstoßes senkt sich der Verschlußblock zum hinteren Laufende herab, und ein gleichfalls getrennter Ladehebel schiebt eine Patrone aus dem obenliegenden Magazin in das Patronenlager. Der Ladehebel wird dann zurückgezogen, der Block schwingt nach oben und verriegelt, worauf die Patrone vom Hahn gezündet werden kann. Ungeachtet dieses komplizierten Vorganges erfreute sich das Madsen-Maschinengewehr eines beneidenswerten Rufes an Verläßlichkeit und wurde in fast allen Kriegen unseres Jahrhunderts eingesetzt.

Der Russisch-Japanische Krieg und der Burenkrieg in Südafrika waren Lehrstücke in bezug auf den taktischen Einsatz von Maschinengewehren. Dabei trat eine Erkenntnis klar zutage: So zuverlässig das Maxim-Maschinengewehr auch sein mochte, es war einfach zu schwer, um auf dem Schlachtfeld herumgeschleppt zu werden. Gegen Ende der ersten Dekade des Jahrhunderts begannen bei den Konstrukteuren Überlegungen in der Richtung, ob das Maxim-Maschinengewehr nicht doch abgeändert werden könnte.

Auslösender Faktor für diese ersten Überlegungen war das Aufkommen eines neuartigen Kriegsgerätes, des Flugzeuges. Im Jahre 1909 suchte in Deutschland die Heeresleitung ein Maschinengewehr, das leicht genug sein sollte, um von einem Flugzeug getragen werden zu können. Die Heereswaffenfabrik in Berlin Spandau hatte nicht die Zeit oder die Leute, um dieser Forderung zu entsprechen. So wurde ein Abkommen mit einer privaten Firma getroffen, der Deutschen Waffen- und Munitionsfabrik in Berlin, bekannt durch die Herstellung der Luger-Pistole. Nach zwei Jahren stellte man das »Parabellum«-Maschinengewehr her. Das System basierte im wesentlichen auf dem des Maxim-Maschinengewehres. Das Kniegelenk war jedoch so angeordnet, daß es nach oben hin abknickte. Das wassergefüllte Kühlgehäuse wurde aufgegeben und durch ein Kühlrohr mit Längsschlitzen um den Lauf herum ersetzt, durch das die Luft streichen konnte. Es wurden ein Anschlagschaft und ein Pistolengriff angebaut, so daß die Waffe durch den Beobachter oder Aufklärer des Flugzeuges bedient werden konnte. Es erwies sich als eine ausgezeichnete Waffe und wurde in den folgenden Jahren bei Luftkämpfen häufig eingesetzt.

Die Wirksamkeit des Maschinengewehrs im Ersten Weltkrieg ist hinlänglich bekannt. Das Maxim und das Vickers beherrschten die Szene im Nie-

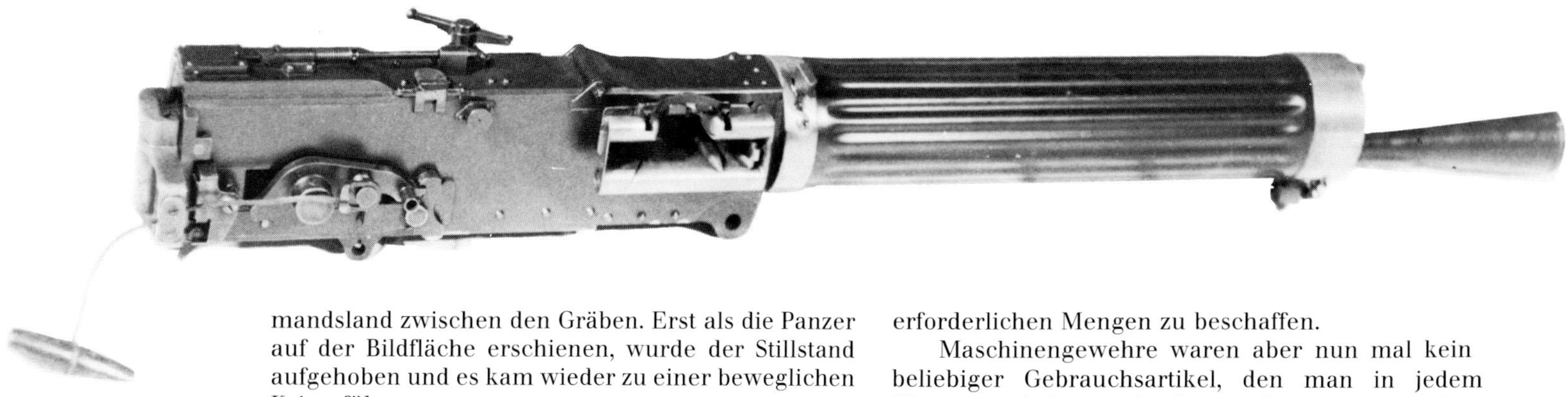

mandsland zwischen den Gräben. Erst als die Panzer auf der Bildfläche erschienen, wurde der Stillstand aufgehoben und es kam wieder zu einer beweglichen Kriegsführung.

Neben den Lehren, die im taktischen Bereich gezogen wurden, gab es auch eine Anzahl technischer Erkenntnisse. Die erste und simpelste Einsicht war, daß eine Ausstattung in Friedenszeiten nicht für einen allumfassenden Krieg ausreichen konnte. Die Zahl der von den Armeen angeforderten Maschinengewehre stieg beträchtlich.

In Großbritannien spürte man den Mangel mehr als in anderen Ländern, da die Friedensstärke der Armee nur klein war. Die Nachfrage nach Waffen war ebenfalls gering und demzufolge waren auch die Herstellungskapazitäten beschränkt. Während man versuchte, die Produktion zu erhöhen, ergab sich dennoch die Notwendigkeit, Waffen anzukaufen, um die erforderlichen Mengen zu beschaffen.

Maschinengewehre waren aber nun mal kein beliebiger Gebrauchsartikel, den man in jedem Eisenwarenladen kaufen konnte. Die meisten Waffen, die hergestellt wurden, waren Fertigungen auf Grund von Regierungsbestellungen. Trotzdem gab es eine Waffe, die zum Verkauf bereitstand – das Lewis-Maschinengewehr. Es war von dem Amerikaner Samuel MacLean entworfen worden, dem es jedoch nicht gelungen war, einen Hersteller dafür zu interessieren. Schließlich hatte er im Jahre 1910 die Patentrechte an die Automatic Arms Company in Buffalo verkauft. Bei dieser Firma hatte man den Eindruck, daß die Konstruktion von MacLean einige Verbesserungen erfahren müßte. Man fragte bei Oberst Isaac N. Lewis an, der gerade vorher aus dem aktiven Dienst bei der US-Army ausgeschieden war, ob er diese Aufgabe übernehmen wolle.

Das Maxim-MG und seine Abaren beherrschten die mörderischen Grabenkämpfe von 1914–18. Hier ein deutscher Maschinengewehr-Posten beim Rückzug auf die Siegfried-Linie im Februar 1917.

Links: Das Vickers-MG war eine verbesserte und leichtere Version des Maxim-Maschinengewehres. Im Jahre 1912 wurde es das Standardmaschinengewehr der britischen Armee. Dieses Modell ist die Ausführung im Kaliber.50 für den Einbau in Panzer und gepanzerte Fahrzeuge.

Die französische Armee verwendete das Maschinengewehr von Hotchkiss. Hier sehen wir eine Gruppe französischer Maschinengewehrschützen mit einem Hotchkiss im August des Jahres 1915.

1915 wurde das Lewis-MG als leichtes britisches Maschinengewehr eingeführt. Wegen seines geringen Gewichts war es ideal für den Einsatz in Flugzeugen. **Rechts oben:** Ein Vickers und drei Lewis bildeten die Bewaffnung der Bristol-Jäger des 22. Geschwaders der R.A.F. bei Agincourt, Frankreich, Juli 1918. **Unten:** U.S.-Marines (Marineinfanterie) in Flandern, Juli 1918. Bei dieser gestellten Aufnahme hat das Lewis-Maschinengewehr kein Magazin.

Im Jahre 1911 stellte Lewis einige Prototypen her, die durchaus erfolgreich funktionierten. Er versuchte, das US-Waffenamt dafür zu interessieren, leider ohne Erfolg. Schließlich schlug er den gleichen Weg wie John Browning ein. Er brachte seine Konstruktion nach Europa, wo er eine belgische Firma fand, die bereit war, sein Maschinengewehr zu fertigen und zu verkaufen. Im Jahr 1913 wurde es von der belgischen Armee übernommen, später im gleichen Jahr erwarb die Birmingham Small Arms Company in England Lizenzrechte und begann gleichfalls mit der Serienfertigung des Lewis-Maschinengewehres.

Als im Jahre 1914 die britische Armee nach einem Maschinengewehr Ausschau hielt, war die BSA zur Stelle. Die gesamte Produktionskapazität der Fabrik in Birmingham wurde auf die Herstellung des Lewis-Maschinengewehres umgestellt, und es wurden auch Lieferverträge mit der Savage Arms Company in Amerika geschlossen.

Nach dem Madsen war das Lewis das erste Maschinengewehr, das man als »leicht« bezeichnen durfte. Die Waffe war ein Gasdrucklader. Die Patronenzufuhr erfolgte aus einer Magazintrommel mit einem Inhalt von 47 Schuß. Das Gewicht betrug nur 27 lbs (12,247 kg) – eine bedeutende Verbesserung gegenüber den 90 lbs (40,824 kg) des Vickers-Maschinengewehres mit seinem Dreibein. Ein Gaskolben unterhalb des Laufes steuerte die Bewegung eines Drehverschlußzylinders. Der bemerkenswerteste Teil der Waffe war ein großes zylindrisches Luftleitblech, das den Lauf und den Gaskolben umhüllte. Das war Lewis' einzigartiges Kühlsystem. Es bot Anlaß für kontroverse Diskussionen seit er es erfunden hatte. Der Lauf und der Gaszylinder waren mit einem Gehäuse aus Aluminiumblech ummantelt, das aus einer Anzahl von Leitrippen bestand, die in Längsrichtung verliefen; außen herum befand sich eine glatte Stahlhülle, das Luftleitblech. Feuerte die Waffe, zog die Druckwelle an der Mündung Luft durch das Gehäuse. In der Nähe des hinteren Laufendes wurde die Luft angesaugt und strömte an den Rippen entlang, bevor sie vorne wieder austrat. Auf diese Weise wurde beständig ein kalter Luftstrom über den Bereich des Laufes geleitet. Wurde das Lewis-Maschinengewehr im Flugzeug eingesetzt, so entfernte man das Rippengehäuse und das Luftleitblech. Der Lauf und der Gaszylinder wurden dem Luftstrom ausgesetzt, der die Waffe hinreichend kühlte. Im Zweiten Weltkrieg wurden zahlreiche alte Maschinengewehre aus abgestellten Flugzeugen ausgebaut und im Erdkampf eingesetzt.

Es überraschte, daß bei ihnen keine Überhitzung eintrat. Später erklärte ein Experte, es sähe so aus, als hätten die Infanteristen des Ersten Weltkrieges vier Pfund unnützes Metall mit sich herumgeschleppt, nur um eine falsche Theorie zu stützen.

Obwohl es sich bei dem Lewis-Maschinengewehr um eine amerikanische Erfindung handelte und es auch im Jahre 1911 der US-Armee angeboten wurde, kam es trotzdem zu keiner Zeit im Verlauf des Ersten Weltkrieges zu einer allgemeinen Einführung bei den eigenen Truppen. Von Zeit zu Zeit wurden dafür verschiedene Erklärungen geliefert, der eigentliche Grund dürfte jedoch in einer persönlichen Abneigung zu suchen sein, die zu jener Zeit zwischen Lewis und General Crozier, Chef des Waffenamtes (Generalfeldzeugmeister), bestanden hat. Das ging so weit, daß man den US-Marines (Marineinfanterie), die das Lewis-Maschinengewehr übernommen hatten, bei ihrer Ankunft in Frankreich im Jahre 1918 ihre Waffen wieder abnahm. Sie wurden zu den Depots zurückgeschickt, die Soldaten bekamen das französische Chauchat-Maschinengewehr, das zweifellos das schlechteste Maschinengewehr in der Geschichte war.

Als die US-Armee im April des Jahres 1917 auf dem europäischen Kriegsschauplatz eingriff, konnte man schwerlich behaupten, sie sei mit Maschinengewehren ausgerüstet gewesen.

Tatsächlich verfügte sie lediglich über 282 Maxim-Maschinengewehre, 158 Colt-»Kartoffelroder« und 670 »Benet-Mercie Automatic Rifles«, das war die

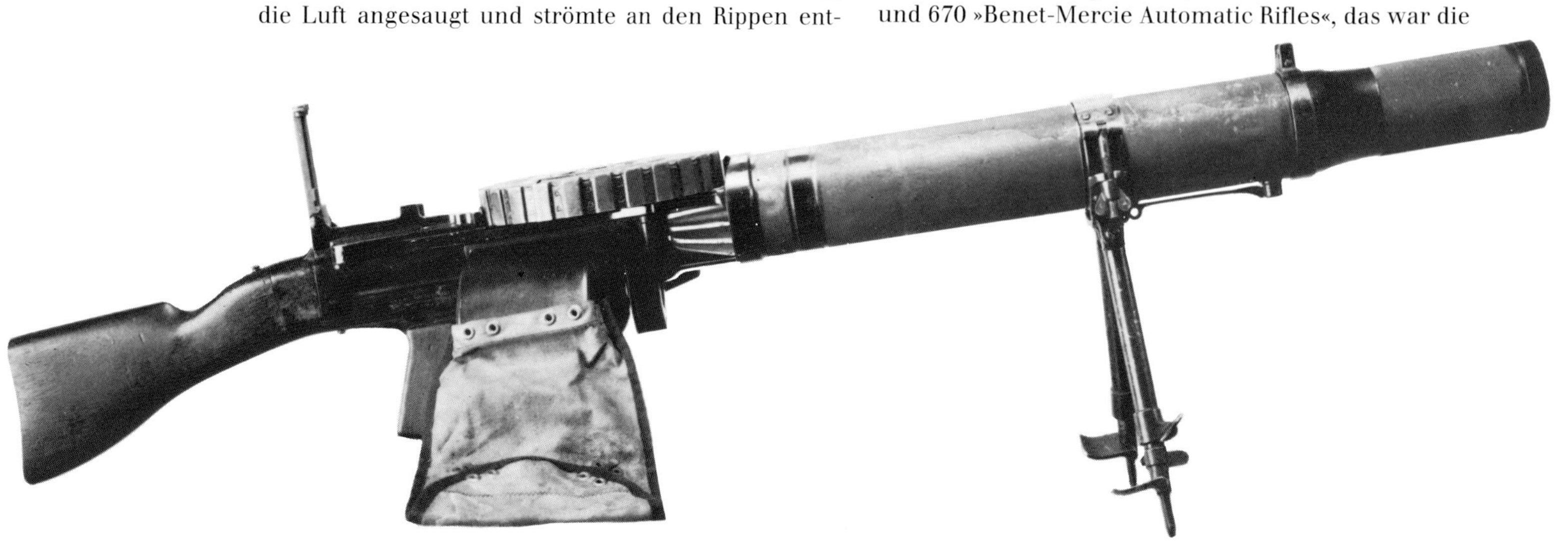

Das typische Hotchkiss-Maschinengewehr hatte am Lauf große Rippen, die die vom langanhaltenden Schießen erzeugte Hitze ableiten sollten. Vor dem Ersten Weltkrieg wurde diese Waffe von der US-Armee angeschafft. Auf dem unteren Bild sehen wir sie im Einsatz bei einem Fliegerabwehrposten in Raucort, Frankreich, Oktober 1918.

amerikanische Bezeichnung für das französische Hotchkiss-Maschinengewehr. Bei dem Hotchkiss handelte es sich um einen leichten, luftgekühlten Gasdrucklader, bei dem die Patronen aus einem Metallgurt zugeführt wurden. Es wurde in Frankreich gebaut und in kleinerer Stückzahl auch bei der britischen Armee verwendet.

Stärker verbreitet war es bei den Streitkräften Belgiens und Frankreichs. Bereits vor dem Krieg wurde das Maschinengewehr für die US-Streitkräfte angeschafft. Glücklicherweise war John M. Browning von dieser Situation unterrichtet und hatte sich rechtzeitig darangemacht, selbst ein Maschinengewehr zu entwickeln. Als nun der Krieg ausbrach, war Browning wohl vorbereitet. Zu dieser Zeit hatte er bereits seine ursprüngliche Idee von einem Gasdrucklader aufgegeben und stimmte mit Maxim darin überein, daß bei einer schweren Waffe das Prinzip des Rückstoßladers angebrachter sei.

Das neu konstruierte Browning-Maschinengewehr war robust und unkompliziert. Im Mai des Jahres 1917 führte die US-Armee mit dieser Waffe einen Test durch, in dessen Verlauf eine dieser Waffen ohne Pause 20.000 Schuß abfeuerte. Nach einer kurzen Pause wurden weitere 20.000 Schuß abgegeben – das alles bei einer Feuergeschwindigkeit von 600 Schuß pro Minute. Den Mitgliedern der Prüfungskommission fiel es schwer zu glauben, daß dies nichts anderes als nur ein glücklicher Zufall gewesen sei. Browning stellte daher ein anderes Maschinengewehr hin, lud es und fuhr fort, daraus Dauerfeuer abzugeben, bis die Munition restlos verbraucht war. Er stellte nach 48 Minuten und nach 28.920 Schuß das Feuer ein. Ein Zuschauer verband ihm dann die Augen, und er begann damit, die Waffe zu zerlegen und anschließend wieder zusammenzusetzen. Die Prüfungskommission war restlos überzeugt. In kürzester Zeit wurden Verträge über den Bau von nicht weniger als 10.000 Maschinengewehren abgeschlossen.

Browning hatte sich ebenfalls darauf vorbereitet, daß ein Bedarf an einer leichten Waffe entstehen würde. Auf diesem Gebiet war er weiterhin der Ansicht, daß ein Gasdrucklader die beste Lösung sei.

Zur gleichen Zeit, als er sein Maschinengewehr vorführte, stellte er auch diese leichtere Waffe vor, die er als »Automatic Rifle« (Automatic-Gewehr) bezeich-

John M. Browning demonstriert sein wassergekühltes Maschinengewehr, das U.S. Army Modell von 1917.

nete. Äußerlich wie ein Gewehr gestaltet, wog die Waffe 18 ½ lbs. (8,392 kg) Sie verschoß die Patronen aus einem 20schüssigen Kastenmagazin, das unterhalb des Verschlusses eingesetzt wurde. Vorn war eine kleine Gabelstütze, ein Zweibein, angebracht. Zum Zeitpunkt der Einführung hatte man sich allerdings vorgestellt, daß man beim Vorgehen im Niemandsland zischen den Fronten mit dieser Waffe aus der Hüfte würde feuern können. Obwohl es sich in vieler Hinsicht um eine ordentliche Waffe handelte, spielte das »BAR«, wie man allgemein weiß, stets eine Art Zwitterrolle: Die Waffe war einerseits zu schwer, um wie ein Gewehr gehandhabt zu werden, andererseits war sie nicht hinreichend robust genug, um ein gutes Maschinengewehr zu sein. Dessen ungeachtet blieb das »BAR« etwa 50 Jahre lang bei der US-Armee als leichtes Maschinengewehr in Dienst.

Das Entwerfen eines Maschinengewehres war eine Sache, diesen Entwurf dann zur Ausführung zu bringen und das Ergebnis dann noch in die Hände der Soldaten gelangen zu lasen, war eine andere. Aus diesem Grund fand sich das US-Expeditionskorps, das im Ersten Weltkrieg nach Europa geschickt wurde, mit dem Chauchat-Maschinengewehr konfrontiert. Die französische Armee wünschte sich ein leichtes Maschinengewehr. Die Firma Hotchkiss war mit der Produktion ihres schweren M1914-Modells für die Armee voll ausgelastet und konnte die Fertigung nicht auf die leichtere Version umstellen, die bei den US-Streitkräften unter dem Namen Benet-Mercie verwendet wurde. So wurde ein Kommission beauftragt, eine andere Waffe zu entwickeln. Das Ergebnis war das Chauchat-Maschinengewehr. Es hatte ein ungewöhnliches Funktionsprinzip, das man als »langen Rückstoß« bezeichnen kann.

Lauf und Verschlußzylinder glitten, miteinander verriegelt, durch den Rückstoß über einen Weg von etwa 10 cm auf dem Rahmen zurück. Am Ende dieses Bewegungsvorganges wurde der Verschluß entriegelt, der Lauf ging wieder vor. Dann wurde der Verschluß freigegeben, der gleichfalls nach vorne glitt und auf seinem Weg eine neue Patrone aus dem Magazin unterhalb der Waffe zuführte. Solch ein Mechanismus war extrem störanfällig gegenüber Schmutz, und daran war gewiß kein Mangel an der Westfront. Um das Maß noch voll zu machen, war die Waffe aus billigem Material nachlässig gefertigt. Es wurden Tausende gebaut und es scheint, daß die meisten von wütenden Benutzern auf dem Schlachtfeld weggeworfen wurden.

Nach dem Krieg scheinen die Franzosen noch einige davon besessen zu haben. Später tauchten sie dann im Spanischen Bürgerkrieg auf. Ein Angehöriger einer internationalen Brigade sagte über diese Waffe aus: »Diese Waffe erwies sich als in höchstem Maße unnütz, wie ich es bei noch keiner anderen erlebt habe. Der ganze Bestand ging während der ersten Tage unseres Einsatzes verloren oder wurde einfach fortgeworfen. Es gab ungezählte Tage, an denen es zu Ladehemmungen kam, bevor kaum mehr als fünf Schuß nacheinander abgegeben worden waren. Bei jeder dieser Ladehemmungen hieß es dann die Waffe zu zerlegen. Anschließend mußte sie wieder zusammengebaut werden. Damit hatte man wahrlich keinen guten Kauf gemacht.«

Mit solch einer Waffe im Rücken ist es kaum verwunderlich, daß Frankreich das erste Land war, das nach dem Krieg Ausschau nach einem neuen Maschinengewehr hielt. Zunächst einmal gestaltete man die vorhandene Standardpatrone um. Die alte 8 mm-Lebel wurde zugunsten einer modernen, randlosen Patrone aufgegeben, die auf der deutschen Mau-

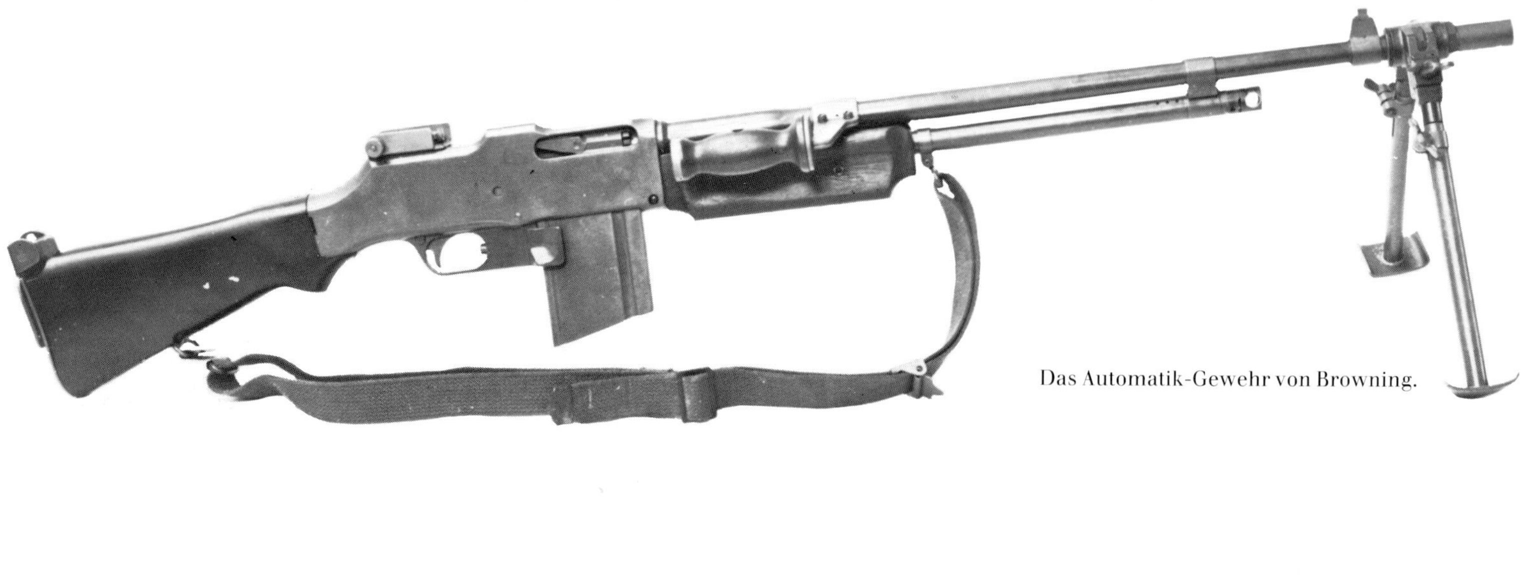

Das Automatik-Gewehr von Browning.

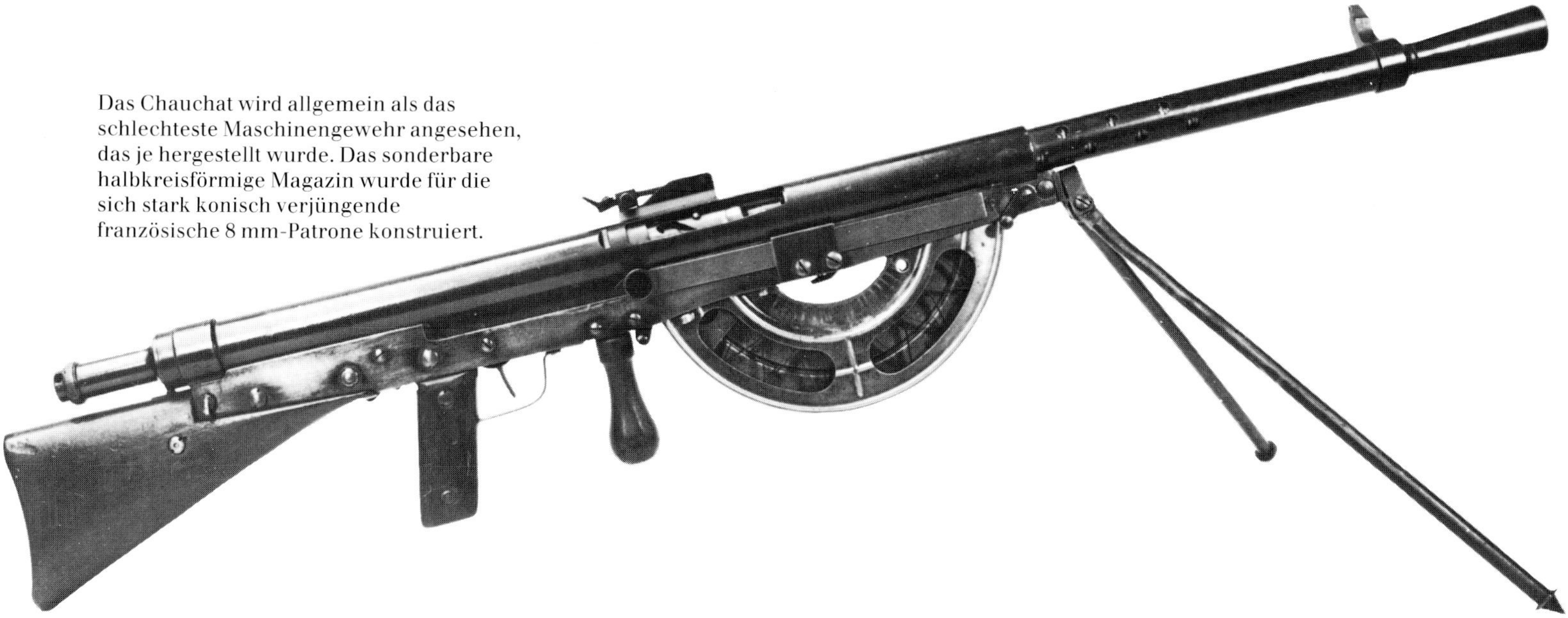

Das Chauchat wird allgemein als das schlechteste Maschinengewehr angesehen, das je hergestellt wurde. Das sonderbare halbkreisförmige Magazin wurde für die sich stark konisch verjüngende französische 8 mm-Patrone konstruiert.

Das Chauchat im Einsatz. U.S.-Truppen im Juli 1918, Gemälde von Mal Thompson.

ser-Patrone im Kaliber 7,92 mm basierte. Aus internen Gründen entschloß man sich, auf das Kaliber 7,5 mm herunterzugehen. Nach dieser Vorgabe begann man ein neues Maschinengewehr zu bauen. Unglücklicherweise war die Konstruktion der Patrone alles andere als perfekt. Nach einer Serie von Explosionen und anderen Unfällen wurde das gesamte Programm gestoppt, um die Patrone zu überarbeiten und zu verbessern. Im Jahre 1929 hatten die Konstrukteure schließlich die richtige Lösung gefunden. Das neue Maschinengewehr, bekannt unter dem Namen Chatellerault (benannt nach dem Standort des Herstellers), wurde zusammen mit einer verbesserten Patrone in Dienst gestellt. Eine modifizierte Version wurde gleichfalls geliefert, um in den Stellungen der Maginot-Linie und in Panzern verwendet zu werden. Diese Ausführungen hatten anstelle des einfachen obenliegenden Kastenmagazins, wie es bei dem Infanteriemodell üblich war, ein besonderes, seitlich angesetztes Trommelmagazin.

Auch in Großbritannien hielt man Ausschau nach einem leichten Maschinengewehr. Man war zu der Einsicht gelangt, daß das Lewis-Maschinengewehr zu schwer und zu anfällig für Ladehemmungen war. Im Vergleich zu dem Chauchat war es aber immer noch eine geradezu vorbildliche Waffe. Nachdem man die Sache einige Jahre lang überdacht hatte, organisierte die britische Armeeführung im Jahre 1930 einige Prüfungen, in deren Verlauf alle in Produktion befindlichen Maschinengewehre gesichtet wurden. Unter ihnen befand sich eine tschechoslowakische Konstruktion, hergestellt von der Waffenfirma Zbrojovka in Brünn, mit der Modellbezeichnung ZB27. Der britische Militärattaché in Prag hatte diese Waffe entdeckt. Er hatte darüber so begeistert nach London berichtet, daß ein Stück davon zum Preis von 136 £ einschließlich 10.000 Schuß Munition für die Prüfung angeschafft wurde. In den Tests erwies sich das ZB27 als den anderen überlegen.

Links: Mit dem Chatellerault M24/29 ersetzte die französische Armee die Hotchkiss- und Chauchat-Modelle. **Unten:** Die Originalversion des Bren-Maschinengewehres der britischen Armee, montiert auf dem selten benutzten Dreibein. Bei dem Modell, das in großer Serie gefertigt wurde, wurde der Lauf verkürzt und eine einfachere Visiereinrichtung übernommen.

In den darauf folgenden Jahren wurden Veränderungen vorgenommen und getestet, bis die endgültige Konstruktion gefunden war. Im Jahre 1936 wurde die Waffe als das Bren-Maschinengewehr eingeführt. Der Name leitete sich ab von Brno, wo die Waffe entwickelt worden war (Brno = Brünn) und Enfield, wo sie für die britische Armee hergestellt wurde.

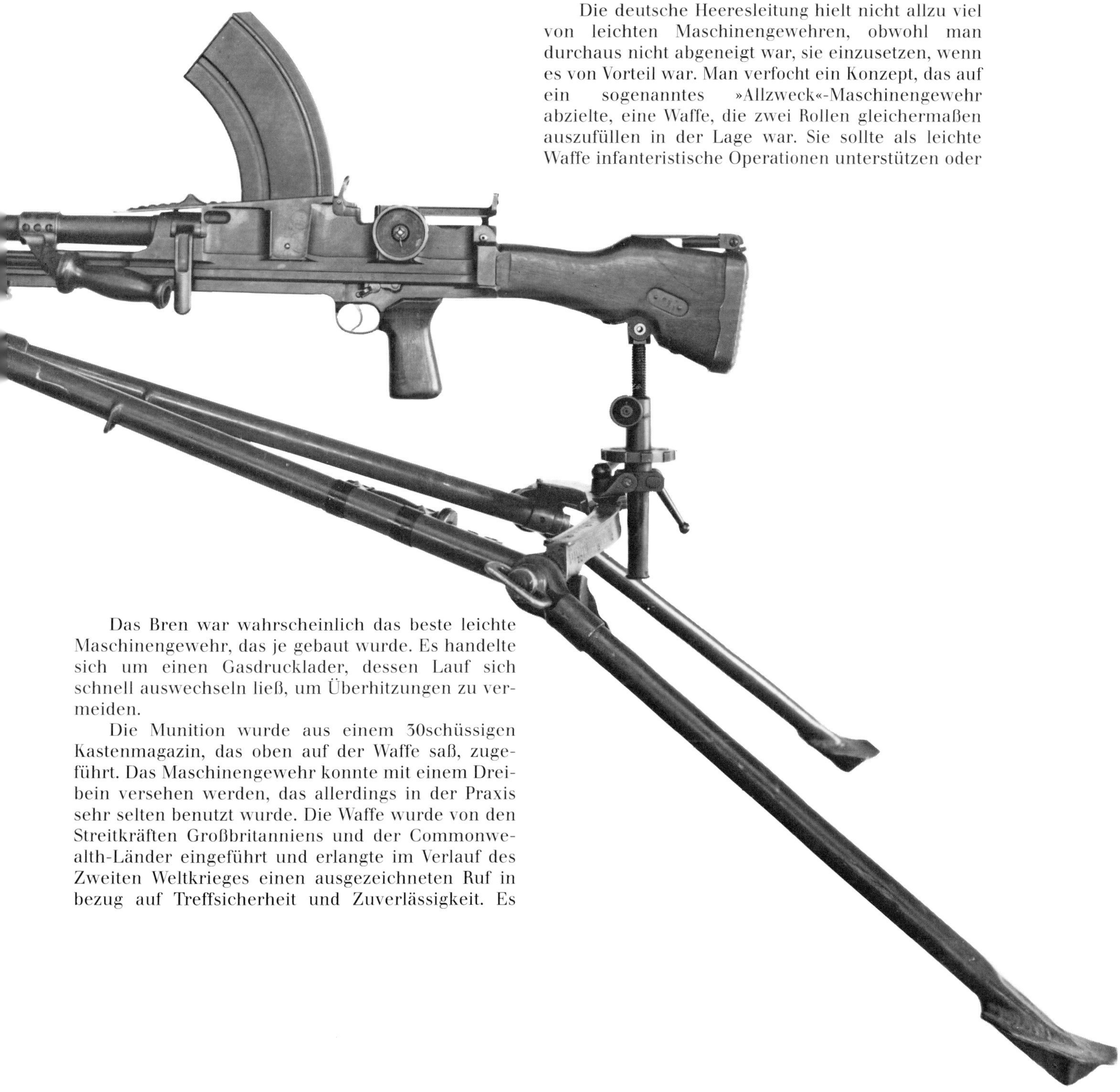

Das Bren war wahrscheinlich das beste leichte Maschinengewehr, das je gebaut wurde. Es handelte sich um einen Gasdrucklader, dessen Lauf sich schnell auswechseln ließ, um Überhitzungen zu vermeiden.

Die Munition wurde aus einem 30schüssigen Kastenmagazin, das oben auf der Waffe saß, zugeführt. Das Maschinengewehr konnte mit einem Dreibein versehen werden, das allerdings in der Praxis sehr selten benutzt wurde. Die Waffe wurde von den Streitkräften Großbritanniens und der Commonwealth-Länder eingeführt und erlangte im Verlauf des Zweiten Weltkrieges einen ausgezeichneten Ruf in bezug auf Treffsicherheit und Zuverlässigkeit. Es dürfte an dieser Stelle von Interesse sein, daß die Deutsche Wehrmacht nach dem Einmarsch in die Rest-Tschechoslowakei große Mengen des ZB-Maschinengewehrs beschlagnahmte, die ja baugleich mit dem Bren waren und sie während des Krieges benutzte. So muß es Situationen gegeben haben, wo auf beiden Seiten der Front die gleichen Waffen eingesetzt worden sind.

Die deutsche Heeresleitung hielt nicht allzu viel von leichten Maschinengewehren, obwohl man durchaus nicht abgeneigt war, sie einzusetzen, wenn es von Vorteil war. Man verfocht ein Konzept, das auf ein sogenanntes »Allzweck«-Maschinengewehr abzielte, eine Waffe, die zwei Rollen gleichermaßen auszufüllen in der Lage war. Sie sollte als leichte Waffe infanteristische Operationen unterstützen oder

Das Bren-Maschinengewehr im Einsatz an der westlichen Wüstenfront, 1940. **Unten:** Ein Bren-Maschinengewehrschütze vom Durham Light Infantry (Regiment) feuert aus den Ruinen eines Hauses in Douet, Frankreich, Juni 1944.

als schwere Waffe für anhaltende Feuerunterstützung sorgen.

Als Ergebnis des Ersten Weltkrieges wurden diese beiden Aufgaben von zwei unterschiedlichen Waffentypen abgedeckt, dem schweren wassergekühlten Maschinengewehr wie dem Maxim, dem Vikkers und dem Browning und daneben den leichten, luftgekühlten Waffen mit Magazin, wie dem Bren-, dem BAR- und dem Chatellerault-Maschinengewehr. Die Wehrmachtsführung beabsichtigte eine neue Seite im Lehrbuch der Kriegstaktik aufzuschlagen und eine beweglichere Kriegsführung einzuführen. Sie war daher der Ansicht, daß solch eine strenge und starre Trennung gefährlich sei. So wäre es durchaus denkbar, daß die leichte Waffe von heute schon morgen mit Aufgaben für eine schwere Waffe betraut werden könnte. Es war also wünschenswert, daß ein und dieselbe Waffe beide taktische Aufgaben erfüllen sollte. Darüberhinaus sprachen auch ökonomische Gründe für die Herstellung nur einer Waffe für alle Verwendungen, ganz abgesehen von der einfacheren Ausbildung der Soldaten.

Gebunden durch die restriktiven Bestimmungen des Versailler Vertrages nahmen die deutschen Waffenhersteller Zuflucht zu zahlreichen Tricks, um während der »mageren« zwanziger Jahre im Geschäft zu bleiben.

Eine Firma, Rheinmetall, kaufte eine in wirtschaftliche Schwierigkeiten geratene Maschinenbaufirma in der Schweiz auf, die dann als Verkaufsgesellschaft fungierte. So konnten in Deutschland entworfene Waffen in der Schweiz gebaut und über die Schweiz verkauft werden. Über diesen Umweg wurde im Jahre 1930 der deutschen Reichswehr ein neues Maschinengewehr angeboten. Diese Waffe, das MG30, war eine fortschrittliche Konstruktion, bei der der Verschluß durch Rollen, die sich über einen spiralförmigen Nockenweg im Bodenstück der Waffe bewegten, entriegelt wurde. Das geschah, wenn der Lauf und Verschluß durch den Rückstoß nach hinten geschoben wurden. Ein höchst einfallsreiches Merkmal war die Einfachheit, mit der der Lauf rasch gewechselt werden konnte. Der Anschlagschaft wurde weggedreht und Lauf und Verschluß nach hinten durch das Bodenstück der Waffe gezogen. Nachdem die deutsche Reichswehr einige Exemplare erworben hatte, beschloß sie, daß das Maschinengewehr noch einige Verbesserungen erfahren sollte. Man übergab die Waffe der Firma Mauser zur Überarbeitung. Nachdem Mauser die Arbeit beendet hatte, trug das neue Modell kaum noch Züge des Originals. Bei dem MG30 wurde ein Kastenmagazin verwendet, das seitlich in die Waffe eingesetzt wurde. Die Munitionszufuhr bei dem neuen MG 34 erfolgte aus einem Gurt. Durch Auswechseln des Gehäusedeckels über dem Verschluß konnte der Gurt durch ein besonderes Aufsetz-Doppeltrommelmagazin ersetzt werden. Der Drehverschluß des MG 30 machte einem Verschluß Platz, bei dem sich nur der vordere Teil drehte. Der einfache Laufwechsel wurde so abgeändert, daß das Bodenstück durch ein Scharnier mit dem Laufmantel verbunden wurde. Das Bodenstück konnte auf diese Art zur Seite geschwenkt und der Lauf zurückgezogen werden, ohne den Verschluß herauszunehmen.

Das MG 34 ging als Standard-Maschinengewehr in Produktion.

Versehen mit einem Zweibein und ausgestattet mit dem Aufsatz-Trommelmagazin, erfüllte es die Funktion eines leichten Infanterie-Maschinengewehres. Wurde es dagegen mit einem Dreibein versehen und erfolgte die Munitionszufuhr aus dem Gurt, so

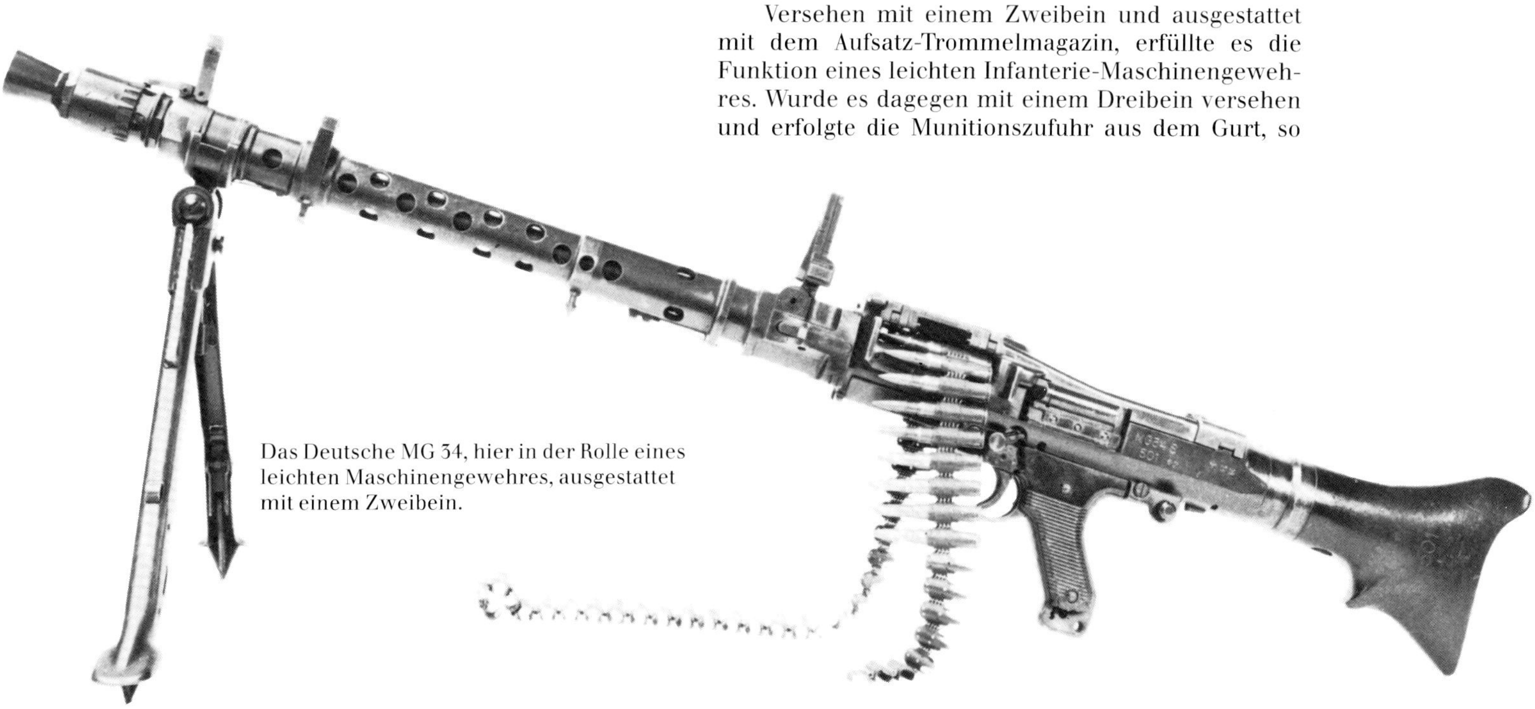

Das Deutsche MG 34, hier in der Rolle eines leichten Maschinengewehres, ausgestattet mit einem Zweibein.

sorgte es als schwere Waffe für ein nicht zu unterschätzendes Dauerfeuer. Der einzige Nachteil, den die Waffe hatte, und das mag eigenartig klingen, war ihre hohe Qualität. Sie war einfach zu gut. Die Herstellung war zeitraubend und teuer. Als der Zweite Weltkrieg ausbrach, stellte sich heraus, daß selbst fünf Fabriken, die auf höchsten Touren arbeiteten, die Nachfrage nach MG 34-Maschinengewehren nicht befriedigen konnten. Daher wurde die Firma Mauser beauftragt, die Waffe so umzugestalten, daß eine Massenfertigung leichter möglich wurde.

Man wandte sich an einen Fachmann für Blechformgebung durch Stanzen und Pressen. Dieser, so wird erzählt, machte eine Ausbildung zum Maschinengewehrschützen mit, um herauszufinden, was von ihm gefordert wurde. Erst dann machte er sich daran, eine neue Waffe zu entwickeln, das MG 42. Die Methode der Verriegelung wurde so verändert, daß zwei Rollen an den Seiten des Verschlusses heraustraten und in Vertiefungen des Verschlußgehäuses eingriffen. Wenn diese Rollen nicht heraustraten, konnte der Schlagbolzen auch nicht durch den Verschlußzylinder stoßen, um die Patrone zu zünden.

Der Laufwechsel wurde ein wenig abgeändert, um ihn noch rascher ausführen zu können. Das war außerordentlich wichtig, da durch die Konstruktionsveränderungen die Feuergeschwindigkeit der Waffe auf phänomenale 1200 Schuß pro Minute – 20 Schuß in der Sekunde – gestiegen war. Ein anhaltendes Feuern mit dieser Kadenz konnte in sehr kurzer Zeit den Lauf unbrauchbar machen.

Das MG 42 war eines der besten Maschinengewehre, das je konstruiert wurde. Es war einfach in der Herstellung, extrem zuverlässig unter allen möglichen klimatischen Bedingungen, unkompliziert in Wartung und Bedienung. Mehr als 750.000 Stück wurden während des Krieges gebaut. Später wurde es häufig in anderen Ländern nachgebaut, entweder als ganze Waffe oder wesentliche Baugruppen davon. Als in den fünfziger Jahren die Bundeswehr aufgestellt wurde, wählte man das MG 42 wiederum als das Standard-Maschinengewehr aus. In dem Zusammenhang sei vermerkt,, daß die Originalpläne gegen Ende des Krieges verloren gegangen waren. Um nun an Werkszeichnungen für die neue Fertigung zu kommen, mußte sinnigerweise ein Beute-MG 42 aus einem amerikanischen Museum herbeigeschafft werden. Es wurde nach Deutschland geschickt, zerlegt und vermessen. Danach erstellte man die notwendigen Konstruktionsunterlagen.

Die wichtigste Veränderung, die an einem Maschinengewehr seit Ende des Zweiten Weltkriege vorgenommen wurde, war im Grunde ein Rückgriff auf eine alte Sache. In dem Bemühen, Düsenjagdflugzeuge mit schnellfeuernden Waffen auszurüsten, erinnerten sich amerikanische Ingenieure daran, daß Dr. Gatling eines seiner Maschinengewehre mit einem Elektromotor versehen hatte. Sie liehen sich ein Gatling-Maschinengewehr aus einem Museum, bauten einen Elektromotor an und siehe da – Gatlings Waffe funktionierte perfekt. Dann machten sie sich daran, ein Maschinengewehr mit Mehrfachlauf zu entwickeln, das von einem Elektromotor betrieben wurde und das in der Lage war, mit einer Kadenz von 6000 Schuß pro Minute zu feuern. In der Originalver-

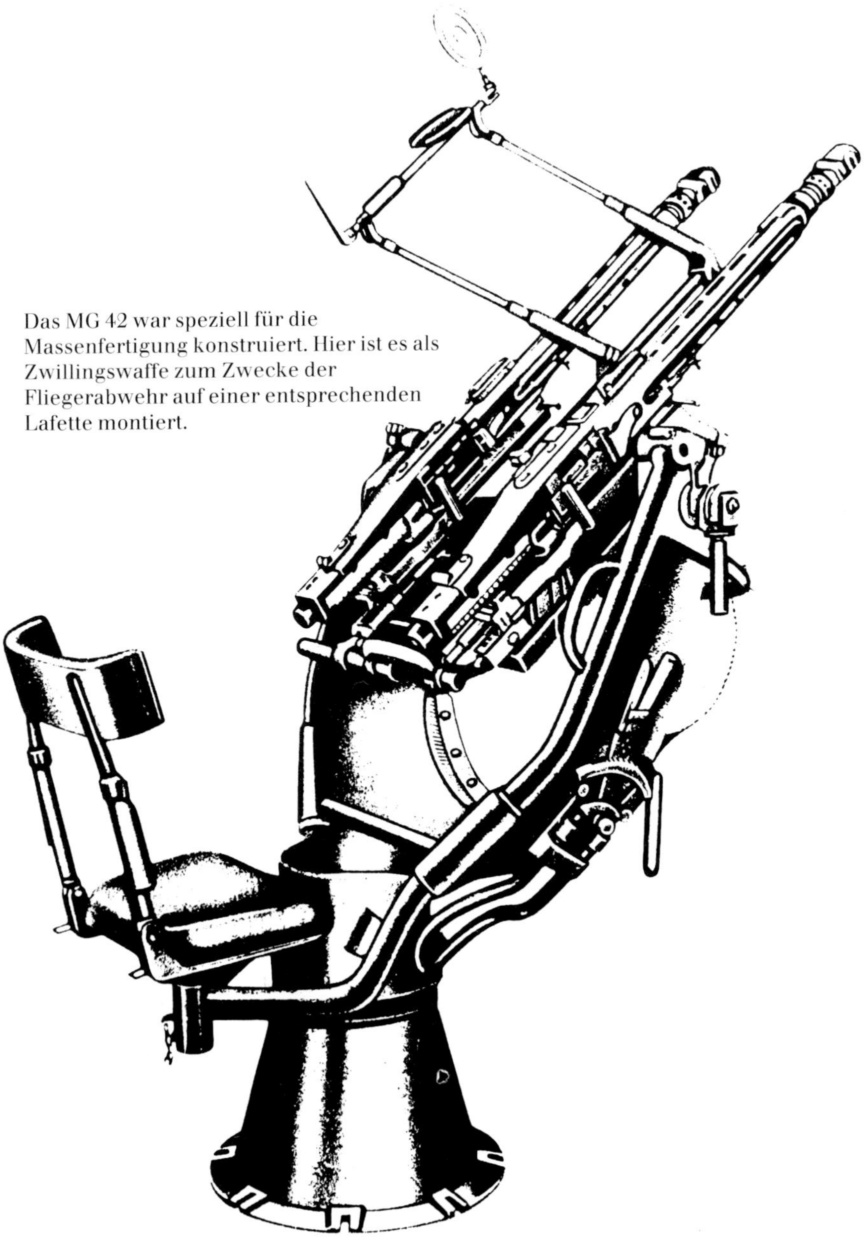

Das MG 42 war speziell für die Massenfertigung konstruiert. Hier ist es als Zwillingswaffe zum Zwecke der Fliegerabwehr auf einer entsprechenden Lafette montiert.

sion hatte die Waffe ein Kaliber von 20 mm und verschoß hochexplosive Sprenggranaten. Als aber im Vietnam-Krieg schnellfeuernde Maschinengewehre gefragt waren, die aus Hubschraubern heraus feuern konnten, wurde die Waffe in ihrer Größe reduziert und für die 7,62 mm-Patrone eingerichtet. Diese Waffe wurde unter der Bezeichnung »Mini-Gun« bekannt. Später folgte ein noch kleineres Modell, die »Six-Pak«. Sie hatte das Kaliber 5,56 mm.

Obwohl diese Waffen recht praktisch waren, hatten sie doch einige Nachteile. Der gravierendste Nachteil war der ungeheure Munitionsbedarf. Aber auch hier heraus erwuchs ein Vorteil. Eine beschädigte Patrone wird einfach mitgenommen und ausgeworfen, ohne daß eine Unterbrechung des Schießens eintritt. In jedem anderen Maschinengewehrtyp führt ein Versager zu einer Ladehemmung. Die hohe Feuergeschwindigkeit ist natürlich dort von Wichtigkeit, wo ein schnell fliegendes Flugzeug das Ziel ist. Daher findet man das »Vulcan«-Maschinengewehr, so ist die Bezeichnung für diese Gruppe der neuen Gatlings, entweder als Bordwaffe in Flugzeugen oder als Fliegerabwehrwaffe.

Infanteriesoldaten sind von der Leistungsfähigkeit solcher Waffentypen nicht allzusehr beeindruckt. Sie sind zu schwer, zu sperrig und sie machen eine starke Kraftquelle erforderlich.

Wenn ein Maschinengewehr gefragt ist, das ein Mann tragen und ohne Hilfe auf dem Gefechtsschauplatz transportieren kann, dann werden Waffen wie das Maxim, das Browning, das Zbrojovka Brno und die vielen anderen herangezogen – und so wird es wohl noch für einige Zeit bleiben.

Das MG 42 mit kompletter Ausrüstung. An der Waffe befindet sich das Zweibein, obwohl sie auf ein rückstoßabsorbierendes Dreibein montiert ist. Ausgerüstet ist das Maschinengewehr mit einer Visiereinrichtung für indirektes Schießen über große Entfernungen.

Zwölftes Kapitel

Maschinenpistolen

Obwohl man gelegentlich die Maschinenpistole spöttisch – vor allem in den USA – als eine »Gangsterwaffe« bezeichnet, so handelt es sich dabei doch um eine militärische Entwicklung. Sie entstand während des Ersten Weltkrieges, durchlief eine unsichere Periode in den Jahren zwischen den Kriegen und erhielt schließlich im Zweiten Weltkrieg die volle Anerkennung. Seit der Zeit hat ihre Verbreitung noch zugenommen und sie gehört jetzt zum festen Bestand in jedem militärischen Arsenal.

Es gibt jedoch Anzeichen dafür, daß die Bedeutung der Maschinenpistole mehr und mehr schwindet. Einige Experten sind sogar der Ansicht, daß sie möglicherweise ab Mitte der achtziger Jahre nach und nach aus den Arsenalen verschwinden wird.

Um der Geschichte der Maschinenpistole nachzugehen und einige Beispiele näher zu erläutern, ist es zunächst erforderlich zu definieren, was eine Maschinenpistole ist. Selbst die Bezeichnungen für die Waffe haben sich im Laufe der Jahre verändert. In vielen europäischen Ländern wird die Waffe als »Maschinenpistole« geführt, in anderen nennt man sie »Maschinen-Karabiner«. Beide Bezeichnungen haben wohl ihre Gültigkeit, können aber Anlaß zu Verwechslungen sein, da man ihnen auch andere Bedeutungen unterlegen kann. Der Ausdruck »Maschinenpistole« kann auch für eine automatische Pistole (Selbstlader) verwendet werden, die mit einem Anschlagschaft versehen auf vollautomatisches Feuer umgerüstet wurde. Das sind keine besonders wirksamen Waffen und man sollte sie nicht der Gruppe der Maschinenpistolen zuordnen. Der Ausdruck »Maschinen-Karabiner« kann auch zur Bezeichnung solcher Waffen dienen, bei denen es sich lediglich um leichte Selbstladegewehre handelt – mit oder ohne der Fähigkeit zum automatischen Schießen wie beispielsweise bei dem M1 Karabiner der US-Streitkräfte.

Die Maschinenpistole hat andererseits ganz bestimmte, wiederkehrende Unterscheidungsmerkmale: als übliche Munition verschießt sie Pistolenpatronen; es handelt sich um einen Selbstlader mit Patronenzufuhr aus einem Magazin, der so lange schießt, wie der Abzug durchgezogen wird und so lange sich noch Patronen im Magazin befinden; die Waffe ist dazu vorgesehen, beidhändig entweder aus der Hüfte heraus oder im Schulteranschlag abgefeuert zu werden. Jede Waffe, die diese drei Bedingungen erfüllt, kann mit vollem Recht als Maschinenpistole bezeichnet werden.

Abgesehen von einigen Ausnahmen wurden Maschinenpistolen normalerweise in der Absicht gebaut, in möglichst kurzer Zeit Tausende Soldaten auszurüsten und ihnen eine überwältigende Feuerkraft zu geben. Daher wurde an die Waffe die Anforderung gestellt, daß sie leicht und billig in Massen zu produzieren sein muß, gleichzeitig sollte sie aber robust und widerstandsfähig gegenüber Schmutz und Beschädigungen sein – Einwirkungen, die auf dem Schlachtfeld an der Tagesordnung sind. Folglich wurde gewöhnlich als Verschlußsystem das Prinzip des unverriegelten Masseverschlusses oder (anders gesagt) des Rückstoßladers gewählt.

Bei diesem System baut sich bei der Schußabgabe innerhalb der Patronenhülse ein Gasdruck auf, der das Geschoß durch den Lauf treibt. Zur gleichen Zeit wirkt ein rückwärts gerichteter Druck über den Patronenboden auf den Verschlußblock oder Verschlußzylinder, der seinerseits die Patronenhülse im Patronenlager hält. Der Massenunterschied zwischen Geschoß und Verschlußblock bewirkt, daß das leichtere Geschoß durch den Lauf getrieben wird und die Mündung verläßt, bevor das Trägheitsmoment des Verschlußblockes überwunden ist. Der Gasdruck entweicht dann hinter dem Geschoß aus dem Lauf und fällt soweit ab, daß die leere Hülse gefahrlos ausgezogen werden kann. Zu diesem Zeitpunkt hat der Verschlußblock mit seiner Bewegung begonnen. Das ihm innewohnende Trägheitsmoment reicht aus, um die nachfolgenden Bewegungsabläufe in der Waffe ablaufen zu lassen. Der Impuls, den der Verschlußblock über den Boden der Hülse erhalten hat, schiebt den Block gegen den Druck einer Feder zurück. Der

Eine »Maschinenpistole«, die gar keine Maschinenpistole ist: die Browning GP 35 mit Anschlagschaft. Die Waffe ist so abgeändert, daß sie Dauerfeuer schießen kann.

Vorhergehende Seite: Detailaufnahme einer tschechischen Skorpion-Maschinenpistole (siehe Seite 247).

in den Verschlußblock eingebaute Auszieher zieht die leere Patronenhülse zurück und wirft sie aus. Der zurücklaufende Block wird durch die zusammengepreßte Feder angehalten, die sich dann wieder entspannt und den Block in Richtung Lauf zurückschiebt. Auf dem Rückweg streift er eine neue Patrone aus dem Magazin und führt sie in das Patronenlager ein. Befindet sich eine neue Patrone im Patronenlager, so schlägt der Schlagbolzen auf das Zündhütchen, die Patrone wird gezündet und der Ablauf beginnt von vorn.

Dies ist das einfache Masseverschluß- oder Federverschlußsystem, wie es in Hunderten kleinkalibrigen Taschenpistolen angewandt wird. Die Maschinenpistole ist normalerweise mit einem Patronenlager für eine leistungsstärkere Pistolenpatrone versehen, die, wenn sie in einer Faustfeuerwaffe verwendet wird, einen verriegelten Verschluß erforderlich macht.

Der deutliche Massenunterschied zwischen Geschoß und Verschlußblock der Maschinenpistole begünstigt die Verwendung einer solchen Patrone. Es ist jedoch erforderlich, dafür zu sorgen, daß der Verschluß lange genug die Patronenhülse hält. Nur so kann der Gasdruck im Lauf auf ein sicheres Maß absinken. Ein weiterer Faktor, der in Betracht zu ziehen ist, ist die größere Lauflänge bei einer Maschinenpistole und die dementsprechend längere Zeit, die das Geschoß benötigt, um den Lauf zu verlassen. Die erforderliche zusätzliche Vorsichtsmaßnahme wird überwiegend durch die Anwendung eines Prinzips erreicht, das unter der Bezeichnung »Trägheitsverschluß« oder »Differential-Verschluß« bekannt ist.

Der Bewegungsablauf ist so wie oben beschrieben, aber der zeitliche Ablauf ist derart geändert, daß die Ladung in der Patrone um den Bruchteil einer Sekunde bevor der Verschlußblock seine äußerste Vorwärtsposition erreicht hat, gezündet wird. Auf diese Weise bewegt sich der Verschlußblock beim Zünden der Patrone noch nach vorn und mit ihm die Patrone. Der durch die Explosion freigesetzte Gasdruck muß nun zuerst die Vorwärtsbewegung stoppen, bevor er die Massenträgheit des Blockes überwinden und ihn wieder nach hinten drücken kann.

Diese vorverlegte Zündung wird gewöhnlich durch ein eng gebohrtes Patronenlager erreicht. So leistet die Patrone mit ihrer Hülse beim Einführen in das Patronenlager noch zusätzlichen Widerstand. Auf diese Weise wird es dem Schlagbolzen ermöglicht, das Zündhütchen mit der notwendigen Energie zu treffen und zu zünden. Es wurden auch andere Systeme erprobt, um den gleichen Effekt zu erzielen, aber selbst wo sie erfolgreich waren, wurden sie doch zugunsten des »Differential-Verschlusses« aufgegeben, der heute allgemein üblich ist.

Ein »Maschinen-Karabiner«. Ursprünglich handelte es sich um einen halbautomatischen Selbstlader. Der U.S. Army Carbine.30 M1 wurde später so umgebaut, daß er vollautomatisch schießen konnte.

Einige Konstrukteure zogen es vor, Systeme zu verwenden, bei denen die rückwärts gerichtete Bewegung des Verschlusses kontrollierter ablief, entweder durch eine vollständige Verriegelung oder einen verzögerten Verschluß. Aber abgesehen von einigen Ausnahmen brachten solche technischen Finessen nichts für die Zuverlässigkeit und Einfachheit der Waffe und ergaben keinen deutlichen Vorteil gegenüber dem einfacheren System. An dieser Stelle sollte erwähnt werden, daß die erfolgreichste Waffe mit verzögertem Verschluß, die Thompson-MP, später auf »Differential-Verschluß« umgestellt wurde.

Sie wurde dadurch keineswegs schlechter, sondern in der Tat verbessert.

Es gibt zwei Ansichten darüber, welche Waffe als die erste Maschinenpistole bezeichnet werden kann. Die erste Waffe, die wirklich die Kriterien unserer Definition erfüllte, war die Vilar Perosa, die Ende 1915 in Italien entwickelt wurde. Sie war jedoch weit davon entfernt, nach ihrem äußeren Erscheinungsbild als eine Maschinenpistole zu gelten, was sie auch immer im mechanischen Bereich gewesen sein mag. Sie bestand aus zwei nebeneinanderliegenden Maschinengewehr-Systemen mit obenliegenden Magazinen. Zum Schießen wurden sogenannte Spatengriffe gedrückt wie sie bei schweren Maschinengewehren zu finden sind. Es handelte sich um einen Rückstoßlader mit einer Art Differential-Verriegelung, aus dem die Pistolenpatrone 9 mm-Glisenti verschossen wurde.

Der taktische Anwendungsbereich entsprach nicht dem einer Maschinenpistole, sondern eher dem eines leichten Maschinengewehres zur Unterstützung der Infanterietruppen. Das war in der Tatsache begründet, daß die italienische Armee während des Ersten Weltkrieges Schwierigkeiten mit ihren Maschinengewehren hatte.
Der Grund lag zum größten Teil an den sonderbaren Systemen, die man ausgewählt hatte und an den ungewöhnlichen kleinkalibrigen Patronen, die sie in ihren Armeegewehren und Maschinengewehren verwendeten. Die Standardwaffe war das Revelli-Maschinengewehr im Kaliber 6,5 mm, eine schwere und nicht sonderlich zuverlässige Waffe.

Es war ein schier hoffnungsloses Unterfangen, sie im Gebirgskrieg einzusetzen, in genau jener Form der Kriegsführung, in der die Italiener an fast allen Fronten mit den Österreichern verwickelt waren. Die Vilar Perosa war daher dazu gedacht, ausgestattet mit einem Zwei- oder Dreibein und daneben noch mit einem schweren Stahlschutzschild versehen, den Gebirgsjägern als leichtes Maschinengewehr zu dienen. Auf Grund der Verwendung der relativ schwachen Pistolenpatrone, konnte die Waffe ihrer zugedachten Rolle nicht gerecht werden. Schließlich fand sie ihre beste Anwendungsmöglichkeit dort, wo sie von dem Schulterriemen eines vorwärtsschreitenden Soldaten in Vorhalt getragen wurde. So konnte er die Spatengriffe fassen und im Vorwärtsgehen aus der Waffe feuern. Die Kadenz war astronomisch – 3000 Schuß in der Minute, wenn aus beiden Läufen

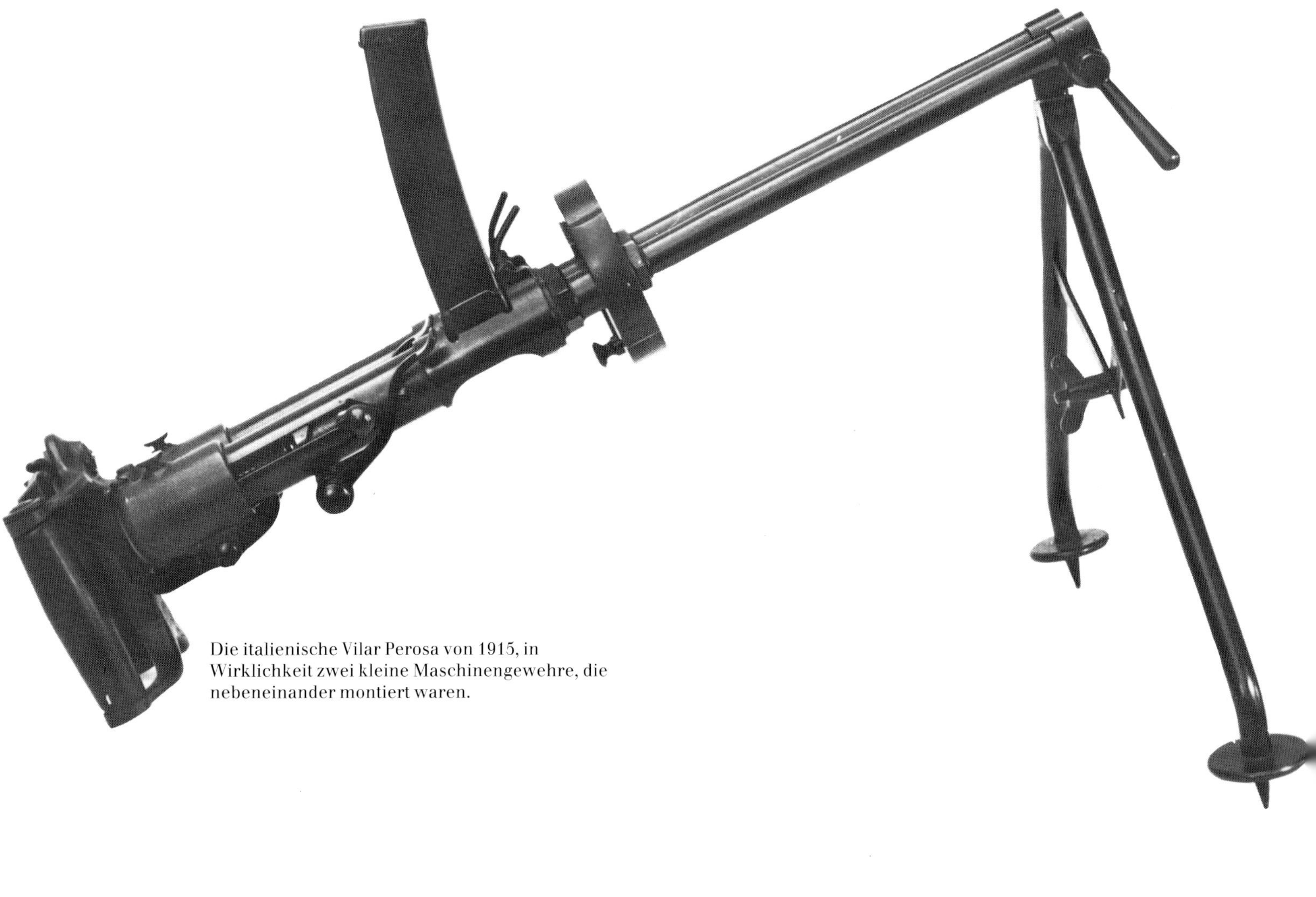

Die italienische Vilar Perosa von 1915, in Wirklichkeit zwei kleine Maschinengewehre, die nebeneinander montiert waren.

Die erste echte Maschinenpistole – die »Bergmann Muskete« mit ihrem originalen Trommelmagazin.

geschossen wurde. Normalerweise wurde jedoch nur aus einem Lauf gefeuert, um Munition zu sparen. Das war schwierig genug, da jedes Magazin nur 20 Schuß für jeden Lauf bereithielt und es nicht lange dauerte, bis das Magazin leergeschossen war.

Allgemein wird dieser Waffe die Ehre eingeräumt, »Stammvater« der Maschinenpistolen zu sein. Es geht aus der obenstehenden Beschreibung klar hervor, daß sie nach mechanischen Gesichtspunkten so eingeordnet werden kann. Sie trägt aber sicher kaum Züge der Waffen, die nach ihr kamen, weder im äußeren Erscheinungsbild noch in der Art und Weise, wie sie eingesetzt wurde. Die erste richtige Maschinenpistole war ohne Zweifel die Bergmann »Muskete« oder die »Kugelspritze«. Sie wurde Anfang 1918 an die deutsche Armee ausgeliefert.

Wiederum kam es zur Entwicklung dieser Waffe auf Grund von Mängeln in der bereits vorhandenen Ausrüstung. Es erfolgte aber auch ein besonderer Anstoß dazu durch das Aufkommen einer neuen taktischen Forderung. In dem Bemühen, den Stillstand an der Westfront zu überwinden, hatte die deutsche kaiserliche Armee damit begonnen, taktische Konzepte auszuprobieren, die zuerst durch General von Hutier vorgeschlagen und von ihm an der Ostfront angewandt worden waren. Dieses Konzept beinhaltete die Bildung von kleineren Einheiten, sogenannten »Sturmtruppen«, die nur leichtes Gepäck bei sich führten, aber gut bewaffnet waren.

Unter dem Schutz von Rauch- und Nebelgranaten sollten sie in kleinen Gruppen vorgehen, Hindernisse umgehen und in die feindlichen Linien eindringen. So sollten sie sich darauf konzentrieren, der zur Verstärkung nachrückenden Infanterie einen Weg zu bahnen. Diese Kampfführung sollte an die Stelle des Vorrückens in großer Linie treten, was bis dahin die Regel gewesen war. Solche Angriffsabteilungen benötigten eine überlegene Feuerkraft, um es mit jedem Gegner aufnehmen zu können, der sich ihnen in den Weg stellte. Man wollte sich aber auch nicht mit dem schweren Maxim-Maschinengewehr belasten. Erforderlich war eine leicht zu tragende Waffe. Das führte zur Entwicklung der »Bergmann-Muskete«.

Die Bergmann-MP erhielt später die offizielle Bezeichnung »Maschinen-Pistole 18« oder MP 18. Die Waffe wurde von Hugo Schmeisser entwickelt, einem Mann, der schon seit einigen Jahren auf dem Gebiet der Handfeuerwaffen aktiv war und in der Zukunft noch von sich reden machen sollte. Es handelte sich um eine unkomplizierte Waffe mit Differentialverriegelung unter Ausnutzung des Rückstoßes.

Sie hatte einen hölzernen Schaft und einen Kolben in der bisher üblichen Art wie bei einem Gewehr. Um die rasche Munitionszufuhr zu erleichtern, wurde ein schneckenförmiges Magazin genommen, das erst kurz zuvor für die Verwendung in der langläufigen »Artillerie«-Parabellum Pistole eingeführt worden war. Die Bergmann verschoß die 9 mm Parabellum-Patrone, die zu der Zeit die deutsche Standard-Patrone für Pistolen war. Sie war eine robuste und zuverlässige Waffe, von der bis zum Kriegsende etwa 35.000 Stück gebaut wurden.

Nach Beendigung des Krieges gab es unterschiedliche Einstellungen gegenüber der Maschinen-

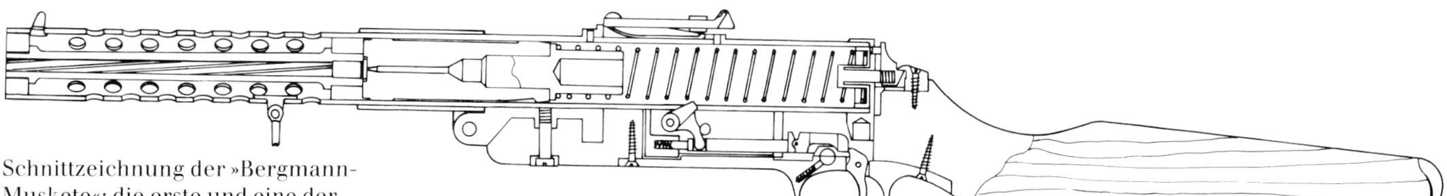

Schnittzeichnung der »Bergmann-Muskete«: die erste und eine der einfachsten Maschinenpistolen. Die einzigen sich bewegenden Teile sind der Verschluß, die Schlagbolzeneinheit und das Abzugsgestänge. Der Lauf ist mit einem perforierten Blech ummantelt, das als Vorderschaft dient.

pistole. Die meisten Armeeführungen waren der Ansicht, daß das, was in den Jahren 1916–18 an der Westfront geschehen war, einzigartig dastände und es unwahrscheinlich sei, daß sich solche Bedingungen wiederholen könnten. Die Waffe, die ihre Entstehung diesen Umständen zu verdanken habe, hätte keinen Platz in der Zukunft. Die Maschinenpistolen der Deutschen Reichswehr wurden von der »Allied Disarmament Commission« (Alliierte Abrüstungs-Kommission) beschlagnahmt, und man verbot für die Zukunft ihre militärische Verwendung. Den Polizeikräften wurde die Benutzung allerdings gestattet, wahrscheinlich wegen der überall aufflackernden Straßenkämpfe im Deutschland der frühen zwanziger Jahre. Aus derselben repressiven Stimmung heraus wurden die wenigen Versuche, die die Alliierten auf diesem Gebiet unternommen hatten, abgebrochen. Das war für einige Jahre das Aus für die Maschinenpistole, zumindest was die Großmächte angeht.

Einige Leute unterzogen sich jedoch der Mühe, die Angelegenheit differenzierter und genauer zu betrachten. Einige Hersteller begannen damit, neue Versuche anzustellen. Schon bald kam die bekannteste Waffe für die Verwendung bei der Polizei auf den Markt – die Thompson.

Mit dieser Waffe wurde auch der Ausdruck »Maschinenpistole« geboren. John T. Thompson war Brigadegeneral bei der US-Armee und hatte seine Arbeit mit dem begonnen, was er selbst als »trench broom« – Grabenbesen – bezeichnete, eine schnell feuernde Waffe für den Einsatz bei Grabenkämpfen. Der Krieg ging zu Ende bevor seine Konstruktion ausgereift war. Aber während der zwanziger Jahre wurde die Thompson-Waffe in steigendem Maße von verschiedenen polizeilichen Sicherungskräften angenommen und im Gegenzug auch von kriminellen Elementen überall auf der Welt, wo sie an den seltsamsten Plätzen auftauchte. Bald erschien sie in Irland auf der Bildfläche, wo man sie bis heute noch vereinzelt antreffen kann. Sie spielt bei verschiedenen Aufständen und politischen Handstreichen in den baltischen Staaten eine Rolle, die in dieser Region von Zeit zu Zeit aufflackerten. Sie fand ihren Weg nach Südamerika, um bei diversen Revolutionen mitzuwirken. Darüberhinaus befand sie sich in den Händen des FBI (Federal Bureau of Investigation) – und natürlich auch der Al Capone-Bande und ihrer zeitgenössischen Ableger. Durch die Filmindustrie von Hollywood und ihre Erzeugnisse wurde sie zu einer der bestbekanntesten Waffen der Geschichte. Die Assoziation von Gangster und Verbrechen im Zusammenhang mit der Maschinenpistole war äußerst ungünstig, als es darum ging, die militärischen Führungen davon zu überzeugen, daß es sich um eine militärische Waffe handelt. Das führte zu Schwierigkeiten.

Im Jahre 1926 schuf Aimo Lahti, ein bekannter finnischer Waffenkonstrukteur, die »Suomi« (Finnland), eine der besten Maschinenpistolen, die jemals hergestellt wurden. Kurze Zeit danach brachte die Firma Rheinmetall über ihre schweizerische Beteiligungsgesellschaft Solothurn eine eigene Maschinenpistole auf den Weltmarkt. Langsam kam Bewegung in die Angelegenheit als schweizerische, österreichische und weitere deutsche Firmen und schließlich auch spanische Hersteller damit begannen, diese neuen Waffen zu fertigen, wenn auch nur in geringen Stückzahlen. Der erste wichtige Kampfeinsatz von Maschinenpistolen erfolgte im Gran Chaco-Krieg von 1932–35 in Südamerika (Paraguay im Konflikt mit Bolivien). Überschattet wurde dieses Ereignis jedoch durch den verstärkten Einsatz im Spanischen Bürgerkrieg. Beide Seiten versuchten nicht nur alle Waffen

Die Waffe, die der Maschinenpistole das Image einer Gangsterwaffe gab, die Thompson M1928A1. Es konnte ein 20schüssiges Stangenmagazin oder ein 50schüssiges Trommelmagazin verwendet werden. Die Waffe war wegen ihrer Zuverlässigkeit hochgeschätzt.

Im Zweiten Weltkrieg kaufte Großbritannien »Tommy guns« (Abkürzung für Thompson-Maschinenpistolen) in den USA.
Ein Trupp der britischen Küstenwacht, ausgerüstet mit den gerade importierten Waffen aus den USA, Juli 1940.

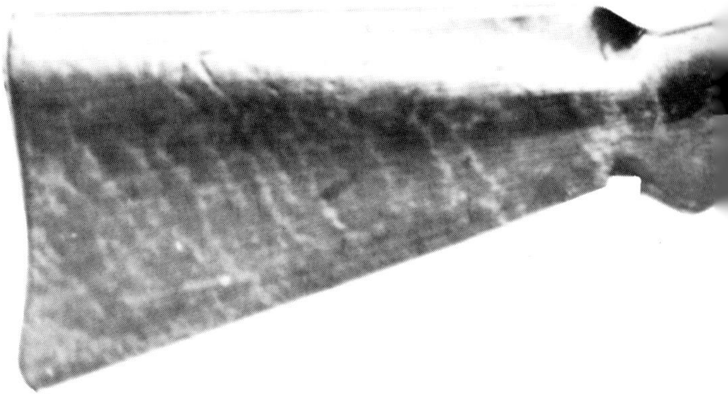

zu beschaffen, deren sie habhaft werden konnten, auch lokale Hersteller dienten ihre eigenen Konstruktionen an. Deutschland, die Sowjetunion und Italien waren rasch mit ihren Vorräten zur Stelle, in der Absicht, ihre neuesten Produkte im Gefecht testen zu lassen.

Es bedarf schon einer scharfsinnigen Analyse, um Schlußfolgerungen aus den verworrenen und blutigen Aktionen zu ziehen, die während des Spanischen Bürgerkrieges stattfanden. Alle Bürgerkriege werden erbittert und in ihren Zusammenhängen vielschichtig geführt. Dieser aber wurde von so vielen gegensätzlichen politischen Interessen überlagert, daß es schon besonderer Kenntnisse auf dem Gebiete der Dialektik und des politischen Vorgehens wie auch der Taktik bedarf, um auch nur den Verlauf selbst kleiner Operationen bewerten zu können. Wie es scheint, war der Einsatz der meisten Freiwilligen-Verbände mehr vom Enthusiasmus getragen, als von kenntnisreichem Vorgehen. Unter diesen besonderen Umständen zeigten sich deutlich die Vorteile, die eine Maschinenpistole bietet. Es war einfach, Kämpfer in ihre Handhabung einzuweisen, sie versagte selten, man konnte sie entweder leicht reparieren, oder sie war so billig, daß man sie einfach fortwerfen konnte – und sie alle stimmten in der Munition, die sie verschossen, fast überein.

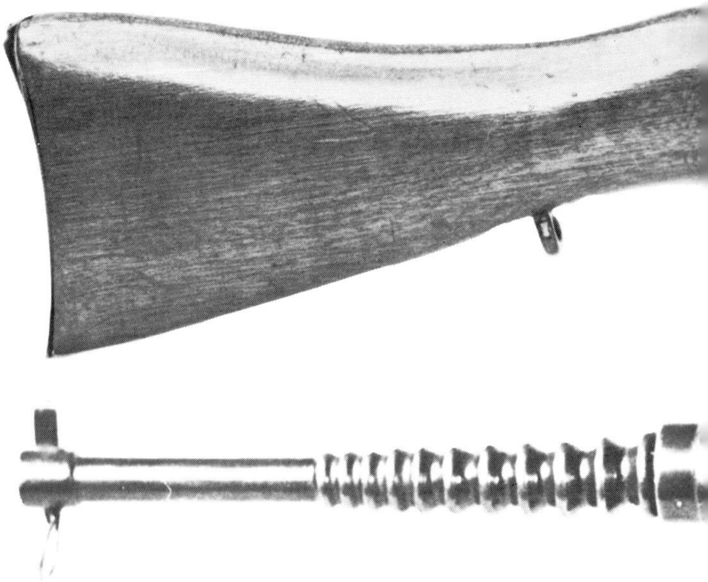

Diese Aspekte wurden insbesondere von den Deutschen und den Sowjets ausgewertet, denn beide standen vor dem Problem in nicht allzu ferner Zukunft viele Soldaten auszurüsten. Beide Länder begannen verstärkt mit den Entwicklungsarbeiten an militärisch einsetzbaren Maschinenpistolen. Die Italiener wie auch die Briten und die Amerikaner schenkten dem weniger Aufmerksamkeit.

In Deutschland und in der Sowjetunion hatte man tatsächlich schon seit einigen Jahren mit Maschinenpistolen experimentiert. Jetzt aber begann man, ernsthaft daran zu arbeiten. Im Jahre 1938 begannen beide Länder, festgelegt auf eine Standardkonstruktion, mit der Massenproduktion in ungeheuren Stückzahlen. Schließlich waren es die Sowjets, die die Maschinenpistolen zuerst zum Einsatz brachten, da sie in ihr die ideale Waffe sahen, in kurzer Zeit eine große Anzahl von gerade eingezogenen Rekruten auszurüsten und ihnen eine große Feuerkraft zu geben.

Die Deutschen hatten nie die großen Stückzahlen in Gebrauch wie die Russen, obwohl auch sie eine große Anzahl an Maschinenpistolen einsetzten. Das lag wohl überwiegend daran, daß sie nie das Problem

Drei Maschinenpistolen aus den dreißiger Jahren. **Von oben nach unten:** Die finnische Suomi M1932 setzte neue Maßstäbe hinsichtlich der Qualität und der Zuverlässigkeit.
Die Steyr-Solothurn war in Deutschland konstruiert worden, wurde in der Schweiz weiter verbessert und in Österreich gebaut, um so die strengen Bestimmungen, die sich aus dem Versailler Vertrag ergaben, zu umgehen.
Die »Labora«-Maschinenpistole wurde während des spanischen Bürgerkrieges in einer Fabrik in Katalonien hergestellt.

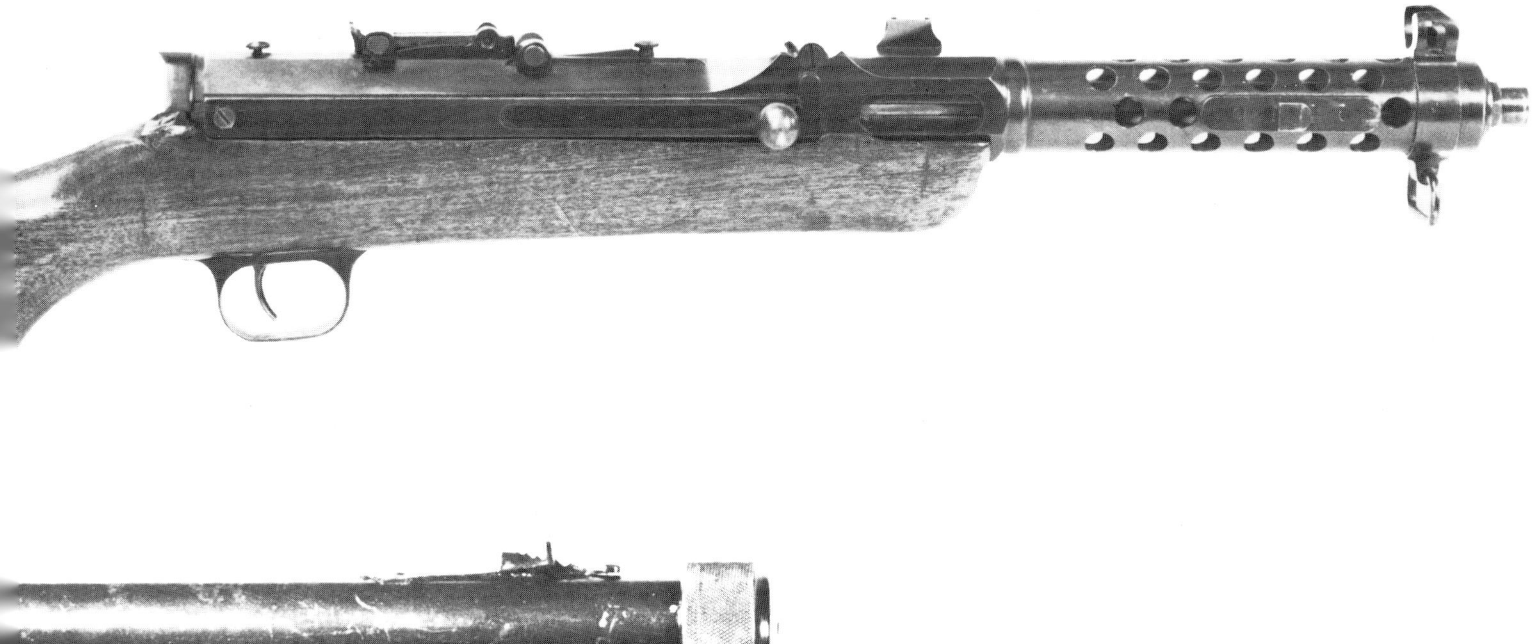

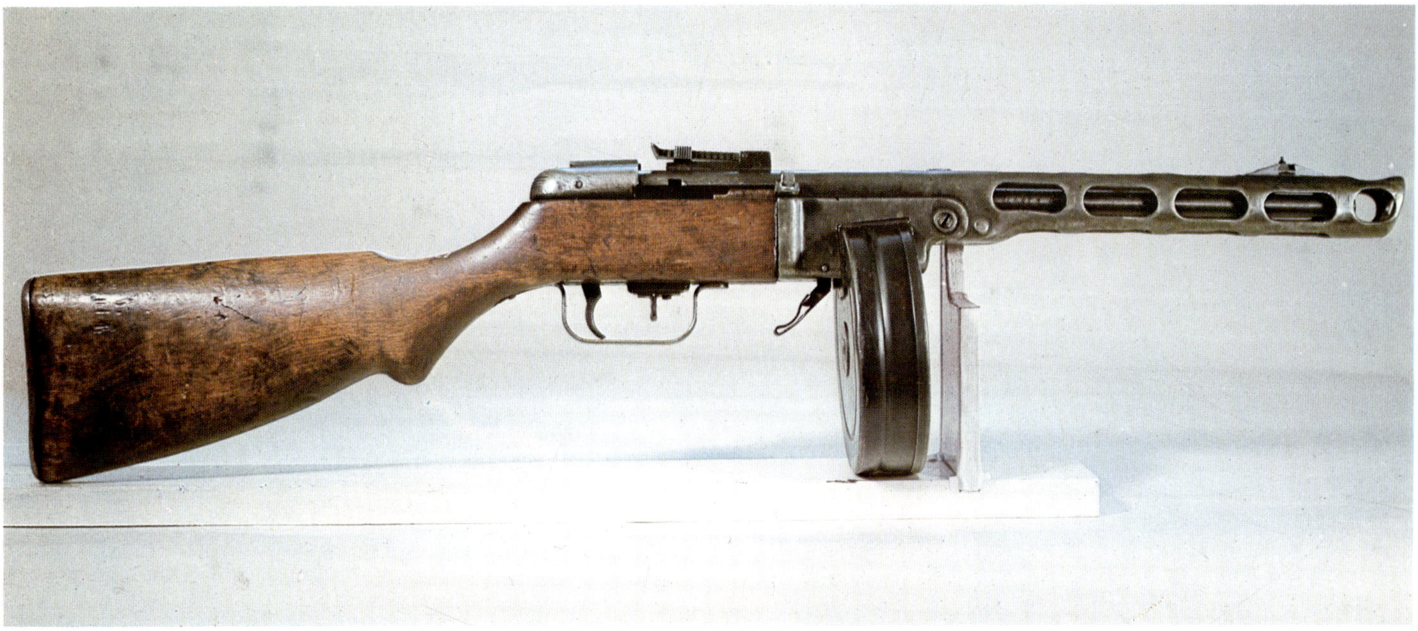
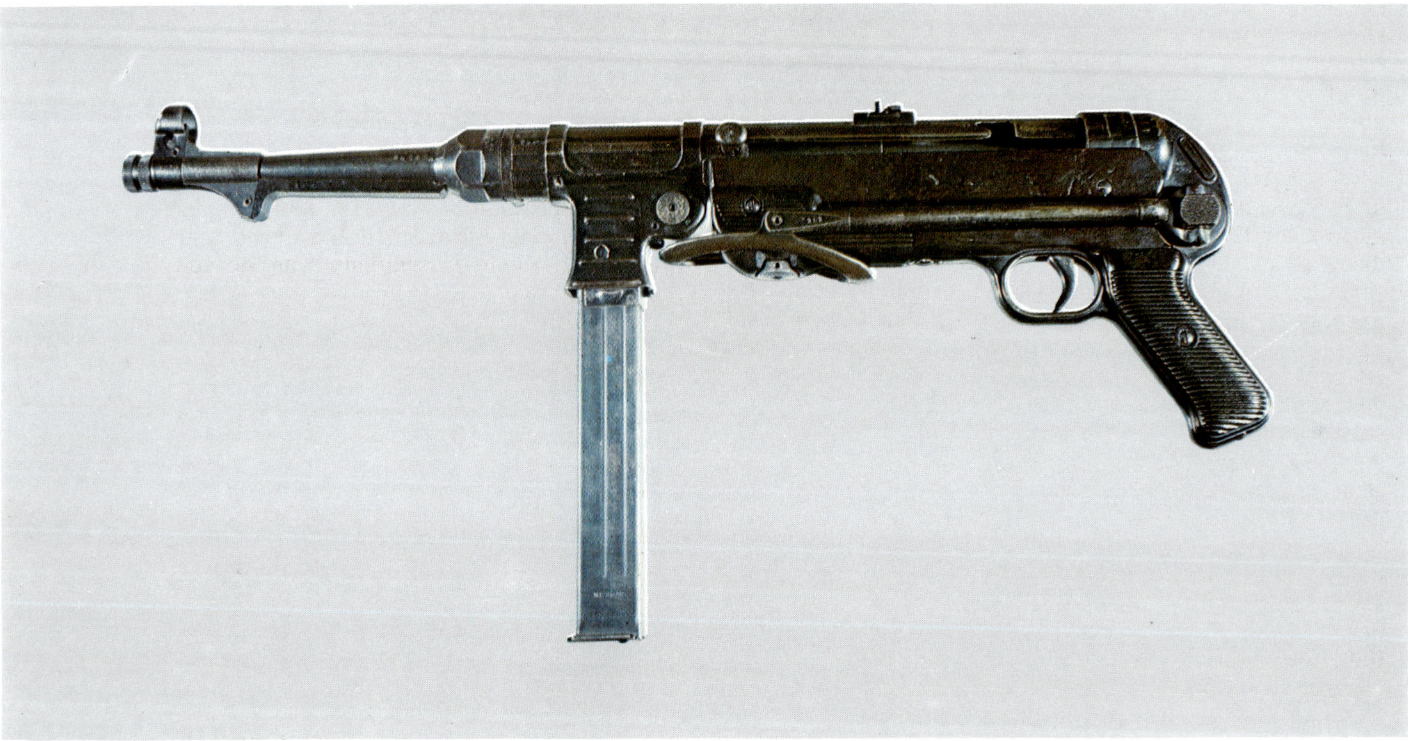

Maschinenpistolen aus dem Zweiten Weltkrieg.
Von oben nach unten: die PPSh (Maschinenpistole von Shpagin) wurde in Millionenstückzahl hergestellt und wurde so die gebräuchlichste Infanteriewaffe bei der Roten Armee.
Die deutsche MP 40, eine neuzeitliche Konstruktion, vollkommen aus Stahl und Kunststoff gefertigt.
Die britische Lanchester, basierend auf der originalen Bergmann-Konstruktion.

hatten, praktisch über Nacht ein Massenheer von Bauern zu bewaffnen.

Im Gegensatz zur landläufigen Meinung hatte die britische Armeeführung durchaus nicht die Augen gegenüber der Maschinenpistole geschlossen. Während der dreißiger Jahre hatte man nahezu jedes existierende Modell getestet. Der springende Punkt war aber die Art und Weise des taktischen Einsatzes. Wie sollte man eine so eigenständige Waffe in das festgefügte Rahmenwerk von Drill und Taktik einbauen? Darüberhinaus hatten es sich die prüfenden Experten im Laufe der Jahre angewöhnt, bei der Beurteilung von militärtauglichen Waffen auf lange gültige Maßstäbe zu achten: Qualität in der Herstellung, die sicherstellte, daß die Waffe jede mögliche Prüfung überstehen würde und in wichtigen Punkten nicht versagte. Dazu kamen Sicherheitsvorkehrungen in der Konstruktion, die garantierten, daß von dieser Seite her keine Unfälle vorkommen konnten, schließlich eine Qualität in der Endbearbeitung und im äußeren Erscheinungsbild,k wie sie den besten Erzeugnissen der Büchsenmacherzunft würdig war. Das war nicht die Sorte von Waffe, wie sie im Bereich der Maschinenpistolen hergestellt wurde. Folglich wurde die britische Armee ständig damit vertröstet, sie bekäme eine Maschinenpistole, sobald eine Konstruktion erhältlich sei, die gut genug wäre; aber bis dahin habe man zu warten.

Als im Jahre 1939 der Krieg ausbrach, befand sich die Armee schließlich in einer Lage, aus der heraus sie die sofortige Ausrüstung mit diesen Waffen fordern konnte. Die Experten waren der Ansicht, die finnische »Suomi« sei die beste Maschinenpistole. Zu der Zeit, als man diese Überlegungen anstellte und sich zu diesem Entschluß durchgerungen hatte, überfiel die Sowjetunion Finnland, und die Finnen hatten bessere Verwendung für ihre »Suomis«, als sie an die Briten zu verkaufen. So mußten die Briten die »Thompson«-Maschinenpistole aus Amerika übernehmen, die dann bis zum Ende des Krieges in Gebrauch blieb. Ihre Zahl nahm jedoch in dem Maße ab, wie sie von der Sten-Maschinenpistole ersetzt wurde. Bereits als die Thompson gerade erst eingeführt worden war, begann schon die Suche nach einer anderen Waffe, um sie zu ersetzen. Das lag überwiegend daran, daß die Thompson eine teure und zeitaufwendig herzustellende Waffe war. Nach zahlreichen Versuchen entschied man sich, die deutsche Schmeisser-Konstruktion – die MP 28 – nachzubauen. Dabei handelte es sich lediglich um eine leicht überarbeitete Version der ursprünglichen MP 18. Durch ein paar einfache Veränderungen wurde sie den britischen Fertigungsmethoden und den Maßeinheiten angepaßt und dann als »Lanchester«-Maschinenpistole für die militärische Verwendung zugelassen.

Doch gerade als man mit der Produktion beginnen wollte, brachte die Royal Small Arms Factory in Enfield Lock die »Sten«-Maschinenpistole heraus. Diese Waffe wurde sogleich vom Heer übernommen, während die Lanchester an die Königliche Marine ging.

Über die Sten-Maschinenpistole gingen die Meinungen auseinander. Die einen schätzten sie gering wegen ihres billigen Aussehens und der gefährlichen Eigenschaften, die anderen betrachteten sie als die größte Erfindung seit der Nutzbarmachung des Rades.

Während bei den Originalversionen das äußere Erscheinungsbild strikt dem Nützlichkeitsprinzip nachgeordnet war, wurden bei den späteren verbesserten Modellen die Sicherheit und das Aussehen so angehoben, bis die letzten Modelle keine Wünsche mehr offen ließen. Die Waffen wurden in Millionenstückzahl gebaut und waren überall auf der Welt verbreitet. Sie wurden selbst von den Deutschen nachgebaut und auch in den Geheimwerkstätten der Partisanen gefertigt. Auch heute noch dürften Hunderttausende davon existieren.

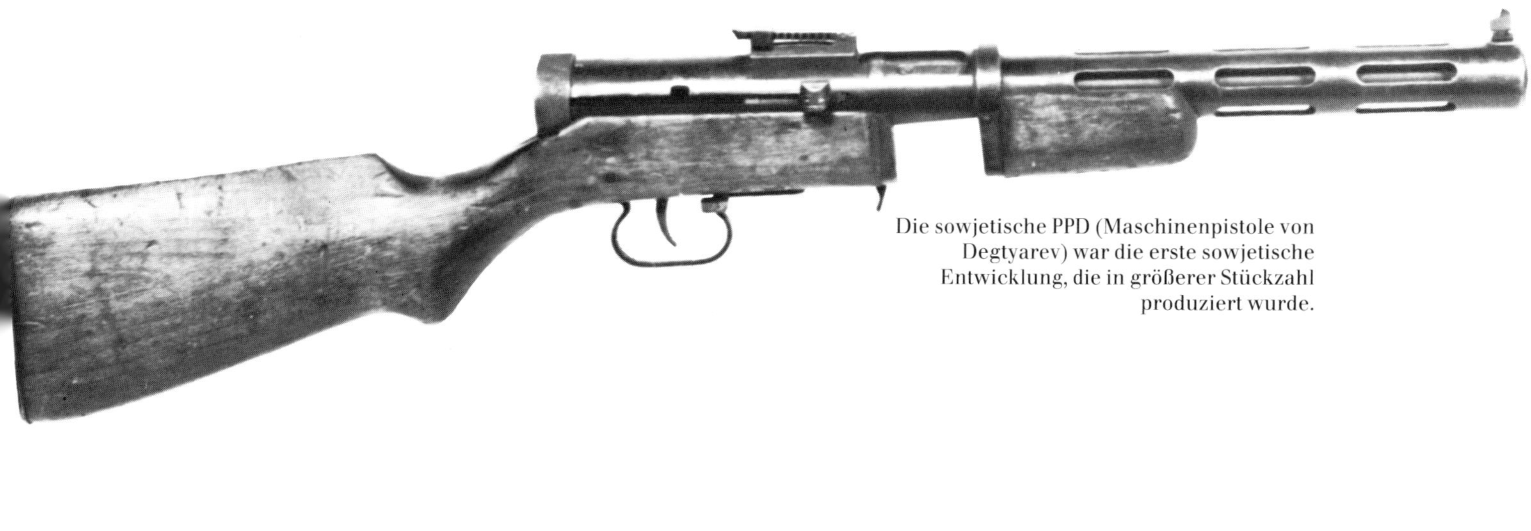

Die sowjetische PPD (Maschinenpistole von Degtyarev) war die erste sowjetische Entwicklung, die in größerer Stückzahl produziert wurde.

Die Sten stellte eine neue Lösung bei der Herstellung von Maschinenpistolen dar und regte zahlreiche Nachbauten an. **Oben:** Die Sten Gun Mark II, darunter die deutsche Kopie. Der Hauptunterschied besteht im anderen Sitz des Magazinschachtes.

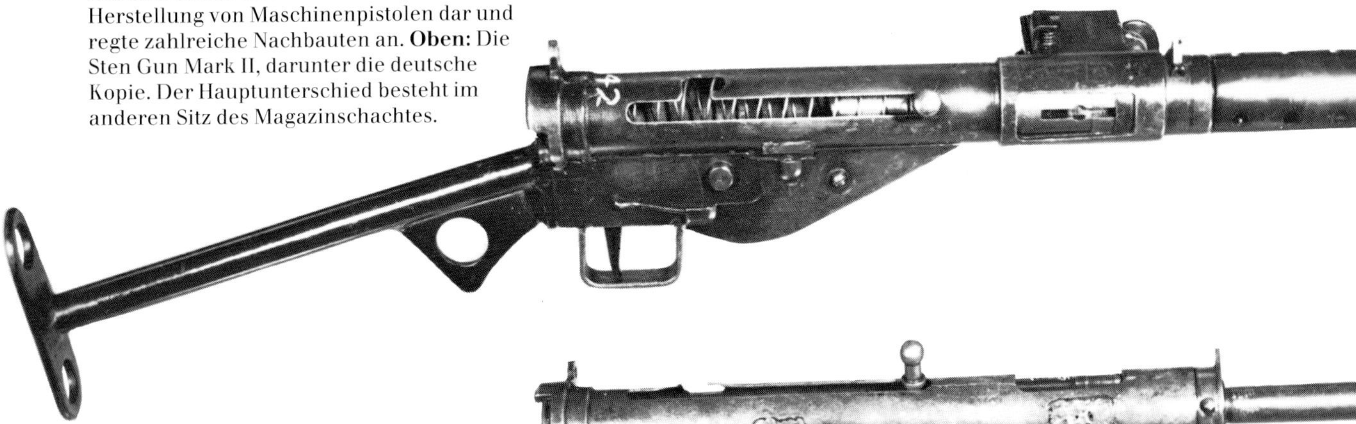

Die deutsche Maschinenpistole 3008, eine weitere Sten-Kopie, hergestellt bei Blohm & Voss in Hamburg, 1944.

Die Austen, die Summe der besten Eigenschaften der Sten-Maschinenpistole und der deutschen MP 40; für die Verwendung bei der australischen Armee.

Eine weitere australische Maschinenpistole: die Owen. Ungeachtet ihres eigenartigen Erscheinungsbildes wurde sie von den australischen Soldaten der Austen vorgezogen.

Neben ihrer Bedeutung als Kriegswaffe setzte die Sten-Maschinenpistole auch ein wichtiges Zeichen. Sie zerbrach eine Barriere, die man als »Büchsenmacher-Tradition« bezeichnen könnte. Hier wurde zum ersten Mal von einer Großmacht eine Waffe in größerer Stückzahl eingeführt, die durch Stanzen und Schweißen und bei geringster Beachtung der Formschönheit oder der Oberflächenbeschaffenheit gefertigt worden war. Die traditionellen Methoden und Standards der Feuerwaffenherstellung aufgebend, repräsentierte die Sten-Maschinenpistole eine völlig neue Denkweise.

Die Waffe war für den Gebrauch, den harten Gebrauch geschaffen worden, so lange bis sie abgenutzt oder kaputt war, um dann fortgeworfen zu werden. Der Ersatz war billiger und schneller als eine Reparatur.

Diese Vorgehensweise wurde bald als sinnvoll akzeptiert.

Seit der Zeit ist die Maschinenpistole eine Waffe, die auch unter dem Gesichtspunkt der einfachen Herstellung und des leichten Ersatzes entwickelt wird. Die lange Lebensdauer spielt keine entscheidende Rolle mehr. Tatsächlich waren nur wenige von so geringer Qualität wie die Sten-Maschinenpistole oder einige sowjetische Modelle aus der Kriegszeit. Die US-Streitkräfte, die vor dem gleichen Problem standen, Maschinenpistolen in großer Stückzahl zu beschaffen, testeten ein breites Angebot. Die meisten von ihnen waren ganz offensichtlich von der Thompson beeinflußt und beinhalteten auf Grund der herkömmlichen Konstruktionsweise zum Teil recht ungünstige Fertigungsschritte. Bei einigen Waffen wurde andererseits das Gebot der Einfachheit zu sehr übertrieben. In einem offiziellen Bericht über eine der Testwaffen heißt es: »Diese Waffe erwies sich als so launenhaft, daß es unmöglich war, die Ursachen der Fehlfunktionen zu bestimmen, da die Möglichkeiten dafür zu zahlreich waren.«

Schließlich meinte man, daß der einzige Weg, die Army mit einer Maschinenpistole nach ihren Wünschen zu versorgen, darin bestünde, sich hinzusetzen und eine eigene Konstruktion zu entwickeln. Man machte sich ans Werk, und die so entstandene Waffe wurde von der Armee übernommen. Offiziell trug sie die Bezeichnung »M3«, inoffiziell wurde sie auf Grund ihres Aussehens »Grease Gun« – Fettpresse – genannt. Es war wiederum eine Waffe von der gleichen Art wie die Sten – unkompliziert, einfach in der Herstellung, robust genug für ihre Verwendung und ohne unnötiges Beiwerk.

Nach dem Krieg waren die Armeen mehr oder weniger mit dem Bestand an Maschinenpistolen, der übrig geblieben war, zufrieden. Sparsamkeit und Beschränkung waren das Gebot der Stunde. Die Hersteller schätzten die Situation jedoch so ein, daß über

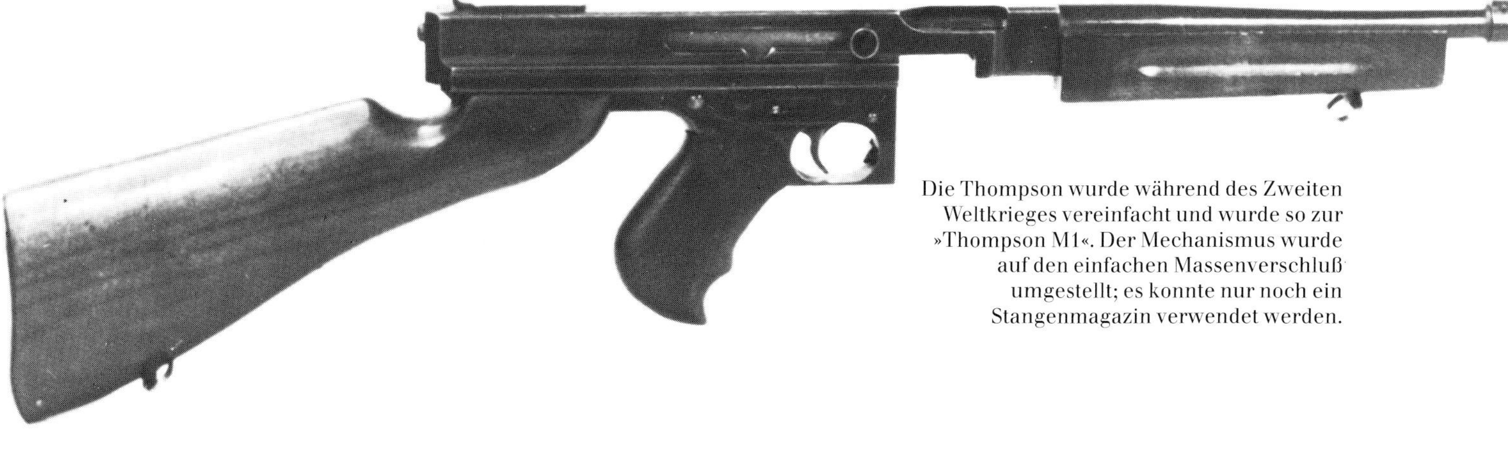

Die Thompson wurde während des Zweiten Weltkrieges vereinfacht und wurde so zur »Thompson M1«. Der Mechanismus wurde auf den einfachen Massenverschluß umgestellt; es konnte nur noch ein Stangenmagazin verwendet werden.

Linke Seite, oben links: Zwei moderne Maschinenpistolen, die eine weitverbreitete Verwendung finden: die kompakte tschechische Skorpion und darunter die schwedische Carl Gustav. **Rechts oben:** Das Armalite Sturmgewehr fand bei den amerikanischen Streitkräften in Vietnam breite Anwendung. **Unten:** Abwehr eines Vietcong-Angriffes auf den Luftstützpunkt Tan Son Nhut im Januar 1968.

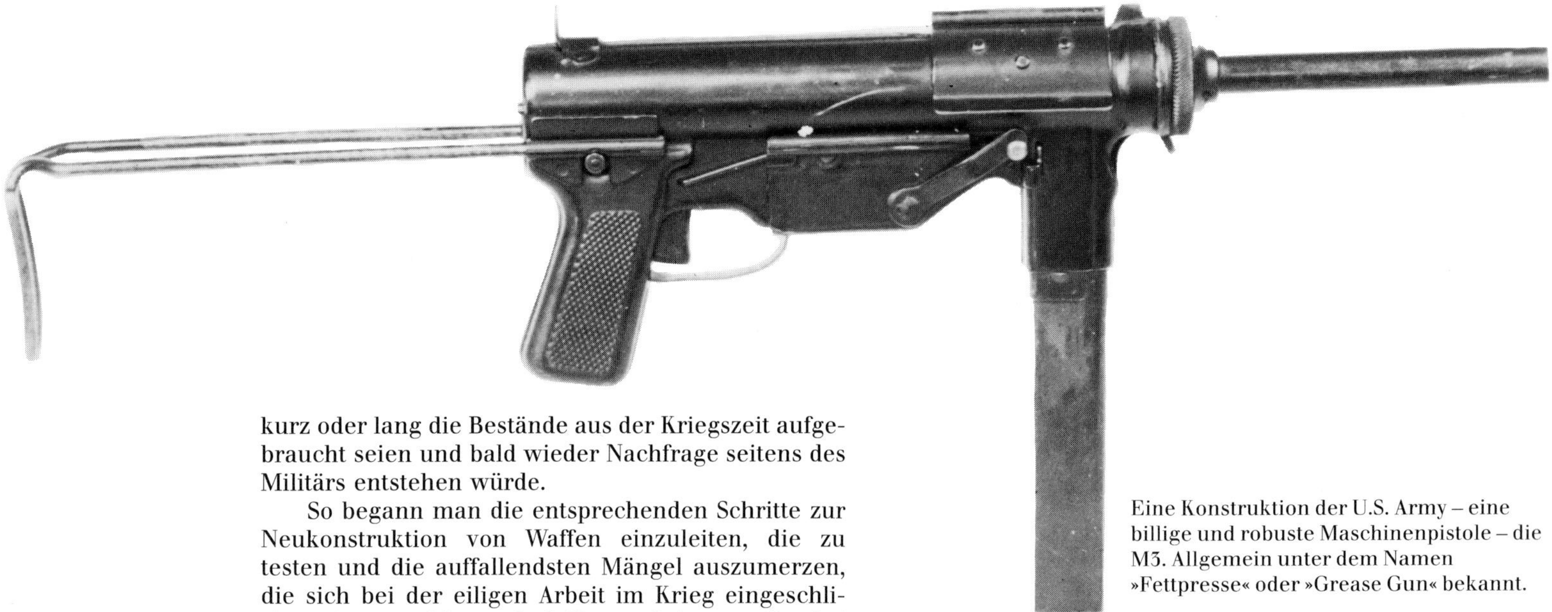

Eine Konstruktion der U.S. Army – eine billige und robuste Maschinenpistole – die M3. Allgemein unter dem Namen »Fettpresse« oder »Grease Gun« bekannt.

kurz oder lang die Bestände aus der Kriegszeit aufgebraucht seien und bald wieder Nachfrage seitens des Militärs entstehen würde.

So begann man die entsprechenden Schritte zur Neukonstruktion von Waffen einzuleiten, die zu testen und die auffallendsten Mängel auszumerzen, die sich bei der eiligen Arbeit im Krieg eingeschlichen hatten. Man schuf Konstruktionen, die bei Beachtung der wichtigen Veränderungen – preiswerte und einfache Herstellung – besser aussahen, zuverlässiger waren und im Ganzen eine ingenieurmäßig gelungene Arbeit darstellten.

Eines der wünschenswerten Merkmale einer neuen Maschinenpistole war eine kompaktere Bauweise. Einige der Maschinenpistolen, die während des Krieges verwendet wurden, waren kaum kleiner als normale Gewehre oder Karabiner. Es gab eigentlich kaum eine Rechtfertigung für diese Abmessungen. Das Problem lag in der Mechanik des Rückstoßlade-Systems begründet. Um die Rückstoßkraft zu absorbieren, war es erforderlich, einen schweren Verschlußzylinder zu verwenden, der über eine angemessene Strecke gegen eine Feder zurückgeschoben werden konnte. Aus dieser Strecke ergaben sich die Abmessungen des Rahmens und des Gehäuses mehr oder weniger ganz von selbst, um nämlich so den erforderlichen Weg für die Bewegung des Verschlußzylinders zu schaffen. Eine Verminderung der Waffenabmessungen bedeutete ein radikales Umdenken bei der gesamten Entwicklungsarbeit.

Es scheint, daß (wie so oft) die gleiche Idee mehreren Konstrukteuren etwa zur selben Zeit kam. Tatsächlich scheinen zwei oder drei Konstrukteure während des Krieges ihre Aufmerksamkeit auf die Gestaltung des Verschlusses gerichtet zu haben. Der erste war wahrscheinlich ein Italiener namens Oliani. Im Jahre 1942 schuf er den Prototyp einer Maschinenpistole, bezeichnet als »Armaguerra«. Ein noch existierendes Exemplar ist nicht bekannt, es ist aber ein späteres Modell, die Armaguerra 44, erhalten geblieben. Deren Verschluß weist eine ungewöhnliche Form auf. Die Form erinnert an ein »L«, das um 90 Grad im Uhrzeigersinn zur Seite gekippt wurde. In der Tat handelt es sich um einen kurzen Verschlußzylinder mit einem langen, überhängenden Arm, der nach vorne über das hintere Laufende hinausragt und entlang der Laufoberseite aufliegt, wenn der Verschluß verriegelt ist. Der größere Teil seines Gewichtes und seiner Masse liegt so vor der eigentlichen

Die französische MAT 49 ist typisch für die erste Nachkriegsgeneration von Maschinenpistolen.

Eine weitere Nachkriegskonstruktion war die italienische Beretta, Modell 5. An der Mündung hatte die Waffe einen Kompensator, der dazu beitrug, bei anhaltendem Feuern ein ruhigeres Zielen zu ermöglichen. Hinter dem Magazin befand sich eine Griffstücksicherung, die verhinderte, daß aus der Waffe gefeuert werden konnte, wenn man sie nicht fest anfaßte.

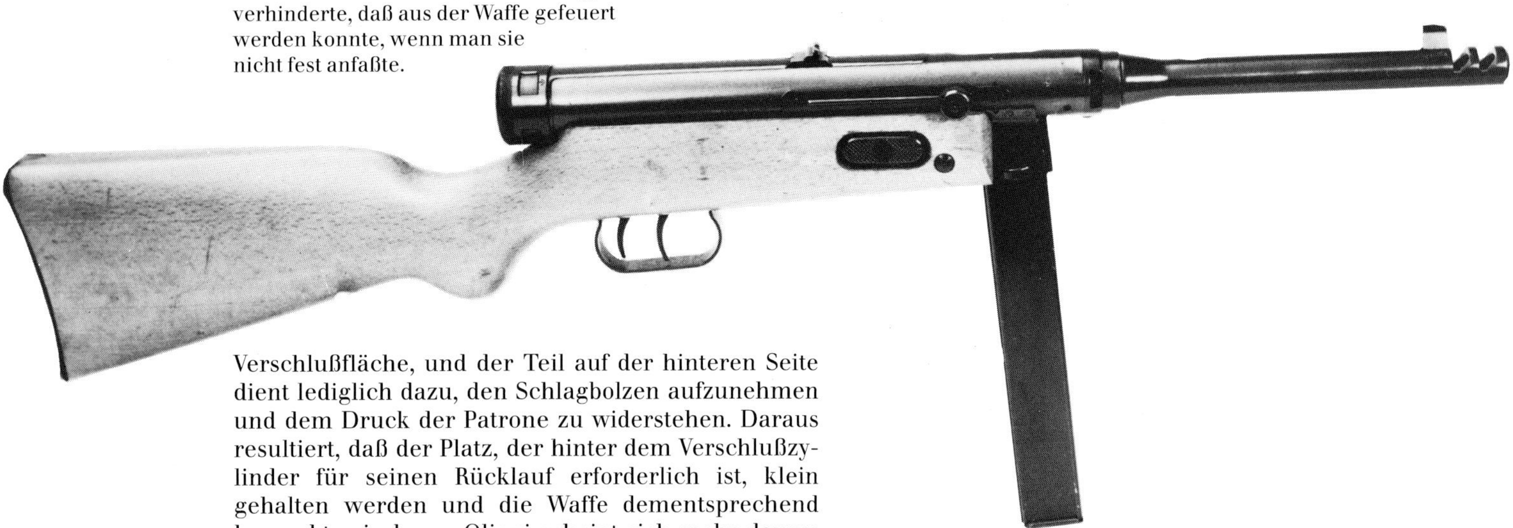

Verschlußfläche, und der Teil auf der hinteren Seite dient lediglich dazu, den Schlagbolzen aufzunehmen und dem Druck der Patrone zu widerstehen. Daraus resultiert, daß der Platz, der hinter dem Verschlußzylinder für seinen Rücklauf erforderlich ist, klein gehalten werden und die Waffe dementsprechend kompakt sein kann. Oliani scheint sich mehr darum bemüht zu haben, die ständigen Veränderungen der Schwerpunktlage abzuschwächen, die sich aus dem vorwärts- und rückwärtsgleitenden Verschlußzylinder bei der schießenden Waffe ergeben, als um eine Verminderung der Waffenlänge. Bei seiner Konstruktion wurde dieses besondere Problem sehr gut gelöst, die Waffe lag beim Schießen recht ruhig in der Hand. Der überhängende Teil des Verschlußzylinders mußte jedoch in einem besonderen Gehäuse oberhalb des Laufes untergebracht werden. Das gab der Armaguerra ihr besonderes Aussehen.

Ein tschechischer Konstrukteur mit Namen Holek soll während der deutschen Besatzungszeit an einer vergleichbaren Konstruktion eines »überhängenden Verschlusses« gearbeitet haben. So verwundert es nicht, daß die ersten tschechischen Nachkriegs-Maschinenpistolen diesen Verschlußtyp zeigten. Erwähnenswert ist auch der polnische Konstrukteur Podzenkowski, der während des Krieges in der British Royal Small Arms Factory tätig war. 1945 schuf er die Versuchs-Maschinenpistole EM2.

Bei dieser Waffe wurde ein hohler Verschlußzylinder verwendet, der den Lauf im Moment der Schußabgabe umgab. Eingefräste Nuten gestatteten das Zuführen und Ausziehen der Patronen.

Ganz gleich, wo nun die Ursprünge dieser Konstruktionen lagen, sie wurden rasch weiterentwickelt. In kurzer Zeit waren zahlreiche extrem kompakte Maschinenpistolen erhältlich, die den »überhängenden«, den »teleskopartigen« oder »umhüllenden« Verschlußzylinder verwendeten. Etwa um die gleiche Zeit begann die politische Situation sich zu verschlechtern, und überall auf der Welt tauchten diese neuen Maschinenpistolen in den Händen von militärischen Verbänden auf. Die Madsen, die Carl Gustav, die Uzi und verschiedene andere waren weit verbreitet und noch viele weitere folgten nach.

Der Krieg markierte auch, neben dem verstärkten Aufkommen und der Blüte der Maschinenpistolen, die Geburt eines neuen Waffentyps: des Sturmgewehres. In ihrer frühesten Form wurde diese Waffe tatsächlich als Maschinenpistole bezeichnet. Dabei handelte es sich jedoch um einen Euphemismus, eine Verschleierung aus politischen Gründen. Beim Sturmgewehr wurde eine kleinere Patrone als bei einem normalen Infanterie-Gewehr verwendet, jedoch eine, die beträchtlich leistungsfähiger war, als eine Pistolenpatrone, und daher eine besondere Art der Verriegelung erforderlich machte.

Die Waffe war leicht und handlich und verfügte

Die Armaguerra OG44. Das langgestreckte Gehäuse über dem Lauf ist für den »Überhang«-Verschlußzylinder.

Das tschechische Modell CZ23 wurde von Holek konstruiert. Der »Überhang«-Verschlußzylinder ermöglichte eine Verkleinerung der Konstruktion. Um die Waffe leichter zu laden, ist das Magazin im Pistolengriff untergebracht.

über die Einstellmöglichkeit auf Dauerfeuer und auf Einzelfeuer. In der Tat waren die konstruktiven Merkmale des Sturmgewehres praktisch die gleichen wie bei der Maschinenpistole, sieht man einmal von der Munition ab.

So kann es auch nicht verwundern, zahlreiche Militärtheoretiker zu finden, die sich fragen, ob es überhaupt notwendig war, diese zwei Waffentypen in Gebrauch zu nehmen.

Kurz nach dem Zweiten Weltkrieg entwickelten die Sowjets ein Sturmgewehr, das Kalaschnikov AK 47. Sie machten sich daran, das AK 47 in Stückzahlen von Hunderttausenden zu produzieren, um die Maschinenpistole zu ersetzen, die während des Zweiten Weltkrieges eine so typische Waffe der Roten Armee gewesen war. Als Ergebnis davon verschwanden bald alle Maschinenpistolen aus der sowjetischen Armee und denen ihrer Verbündeten.

Diesem Beispiel ist man überall gefolgt. Die US-Streitkräfte führten eine Entwicklung von Armalite ein, das.223-Sturmgewehr. Seitdem wurde die Maschinenpistole nur noch in Reserve-Verbänden benutzt. Die Firma Heckler & Koch fertigt eine Maschinenpistole unter der Bezeichnung HK 53, deren Lauf tatsächlich für die gleiche.223iger Patrone wie für das Sturmgewehr eingerichtet ist. Die Einteilung in Maschinenpistole und Sturmgewehr ist fast völlig aufgegeben worden. Die Maschinenpistole als ein eigenständiger Waffentyp mag auf diese Weise wohl verschwinden.

Die israelische Uzi, eine der kompaktesten Waffen, die zur Zeit verwendet werden.

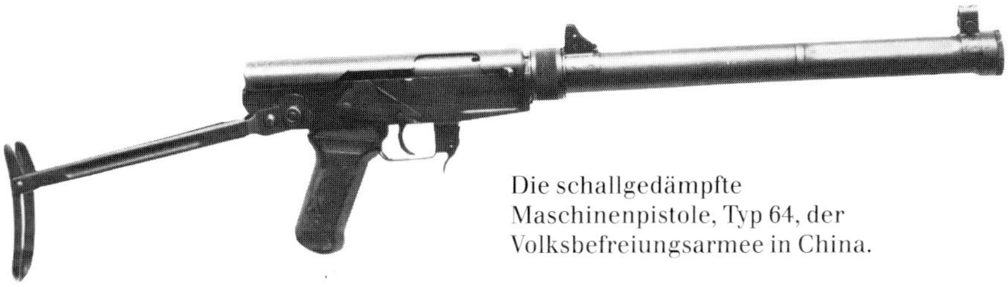

Die schallgedämpfte Maschinenpistole, Typ 64, der Volksbefreiungsarmee in China.

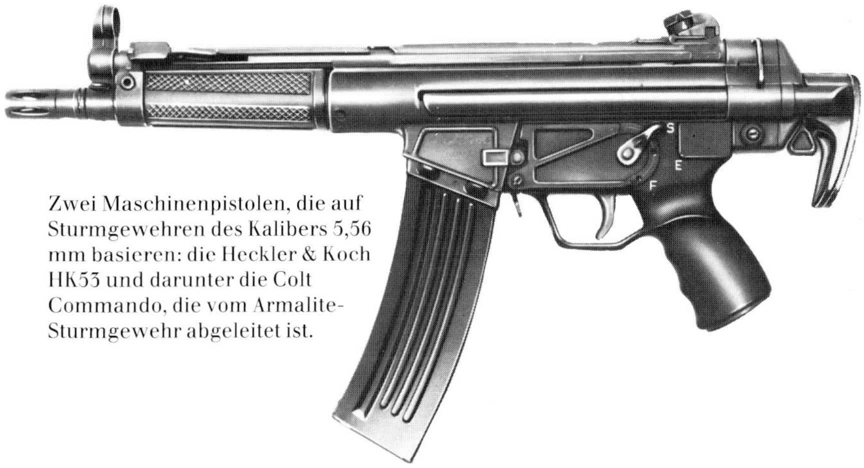

Zwei Maschinenpistolen, die auf Sturmgewehren des Kalibers 5,56 mm basieren: die Heckler & Koch HK53 und darunter die Colt Commando, die vom Armalite-Sturmgewehr abgeleitet ist.

Index

(*Kursiv* gesetzte Seitenangaben weisen auf Illustrationen hin!)

G

H

I

J

K

L

M

N

O

P

Q

R

Bibliographie

Erster Teil

Atikinson, J. A.: *Duelling Pistols and some of the affairs they settled*, London, 1964
(»Duellpistolen und einige Affären, die mit ihnen bereinigt wurden«).
Blackmore, H. L.: *British Military Firearms 1650–1850*, London, 1961
(»Britische militärische Feuerwaffen 1650–1850«).
Guns and Rifles of the World, London, 1965
(»Feuerwaffen und Gewehre aus aller Welt«).
Blair, C.: *European and American Arms c. 1100–1850*, London, 1962
(»Europäische und Amerikanische Waffen von 1100 bis 1850«).
Pistols of the World, London, 1968
(»Pistolen aus aller Welt«).
»Scottish Firearms« Bulletin of the American Society of Arms Collectors, No. 31, Dallas, Texas
(»Schottische Feuerwaffen« in Mitteilungen der Amerikanischen Waffensammlervereinigung).
Cossé-Brissac, Charles de; Rolland, J. F.; Druène, B.; Devantour, Charles, etc.: *The Ancient Art of Warfare*, Paris und Turin, 1966
(»Kriegskunst früher«).
Dillin, J. G.: *The Kentucky Rifle*, New York, 1959
(»Die Kentucky-Büchse«).
Firth, Sir Charles Harding: *Cromwell's Army*, London, 1902
(»Cromwells Armee«).
Gaier, C.: *Four Centuries of Liège Gunmaking*, Lüttich, 1976
(»Vier Jahrhunderte Waffenherstellung in Lüttich«).
Hawkins, Peter: *The Price Guide to Antique Guns and Pistols*, Woodbridge, Suffolk, 1973
(»Preiskatalog für alte Lang- und Faustfeuerwaffen«).
Hayward, J. F.: *The Art of the Gunmaker, 2vols.*, London, 1962–63
(»Die Kunst der Büchsenmacher« – 2 Bd.).
European Firearms (Victoria and Albert Museum), London, 1955
(»Europäische Feuerwaffen« – Victoria und Albert Museum).
Lavin, James: *A History of Spanish Firearms*, London, 1965
(»Geschichte der Spanischen Feuerwaffen«).
Mann, Sir J.: *European Arms and Armour* (Wallace Collection catalogue), 2 vols., London, 1962
(»Europäische Waffen und Rüstungen« – Katalog der Wallace-Sammlung). z. Bd.
Neal, W. K., und Back, D. H. L.: *The Mantons: Gunmakers*, London, 1967
(»Die Mantons-Büchsenmacher«).
Forsyth and Co. Patent Gunmakers, London, 1970
(»Forsyth und Co. Hersteller patentierter Büchsen«).
Partington, J. R.: *A History of Greek Fire and Gunpowder*, Cambridge, 1960
(»Geschichte des Griechischen Feuers und des Schießpulvers«).
Peterson, H. L. (ed.): *The Encyclopedia of Firearms*, London und New York, 1964
(»Enzyklopädie der Feuerwaffen«).
Pollard, H. B. C.: *A History of Firearms*, London, 1930
(»Geschichte der Feuerwaffen«).
Stone, G. C.: *A Glossary of the Construction, Decoration and Use of Arms and Armour in all countries and in all times*, Portland, Maine, 134
(»Eine Zusammenstellung des Baus, der Verzierung und Verwendung von Waffen und Rüstungen aller Länder und aller Epochen«).
Tarassuk, L.: *Antique European and American Firearms at the Hermitage Museum, Leningrad*, Leningrad, 1972
(»Antike Europäische und Amerikanische Feuerwaffen in der Leningrader Eremitage«).
Tout, T. F.: *»Firarms in England and in the 14th Century«, English Historical Review*, Vol. XXVI, London, 1911
(»Feuerwaffen in England und im 14. Jahrhundert« – in: Englische Historische Rundschau, Band XXVI).
Winant, L.: *Early Percussion Firearms*, New York, 1959
(»Frühe Perkussions-Feuerwaffen«).
Zeitschriften: *Journal of the Arms and Armour Society*, Leatherhead, Surrey
(»Zeitschrift der Gesellschaft für Waffen und Rüstungen«)
Journal of the Royal Armoury Stockholm, Livrustkammaren, Stockholm
(»Zeitschrift der Königlichen Waffensammlung Stockholm«)
Vaabenhistoriske Aarbøge, Kopenhagen
Zeitschrift für Historische Waffenkunde, 1897–1944
(aus 1923 *Waffen- und Kostümkunde*), Berlin.

Zweiter Teil

Hobart, F. W. A.: *A Pictorial History of the Machine Gun*, London 1961
(»Eine bebilderte Geschichte des Maschinengewehrs«).
A Pictorial History of the Submachine Gun, London 1973
(»Eine bebilderte Geschichte der Maschinenpistole«).
Hogg, Ian V., und Weeks, J. S.: *Military Small Arms of the 20th Century*, London 1977
(»Militärische Handfeuerwaffen des 20. Jahrhunderts«).
Lugs, J.: *Firearms Past and Present*, Bingley, Yorkshire, 1973
(»Feuerwaffen in Gegenwart und Vergangenheit«).
Smith, W. H. B.; und Smith, J. E.: *The Book of Rifles*, Harrisburg, Pennsylvania, 1972
(»Das Buch der Gewehre«).
Taylerson, A. W. F.; Andrews, A. V.; Frith, J.: *The Revolver, 1818–65*, London, 1968
(»Der Revolver, 1818–1865«).
Taylerson, A. W. F.: *The Revolver, 1865–1888*, London, 1966
(»The Revolver, 1865–1888«).
The Revolver, 1889–1914, London, 1970
(»The Revolver, 1889–1914«).
Walter, J.: *Luger*, London, 1977.
Wilson, R. K.: *Textbook of Automatik Pistols*, London, 1975
(»Lehrbuch der Selbstladepistolen«).

Abbildungsnachweis

Dank und Anerkennung gelten Mr. Claude Blair vom Victoria and Albert Museum, der das Manuskript des ersten Teiles lektoriert hat und hilfreiche Hinweise und Vorschläge einbrachte. Der Dank gilt in gleicher Weise Peter MacDonald und Stanley Eost für die speziellen Waffen-Fotos, die sie für den ersten Teil dieses Buches angefertigt haben, sowie den privaten Besitzern, die die Erlaubnis dazu gaben, daß Stücke aus ihren Sammlungen fotografiert werden durften. Schließlich gilt noch der Dank der Royal Small Arms Factory, Enfield Lock, Middlesex, die es ermöglicht hat, moderne Handfeuerwaffen in ihrem Ausstellungsraum zu fotografieren.

Ambrosiana, Mailand, 26;
American History Picture Library, 146, 148, 157 unten, 225 unten;
Antikvarisk-Topografiska Arkivet, Stockholm, 12, 13, 14 unten;
Österreichische Nationalbibliothek, Wien, 16 unten, 18 unten;
Bayerisches Nationalmuseum, München, 29 unten, 30 oben;
Birmingham City Museum and Art Gallery, 87
Bradford City Museum, 62 oben;
Christie, Manson & Woods Ltd., 53 unten, 66 Mitte, 68 unten, 69 unten, 79 unten, 102, 104, 114 oben, 115 oben, 120 unten, 128 oben;
Department of the Environment (Umweltbehörde) Copyright H. L. Blackmore, 74–75, 83;
Department of the Environment, Copyright bei der Krone, 19 oben, 44, 45 oben, 47, 53 oben, 65, 67 Mitte, 79 oben, 80–81, 99, 101 unten, 116, 117, 118 links, 120 oben, 121, 123, 126, 131, 164;
Edinburgh Castle (Schloß), 15 unten;
Germanisches Museum Nürnberg, 30 Mitte;
Gunshots, 139, 141, 143 unten, 172 unten;
Historical Picture Service, 72 unten, 137 rechts, 144;
Historisches Museum, Bern, 15 oben;
Historisches Museum, Dresden, 37;
Ian V. Hogg, 149 unten, 150 oben, 151 oben, 152, 154 oben, 156, 157 oben, 158, 159, 162, 165, 167, 168, 169, 170, 171, 173, 174, 175, 176, 177, 178, 179, 183, 185, 186, 187, 188, 189 oben und Mitte, 190, 191, 192, 193, 194, 195, 196, 197, 198, 199, 200, 201, 202, 203, 209 oben, 210, 212, 213, 215, 216 unten, 217, 218 oben, 220, 222 oben, 223, 224, 225 oben, 226, 227, 229, 230, 231, 232–233, 234, 235, 236, 237 oben, 238, 240–241, 242, 243, 244, 245, 246, 247 oben links und Mitte, 248, 249;
Robert Hunt Picture Library, 136–137 Mitte, 151 unten, 153, 189 unten links, 218 unten, 221, 222 unten, 228, 247 oben rechts und unten;
Levens Hall, Cumberland, 42 unten;
Livrustkammaren, Stockholm, 36 unten, 40 oben, 125 unten;
Mansell Collection, 71 unten, 72 oben, 73;
Mauser Jagdwaffen GmbH, 135, 142, 180–181, 189 unten rechts;
Musée de l'Armée, Paris (Armeemuseum), 36 oben;
National Army Museum, 56 Rand, 57, 60, 113, 114 unten, 211;
W. Keith Neal, 64, 76;
Palazzo Ducale (Dogenpalast), Venedig, 29 oben, 127;
Pitt-Rivers Museum, Oxford, 42 oben;
Popperfoto, 204–205;
Private Sammlungen, 27, 43:
Quarto Archives, 4, 7, 8–9, 10, 11, 16 oben, 18 oben, 19 unten, 20, 21, 22–23, 28, 34, 38–39, 40 unten, 51, 55 unten, 56 Mitte, 82, 115, 130, 172 oben, 208, 209 unten;
Radio Times Hulton Picture Library, 151 Mitte, 207, 219, 239;
Real Armería, Madrid, 32;
Rijksantikvarieämbetet och Statenshistoriska Museer, Stockholm, 93 Mitte;
Schloß Konopiste, Tschechoslowakei, 133;
Sotheby & Co., 49 unten, 66 oben und unten, 67 oben und unten, 71 oben, 78 unten, 88 Mitte, 89 Mitte;
Tøjhusmuseet, Kopenhagen, 14 oben, 93 oben, 97 Mitte und unten, 112, 128 unten;
Tower Armouries, (Waffensammlung im Londoner Tower), 50, 100 oben, 138, 155, 166, 214;
Victoria and Albert Museum, Copyright bei der Krone, Umschlag und Innendeckel, 24–25, 30 unten, 31, 33, 35, 41, 45 unten, 46 unten, 48, 49 oben, 52, 54, 55 oben, 58–59, 61, 62 unten, 63, 68 oben, 69 oben, 70, 84–85, 86, 88 links und unten, 89 rechts und unten, 88–89 Mitte, 90, 91, 92, 93 unten, 94, 95, 96, 97 oben, 98, 100 unten, 101 oben, 102, 103, 105, 106, 107, 108, 1909, 110–111, 118 rechts, 119, 122, 124 unten, 125, 132, 133 oben;
Western Americana Picture Library, 136 links, 143 oben, 145, 147, 149 oben, 160–161, 163 unten;

Spezialzeichnungen von Helen Downton.